国防科工委“十五”规划教材 船舶与海洋工程

船舶结构有限元分析

主编 孙丽萍

哈尔滨工程大学出版社

北京理工大学出版社 西北工业大学出版社

哈尔滨工业大学出版社 北京航空航天大学出版社

内容简介

本书主要介绍有限元法的基本原理、船舶结构的模型化及大型结构通用分析软件的应用。对有限元分析的一般过程、平面问题有限元法、等参数单元、薄板弯曲做了简明介绍，重点介绍了船舶结构有限元分析中常用的单元及构件的模型化知识，并结合大型结构通用分析软件ANSYS介绍了结构的建模、分析及后处理技术，给出了许多应用实例。

本书可作为高等院校船舶与海洋工程学科本科生的专业教材，也可供有关专业工程技术人员和教师参考。

图书在版编目(CIP)数据

船舶结构有限元分析/孙丽萍主编.—哈尔滨：哈尔滨工程大学出版社，2004

ISBN 7-81073-532-2

Ⅰ.船…　Ⅱ.孙…　Ⅲ.船体结构-有限元分析
Ⅳ.U661.42

中国版本图书馆CIP数据核字(2004)第055479号

船舶结构有限元分析

孙丽萍　主编
责任编辑　卫天蛟
哈尔滨工程大学出版社出版发行
哈尔滨市东大直街124号
发行部电话：(0451)82519328　邮编：150001
新华书店经销
黑龙江省教育厅印刷厂印刷

开本：787×960　1/16
印张：17　　字数：400千字
2004年8月第1版　　2007年1月第2次印刷
印数：1 001—3 000册
ISBN 7-81073-532-2　　定价：22.00元

总　　序

国防科技工业是国家战略性产业，是国防现代化的重要工业和技术基础，也是国民经济发展和科学技术现代化的重要推动力量。半个多世纪以来，在党中央、国务院的正确领导和亲切关怀下，国防科技工业广大干部职工在知识的传承、科技的攀登与时代的洗礼中，取得了举世瞩目的辉煌成就。研制、生产了大量武器装备，满足了我军由单一陆军，发展成为包括空军、海军、第二炮兵和其他技术兵种在内的合成军队的需要，特别是在尖端技术方面，成功地掌握了原子弹、氢弹、洲际导弹、人造卫星和核潜艇技术，使我军拥有了一批克敌制胜的高技术武器装备，使我国成为世界上少数几个独立掌握核技术和外层空间技术的国家之一。国防科技工业沿着独立自主、自力更生的发展道路，建立了专业门类基本齐全，科研、试验、生产手段基本配套的国防科技工业体系，奠定了进行国防现代化建设最重要的物质基础；掌握了大量新技术、新工艺，研制了许多新设备、新材料，以"两弹一星"、"神舟"号载人航天为代表的国防尖端技术，大大提高了国家的科技水平和竞争力，使中国在世界高科技领域占有了一席之地。十一届三中全会以来，伴随着改革开放的伟大实践，国防科技工业适时地实行战略转移，大量军工技术转向民用，为发展国民经济作出了重要贡献。

国防科技工业是知识密集型产业，国防科技工业发展中的一切问题归根到底都是人才问题。50多年来，国防科技工业培养和造就了一支以"两弹一星"元勋为代表的优秀的科技人才队伍，他们具有强烈的爱国主义思想和艰苦奋斗、无私奉献的精神，勇挑重担，敢于攻关，为攀登国防科技高峰进行了创造性劳动，成为推动我国科技进步的重要力量。面向新世纪的机遇与挑战，高等院校在培养国防科技人才，生产和传播国防科技新知识、新思想，攻克国防基础科研和高技术研究难题当中，具有不可替代的作用。国防科工委高度重视，积极探索，锐意改革，大力推进国防科技教育特别是高等教育事业的发展。

高等院校国防特色专业教材及专著是国防科技人才培养当中重要的知识载体和教学工具，但受种种客观因素的影响，现有的教材与专著整体上已落后于当今国防科技的发展水平，不适应国防现代化的形势要求，对国防科技高层次人才的培养造成了相当不利的影响。为尽快改变这种状况，建立起质量上乘、品种齐全、特点突出、适应当代国防科技发展的国防特色专业教材体系，国防科工委全额资助编写、出版200种国防特色专业重点教材和专著。为保证教材及专著的质量，在广泛动员全国相关专业领域的专家学者竞投编著工作的基础上，以陈懋章、王泽山、陈一坚院士为代表的100多位专家、学者，对经各单位精选的近550种教材和专著进行了严格的评审，评选出近200种教材和学术专著，覆盖航空宇航科学与技术、控制科学与工程、仪器科学与工程、信息与通信技术、电子科学与技术、力学、材料科学与工程、机械工程、电气工程、兵器科学与技术、船舶与海洋工程、动力机械及工程热物理、光学工程、化学工程与技术、核科学与技术等学科领域。一批长期从事国防特色学科教学和科研工作的两院院士、资深专家和一线教师成为编著者，他们分别来自清华大学、北京航空航天大学、北京理工大学、华北工学院、沈阳航空工业学院、哈尔滨工业大学、哈尔滨工程大学、上海交通大学、南京航空航天大学、南京理工大学、苏州大学、华东船舶工业学院、东华理工学院、电子科技大学、西南交通大学、西北工业大学、西安交通大学等，具有较为广泛的代表性。在全面振兴国防科技工业的伟大事业中，国防特色专业重点教材和专著的出版，将为国防科技创新人才的培养起到积极的促进作用。

党的十六大提出，进入二十一世纪，我国进入了全面建设小康社会、加快推进社会主义现代化的新的发展阶段。全面建设小康社会的宏伟目标，对国防科技工业发展提出了新的更高的要求。推动经济与社会发展，提升国防实力，需要造就宏大的人才队伍，而教育是奠基的柱石。全面振兴国防科技工业必须始终把发展作为第一要务，落实科教兴国和人才强国战略，推动国防科技工业走新型工业化道路，加快国防科技工业科技创新步伐。国防科技工业为有志青年展示才华，实现志向，提供了缤纷的舞台，希望广大青年学子刻苦学习科学文化知识，树立正确的世界观、人生观、价值观，努力担当起振兴国防科技工业、振兴中华的历史重任，创造出无愧于祖国和人民的业绩。祖国的未来无限美好，国防科技工业的明天将再创辉煌。

张华祝

前 言

随着电子计算机的出现而迅速发展起来的有限元方法，已成为解决工程实际问题的强有力的数值分析工具。它的应用范围从固体力学和结构分析领域扩展到热传导、电磁场、流体及声学等领域。

目前在船舶领域，舱段及全船有限元分析已越来越普遍被船东及船级社在设计中所采用，尤其是由新材料建造的船舶及新型结构的船舶设计，有限元分析更是设计者的重要依据之一，因此加强船舶与海洋工程专业的本科生在这方面的素养是十分必要的。但目前出版的有限元方面的书籍，大都是关于通用有限元分析的，根据课程的需要，作者深感有必要编写一本有关船舶结构有限元分析的书籍。

由于本书主要以船舶与海洋工程专业高年级学生为对象，在他们已初步具有有限元浅显知识的前提下，本书简要介绍了有限元法分析的一般过程及平面问题有限元法，并深入介绍等参数单元和薄板弯曲问题。在此基础上，重点介绍船舶结构的模型化及载荷和边界条件的处理等问题，并附有一定数量的计算实例。结合大型通用结构分析软件 ANSYS，详细介绍了结构的几何建模、网络划分、加载与求解及后处理等技术，并附有分析实例，使读者通过实践环节能在短时间内掌握软件的使用。

本书第 1 章至第 4 章由孙丽萍编写，第 5 章由孙丽萍、李力波编写，第 6 章由李力波编写，全书由孙丽萍统稿和修改。在本书的编写过程中，得到了聂武教授的很多帮助，并对书稿进行了初审，同时评审专家给本书提出了宝贵的修改意见，在此对他们表示衷心的感谢。

本书通俗易懂，易于自学，读者完成所附习题有助于对书中内容的理解。本书既可作为船舶与海洋工程专业本科生的教材，也可供有关专业工程技术人员和教师参考。

由于编者的水平有限，书中难免有不当之处，恳请读者给予批评和指正。

编 者

2004 年 8 月

目　　录

第1章　有限元法概述

有限单元法又称有限元素法(Finite Element Method,FEM),是20世纪50年代末60年代初兴起的应用数学、力学及计算机科学相互渗透、综合利用的边缘科学,是现代科学和工程计算方面最令人鼓舞的重大成就之一。其物理实质是用有限个单元体的组合代替连续体,化无限自由度的问题为有限自由度的问题,而数学实质是用有限子域的组合代替一个连续域,化连续场函数的微分方程求解问题为有限个参数的代数方程组的求解问题。有限元方法可以求解许多过去用解析方法无法求解的问题,对于边界条件和结构形状都不规则的复杂问题,有限元方法是一种行之有效的现代分析方法。40多年来,有限元经历了产生、发展和完善的三个历史时期,有限元理论与计算机科学的完美结合成为现代力学的重要标志。

1.1　有限元法的发展概况

有限元思想并非现代的产物,早在公元3世纪,我国古代数学家刘徽就提出用割圆术求圆周长的方法,即用有限个正多边形逼近圆周,边数越多,周长与直径的比值就越接近一个常数。例如图1-1中分别用边数 $n = 4,6,8$ 和20的正多边形逼近半径为 R 的圆周,周长与直径比分别为2.828,3.01,3.06和3.13,向 $\pi = 3.141\ 592\ 6$ 逼近,这就是有限元思想的萌芽。

经典结构力学计算中采用的刚架位移,将原本是连续体的刚架看成是仅仅在刚架的有限个节点处连接的杆件组合体,将复杂的杆系结构的计算问题转变为简单杆件的分析和综合问题,这种化整为零,集零为整的方法就是有限元方法的基本思路。

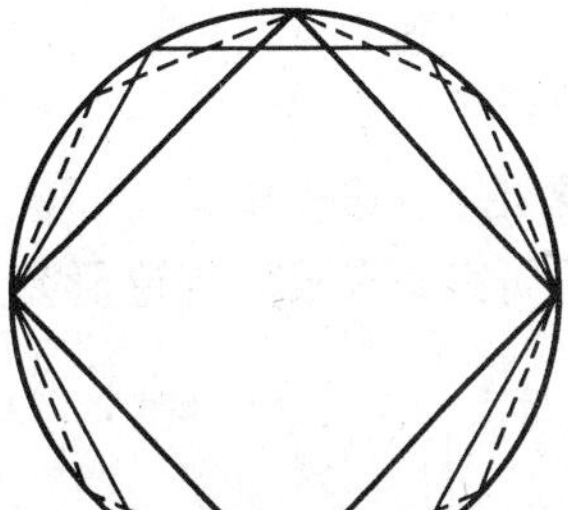

图1-1　用正多边形逼近圆周

20世纪30~50年代,在进行复杂的飞机结构计算时,对于复杂的刚架、蒙皮、骨架的计算引入了矩阵表达方法,使刚架位移法的计算更加规范。矩阵代数是有限元方法的数学工具。

现代有限元方法的发展始于20世纪40年代,这依赖于电子计算机的发展。1946年第一台计算机在美国投入运行,人们惊喜地发现结构力学的矩阵表达方法特别适用于电子计算机编写的程序,能轻而易举地解决以往人们不敢问津的复杂结构的计算问题。计算机的出现为力学科学带来了巨大的变革,也改变了力学家思考问题的方法。因为,如果没有计算机,矩阵方法和有限元方法产生的大量代数方程的解决仍然是十分困难和实际不可能的。因此,可以说计算机的出现是有限元方法得以发展的物质基础。

1956年,美国波音公司Turner等人在美国宇航局的年会上宣布,他们将求解杆件结构的方法推广到求解连续体力学问题,将连续的弹性平面区域离散为有限个几何形状简单的三角形或四边形单元,这些单元仅在有限个节点连接,并在数学上采用了矩阵表达法。这是有限元方法的第一次成功尝试。1960年美国加州大学伯克利分校的R W Clough第一次使用了"有限元"这一名词。从此,有限元方法以其无比的优越性迅速占领了弹性静力学领域,将弹性结构静力学的理论研究和应用水平推向新的高度。1964年包括美藉华裔科学家卞学璜在内的一批科学家,发现了有限元方法的实质是弹性力学变分原理中瑞利 - 里兹方法的变种,奠定了有限元方法的数学基础。有限元方法因此又称为现代变分方法,因为变分方法是一种普遍的数学方法,并不涉及变分问题的物理背景和工程实质,因此很快冲出了弹性静力学的范畴而扩展到固体力学的其他领域。到20世纪60年代中期以后,有限元方法已经从小应变、小位移、弹性材料和静力分析发展向大变形、热分析、材料非线性和杆件屈曲问题,以及粘弹性问题、动力学问题的研究,继而又渗透到热传导、电磁场等非力学领域、生物力学领域的许多研究,如脊柱、颅骨、关节、镶牙、心脏起搏等方面的应力分析越来越多地成为当前有限元法的新课题。

有限元法借助于结构力学的刚架位移法,但是比刚架位移法有更深刻的数学和物理基础,就杆系结构来说,每一个杆件就是一个单元,杆件的两个端点就是单元的节点;而一个复杂的弹性体是由无限个质点组成的连续体,具有无限个自由度。有限单元法是将连续体人为地划分为有限数量的单元的集合体,这些单元仅仅在有限个公共点、交线或公共表面连接,载荷都作用在节点上,因而仅有有限个自由度。这个由无限自由度转化为有限自由度的过程称为离散化。离散化是有限元方法的核心,也是连续体的有限元方法与传统的结构矩阵分析方法的区别之一。有限单元法与矩阵位移法的另一个重要区别是在矩阵位移法中每个杆件的力与变形关系都是明确的,由杆端力和杆端位移都能通过材料力学计算公式推导出杆件内部的力和位移,而有限单元法需要在一个单元的局部范围内用简单函数描述单元内部各点的位移变化,最后形成节点位移和单元内部各点位移关系的单元位移形态函数,这是有限元方法的精华。形态函数的研究是有限元理论研究方面的重要课题。

1.2 有限元法分类

有限元法可分为两大类,即线弹性有限元法和非线性有限元法。其中线弹性有限元法是非线性有限元法的基础,二者不但在分析方法和研究步骤上有类似之处,而且后者常常要引用前者的某些结果。

1.2.1 线弹性有限元法

线弹性有限元以理想弹性体为研究对象,所考虑的变形建立在小变形假设的基础上。在这类问题中，材料的应力与应变呈线性关系，满足广义虎克定律；应变与位移也是线性关系。线弹性有限元问题归结为求解线性方程组问题，所以只需较少的计算时间。如果采用高效的代数方程组求解方法，也有助于降低有限元分析的时间。

线弹性有限元一般包括线弹性静力分析与线弹性动力分析两个主要内容。学习这些内容需具备材料力学、弹性力学、结构力学、数值方法、矩阵代数、算法语言、振动力学、弹性动力学等多方面的知识。

1.2.2　非线性有限元法

非线性有限元问题与线弹性有限元问题有很大不同，主要表现在以下三个方面：

(1) 非线性问题的……线性的，因此一般需要迭代求解；

(2) 非线性问题不……

(3) 非线性问题……

以上三个方面……线弹性问题更加复杂、费用更高和更具有不可预知性。有……以下三类。

1. 材料非线……

材料的应……移却很微小，此时应变与位移呈线性关系，这类问题属于……能提供能普遍接受的本构关系，所以一般来说，材料的应……试验数据，有时非线性材料特性可用数学模型进行模拟，……

在工……：非线性弹性（包括分段线弹性）、弹塑性、粘塑性及蠕变……

2. ……

……性关系引起的。当物体的位移较大时，应变与位移的关系……产生大位移或大转动，而单元中的应变却可大可小。研究这类问……与应变呈线性关系。这类问题包括大位移大应变问题及大位移小应变问题……屈曲问题属于大位移小应变问题；橡胶部件形成过程为大应变问题。

3. 非线性边界（接触问题）

在加工、塑封、撞击等问题中，接触和摩擦的作用不可忽视，接触边界属于高度非线性边界。平时遇到一些接触问题，如齿轮传动、冲压成型、轧制成型、橡胶减振器、紧配合装配等，当一个结构与另一个结构或外部边界相接触时，通常要考虑非线性边界条件。

实际的非线性可能同时出现上述两种或三种非线性问题。

1.3 有限元法分析过程及其收敛性

1.3.1 有限元法分析过程

有限元法分析过程大体分为前处理、分析、后处理三大步骤。

对实际的连续体经过离散化后就建立了有限元分析模型，这一过程是有限元的前处理过程。在这一阶段，要构造计算对象的几何模型，划分有限元网格，生成有限元分析的输入数据。这一步是有限元分析的关键。

有限元分析过程主要包括单元分析、整体分析、载荷移置、引入约束、求解约束方程等过程。这一过程是有限元分析的核心部分，有限元理论主要体现在这一过程中。有限元法包括三类，即有限元位移法、有限元力法、有限元混合法。在有限元位移法中，选节点位移作为基本未知量；在有限元力法中，选节点力作为基本未知量；在有限元混合法中，选一部分基本未知量为节点位移，另一部分基本未知量为节点力。有限元位移法计算过程的系统性、规律性较强，特别适宜于编程求解。一般除板壳问题的有限元法应用一定量的混合法外，其余全部采用有限元位移法。所以本书如不作特别声明，有限元法指的是有限元位移法。

有限元分析的后处理主要包括对计算结果的加工处理、编辑组织和图形表示三个方面。它可以把有限元分析得到的数据，进一步转换为设计人员直接需要的信息，如应力分布状况、结构变形状态等，并且绘成直观的图形，从而帮助设计人员迅速地评价和校核设计方案。

1.3.2 选择位移函数的一般原则

有限元法的分析过程都依赖于假定的单元位移函数或位移模式，因此为了得到满意的解答，必须使假定的位移场尽可能逼近弹性体的真实位移形态。如果假定的单元位移场与弹性体的真实位移场完全一致，有限元解便是精确解。如桁架和刚架的单元位移场与弹性杆件的变形是一样的，因而桁架和刚架的有限元解答是精确的。在连续体弹性力学有限元法中，一般找不到真实位移场，所以只能得到近似解答。

单元的位移函数一般以包含若干待定参数的多项式作为近似函数，称为位移多项式。有限项多项式选取的原则应考虑以下几点。

(1) 待定参数是由节点场变量确定的，因此待定参数的个数应与单元的自由度数相同。

(2) 对于应变由位移的一阶导数确定的场问题，选取多项式时，常数项和坐标的一次项必须完备。位移函数中常数项和坐标的一次项分别反映了单元刚体位移和常应变的特性，当划分的单元数趋于无穷时，单元趋于无穷小，此时单元应变趋于常应变。而当节点位移是由某个刚体位移引起的，弹性体内不应该有应变，这些特性必须在选择的位移多项式中予以体现。同理，对于应变由位移的二阶导数定义的场问题，常数项、一次项和二次项必须完备。

(3) 多项式的选取应由低阶到高阶，尽量选取完整性阶数高的多项式，以提高单元精度(称为单元的完备性)。若由于项数限制不能选取完整多项式，选取的多项式应尽可能具有坐标的对称性(称为几何不变性)。

1.3.3 收敛性

有限元法是一种数值方法，因此应考虑该方法的收敛性问题。

有限元方法的收敛性是指当网格逐渐加密时，有限元解答的序列收敛到精确解；或者当单元尺寸固定时，单元的自由度数越多，有限元的解答就越趋近于精确解。

有限元法的收敛条件包括以下四个方面。

(1) 在单元内，位移函数必须连续。多项式是单值连续函数，因此选择多项式作为位移函数，在单元内的连续性能够保证。

(2) 在单元内，位移函数必须包括常应变项。每个单元的应变状态总可以分解为不依赖于单元内各点位置的常应变和由各点位置决定的变量应变。当单元的尺寸足够小时，单元中各点的应变趋于相等，单元的变形比较均匀，因而常应变就成为应变的主要部分。为反映单元的应变状态，单元位移函数必须包括常应变项。

(3) 在单元内，位移函数必须包括刚体位移项。一般情况下，单元内任一点的位移包括形变位移和刚体位移两部分。形变位移与物体形状及体积的改变相联系，因而产生应变；刚体位移只改变物体位置，不改变物体的形状和体积，即刚体位移是不产生变形的位移。空间一个物体包括三个平动位移和三个转动位移，共有六个刚体位移分量。

由于一个单元牵连另一些单元，其他单元发生变形时必将带动该单元做刚体位移。如图 1－2 所示的悬臂梁，自由端单元跟随相邻单元做刚体位移。由此可见，为模拟一个单元的真实位移，假定的单元位移函数必须包括刚体位移项。

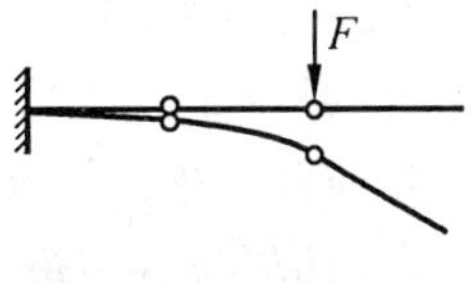

图 1－2 悬臂梁

(4) 位移函数在相邻单元的公共边界上必须协调。对一般单元而言，协调性是指相邻单元在公共节点处有相同的位移，而且沿单元边界也有相同的位移，也就是说，要保证不发生单元的相互脱离、开裂和相互侵入重叠。要做到这一点，就要求位移函数在公共边界上能由公共节点的函数值惟一确定。对一般单元，协调性保证了相邻单元边界位移的连续性。但是，在板壳的相邻单元之间，还要求位移的一阶导数连续，只有这样才能保证结构的应变能是有界量。

总的来说，协调性是指在相邻单元的公共边界上满足连续性条件。

前三个条件又叫做完备性条件，满足完备性条件的单元叫做完备单元；第四个条件是协调性要求，满足协调性的单元叫做协调单元，否则称为非协调单元。完备性要求是收敛的必要条件，四个条件全部满足，构成收敛的充分必要条件。

在实际应用中，要使选择的位移函数全部满足完备性和协调性要求是比较困难的，在某些情况下可以放松对协调性的要求。

需要指出的是，有时非协调单元比与它对应的协调单元还要好，其原因在于近似解的性质。假定位移函数就相当于给单元施加了约束条件，使单元变形服从所加的约束，这样的替代结构比真实结构更刚一些。但是，这种近似结构由于允许单元分离、重叠，使单元的刚度变软了，或者形成了铰，例如板单元在单元之间挠度连续，而转角不连续时，刚节点变为铰接点。对于非协调单元，上述两种影响有误差相抵消的可能，因此利用非协调单元有时也会得到很好的结果。在工程实践中，非协调元必须通过“分片试验”后才可使用。

1.3.4 有限元位移解的下限性质

在用有限元位移法解弹性力学问题时，要应用最小势能原理。根据最小势能原理求得的位移近似解，其值将小于精确解。这种位移近似解称为下限解。

位移解的下限性质可以解释为单元原是连续体的一部分，具有无限多个自由度。在假定了单元的位移函数后，自由度限制为只有以节点位移表示的有限自由度，即位移函数对单元的变形进行了约束的限制，使单元的刚度较实际连续体加大了，因此连续体的整体刚度随之增加，离散后的刚度比实际刚度大，求得的位移近似解总体上(而不是每一点)将小于精确解。

1.4 有限元法的优缺点

1.4.1 有限元法的优点

综合来说，有限元法的优点是显而易见的。

(1) 整个系统离散为有限个单元，并将整个系统的方程转换成一组线性联立方程，从而可以用多种方法对其求解。

(2) 边界条件不进入单个有限单元的方程，而是在得到整体代数方程后再引入边界条件。这样，内部和边界上的单元都能够采用相同的场变量模型，而且当边界条件改变时，内部场变量模型不需要改变。

(3) 有限元法考虑了物体的多维连续性，不仅在离散过程中把物体看成是连续的，而且不需要用分别的插值过程把近似解推广到连续体中的每一点。

(4) 有限元法不需要适用于整个物体的插值函数，而只需要对每个子域或单元采用各自的插值函数，这就使得其对复杂形状的物体也能适用。

(5) 该方法能够很容易求解非均匀连续介质，而其他方法处理非均匀性则很困难。

(6) 适用于线性或者非线性场合。

(7) 该方法能够在不同层面上得到阐释或理解。对有较深数学知识的人来说，完全可以用数学语言来描述，并获得严格推理。而对一般工科学生来说，可以只从物理层面上得到理解，正如上面阐释的那样。

1.4.2　有限元法的缺点

有限元法也有其不足，最主要体现在应用上。

(1) 有限元计算，尤其是在对复杂问题的分析上，所耗费的计算资源是相当惊人的，计算资源包括计算时间、内存和磁盘空间。

(2) 对无限区域问题，有限元法较难处理。

(3) 尽管现在的有限元软件提供了自动划分网格的技术，但到底采用什么样的单元、网格的密度多大才合适等问题完全依赖于经验。

(4) 有限元分析所得结果并不是计算机辅助工程的全部，而且一个完整的机械设计不能单独使用有限元分析完成，必须结合其他分析和工程实践才能完成整个工程设计。

第2章　平面问题有限元法

2.1　概　述

严格地说,任何一个实际的弹性体的求解都是空间问题。弹性体在载荷作用下,体内任一点的应力状态可由六个应力分量$\sigma_x,\sigma_y,\sigma_z,\tau_{xy},\tau_{yz},\tau_{zx}$来表示;弹性体在载荷作用下,还将产生位移和变形,弹性体内任一点的位移可由沿直角坐标轴方向的三个位移分量u,v,w表示,弹性体内任一点的应变可由六个应变分量$\varepsilon_x,\varepsilon_y,\varepsilon_z,\gamma_{xy},\gamma_{yz},\gamma_{zx}$来表示。但是,如果所考虑的弹性体具有某种特殊的形状,并且承受的是某种特殊的外力,就可以把空间问题简化为平面问题。这样处理后,分析和计算的工作量将大大地减少,而所得的结果仍能满足工程上对精度的要求。弹性力学平面问题是空间问题的简化,它分为平面应力问题和平面应变问题。

2.1.1　平面应力问题

满足以下条件的问题可视为平面应力问题。

(1) 弹性体在一个坐标方向的几何尺寸远小于其他两个坐标方向的几何尺寸,例如等厚度薄板。

(2) 作用于边缘的表面力平行于板面,且沿板厚t均匀分布。

(3) 顶面和底面上没有载荷作用。

(4) 体积力平行于板面,且沿板厚均匀分布。

研究这种薄板时,坐标面总是取在平分板厚的中间面内,z轴垂直于板面,如图2－1所示。由于薄板两侧面是自由表面,故在$z=\pm t/2$的上下表面上,$\sigma_z=0,\tau_{zx}=0,\tau_{yz}=0$。因为板很薄,外力又不沿板的厚度变化,所以可以近似认为在整个薄板上的所有各点都有$\sigma_z=0,\tau_{zx}=0,\tau_{yz}=0$。考虑到剪应力互等定理,六个应力分量中就只剩下$\sigma_x,\sigma_y,\tau_{xy}$三个应力分量,这三个应力分量都平行于$xy$平面。同样也因为板很薄,外力不沿板厚变化,可以认为这三个应力分量沿板厚t不变,即与点的z坐标无关,只是坐标x,y的函数,由此可见,平面应力问题的应力列阵为

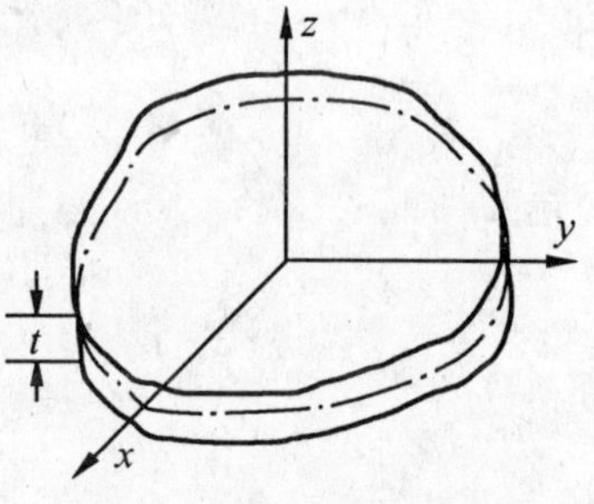

图2－1　平面应力问题

$$\{\sigma\} = \begin{Bmatrix} \sigma_x \\ \sigma_y \\ \tau_{xy} \end{Bmatrix} = [\sigma_x \sigma_y \tau_{xy}]^{\mathrm{T}} \tag{2-1}$$

将 $\tau_{zx} = \tau_{yz} = \sigma_z = 0$ 代入弹性力学空间问题的物理方程中可得

$$\gamma_{zx} = 0, \quad \gamma_{yz} = 0, \quad \varepsilon_z = -\frac{\mu}{E}(\sigma_x + \sigma_y) \tag{2-2}$$

即 ε_z 一般不为零,但它不是独立的,只取决于 σ_x, σ_y,因此在平面应力问题中需考虑的应变分量只有 $\varepsilon_x, \varepsilon_y, \gamma_{xy}$。同理,与 ε_z 直接相关的 z 方向的位移 w 也不独立。将上述各量代入弹性体空间问题的几何方程得

$$\begin{cases} \varepsilon_x = \dfrac{\partial u}{\partial x} \\ \varepsilon_y = \dfrac{\partial v}{\partial y} \\ \gamma_{xy} = \dfrac{\partial v}{\partial x} + \dfrac{\partial u}{\partial y} \end{cases} \tag{2-3}$$

上式为平面应力问题的几何方程。

将 $\sigma_z = 0$ 代入弹性体空间问题的物理方程得

$$\begin{cases} \varepsilon_x = \dfrac{1}{E}(\sigma_x - \mu\sigma_y) \\ \varepsilon_y = \dfrac{1}{E}(\sigma_y - \mu\sigma_x) \\ \gamma_{xy} = \dfrac{2(1+\mu)}{E}\tau_{xy} \end{cases} \tag{2-4}$$

上式称为平面应力问题的物理方程,写成矩阵形式为

$$\begin{Bmatrix} \sigma_x \\ \sigma_y \\ \tau_{xy} \end{Bmatrix} = \frac{E}{1-\mu^2}\begin{bmatrix} 1 & \mu & 0 \\ \mu & 1 & 0 \\ 0 & 0 & \dfrac{1-\mu}{2} \end{bmatrix}\begin{Bmatrix} \varepsilon_x \\ \varepsilon_y \\ \gamma_{xy} \end{Bmatrix} \tag{2-5}$$

简记为 $\{\sigma\} = [D]\{\varepsilon\}$,$[D]$ 称为平面应力问题的弹性矩阵。于是

$$[D] = \frac{E}{1-\mu^2}\begin{bmatrix} 1 & \mu & 0 \\ \mu & 1 & 0 \\ 0 & 0 & \dfrac{1-\mu}{2} \end{bmatrix} \tag{2-6}$$

根据上述特点,对平面应力问题,只要取中面分析即可。

2.1.2　平面应变问题

满足以下条件的问题可视为平面应变问题。

(1) 弹性体沿一个坐标轴(例如 z 轴) 方向的尺寸很长,且所有垂直于 z 轴的横截面都相同,位移约束条件或支承条件沿 z 方向也是相同的,例如很长的等直柱体。

(2) 柱体侧表面承受的表面力均垂直于 z 轴,且分布规律不随 z 坐标变化。

(3) 体积力垂直于 z 轴,且分布规律不随 z 坐标变化。

研究这种很长的等直柱体时,总是取 z 轴沿长度方向,如图 2 - 2 所示。分析时,假想柱体无限长,这样所有的应力分量、应变分量、位移分量都不沿 z 方向变化,只是 x,y 的函数。同样由于柱体无限长,任一截面都可以看成对称面,因此各点都只有 x,y 方向的位移,且都是平面内的两个位移的函数。根据上述位移的特点,由空间问题的几何方程可知,$\varepsilon_z = \gamma_{zx} = \gamma_{yz} = 0$,只剩平行于 xy 面的三个应变分量 $\varepsilon_x,\varepsilon_y,\gamma_{xy}$。与平面应力问题类似,可写出平面应变问题的几何方程与物理方程。

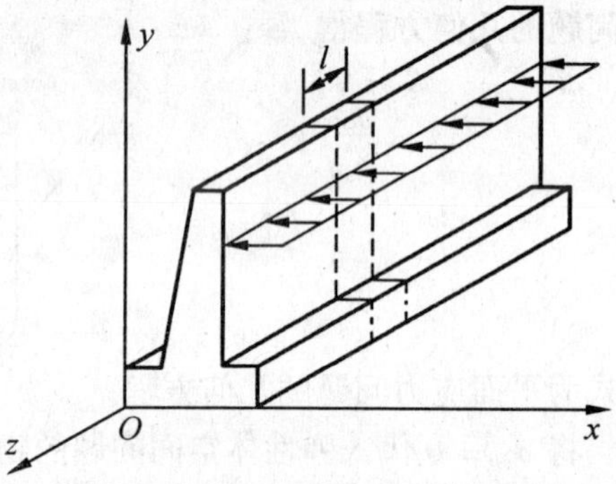

图 2 - 2　平面应变问题

简单推导可知,平面应变问题与平面应力问题有相同的几何方程;平面应变问题的物理方程与平面应力问题形式完全相同,只要将平面应力问题弹性矩阵中的 E 换成 $\frac{E}{1-\mu^2}$,把 μ 换成 $\frac{\mu}{1-\mu}$,就可得出平面应变问题的弹性矩阵。根据上述特点,对平面应变问题,只要取横截面分析即可。

2.2　结构离散化

离散化就是把一个给定的区域离散成有限个具有简单几何形状的单元的集合,即用一个有限元网格代替给定的区域。在进行离散化时,需要选择单元的数目、类型、形状,确定网格的疏密。这些因素的确定需要具备给定问题的工程知识和从事有限元分析的经验。选择单元形状的一个基本考虑,就是形成的网格要尽可能准确地代表原来的区域。单元节点的选择原则首先在于它能够反映单元的形状,例如线段的端点、三角形的顶点均作为单元的节点。在平面问题中,离散化的区域是一平面,采用的单元形状如图 2 - 3 所示,图(a) 为三角形单元,图(b) 为矩形单元,图(c) 为四边形单元,图(d) 为六节点三角形单元,图(e) 为八节点矩形单元,图(f) 为八节点曲边四边形单元,其中最简单的单元是三角形单元,最常用的单元是四边形单元。

在对平面问题离散化时规定:单元之间只在节点处相连;所有的节点都为铰接点;单元之

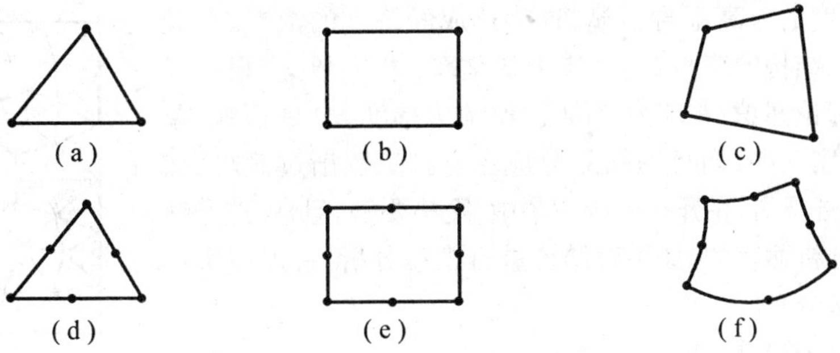

图2-3　平面问题单元类型

间的力只通过节点传递；外载荷都要移置到节点上；在节点位移或者某一分量可以不计之处，就要在该节点安置一个铰支座或相应的连杆支座。这样就得到了有限元分析的计算模型。

一般来说，离散化过程有一定的任意性，不存在定量的尺度来衡量其质量。但是由于离散化模型的质量往往决定着有限元分析的质量，因此有必要深入讨论离散化的某些定性的规律性，以提高有限元离散化模型的质量。

2.2.1　结构对称性的利用

实际工程中，很多结构具有对称性，如能恰当地加以利用，可以使结构的有限元计算模型以及相应的计算规模得到缩减，从而使数据准备工作和计算工作量大幅度地降低。

当结构中的一部分假想地相对于结构的某一平面对折后，结构两部分的形状、物理性质和约束条件完全重合，则称该平面为对称面，称该结构为具有对称面的对称结构。具有对称面的对称结构上作用的载荷包括对称载荷、反对称载荷与一般载荷。若载荷在随结构对折后相互重合，则称为对称载荷；若载荷在随结构对折后，需将对称面某一边的载荷冠以负号才能相互重合，则称为反对称载荷；无上述特点则称为一般载荷。在静力分析中，利用结构对称性，取结构的一部分建立有限元模型，并由载荷的对称情况分析对称面上的位移状态，从而确定对称面上节点的边界条件。计算结束后，由此部分的计算结果推断出整个结构的计算结果，从而达到简化分析的目的。

若模型整体不太复杂时，也可取整体直接建立有限元模型。此时应注意网格的布局，尽量不破坏对称性。

2.2.2　划分网格要兼顾精度和经济性

在位移函数收敛的前提下，网格划得越密（即单元尺寸越小），计算结果越精确。另一方面，网格越密，单元越多，计算时间和费用将增加，同时也会受到计算机容量的限制，因此划分网格要兼顾精度和经济性，而且经验表明，当网格加密到一定程度后，再加密网格，精度的提高不再明显，这将造成经济上的浪费。合理的网格布局应同结构的应力梯度（应力变化率）相一致。应根据经验或解析法的理论知识，在应力急剧变化（应力梯度大）的区域，单元小一些，网格密一些，而且网格划分应由密到疏逐渐过渡。例如图2－4中的网格布局，在开孔处应力集中，网格要密。但是，这是针对结构的静力分析而言的。如果对结构进行模态分析，一般应选择较为均匀的网格分布。

图2－4　网格的疏密图

加密网格时一般遵循以下几点。

(1) 所有以前的网格（粗网格）应包含于当前加密的网格（细网格）之中。

(2) 加密网格过程中，单元类型不变，即单元位移函数不变。这就省去了重新推导单元位移函数、单元刚度矩阵、单元载荷向量等的麻烦。

(3) 比较网格加密前后的计算结果，如果前后两次的计算结果有较大差异，表明了加密网格的优越性和有继续加密网格的必要性；如果前后两次的计算结果差别很小，表明没有继续加密网格的必要，计算结果已收敛。

2.2.3　不连续处的自然分割

工程结构在几何形状、载荷分布和材料特性等方面存在着许多不连续处。一般情况下，在离散化过程中，应把有限元模型的节点、单元的分界线或分界面设置在相应的不连续处。

如图2－5所示，集中载荷 P 的作用点 A 处应设置节点，其优点是不需进行载荷移置，节省了计算时间，提高了计算精度。分布载荷的突变处（B，C，D 处）也应设置节点，保证在任一单元的边界上分布载荷是连续的。

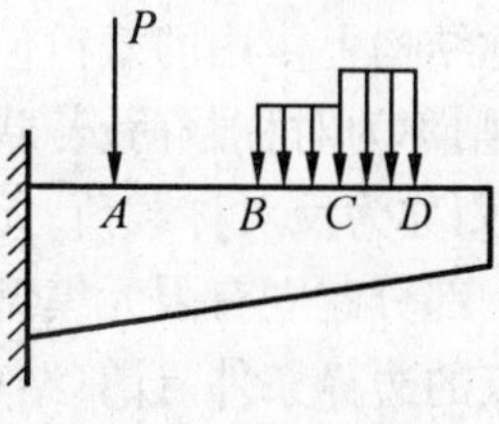

图2－5　不连续处的自然分割

几何形状有突变的部位应设置单元的分界线或分界面。对于平面应力问题，以厚度突变处作为单元的分界线，以保证每个单元厚度均为常数。对非均质材料，在不同材料的自然分界线上应设置单元的分界线，以保证各单元的物理性质均匀。

另外，在几何、载荷和材料性能突变处网格应加密，这是因为场函数在这些地方易产生较大变化，例如在凹角处往往产生应力集中，所以在凹角处应取较小的单元。一个网格中，单元尺寸不宜相差太大，单元从大到小逐渐过渡。为了减少工作量，可以采用局部加密网格的方法。在局部加密区域边界上，前一次网格计算出的节点位移作为本次计算局部加密区域上的边界条件，即进行二次解析计算。

2.2.4　圆角的处理

离散化使结构的边界变成了单元边界的集合，如果用直线单元边界代替结构的曲线边界，将产生结构几何形状的离散化误差。几何形状的离散化误差对机械结构中大量存在的过渡圆角的影响尤为突出。过渡圆角附近一般存在应力集中，而应力集中对过渡圆角几何形状的误差异常敏感，而且过渡圆角处的应力集中一般又是分析研究的目标，因此在有限元分析中要特别注意过渡圆角几何形状的离散化误差问题。

要减少几何形状离散化误差，可以采用较小的单元、较密集的网格，也可采用高阶单元。但是并非所有过渡圆角均需采取措施，还应考虑应力集中程度、结构分析的目的和要求等因素。如图2－6(a)所示的槽形结构，共有 A,B,C,D 四处过渡圆角。静力分析时，由于 C,D 两处有较大的应力集中，因此在这两个圆角处应采用较密集的单元网格。而在 A,B 两处，由于应力梯度小，几何形状误差对计算结果影响不大，因此可以采用较稀疏的单元网格。静力分析时的网格如图2－6(b)所示；固有特性分析时，则可采用如图2－6(c)所示的较为规则、均匀的网格布局。

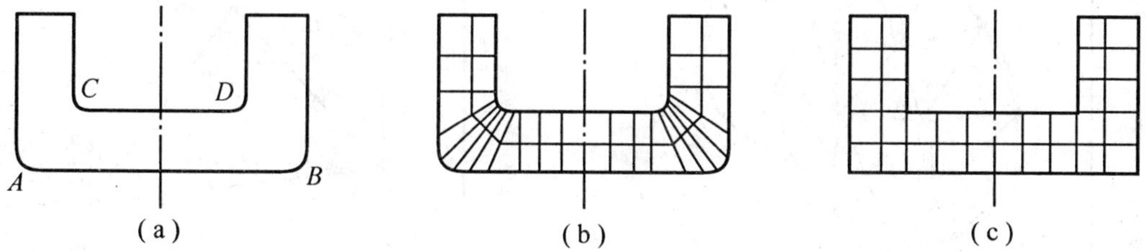

图2－6　过渡圆角的处理

2.2.5　单元形态的选择

单元形态包括单元形状、边中节点的位置、细长比等，在结构离散化过程中必须合理选择。一般来说，为了保证有限元分析的精度，必须使单元的形态尽可能规则。

对于三角形单元，三条边长尽量接近，不应出现大的钝角和边长。这是因为根据误差分析，应力和位移的误差都和单元的最小内角的正弦成反比，因而等边三角形单元的形态最好，它与等腰直角三角形单元的误差之比为 $\sin 45° : \sin 60° = 1 : 1.23$，但是为了适应弹性体边界以及单元由小到大逐渐过渡，不可能使所有的三角形单元都接近等边三角形。实际上，常使用等腰直角三角形单元。

对于矩形单元来说，细长比（长宽比）不宜过大。细长比是指单元最大尺寸和最小尺寸之比。最优细长比在很大程度上取决于不同方向上位移梯度的差别。梯度较大的方向，单元尺寸要小些；梯度小的方向，单元尺寸可以大一些；如果各方向上位移梯度大致相同，则细长比越接近 1，精度越高。有的文献推荐，一般情况下为了得到较好的位移结果，单元的细长比不应超过 7；为了获得较好的应力结果，细长比不应超过 3。通常情况下，正方形单元的形态最好。对于一般的四边形单元，也应避免过大的边长比，过大的边长比会导致病态的方程组。

2.3 三角形单元的位移函数

由于三角形单元对复杂边界有较强的适应能力，因而很容易将一个二维域离散成有限个三角形单元，如图 2－7 所示。在边界上以若干段直线近似原来的曲线边界，随着单元数目的增多，这种拟合将越精确。

下面主要讨论三节点三角形单元的有限元分析格式。

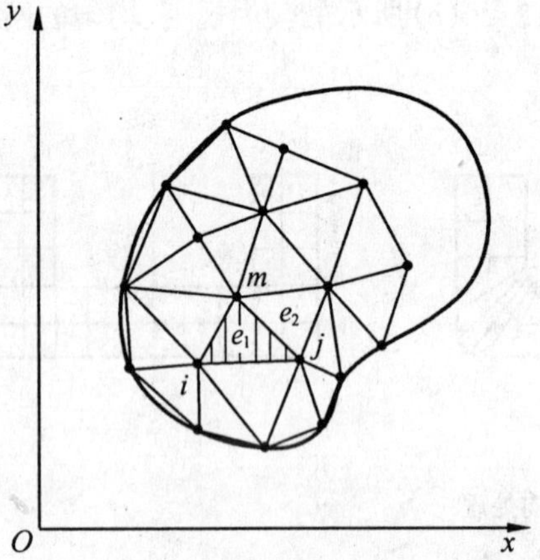

图 2－7　结构的离散

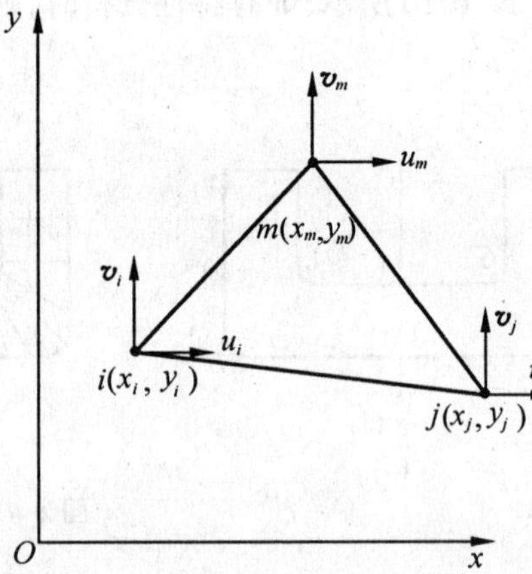

图 2－8　三角形单元

图 2－8 所示为一个典型的三角形单元，单元节点的编码为 i,j,m，以逆时针方向编码为正向。每个节点有 2 个位移分量，如图 2－8 所示。

$$\{\delta_i\} = \begin{Bmatrix} u_i \\ v_i \end{Bmatrix} \quad (\overrightarrow{i,j,m}) \tag{2－7}$$

每个单元有 6 个节点位移，即 6 个自由度，单元的位移向量可以写为

$$\{\delta\}^e = \begin{Bmatrix} \{\delta_i\} \\ \{\delta_j\} \\ \{\delta_m\} \end{Bmatrix} = \{u_i \quad v_i \quad u_j \quad v_j \quad u_m \quad v_m\}^{\mathrm{T}} \tag{2－8}$$

2.3.1　单元位移函数

因为三角形单元共有 6 个节点位移，即单元的自由度数目为 6，根据位移函数选取的原则，可选取以下位移函数

$$\begin{cases} u = \alpha_1 + \alpha_2 x + \alpha_3 y \\ v = \alpha_4 + \alpha_5 x + \alpha_6 y \end{cases} \tag{2-9}$$

式中 $\alpha_1, \alpha_2, \cdots, \alpha_6$ 为 6 个待定常数。把 3 个节点的节点坐标代入式(2－9)，将得到相应的节点位移

$$\begin{cases} u_i = \alpha_1 + \alpha_2 x_i + \alpha_3 y_i \\ u_j = \alpha_1 + \alpha_2 x_j + \alpha_3 y_j \\ u_m = \alpha_1 + \alpha_2 x_m + \alpha_3 y_m \end{cases} \quad \begin{cases} v_i = \alpha_4 + \alpha_5 x_i + \alpha_6 y_i \\ v_j = \alpha_4 + \alpha_5 x_j + \alpha_6 y_j \\ v_m = \alpha_4 + \alpha_5 x_m + \alpha_6 y_m \end{cases} \tag{2-10}$$

解式(2－10)可以得到 $\alpha_1 \sim \alpha_6$ 的表达式。系数行列式

$$D = \begin{vmatrix} 1 & x_i & y_i \\ 1 & x_j & y_j \\ 1 & x_m & y_m \end{vmatrix} = 2\Delta \tag{2-11}$$

式中 Δ 是三角形单元的面积。

由此可得

$$\begin{aligned} \alpha_1 &= \frac{1}{D}\begin{vmatrix} u_i & x_i & y_i \\ u_j & x_j & y_j \\ u_m & x_m & y_m \end{vmatrix} = \frac{1}{2\Delta}(a_i u_i + a_j u_j + a_m u_m) \\ \alpha_2 &= \frac{1}{D}\begin{vmatrix} 1 & u_i & y_i \\ 1 & u_j & y_j \\ 1 & u_m & y_m \end{vmatrix} = \frac{1}{2\Delta}(b_i u_i + b_j u_j + b_m u_m) \\ \alpha_3 &= \frac{1}{D}\begin{vmatrix} 1 & x_i & u_i \\ 1 & x_j & u_j \\ 1 & x_m & u_m \end{vmatrix} = \frac{1}{2\Delta}(c_i u_i + c_j u_j + c_m u_m) \\ \alpha_4 &= \frac{1}{2D}(a_i v_i + a_j v_j + a_m v_m) \\ \alpha_5 &= \frac{1}{2D}(b_i v_i + b_j v_j + b_m v_m) \\ \alpha_6 &= \frac{1}{2D}(c_i v_i + c_j v_j + c_m v_m) \end{aligned} \tag{2-12}$$

其中

$$
\begin{cases}
a_i = \begin{vmatrix} x_j & y_j \\ x_m & y_m \end{vmatrix} = x_j y_m - x_m y_j \\
b_i = -\begin{vmatrix} 1 & y_j \\ 1 & y_m \end{vmatrix} = y_j - y_m \qquad \overrightarrow{\underleftarrow{(i,j,m)}} \\
c_i = \begin{vmatrix} 1 & x_j \\ 1 & x_m \end{vmatrix} = -x_j + x_m
\end{cases}
\tag{2-13}
$$

将 $\alpha_1 \sim \alpha_6$ 代入式(2-9)得

$$
\begin{cases}
u = N_i u_i + N_j u_j + N_m u_m \\
v = N_i v_i + N_j v_j + N_m v_m
\end{cases}
\tag{2-14}
$$

式中

$$
N_i = \frac{1}{2D} = (a_i + b_i x + c_i y) \qquad \overrightarrow{\underleftarrow{(i,j,m)}}
\tag{2-15}
$$

式(2-15)亦可用矩阵表示为

$$
\{f\} = \begin{Bmatrix} u \\ v \end{Bmatrix} = \begin{bmatrix} N_i & 0 & N_j & 0 & N_m & 0 \\ 0 & N_i & 0 & N_j & 0 & N_m \end{bmatrix} [u_i\ v_i\ u_j\ v_j\ u_m\ v_m]^{\mathrm{T}} = [N]\{\delta\}^e
\tag{2-16}
$$

位移函数表达式(2-9)或式(2-14)以及式(2-16)是单元内真实位移场的插值多项式，它是由单元节点向单元内部插值得到的，叫做插值函数。它们是坐标的函数，反映了单元的位移形态，在有限元法中称之为形函数。随后可以看到，形函数在有限元分析中起着头等重要的作用。矩阵$[N]$叫做单元的形函数矩阵，它是由节点位移求单元内任一点位移的转换矩阵。

形函数具有以下性质。

(1) 在节点上形函数满足

$$
N_i(x_j, y_j) = \delta_{ij} = \begin{cases} 1 & j = i \\ 0 & j \neq i \end{cases} \qquad \overrightarrow{\underleftarrow{(i,j,m)}}
\tag{2-17}
$$

即 $N_i(x_i, y_i) = 1, N_i(x_j, y_j) = N_m(x_m, y_m) = 0$。

(2) 单元中任一点各形函数之和等于1，即

$$
N_i + N_j + N_m = 1
\tag{2-18}
$$

因为单元若发生刚体位移，如 x 方向有刚体位移 u_0，则单元内到处应有位移 u_0，即 $u = N_i u_i + N_j u_j + N_m u_m = (N_i + N_j + N_m) u_0$，因此必然要求 $N_i + N_j + N_m = 1$。若插值函数不满足此要求，则不能反映单元的刚体位移。

(3) 形函数是线性的，在单元内部及单元的边界上位移也是线性的，可由节点上的位移惟一地确定。

2.3.2 位移函数的收敛性

选定位移函数后，必须讨论其收敛性。现在按以下的收敛性条件讨论位移函数表达式

(2 - 9) 的收敛性。

1. 单元内的连续性分析

由于位移函数为二元一次多项式,在单元内一定连续。

2. 位移函数是否反映常应变

由式(2 - 9) 知

$$\varepsilon_x = \frac{\partial u}{\partial x} = \alpha_2,\quad \varepsilon_y = \frac{\partial v}{\partial y} = \alpha_6,\quad \gamma_{xy} = \frac{\partial u}{\partial y} + \frac{\partial v}{\partial x} = \alpha_3 + \alpha_5$$

因为 α_i 为任意常数,所以假定的位移函数描述了常应变状态。

3. 位移函数是否反映刚体位移

平面问题中,刚体位移只可能有三种,即 x 方向平移、y 方向平移、xy 面内旋转。为说明位移函数反映刚体位移,重新改写位移函数表达式(2 - 9),从位移函数中分离出常应变成分,于是得

$$\begin{cases} u = \alpha_2 x + \dfrac{\alpha_3 + \alpha_5}{2} y + \alpha_1 - \dfrac{\alpha_5 - \alpha_3}{2} y \\ v = \alpha_6 y + \dfrac{\alpha_3 + \alpha_5}{2} x + \alpha_4 + \dfrac{\alpha_5 - \alpha_3}{2} x \end{cases} \tag{2 - 19}$$

前面部分是常应变成分,从后面两项中寻找刚体位移。

当发生刚体位移(平移)$u = u_0, v = v_0$ 时,单元内任一点的位移均为 $u = u_0, v = v_0$,于是节点位移为 $u_i = u_j = u_m = u_0, v_i = v_j = v_m = v_0$,由式(2 - 12) 有

$$\alpha_1 = \frac{1}{2\Delta}(a_i u_i + a_j u_j + a_m u_m) = u_0 \quad \left(\sum_{i=1}^{3} a_i = 2\Delta\right)$$

$$\alpha_2 = \frac{1}{2\Delta}(b_i u_i + b_j u_j + b_m u_m) = 0 \quad \left(\sum_{i=1}^{3} b_i = 0\right)$$

$$\alpha_3 = \frac{1}{2\Delta}(c_i u_i + c_j u_j + c_m u_m) = 0 \quad \left(\sum_{i=1}^{3} c_i = 0\right)$$

同理

$$\alpha_4 = v_0,\quad \alpha_5 = \alpha_6 = 0 \tag{2 - 20}$$

把 $\alpha_1 \sim \alpha_6$ 代入位移函数式(2 - 9) 得

$$u = \alpha_1 = u_0,\quad v = \alpha_4 = v_0 \tag{2 - 21}$$

由此可得 α_1 方向 x 平移的刚体位移,α_4 方向 y 平移的刚体位移,即位移函数式(2 - 9) 反映了刚体平移状态。

如图 2 - 9 所示,在单元内任取一点 $M(x, y)$,若单元绕 z 轴转动微小角度 θ,则 M 点的位移大小为 $d = \theta r$,于是 M 点在 x 方向的位移分量为

$$u = - d\sin\beta = - \theta r \sin\beta = - \theta y$$

M 点在 y 方向的位移分量为

$$v = d\cos\beta = \theta r\cos\beta = \theta x$$

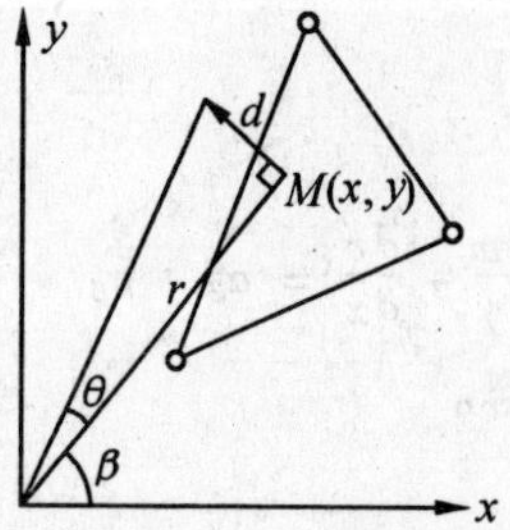

图 2－9　单元绕坐标原点转动

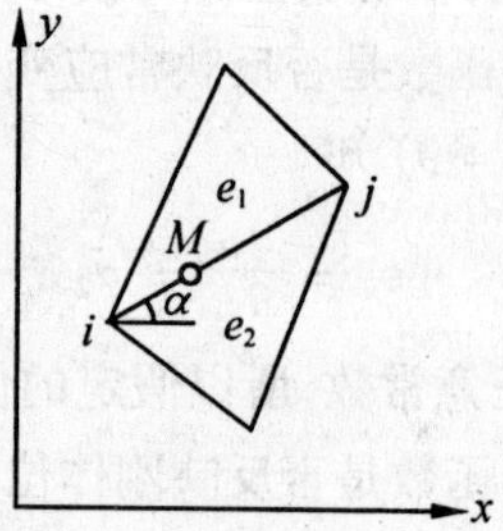

图 2－10　相邻单元公共边界

由此可见，单元绕 z 轴转动微小角度 θ 时，单元三个节点的位移为

$$u_i = -\theta y_i,\quad v_i = -\theta x_i \quad (\overrightarrow{\overleftarrow{i, j, m}})$$

将上式代入式(2－12)得

$$\alpha_1 = 0,\quad \alpha_2 = 0,\quad \alpha_3 = -\theta,\quad \alpha_4 = 0,\quad \alpha_5 = \theta,\quad \alpha_6 = 0$$

把上述各量代入式(2－12)得

$$u = -\theta y,\quad v = -\theta x$$

由此可见，位移函数式(2－9)反映了绕 z 轴的刚体转动。

通过上述分析可知，位移函数表达式(2－9)中包含了足够的刚体位移项。而且不难发现，对常应变三角形单元而言，只要位移函数中包含常数项和完整的一次项，就包含了足够的刚体位移与常应变项。

4．单元间位移的连续性分析

设有两相邻单元 e_1 与 e_2，如图 2－10 所示，公共边界为 ij 边，在 ij 边上任取一点 M，设 $iM = s$，ij 边与 x 轴正向的夹角为 α，于是 ij 边上 M 点的坐标 x, y 为

$$\begin{cases} x = x_i + s\cos\alpha \\ y = y_i + s\sin\alpha \end{cases} \tag{2－22}$$

式中 x_i, y_i 为 i 节点的坐标。

由式(2－22)可见，x, y 是 s 的一次函数。因位移函数式(2－9)中的 u, v 是 x, y 的二维一次函数，所以一般来说，在 ij 边上，u, v 也是 x, y 的二维一次函数，于是在 ij 边上，u, v 应是 s 的一次函数。对单元 e_1，在 ij 边上，可设

$$\begin{cases} u^I = A^I + B^I s \\ v^I = C^I + D^I s \end{cases} \tag{2－23}$$

对单元 e_2,在 ij 边上,可设

$$\begin{cases} u^{II} = A^{II} + B^{II}s \\ v^{II} = C^{II} + D^{II}s \end{cases} \tag{2-24}$$

在 i 节点处,节点位移为 u_i 和 v_i, $s = 0$;在 j 节点处,节点位移为 u_j 和 v_j, $s = s_{ij}$,其中 s_{ij} 为 ij 边的长度。

将 i,j 节点的参数代入式(2-23)得

$$\begin{cases} u_i = A^I \\ v_i = C^I \\ u_j = A^I + B^I s_{ij} \\ v_j = C^I + D^I s_{ij} \end{cases} \tag{2-25}$$

将 i,j 节点的参数代入式(2-24)得

$$\begin{cases} u_i + A^{II} \\ v_i = C^{II} \\ u_j = A^{II} + B^{II} s_{ij} \\ v_j = C^{II} + D^{II} s_{ij} \end{cases} \tag{2-26}$$

由式(2-25)与式(2-26)知

$$A^I = A^{II}, B^I = B^{II}, C^I = C^{II}, D^I = D^{II} \tag{2-27}$$

于是,由式(2-23)与式(2-24)有

$$u^I = u^{II}, v^I = v^{II} \tag{2-28}$$

即在单元 e_1 和 e_2 的公共边界上,两个单元有相同的位移。所以位移函数表达式(2-9)保证了单元间位移的连续性。

综上所述,三角形单元是完备协调的单元。当网格细分时,其有限元解会收敛到精确解。

2.4　单元刚度矩阵

确定了单元的位移函数后,就可以确定单元内任一点的应变和应力(它们也是用基本未知量——节点位移来表示的),进而可以确定单元的节点力和节点位移的关系。

2.4.1　应变矩阵

把单元位移函数式(2-14)代入平面问题几何方程中得

$$\varepsilon_x = \frac{\partial u}{\partial x} = \frac{\partial N_i}{\partial x}u_i + \frac{\partial N_j}{\partial x}u_j + \frac{\partial N_m}{\partial x}u_m$$

$$\varepsilon_y = \frac{\partial v}{\partial y} = \frac{\partial N_i}{\partial y}v_i + \frac{\partial N_j}{\partial y}v_j + \frac{\partial N_m}{\partial y}v_m$$

$$\gamma_{xy} = \frac{\partial u}{\partial y} + \frac{\partial v}{\partial x} = \frac{\partial N_i}{\partial y}u_i + \frac{\partial N_j}{\partial y}u_j + \frac{\partial N_m}{\partial y}u_m + \frac{\partial N_i}{\partial x}v_i + \frac{\partial N_j}{\partial x}v_j + \frac{\partial N_m}{\partial x}v_m$$

用矩阵表示上述关系得

$$\{\varepsilon\} = \begin{Bmatrix}\varepsilon_x\\ \varepsilon_y\\ \gamma_{xy}\end{Bmatrix} = \begin{bmatrix}\frac{\partial N_i}{\partial x} & 0 & \frac{\partial N_j}{\partial x} & 0 & \frac{\partial N_m}{\partial x} & 0\\ 0 & \frac{\partial N_i}{\partial y} & 0 & \frac{\partial N_j}{\partial y} & 0 & \frac{\partial N_m}{\partial y}\\ \frac{\partial N_i}{\partial y} & \frac{\partial N_i}{\partial x} & \frac{\partial N_j}{\partial y} & \frac{\partial N_j}{\partial x} & \frac{\partial N_m}{\partial y} & \frac{\partial N_m}{\partial x}\end{bmatrix}\begin{Bmatrix}u_i\\ v_i\\ u_j\\ v_j\\ u_m\\ v_m\end{Bmatrix}$$

即

$$\{\varepsilon\} = [B]\{\delta\}^e \tag{2-29}$$

式中

$$[B]_{3\times 6} = \begin{bmatrix}\frac{\partial N_i}{\partial x} & 0 & \frac{\partial N_j}{\partial x} & 0 & \frac{\partial N_m}{\partial x} & 0\\ 0 & \frac{\partial N_i}{\partial y} & 0 & \frac{\partial N_j}{\partial y} & 0 & \frac{\partial N_m}{\partial y}\\ \frac{\partial N_i}{\partial y} & \frac{\partial N_i}{\partial x} & \frac{\partial N_j}{\partial y} & \frac{\partial N_j}{\partial x} & \frac{\partial N_m}{\partial y} & \frac{\partial N_m}{\partial x}\end{bmatrix}$$

把 $N_i = \frac{1}{2\Delta}(a_i + b_i x + c_i y)\ (\overrightarrow{\underleftarrow{i,j,m}})$ 代入上式得

$$[B] = \frac{1}{2\Delta}\begin{bmatrix}b_i & 0 & b_j & 0 & b_m & 0\\ 0 & c_i & 0 & c_j & 0 & c_m\\ c_i & b_i & c_j & b_j & c_m & b_m\end{bmatrix} = [B_i \quad B_j \quad B_m] \tag{2-30}$$

式中

$$[B_i] = \frac{1}{2\Delta}\begin{bmatrix}b_i & 0\\ 0 & c_i\\ c_i & b_i\end{bmatrix} \quad (\overrightarrow{\underleftarrow{i,j,m}})$$

矩阵$[B]$是由节点位移求单元内任意一点应变的转换矩阵,称之为应变矩阵。$[B]$的元素是三角形单元的几何性质有关的常数,因而在每一个单元中应变分量 $\varepsilon_x,\varepsilon_y,\gamma_{xy}$ 都是常量,故称三角形单元是常应变三角形单元。显然,单元间应变有突变,即应变不连续。

2.4.2 应力矩阵

把式(2-29)代入物理方程$\{\sigma\} = [D]\{\varepsilon\}$ 得

$$\{\sigma\} = [D]\{\varepsilon\} = [D][B][\delta]^e = [S]\{\delta\}^e \tag{2-31}$$

式中

$$[S] = [D][B] \tag{2-32}$$

$[S]$是由单元节点位移求单元内任一点应力的转换矩阵,叫做应力矩阵。由于$[D]$,$[B]$中的元素都是常量,$[S]$中的元素也都是常量,单元中的应力分量即为常量。所以三角形单元既是常应变单元,也是常应力单元。相邻单元将有不同的应力,在它们的公共边界上,应力将有突变。随着网格的细化,这种突变将急剧缩小,并不妨碍有限元解答收敛于正确解。

由于平面应力问题与平面应变问题的弹性矩阵$[D]$不同,因而它们的应力矩阵也不同。若将应力矩阵写成如下分块形式

$$[S] = [S_i \quad S_j \quad S_m]$$

对于平面应力问题

$$[S_i] = \frac{E}{2(1-\mu^2)\Delta}\begin{bmatrix} b_i & \mu c_i \\ \mu b_i & c_i \\ \frac{1-\mu}{2}c_i & \frac{1-\mu}{2}b_i \end{bmatrix} \quad (\overrightarrow{i,j,m})$$

对于平面应变问题,把 E 换为$\dfrac{E}{1-\mu^2}$,μ 换为$\dfrac{\mu}{1-\mu}$得

$$[S_i] = \frac{E(1-\mu)}{2(1+\mu)(1-2\mu)\Delta}\begin{bmatrix} b_i & \frac{\mu}{1-\mu}c_i \\ \frac{\mu}{1-\mu}b_i & c_i \\ \frac{1-2\mu}{2(1-\mu)}c_i & \frac{1-2\mu}{2(1-\mu)}b_i \end{bmatrix} \quad (\overrightarrow{i,j,m})$$

2.4.3　单元刚度矩阵

利用变形体的虚功方程,可导出单元刚度矩阵表达式。

变形体的虚功原理可描述为要使变形体在某一形变位置处于平衡,其充要条件是在这一形变位置,所有外力和内力在任何虚位移上所做的虚功之和为零,即

$$\delta W_1 + \delta W_E = 0 \tag{2-33}$$

式(2-33)称为变形体的虚功方程。

设三角形单元产生一虚位移$\{f^*\}$,单元节点相应的虚位移为$\{\delta^*\}^e$,单元内部相应的虚应变为$\{\varepsilon^*\}$,则单元节点力$\{F\}^e$的虚功为$\{\delta^*\}^{eT}\{F\}^e$,体积力的虚功为$t\int_{A^e}\{f^*\}^T\{q\}dA$,表面力的虚功为$t\int_{A^e}\{f^*\}^T\{Q\}dS$,其中$\{q\}$和$\{Q\}$分别为分布体积力和分布表面力,$A^e$为单元中面所

占区域，S^e 为单元的边界，内力虚功为 $-\iint\{\varepsilon^*\}^{\mathrm{T}}\{\sigma\}t\mathrm{d}x\mathrm{d}y$，于是虚功方程可以表示为

$$\{\delta^*\}^{e\mathrm{T}}\{F\}^e + t\cdot\int_{A^e}\{f^*\}^{\mathrm{T}}\{q\}\mathrm{d}A + t\int_{S^e}\{f^*\}^{\mathrm{T}}\{Q\}\mathrm{d}S = \iint\{\varepsilon^*\}^{\mathrm{T}}\{\sigma\}t\mathrm{d}x\mathrm{d}y \tag{2-34}$$

将 $\{f^*\}=[N]\{\delta^*\}^e$，$\{\varepsilon^*\}=[B]\{\delta^*\}^e$ 代入式(2-34)得

$$\begin{aligned}&\{\delta^*\}^{e\mathrm{T}}t\int_{A^e}[B]^{\mathrm{T}}[D][B]\mathrm{d}A\cdot\{\delta\}^e = \\ &\{\delta^*\}^{e\mathrm{T}}\left(\{F\}^e + t\cdot\int_{A^e}[N]^{\mathrm{T}}\{q\}\mathrm{d}A + t\int_{S^e}[N]^{\mathrm{T}}\{Q\}\mathrm{d}S\right)\end{aligned} \tag{2-35}$$

由于虚位移是任意的，向量 $\{\delta^*\}^{e\mathrm{T}}$ 也是任意的，故上式可表示为

$$t\int_{A^e}[B]^{\mathrm{T}}[D][B]\mathrm{d}A\{\delta\}^e = \{F\}^e + t\cdot\int_{A^e}[N]^{\mathrm{T}}\{q\}\mathrm{d}A + t\int_{S^e}[N]^{\mathrm{T}}\{Q\}\mathrm{d}S \tag{2-36}$$

令

$$[K]^e = \iint_{\Delta}[B]^{\mathrm{T}}[D][B]t\cdot\mathrm{d}x\mathrm{d}y \tag{2-37}$$

$$\{P_q\}^e = t\cdot\int_{A^e}[N]^{\mathrm{T}}\{q\}\mathrm{d}A \tag{2-38}$$

$$\{P_Q\}^e = t\int_{S^e}[N]^{\mathrm{T}}\{Q\}\mathrm{d}S \tag{2-39}$$

则

$$[K]^e\{\delta\}^e = \{F\}^e + \{P_q\}^e + \{P_Q^e\} \tag{2-40}$$

式中　$[K]^e$——单元刚度矩阵；

$\{P_q\}^e$——作用在单元内体积力的等效节点载荷；

$\{P_Q\}^e$——单元边界上表面力的等效节点载荷。

由推导过程知，$t\mathrm{d}x\mathrm{d}y$ 代表微元体积 $\mathrm{d}V$，因此式(2-37)可写成更一般的形式

$$[K]^e = \int_V[B]^{\mathrm{T}}[D][B]\mathrm{d}V \tag{2-41}$$

对于所讨论的三角形单元来说，$[B]$ 中 $[D]$ 的元素都是常数。设单元等厚度，则式(2-41)可写为

$$[K]^e = [B]^{\mathrm{T}}[D][B]\cdot t\Delta \tag{2-42}$$

将式(2-13)和式(2-30)代入上式得

$$[K]^e = \begin{bmatrix}[K_{ii}] & [K_{ij}] & [K_{im}]\\ [K_{ji}] & [K_{jj}] & [K_{jm}]\\ [K_{mi}] & [K_{mj}] & [K_{mm}]\end{bmatrix} \tag{2-43}$$

式中二阶子阵

$$[K_{rs}] = \frac{Et}{4(1-\mu^2)\Delta}\begin{bmatrix} b_r b_s + \frac{1-\mu}{2}C_r C_s & \mu b_r C_s + \frac{1-\mu}{2}C_r b_s \\ \mu C_r b_s + \frac{1-\mu}{2}b_r C_s & C_r C_s + \frac{1-\mu}{2}b_r b_s \end{bmatrix} \tag{2-44}$$

$$(r = i,j,m; s = i,j,m)$$

K_{ij} 的物理意义为一种影响系数，它表示第 j 个自由度节点位移为1，其余节点位移为0时，所引起的第 i 个自由度对应的单元节点力。这里 i,j 指单元的局部自由度。$[K_{ij}]$ 是影响系数矩阵，它表示 $\{\delta_j\}$ 对 $\{F_i\}$ 的影响。

单元刚度矩阵 $[K]^e$ 具有下列性质。

1. 对称性

$[K]^e$ 的表达式为 $[K]^e = \int_V [B]^T[D][B]\mathrm{d}V$，因为 $[D]$ 为对称矩阵，$[D]^T = [D]$，于是 $[[B]^T[D][B]]^T = [B]^T[D]^T[B] = [B]^T[D][B]$，即 $[K]^{eT} = [K]^e$，所以 $[K]^e$ 是一个对称矩阵。

2. 奇异性

单元刚度矩阵 $[K]^e$ 是奇异的，它不存在逆矩阵。$[K]^e$ 的秩是3。

单元刚度矩阵奇异的物理解释是单元处于平衡时，节点力相互不是独立的，它们必须满足三个平衡方程(两个坐标方向上力的平衡和绕任一点力矩的平衡)，因此它们是线性相关的。另一方面，即使给定满足平衡的单元节点力，也不能确定单元的节点位移 $\{\delta\}^e$，因为单元还有任意的刚体位移。

3. 主元恒正，$K_{ii} > 0$

分块矩阵 $[K_{rs}]$ 当 $r = s = i,j,m$ 时，它的主对角线元素即为主元，由式(2-44)可见它们是恒正的。K_{ii} 恒正的物理意义是要使节点位移 $\delta_i = 1$，施加在 δ_i 方向的节点力必须与位移 δ_i 同向。

2.5　等效节点载荷向量

下面利用式(2-38)和式(2-39)计算几种常见载荷的等效节点载荷。

2.5.1　均质等厚单元的自重

单元的单位体积重量为 ρ，如图2-11所示，则 $\{q\} = \begin{Bmatrix} 0 \\ -\rho \end{Bmatrix}$ 其等效节点载荷为

$$\{P_q\}^e = \{P_{ix}, P_{iy}, P_{jx}, P_{jy}, P_{mx}, P_{my}\}^T =$$

$$\int_{A^e}[N]^T\{q\}t\mathrm{d}A =$$

$$\int_{A^e}\begin{bmatrix} N_i & 0 \\ 0 & N_i \\ N_j & 0 \\ 0 & N_j \\ N_m & 0 \\ 0 & N_m \end{bmatrix}\begin{Bmatrix} 0 \\ -\rho \end{Bmatrix} t\,\mathrm{d}A \tag{2-45}$$

由于

$$\int_{A^e} N_i \rho t\,\mathrm{d}A = \frac{\Delta}{3}\rho t,\quad \int_{A^e} N_j \rho t\,\mathrm{d}A = \frac{\Delta}{3}\rho t,\quad \int_{A^e} N_m \rho t\,\mathrm{d}A = \frac{\Delta}{3}\rho t$$

故

$$\{P_q\}^e = -\frac{1}{3}\rho t\Delta\{0 \quad 1 \quad 0 \quad 1 \quad 0 \quad 1\}^{\mathrm{T}} \tag{2-46}$$

对于均质等厚度的三角形单元所受的重力，只需把$\frac{1}{3}$的总重量移置到每个节点上。

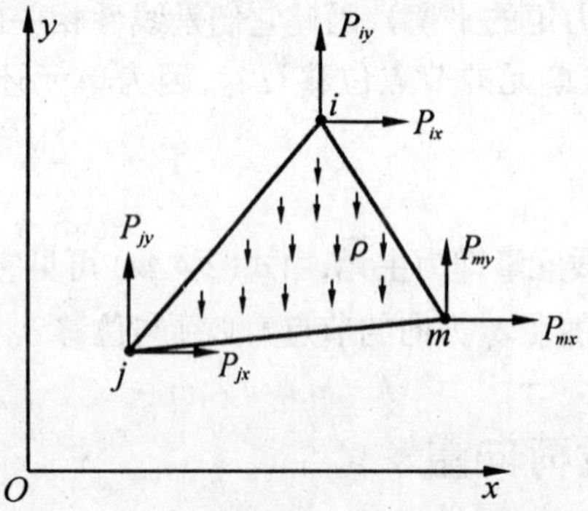

图 2－11　三角形单元上作用体积力

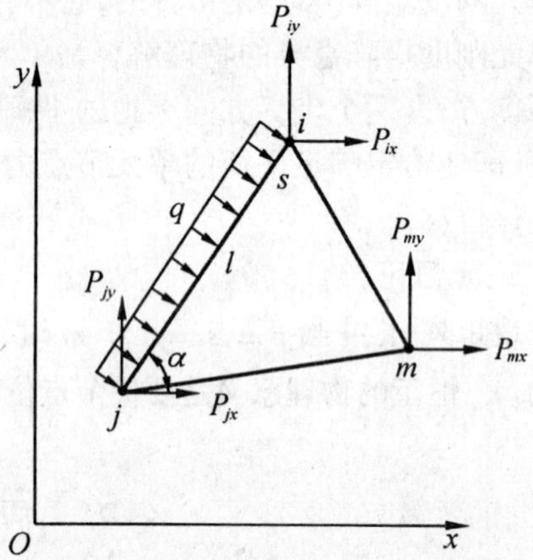

图 2－12　单元边上作用均布侧压

2.5.2　均布表面力

1.均布侧压 q

作用在 ij 边，q 以压为正，如图 2－12 所示。令 ij 边长为 l，与 x 轴的夹角为 α，侧压 q 在 x 和 y 方向的分量为

$$q_x = q\sin\alpha = \frac{q}{l}(y_i - y_j)$$

$$q_y = -q\cos\alpha = \frac{q}{l}(x_j - x_i)$$

作用在单元边界上的面积力为

$$\{Q\}=\begin{Bmatrix}q_x\\q_y\end{Bmatrix}=\frac{q}{l}\begin{Bmatrix}y_i-y_j\\x_j-x_i\end{Bmatrix}\tag{2-47}$$

在单元边界上可取局部坐标 s(图 2 – 12),沿 ij 边插值函数可写作

$$N_i=1-\frac{s}{l},\quad N_j=\frac{s}{l},\quad N_m=0\tag{2-48}$$

将式(2 – 47) 及式(2 – 48) 代入式(2 – 39),便可求得到侧压作用下的单元等效节点载荷

$$P_{ix}=\int_l N_iq_xt\mathrm{d}s=\int_l\left(1-\frac{s}{l}\right)q_xt\mathrm{d}s=\frac{t}{2}q(y_i-y_j)$$

$$P_{iy}=\frac{t}{2}q(x_j-x_i)$$

$$P_{mx}=P_{my}=0$$

因此

$$\{P_Q\}^e=\frac{1}{2}qt\{y_i-y_j\quad x_j-x_i\quad y_i-y_j\quad x_j-x_i\quad 0\quad 0\}^{\mathrm{T}}\tag{2-49}$$

2. x 向均布力 q

作用在 ij 边,如图 2 – 13 所示。这时边界上面积力 $\{Q\}=\begin{Bmatrix}q\\0\end{Bmatrix}$

单元等效节点载荷为

$$\{P_Q\}^e=\frac{1}{2}qlt\{1\quad 0\quad 1\quad 0\quad 0\quad 0\}^{\mathrm{T}}\tag{2-50}$$

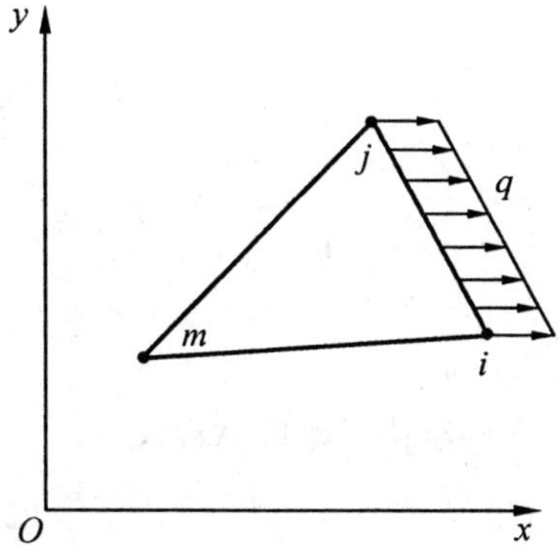

图 2 – 13　单元边上作用 x 方向均布力

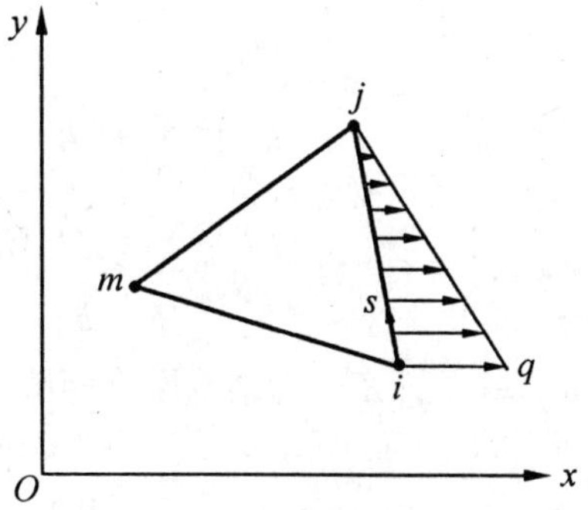

图 2 – 14　单元边上作用 x 方向三角分布载荷

3. x 方向三角形分布载荷

作用在 ij 边,如图 2 - 14 所示。这时边界上面积力可写作局部坐标 s 的函数

$$\{Q\} = \begin{Bmatrix} \left(1 - \frac{s}{l}\right)q \\ 0 \end{Bmatrix}$$

单元等效节点载荷为

$$\{P_Q\}^e = \frac{1}{2}qlt\left\{\frac{2}{3} \quad 0 \quad \frac{1}{3} \quad 0 \quad 0 \quad 0\right\}^{\mathrm{T}} \tag{2-51}$$

2.6 结构刚度方程

本节将给出基于虚功原理的有限元法的一般表达式。假想在单元 e 中发生了虚位移 $\{f^*\}$,相应的节点虚位移为 $\{\delta^*\}^e$,则有

$$\{f^*\} = [N]\{\delta^*\}^e \tag{2-52}$$

用 $\{F\}^e$ 表示单元 e 全部节点力组成的向量,$\{P_g\}$ 表示单元 e 内部的分布体力,$\{P_Q\}$ 表示单元 e 边界上作用的分布面力,则外力虚功为

$$\begin{aligned} \delta W_E &= \sum_e \left(\{\delta^*\}^{e\mathrm{T}}\{F\}^e + \int_V \{f^*\}^{\mathrm{T}}\{P_q\}\mathrm{d}V + \iint_{S^e} \{f^*\}^{\mathrm{T}}\{P_Q\}\mathrm{d}A \right) = \\ &\{\delta^*\}^{\mathrm{T}}\left(\sum \{F\}^e + \int_V [N]^{\mathrm{T}}\{P_Q\}\mathrm{d}V + \iint_{S^e} [N]^{\mathrm{T}}\{P_Q\}\mathrm{d}A \right) = \\ &\{\delta^*\}^{\mathrm{T}}\{R\} \end{aligned} \tag{2-53}$$

式中

$$\{R\} = \sum \{F\}^e + \int_V [N]^{\mathrm{T}}\{P_q\}\mathrm{d}V + \iint_{S^e} [N]^{\mathrm{T}}\{P_Q\}\mathrm{d}A$$

应力在虚应变上的虚功为

$$\begin{aligned} \delta W_1 &= -\sum \int_V \{\varepsilon^*\}^{\mathrm{T}}\{\sigma\}\mathrm{d}V = \sum \{\varepsilon^*\}^{\mathrm{T}}\{D\}\{\varepsilon\}\mathrm{d}V = \\ &- \{\delta^*\}^{\mathrm{T}} \sum \int_V [B]^{\mathrm{T}}[D][B]\mathrm{d}v\{\delta\} = \\ &- \{\delta^*\}^{\mathrm{T}} \sum [K]^e\{\delta\} = \\ &- \{\delta^*\}^{\mathrm{T}}[K]\{\delta\} \end{aligned}$$

式中 $[K] = \sum [K]^e$ 为结构刚度矩阵。由 $\delta_{W_E} + \delta_{W_1} = 0$ 得到结构的刚度方程如下

$$[K]\cdot\{\delta\} = \{R\} \tag{2-54}$$

整体刚度矩阵有如下特点。

2.6.1 对称性

与单元刚度矩阵一样,整体刚度矩阵也是对称矩阵。利用其对称性,可以只存储其上三角

或下三角部分，从而节省计算机存储空间。

2.6.2　稀疏性

整体刚度矩阵是一个稀疏矩阵。稀疏性是指对于节点较多的网格来说，[K] 的大多数元素都是零，非零元素只占元素总数的少部分。

为说明稀疏性，引入相关节点的概念。把处于同一单元的节点叫相关节点，否则称为非相关节点。例如图 2－15 中，节点 5 的相关节点为 2,3,4,5,6,8,9。由于一个节点的节点位移只对同一单元上的节点力有影响，所以在整体刚度矩阵中，相关节点对应的子块是非零子块，而非相关节点对应的子块一定是零子块。

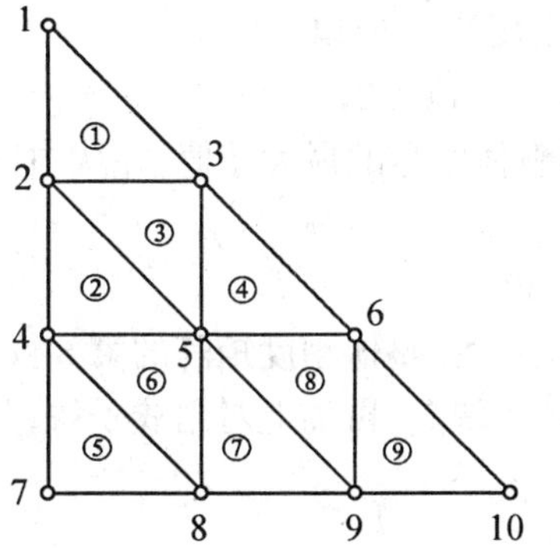

(a)

节点	1	2	3	4	5	6	7	8	9	10
1	Δ	Δ	Δ							
2	Δ	Δ	Δ	Δ	Δ					
3	Δ	Δ	Δ		Δ	Δ				
4		Δ		Δ	Δ		Δ	Δ		
5		Δ	Δ	Δ	Δ	Δ		Δ		
6			Δ		Δ	Δ			Δ	Δ
7				Δ			Δ	Δ		
8				Δ	Δ		Δ	Δ	Δ	
9					Δ	Δ		Δ	Δ	Δ
10						Δ			Δ	Δ

(b)

图 2－15　整体刚度矩阵的稀疏性

以图 2－15(a) 所示的 10 节点网格为例，其整体刚度矩阵 [K] 中的非零子块(用 Δ 表示)分布如图 2－15(b) 所示。以第一行为例，节点 1 的相关节点为 1,2,3，因而只有 $[K_{11}]$，$[K_{12}]$，$[K_{13}]$ 三个子块不为零，其余均为非相关节点对应的零子块。

在弹性力学平面问题中，以三角形单元为例，1 个节点的相关节点一般不会超过 9 个(最常见的是 7 个)。而一个实际的工程问题，取 200 多个节点并不算多，此时 [K] 的一行中非零子块最多占 9/200，即 5% 以下。网格分得越细，节点越多，整体刚度矩阵的稀疏性就越突出。利用这一特点，在程序设计中可设法只存储 [K] 中的非零元素，或者存储尽量少的零元素，这样，既可节省内存，又可节省运算时间。

2.6.3　奇异性

整体刚度矩阵和单元刚度矩阵一样是奇异阵，证明方法相同。其物理意义：整个结构在无约束条件下可做刚体运动,因而在解题时必须引入约束条件,以消除刚体位移,亦即消除整体刚度矩阵的奇异性。

整体刚度矩阵的奇异性亦可这样来说明:整体刚度矩阵的每行元素是由单元刚度阵的对应行元素组成,因为单元刚度每行元素之和为零,所以整体刚度矩阵每行元素之和也为零,亦即整体刚度矩阵是奇异阵。

2.6.4 带状分布

由图 2-15 可以看出,整体刚度[K]的非零元素分布在以对角线为中心的带状区域内,这种矩阵叫做带状矩阵。在包括对角线元素在内的半个带状区域内,每行包含的最多元素个数叫做半带宽。在图 2-15 中,半带中每行最多有 5 个子块(每个子块为 2×2 子矩阵),即 10 个元素,故半带宽 $d = 10$。

若半带宽用 d 来表示的话,在平面问题中,节点自由度为 2,所以

$$d = (\text{单元节点号的最大差值} + 1) \times 2$$

图 2-15 共有 9 个单元,我们先计算每个单元节点整体编号的最大差值,并从中选出最大差值为 4,于是

$$d = (4 + 1) \times 2 = 10$$

在图 2-15 中,9 号单元节点号差值为最大(等于 4),它表示在整体刚度矩阵的第 6 行中,最左边一个非零子块[$K_{6,10}$]与对角线子块[$K_{6,6}$]中间相隔的子块数,再加上对角线子块,共有 5 个子块,故半带宽为 10。

2.7 引入位移边界条件

因为整体刚度矩阵[K]是奇异矩阵,所以整体平衡方程(2-54)不能求解,必须引入约束条件限制结构的刚体位移,方可消除整体刚度矩阵的奇异性。

边界受约束点的约束条件通常有零位移和非零位移两种。零位移对应于刚性支承(如支杆、铰链连接等)。非零位移一般有两种情况:一种是弹性支撑;另一种是对于网格中某一应力集中区域进行局部网格细化时,局部细化区域边界上用粗网格计算得到的节点位移,就是用细网格分析时对应边界点的约束条件。

与结构力学的作法一样,引入约束条件,就是对[K]和{R}做相应修正。

(1) 修正[K]的方法:将已知位移分量对应的行、列元素做修正,修正方法以主对角线元素置 1,其余元素置 0;其他行、列元素不变。

(2) 修正{R}的规则:若已知第 j 个位移分量为 $\bar{u}_j$,第 k 个位移分量为 $\bar{u}_k$,则修正后的载荷向量{R}* 中的元素为

$$R_j^* = \bar{u}_j$$

$$R_K^* = \bar{u}_k \qquad (i = 1,2,\cdots,n; i \neq j; i \neq k)$$

$$R_i^* = R_i - K_{ij}\bar{u}_j - K_{ik}\bar{u}_k$$

还应注意，在程序设计时，一般是一个一个地引入约束条件，因为在 R_i 中用到修正前的刚度矩阵元素 K_{ij}，K_{ik} 等，所以修正次序应为先修正$\{R\}$，后修正$[K]$。

2.8　方程求解与应力计算

引入约束条件以后，就可以求解约束方程组$[K]^*\{\delta\} = \{R\}^*$了。解高阶线性方程组通常有两种方法：直接法和迭代法。直接法中最常用的是高斯消去法和因子分解法。迭代法中常用的有普通迭代法(Jacobi 迭代法)、赛德尔迭代法和松弛法(SOR 法)。对于中小型方程组(小于几千阶)，常选用直接法，因为直接法能在预定的计算步数内求得精确解(不计舍入误差)，可靠且效率高。对于高阶的，特别是大型稀疏方程组，由于直接法的存储量和计算量太大，迭代法更具竞争力。有关这些方法的细节请参阅计算方法。

求得节点位移向量$\{\delta\}$后，即可应用公式$\{\varepsilon\} = [B]\cdot\{\delta\}^e$，$\{\sigma\} = [D][B]\{\delta\}^e$计算每个单元内部各点的应变与应力。

因为$[B]$是形函数对坐标求导后得到的矩阵，而求导将使多项式的次数降低，所以通过求导运算得到的应变与应力精度要比位移低，即利用以上两式得到的应变与应力的解答具有较大的误差。应力解的误差表现在单元内部不满足平衡方程；单元与单元的交界处应力一般不连续；在边界上应力解一般与力的边界条件不相符合。在实际工程中，感兴趣的是单元边界和节点上的应力，因此需对计算得到的应力进行处理，以改善所得结果的精度。对于三角形单元来说，最常用的方法有以下三种。

2.8.1　绕节点平均法

用围绕该点的相关单元的应力平均值作为该节点的应力

$$\sigma_i = \frac{1}{m}\sum_{e=1}^{m}\sigma_i^e$$

式中　m——围绕节点 i 的单元数；

σ_i^e——相关单元的应力。

2.8.2　两单元平均法

把相邻两个单元的应力加以平均，用来表示这两个单元公共边中心点的应力

$$\sigma_i = \frac{1}{2}(\sigma_{i1} + \sigma_{i2})$$

也可以采用以下的面积加权平均

$$\sigma_i = \frac{\sigma_{i1}\Delta_1 + \sigma_{i2}\Delta_2}{\Delta_1 + \Delta_2}$$

式中 Δ_1, Δ_2 分别表示两个相邻单元的面积。

2.8.3 外推法计算边界点应力

如图 2－16所示,对于边界点0的应力,可用拉格朗日插值公式(外推)计算。把图2－16中的0,1,2,3等点的距离表示在图2－17中的横坐标上,以 σ 为纵坐标。根据已知节点1,2,3的应力 $\sigma_{i1},\sigma_{i2},\sigma_{i3}$,用三点插值公式求出任意一点 x 处的应力为

$$\sigma_i(x) = \frac{(x-x_2)(x-x_3)}{(x_1-x_2)(x_1-x_3)}\sigma_{i1} + \frac{(x-x_1)(x-x_3)}{(x_2-x_1)(x_2-x_3)}\sigma_{i2} + \frac{(x-x_1)(x-x_2)}{(x_3-x_1)(x_3-x_2)}\sigma_{i3}$$

边界点0处的应力(即 $x=0$ 的 σ_i 值)为 $\sigma_i(0)=\sigma_{i0}$。从几何上看,相当于把插值曲线延长与 σ 轴的交点处的 σ_i 值。对于应力高度集中处,可取四点插值。一般情况下,取三点插值就足够精确了。

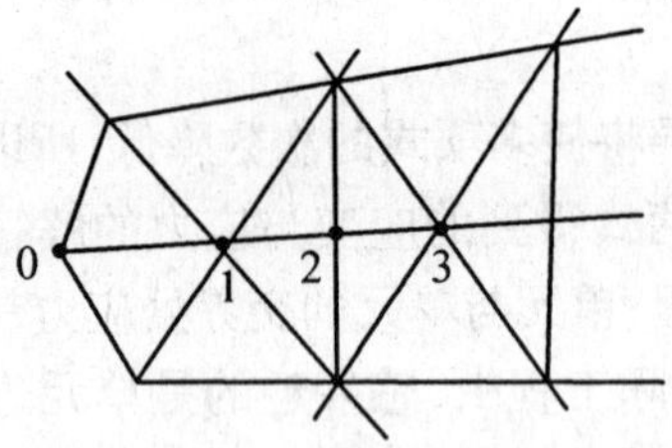

图 2－16　边界点的应力

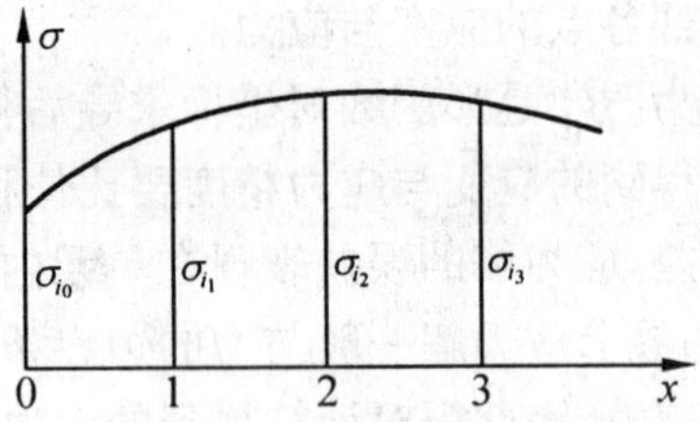

图 2－17　应力插值曲线

应该注意,如果相邻单元的厚度或材料不同,则在理论上应力应当有突变,因此只允许对厚度及弹性常数都相同的单元采用上述方法。

2.9 计算实例

例 1　厚壁圆筒受内压。圆筒内壁半径80,外壁半径84,内压50.0,切出中间典型的一片可按平面应变问题进行计算,由于对称,取 1/4 圆筒就可以了。支座条件及三角形单元划分见图 2－18。三角形单元的两个边长比一般应控制不大于1:2。由于是常应变单元,单元应力值在真解两侧振荡,取相邻单元应力的平均值作为有限元解的计算值,则有限元解与精确解的相对误差,对于主要应力 σ_θ 来说不超过1.5%。这种良好的结果也说明了有限元解的可靠性。

例 2　均匀应力场中圆孔附近的应力集中问题。取无限大板的一部分,板的边缘处为均匀应力场,网格划分如图 2－19 所示。按各向同性及正交各向异性两种材料分别计算,材料参数

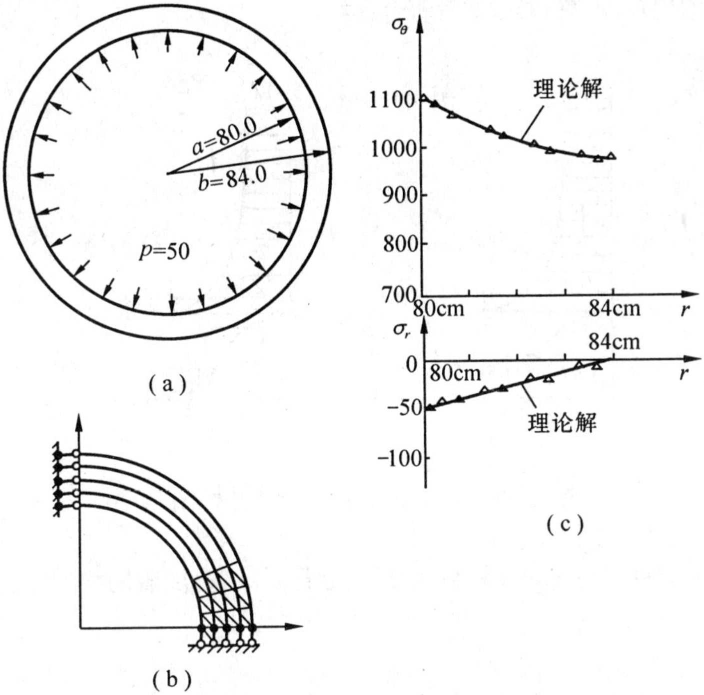

图 2－18　厚壁筒受内压

(a) 厚壁筒受内压；(b) 网格划分；(c) 有限元应力解与理论值比较

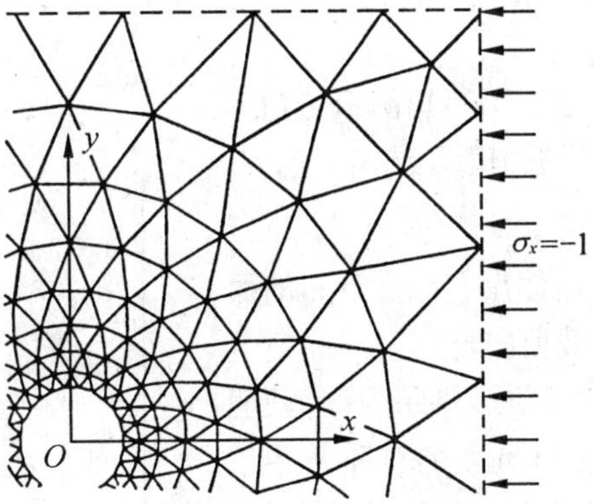

图 2－19　网格划分

皆注明于图 2 – 20 中。图 2 – 20(a)、(b) 分别给出了各向性材料与正交各向异性材料有限元计算结果与解析解的比较，由图可见，两者符合良好。

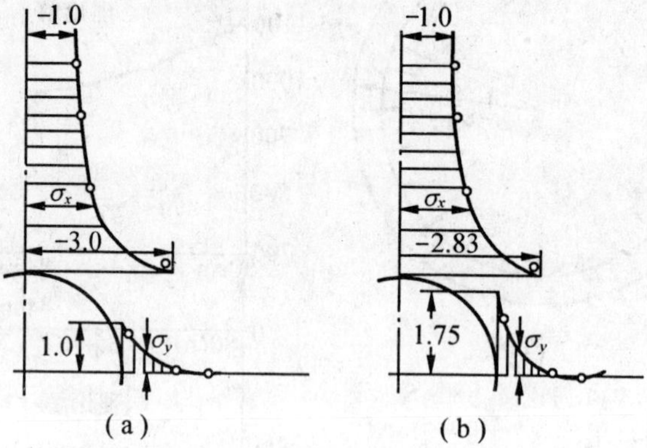

图 2 – 20　理论解与有限元计算结果的比较

以上两个算例如将网格进一步划细，结果还能得到改善。随着网格加密，有限元近似解收敛于真解。

习　题

2.1　证明三节点三角形单元的插值函数满足

$$N_i(x_j, y_j) = \delta_{ij} \text{ 及 } N_i + N_j + N_m = 1$$

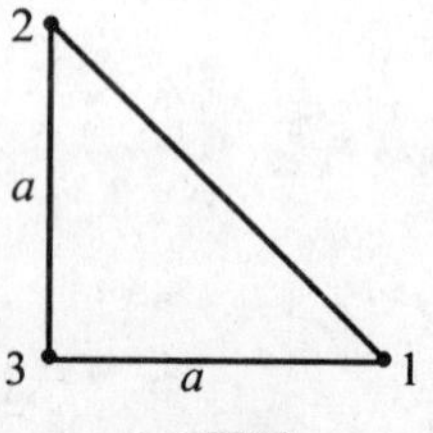

2.2 题图

2.2　图示三节点三角形单元，厚度为 t，弹性模量是 E，泊松比 $\mu = 0$。试求插值函数矩阵$[N]$，应变矩阵$[B]$，应力矩阵$[S]$，单元刚度矩阵$[K]^e$。

2.3　写出图示三角形单元的插值函数 N_i, N_j, N_m 以及应变矩阵$[B]$。

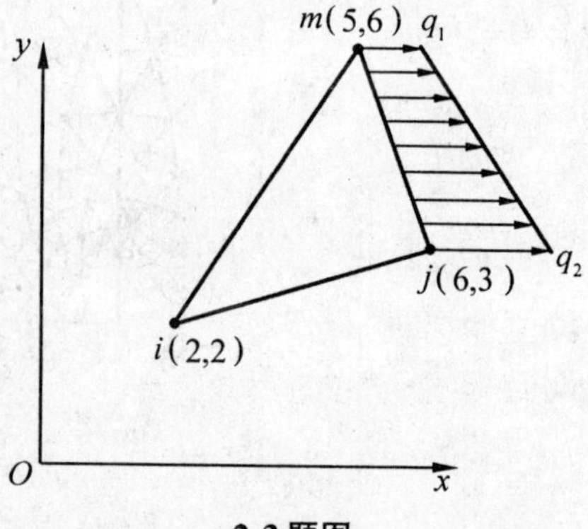

2.3 题图

2.4　2.3 题中单元在 jm 边作用有线性分布的面载荷(x 方向)，试求等效节点载荷向量。

2.5　以平面问题常应变三角形单元为例，证明单元刚度矩阵的任何一行(或列)元素的总和为零。

2.6　证明常应变三角形单元发生刚体位移时，单元中将不产生应力。

(提示：赋予节点在单元做平移和转动时相应的

节点位移，证明单元中应力为零。）

2.7　求图示二次三角形单元在142边作用有均布侧压 q 时的等效节点载荷。假设节点坐标已知，单元厚度为 t。

2.8　二维单元在 xy 坐标平面内平移到不同位置，单元刚度矩阵是否相同，在平面内旋转时怎样？单元旋转180°后单元刚度矩阵与原来的是否相同，单元作上述变化时，应力矩阵[S]如何变化？

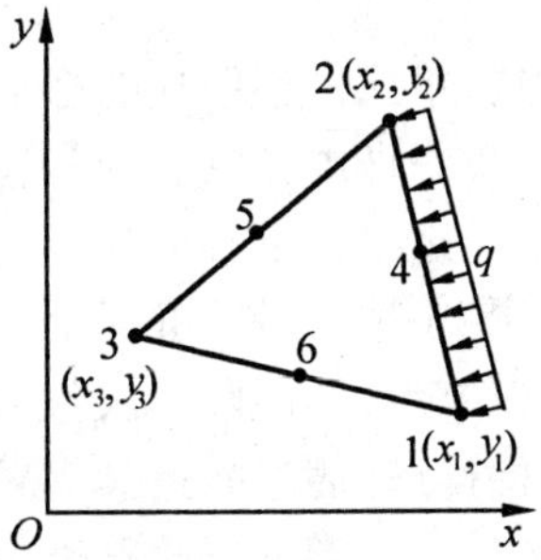

2.7 题图

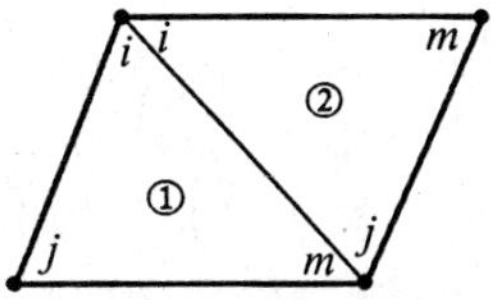

2.9 题图

2.9　图中两个三角形单元组成平行四边形，已知单元①按局部编码 i,j,m 的单元刚度矩阵[K]^{①} 和应力矩阵[S]^{①} 是

$$[K]=\begin{bmatrix}8 & 0 & -6 & -6 & -2 & 6\\ & 16 & 0 & -12 & 0 & -4\\ & & 13.5 & 4.5 & -7.5 & -4.5\\ \text{对} & & & 13.5 & 1.5 & -1.5\\ & & & & 9.5 & -1.5\\ & & \text{称} & & & 5.5\end{bmatrix}$$

$$[S]=\begin{bmatrix}0 & 0 & -3 & 0 & 3 & 0\\ 0 & 4 & 0 & -3 & 0 & -1\\ 2 & 0 & -1.5 & -1.5 & -0.5 & 1.5\end{bmatrix}$$

按图示单元②的局部编码写出[K]^{②}，[S]^{②}。

第3章　等参单元

3.1　等参单元的引入

在前一章中，我们介绍了有限元法的基本概念。可以看到，单元位移模式的选取对保证有限元近似解的收敛性和提高计算精度都具有决定性的意义。我们详细介绍过的常应变三角形单元，虽然是一种常被应用的单元，但它的缺点也是明显的，一是单元位移模式仅包含坐标的线性函数，精度过低；二是单元边界是直边，为了贴合曲线边界，往往不得不把单元尺寸取得很小。为了提高三角形单元的精度，当然可以在它的边界上增设节点，选用较高次数的多项式位移模式，但由于一般的三角形的形状并不规则，这种方法不便推广。通过构造具有较高精度的单元也可以提高计算精度，但是用较小的形状规则的单元离散几何形状比较复杂的求解域常会遇到困难，因此需要寻找适当的方法将上一章讨论的规则形状的单元转化为其边界为曲线或曲面的相应单元。在有限元法中最普遍采用的变换方法是等参变换，即单元几何形状的变换和单元内的场函数，采用相同数目的节点参数，及相同的插值函数进行变换。采用等参变换的单元称之为等参单元。借助于等参单元可以对于一般的任意几何形状的工程问题和物理问题方便地进行有限元离散。因此等参单元的提出，为有限元法成为现代工程领域最有效的数值分析方法起到极为重要的促进作用。

等参数单元的基本思想：先在具有规则形状的单元（区域）上构造位移插值函数，然后把这个具有规则形状的单元通过坐标变换映射为物理平面上的一个形状比较复杂的单元。因而，等参数单元也被称为映射单元。

3.2　四节点矩形双线性单元

从本节开始，我们以平面应力问题为例介绍等参数单元。如我们已经知道的，只要把弹性常数适当置换后，所有结果也适用于平面应变问题。

3.2.1　位移插值函数

对于某些具有规则边界的区域，可以把所讨论的区域划分为若干个矩形单元，不失一般性，不妨假设它是一个中心位于坐标原点、边长为2的正方形，如图3－1所示。这是因为任何一个边长为 $2a$ 和 $2b$，中心在点(x_0, y_0)处的矩形单元，只需引入简单的坐标变换

$$x' = \frac{x - x_0}{a}, \quad y' = \frac{y - y_0}{b}$$

即可化为一个中心位于$(x' = 0, y' = 0)$的边长为2的正方形单元。

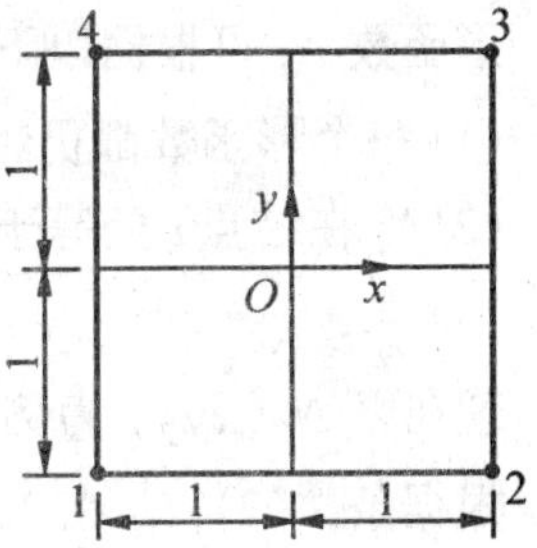

图3-1　边长为2的四节点正方形单元

取正方形的4个角点1,2,3,4作为单元的节点,它们的坐标为

$$(x_1 = -1, y_1 = -1), \quad (x_2 = 1, y_2 = -1),$$
$$(x_3 = 1, y_3 = 1), \quad (x_4 = -1, y_4 = 1) \tag{3-1}$$

由于单元只有4个节点,考虑到完备性条件和几何各向同性的要求,单元位移模式应取为

$$\begin{cases} u = \alpha_1 + \alpha_2 x + \alpha_3 y + \alpha_4 xy \\ v = \alpha_5 + \alpha_6 x + \alpha_7 y + \alpha_8 xy \end{cases} \tag{3-2}$$

我们知道,所谓单元位移模式是用有限个自由度的位移形态近似反映真实的位移形态。用数学语言来说所谓的位移模式就是用于近拟合真实位移函数的一种插值函数。

式(3-2)所示位移插值函数的特点:固定x,它是y的线性函数;固定y,它是x的线性函数。因而,我们称它为双线性插值函数,把采用这种位移插值函数的四节点矩形单元称为矩形双线性单元。由式(3-2)可知,沿x方向,正应变ε_x和正应力σ_x仍为常量,同样,沿y方向,ε_y和σ_y也是常量,但剪应变γ_{xy}和剪应力τ_{xy}则为线性分布。但由于在位移插值函数中包含xy项,所以在单元范围内,在$x = c$的直线上,正应变ε_x和正应力σ_x沿y方向为线性分布;在$y = c$的直线上,正应变ε_y和正应力σ_y沿x方向为线性分布。可见,矩形双线性单元反映单元弯曲变形的这种能力是常应变三角形单元所不具有的,从而计算精度可望有所提高。

由于式(3-2)所示位移插值函数含有完全的一次多项式,所以它满足常应变准则即完备性条件,又因为它在矩形单元的任意一条边界上($x = \pm 1$或$y = \pm 1$)均为线性变化,可由该边界上两个角点处的节点位移值完全确定,所以只要相邻单元在它们的公共边界上具有共同的节点,位移连续性条件即协调性条件也必然满足。因而,矩形双线性单元是完备的协调单元。

3.2.2　形函数的确定

由于我们要建立的是以节点位移为基本未知量的有限元方程,我们仍然把位移插值函数u和v表示为形函数与节点位移乘积之和的形式,即

$$\begin{cases} u = \sum_{i=1}^{4} N_i u_i \\ v = \sum_{i=1}^{4} N_i v_i \end{cases} \tag{3-3}$$

式中　u_i, v_i——结点i的位移分量;

N_i——形函数，$i=1,2,3,4$。

形函数 N_i 可根据以下两个条件予以确定：

(1) 每个形函数都仍然是坐标的双线性函数；

(2) N_i 在结点 i 处等于 1，在其他节点处等于零，即

$$N_i(x_i,y_i)=1,N_i(x_j,y_j)=0 \quad (j\neq i) \tag{3-4}$$

现在以 $N_1(x,y)$ 为例，说明确定形函数的方法。

根据条件(2)，N_1 在 2,3,4 处均等于 0。在 $x=1$ 的边界上，N_1 只是 y 的线性函数。既然 N_1 在节点 2,3 处皆等于 0，N_1 在 $x=1$ 的整个边界上必然恒等于 0，因而 N_1 包含 $(1-x)$ 的因式。同理，N_1 在 $y=1$ 的整个边界上恒等于 0。因而 N_1 也必包含 $(1-y)$ 的因式。既然 $N_1(x,y)$ 为双线性函数，它只能取如下形式：

$$N_1=c(1-x)(1-y)$$

由 N_1 在节点 1 处应等于 1 的条件即可定出 $c=1/4$，从而得

$$N_1=\frac{1}{4}(1-x)(1-y)$$

同理可以确定 N_2,N_3,N_4，于是得

$$\begin{cases} N_1=\frac{1}{4}(1-x)(1-y) \\ N_2=\frac{1}{4}(1+x)(1-y) \\ N_3=\frac{1}{4}(1+x)(1+y) \\ N_4=\frac{1}{4}(1-x)(1+y) \end{cases} \tag{3-5}$$

注意：式(3-1)所示为矩形单元各个节点的坐标，可将形函数 N_i 统一表示为

$$N_i=\frac{1}{4}(1+x_ix)(1+y_iy) \quad (i=1,2,3,4) \tag{3-6}$$

对任意双线性函数 $f(x,y)$，下式都成立

$$f(x,y)=\sum_{i=1}^{4}N_if_i \tag{3-7}$$

式中 f_i 为 $f(x,y)$ 在结点 i 的值，即 $f_i=(x_i,y_i)$。既然式(3-7)对任意双线性函数 $f(x,y)$ 都成立，它对任意的线性函数当然也成立。由此，分别取 $f(x,y)=1$，$f(x,y)=x$ 和 $f(x,y)=y$，便得到下列准确关系式

$$1=\sum_{i=1}^{4}N_i(x,y) \tag{3-8}$$

$$\begin{cases} x = \sum_{i=1}^{4} N_i x_i \\ y = \sum_{i=1}^{4} N_i y_i \end{cases} \tag{3-9}$$

由于形函数是定义在给定单元上的，所以式(3－8)和式(3－9)对单元的每一点(x,y)都成立。显然，式(3－9)即单元内一点的坐标通过单元节点坐标(x_i,y_i)的表达式，即坐标插值函数。

比较式(3－3)和式(3－9)可见：位移插值函数与坐标函数具有完全相同的构造，都是以节点处的函数值作为参数，并具有相同的形函数。因而矩形双线性单元也是一种等参数单元。

3.2.3　矩形双线性单元的完备性和协调性

对任意给定的常应变(包括零应变即刚体位移)，相应位移分布为

$$\begin{cases} u = \alpha_1 + \alpha_2 x + \alpha_3 x \\ v = \alpha_5 + \alpha_6 x + \alpha_7 y \end{cases} \tag{3-10}$$

由此，常应变状态引起的单元节点位移为

$$\begin{cases} u_i = \alpha_1 + \alpha_2 x_i + \alpha_3 y_i \\ v_i = \alpha_5 + \alpha_6 x_i + \alpha_7 y_i \end{cases} \tag{3-11}$$

把式(3－11)代入式(3－3)，并注意式(3－8)和式(3－9)有

$$u = \alpha_1 \sum_{i=1}^{4} N_i + \alpha_2 \sum_{i=1}^{4} N_i x_i + \alpha_3 \sum_{i=1}^{4} N_i y_i = \alpha_1 + \alpha_2 x + \alpha_3 y \tag{3-12}$$

同理有

$$v = \alpha_5 + \alpha_6 x + \alpha_7 y \tag{3-13}$$

可见，所采用的位移插值函数确能反映任意给定的刚体位移与常应变，以后简称为满足常应变准则或满足完备性条件。

由以上证明过程可知，只要式(3－8)和式(3－9)成立，常应变准则必能满足。因而式(3－8)和式(3－9)就是任何等参数单元满足常应变准则的充分必要条件。

下面再检验协调性条件。

由形函数的基本性质知，形函数N_i在不包含结点i的单元的任一条边界上恒等于0。因而，单元任一条边界上的位移分布由该边界上的节点位移惟一确定。只要相邻单元在其公共边界上具有共同的节点，相邻单元之间公共边界上任一点的位移就必定相同。所以，位移连续性条件(即协调性条件)也得到满足。

在$x=1$的边界上，$N_1=0, N_4=0$，由式(3－3)有

$$u(1,y) = N_2(1,y)u_2 + N_3(1,y)u_3 =$$

$$\frac{1}{2}(1-y)u_2 + \frac{1}{2}(1+y)u_3 = u_2 + \frac{u_3-u_2}{2}(1+y) \tag{3-14}$$

同理，在 $x=1$ 的边界上有

$$v = v_2 + \frac{v_3 - v_2}{2}(1+y) \tag{3-15}$$

对单元的其他边界易得类似表达式。由式(3－14)和式(3－15)可知，矩形双线性单元的边界在受力变形后，仍保持为直线边界。

注意，这里说明满足协调性条件的论证是一般性的，它适用于任何等参数单元。至于单元边界上的位移分布为线性分布，即式(3－14)和式(3－15)，自然只适用于矩形双线性单元。

归纳以上，我们直接从位移插值函数的表达式(3－3)出发，再一次证明了矩形双线性单元是完备的协调单元。

3.3　四节点四边形等参单元

前节所介绍的四节点矩形双线性单元只能适用于规则区域。本节介绍可用于不规则区域的四节点任意四边形单元。

3.3.1　四节点任意四边形单元

图3－2所示为一任意四边形单元，取它的4个顶点1，2，3，4为节点，其坐标分别记为(x_i, y_i)，$i=1,2,3,4$。容易看出，对任意四边形单元，如果仍旧采用式(3－3)所示的位移插值函数，则一般将不能满足位移连续性条件。这是因为在单元的任意一条不平行于坐标轴的边界上，例如图3－2所示单元的23边界上，这条边的方程的形式为

$$y = kx + b,(k \neq 0)$$

因而，在这条边上位移插值函数 u 将取如下形式

$$u = Ax^2 + Bx + C$$

即 u 在这边条上不再是线性变化的。由此，位移插值函数在这条边上的值不能由这边条上两个节点处的函数值惟一确定，从而插值函数 u 在相邻单元公共边界上的连续性也不再能得到满足，即协调条件得不到满足。

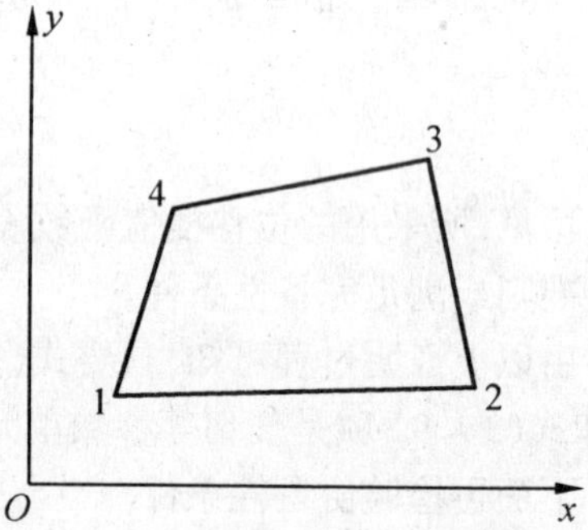

图3－2　四节点四边形单元

由以上分析可知，对任意四边形单元，我们不能再直接采用双线性插值函数。但这对矩形单元则是可行的。这就启发我们，只要通过适当的坐标变换，把四边形单元变换为矩形单元，则仍可采用双线性插值函数。换句话说，我们希望把物理平面(即 xy 平面)上的四边形单元通过适当的坐标变换，变换为 $\xi\eta$ 平面上的以坐标系原点为中心的边长为2的正方形单元(以下称为母单元)，且 xy 平面上的节点1，2，3，4分别对应于 $\xi\eta$ 平面上的节点1，2，3，4，如图3－3所示。

应该强调指出，上述坐标变换并不是对整个求解区域进行的，而是对每一个单元分别进行的。因而，我们把(x,y)称为整体坐标，它适用于所有单元，即适用于整个求解区域。我们把(ξ,η)称为单元的自然坐标，也有些文献称之为单元的局部坐标。所谓坐标变换指的是要对每一个单元建立它的整体坐标(x,y)与自然坐标(ξ,η)之间的变换关系。

这个坐标变换可用如下方法直观地得到：对图3－3(a)所示的四边形单元，将各对边的等分点用直线连接，并规定它与局部坐标系下单元的相应对边相应等分点的连线相对应。这样，就建立了图3－3(a)所示四边形单元与图3－3(b)所示正方形单元各点之间的一一对应关系。

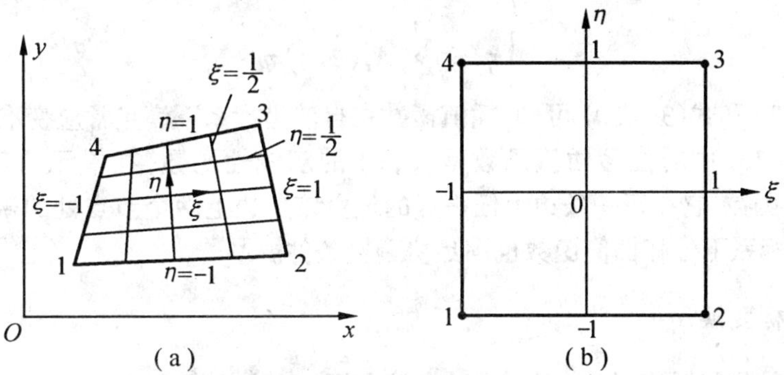

图3－3　整体坐标系与四边形单元的局部坐标系

(a) 整体坐标系；(b) 单元的自然坐标系

由上可知，我们所要求的这个坐标变换确实是存在的。不过，要直接写出这个变换的解析表达式，似乎并不是很简单的。现在暂时把这个问题放在一边，先考察通过这样的变换后，插值函数所应具有的形式，然后再建立坐标变换的具体表达式。

3.3.2　自然坐标系下的位移插值函数

由于自然坐标系(ξ,η)下的单元是上节考察过的矩形单元，而它的四个节点处的位移值应该是整体坐标系下的节点位移值u_i和v_i，$i=1,2,3,4$，故由式(3－3)和式(3－5)即得自然坐标系(ξ,η)下的位移插值函数为

$$\begin{cases} u = \sum_{i=1}^{4} N_i(\xi,\eta)u_i \\ v = \sum_{i=1}^{4} N_i(\xi,\eta)v_i \end{cases} \tag{3-16}$$

式中形函数

$$N_i(\xi,\eta) = \frac{1}{4}(1+\xi_i\xi)(1+\eta_i\eta) \quad (i=1,2,3,4) \tag{3-17}$$

而(ξ_i, η_i)为结点 i 的自然坐标,即

$$(\xi_1, \eta_1) = (-1, -1), (\xi_2, \eta_2) = (1, -1), (\xi_3, \eta_3) = (1, 1), (\xi_4, \eta_4) = (-1, 1) \tag{3-18}$$

且由式(3 - 8) 和式(3 - 9),下列关系式准确成立

$$1 = \sum_{i=1}^{4} N_i(\xi, \eta) \tag{3-19}$$

$$\begin{cases} \xi = \sum_{i=1}^{4} N_i(\xi, \eta)\xi_i \\ \eta = \sum_{i=1}^{4} N_i(\xi, \eta)\eta_i \end{cases} \tag{3-20}$$

由式(3 - 19) 和式(3 - 20) 可知,插值函数在自然坐标系下满足常应变准则。

由于式(3 - 16) 中的位移插值函数是(ξ, η) 的双线性函数,在单元的每一条边上它是 ξ(或 η) 的线性函数,它在每一条边上任一点的值由该条边上两个节点处的函数值惟一确定。因此,在自然坐标系下位移插值函数也满足协调性条件。

3.3.3 坐标变换

式(3 - 16)是位移插值函数 u 和 v 通过自然坐标(ξ, η)的表达式,而实际计算(例如计算应变$\frac{\partial u}{\partial x}$ 等) 则需要 u 和 v 通过整体坐标(x, y) 的表达式。因此,必须具体写出整体坐标(x, y) 和自然坐标(ξ, η) 之间的坐标变换的关系式。

这个坐标变换式其实并不复杂。它可以根据整体坐标(x, y) 的节点值(x_i, y_i), $i = 1,2,3,4$,采用与位移插值函数同样形式的公式来表示,即写为

$$\begin{cases} x = \sum_{i=1}^{4} N_i(\xi, \eta) x_i \\ y = \sum_{i=1}^{4} N_i(\xi, \eta) y_i \end{cases} \tag{3-21}$$

事实上,由形函数 $N_i(\xi, \eta)$ 在结点 i 为 1,在其他节点处为 0 的性质即知,式(3 - 21) 必然把图 3 - 3(b) 中正方形的四个顶点(ξ_i, η_i) 变换为整体坐标下的节点(x_i, y_i), $i = 1,2,3,4$。

其次,考察母单元的某一条边。以图 3 - 3(b) 中 12 边为例,在这条边上$(\eta = -1)$

$$N_3 = 0 \qquad N_4 = 0$$

$$N_1 = \frac{1}{2}(1 - \xi) \qquad N_2 = \frac{1}{2}(1 + \xi)$$

从而在 12 边上,式(3 - 21) 化为

$$\begin{cases} x = \dfrac{1}{2}(1-\xi)x_1 + \dfrac{1}{2}(1+\xi)x_2 \\ y = \dfrac{1}{2}(1-\xi)y_1 + \dfrac{1}{2}(1+\xi)y_2 \end{cases}$$

显然,这是一条以 ξ 为参数的直线方程,因而坐标变换式(3－21)把母单元的12边变换为整体坐标系下连接节点(x_1,y_1)和节点(x_2,y_2)的直边。对其他边也有同样结论。因而式(3－21)把图3－3(b)中的正方形变换为整体坐标下相应的直边四边形。

现在我们可以看到,位移插值公式(3－16)和坐标变换公式(3－21)具有完全相同的构造,它们用同样个数的相应的节点值作为参数,并具有完全相同的形函数 $N_i(\xi,\eta)$,因此这种四节点任意四边形单元也是等参数单元,称为四节点四边形等参数单元,简称为四节点等参数单元。由式(3－19)和式(3－21)即知,这种四节点等参数单元在整体坐标下也必然满足常应变准则。

由双线性插值函数式(3－16)在自然坐标下,满足协调性条件立即可以推得坐标变换式(3－21)的协调性:在任意两个相邻的四节点四边形单元的公共边界上坐标变换是连续的,即两相邻单元公共边上的公共点仍保持为公共点,决不会出现重叠、交叉和分离的现象。由此,就可立即推出插值函数式(3－16)在整体坐标系下也满足协调性条件,因此位移插值函数式(3－16)在自然坐标系下,满足协调性条件就自动保证了坐标变换式(3－21)的合理性,以及位移插值函数在整体坐标系下的协调性。

原则上说,应从式(3－21)中反解出 ξ 和 η,通过 x 和 y 的表达式,然后把它再代入式(3－16),求得整体坐标下位移插值函数的表达式。但这通常几乎是不可能的,而事实上也是不必要的。今后,对每个单元,我们都把立足点放在自然坐标(ξ,η)上,一切计算都转换到自然坐标系下进行。由于自然坐标系下的单元形状为正方形,插值函数具有显表达式,所以理论分析和实际计算都非常方便。

式(3－16)可用矩阵记号记为

$$\{f\} = \begin{Bmatrix} u \\ v \end{Bmatrix} = \begin{bmatrix} N_1 & 0 & N_2 & 0 & N_3 & 0 & N_4 & 0 \\ 0 & N_1 & 0 & N_2 & 0 & N_3 & 0 & N_4 \end{bmatrix} \begin{Bmatrix} u_1 \\ v_1 \\ \vdots \\ u_4 \\ v_4 \end{Bmatrix} = [N]\{\sigma\}^e \quad (3-22)$$

3.3.4　应变矩阵的[*B*]建立

对平面应力问题

$$\{\varepsilon\} = \begin{Bmatrix} \varepsilon_x \\ \varepsilon_y \\ \gamma_{xy} \end{Bmatrix} = \begin{bmatrix} \dfrac{\partial}{\partial x} & 0 \\ 0 & \dfrac{\partial}{\partial y} \\ \dfrac{\partial}{\partial y} & \dfrac{\partial}{\partial x} \end{bmatrix} \begin{Bmatrix} u \\ v \end{Bmatrix} = [B]\{\delta\}^e \tag{3-23}$$

式中$[B]$是一个3行8列的矩阵，即

$$[B] = \begin{bmatrix} \dfrac{\partial}{\partial x} & 0 \\ 0 & \dfrac{\partial}{\partial y} \\ \dfrac{\partial}{\partial y} & \dfrac{\partial}{\partial x} \end{bmatrix} [N] = [[B_1][B_2][B_3][B_4]] \tag{3-24}$$

$$[B_i] = \begin{bmatrix} \dfrac{\partial N_i}{\partial x} & 0 \\ 0 & \dfrac{\partial N_i}{\partial y} \\ \dfrac{\partial N_i}{\partial y} & \dfrac{\partial N_i}{\partial x} \end{bmatrix} \quad (i = 1,2,3,4) \tag{3-25}$$

由于形函数 N_i 是(ξ,η)的函数，而要计算的是$\dfrac{\partial N_i}{\partial x}$，$\dfrac{\partial N_i}{\partial y}$，因此可利用复合函数求导法则，即

$$\begin{cases} \dfrac{\partial}{\partial \xi} = \dfrac{\partial x}{\partial \xi}\dfrac{\partial}{\partial x} + \dfrac{\partial y}{\partial \xi}\dfrac{\partial}{\partial y} \\ \dfrac{\partial}{\partial \eta} = \dfrac{\partial x}{\partial \eta}\dfrac{\partial}{\partial x} + \dfrac{\partial y}{\partial \eta}\dfrac{\partial}{\partial y} \end{cases} \tag{3-26}$$

写成矩阵形式，即

$$\begin{bmatrix} \dfrac{\partial}{\partial \xi} \\ \dfrac{\partial}{\partial \eta} \end{bmatrix} = \begin{bmatrix} \dfrac{\partial x}{\partial \xi} & \dfrac{\partial y}{\partial \xi} \\ \dfrac{\partial x}{\partial \eta} & \dfrac{\partial y}{\partial \eta} \end{bmatrix} \begin{bmatrix} \dfrac{\partial}{\partial x} \\ \dfrac{\partial}{\partial y} \end{bmatrix} = [J] \begin{bmatrix} \dfrac{\partial}{\partial x} \\ \dfrac{\partial}{\partial y} \end{bmatrix} \tag{3-27}$$

式中坐标变换矩阵(雅可比矩阵)

$$[J] = \begin{bmatrix} \dfrac{\partial x}{\partial \xi} & \dfrac{\partial y}{\partial \xi} \\ \dfrac{\partial x}{\partial \eta} & \dfrac{\partial y}{\partial \eta} \end{bmatrix} = \begin{bmatrix} \sum_{i=1}^{4} \dfrac{\partial N_i}{\partial \xi} x_i & \sum_{i=1}^{4} \dfrac{\partial N_i}{\partial \xi} y_i \\ \sum_{i=1}^{4} \dfrac{\partial N_i}{\partial \eta} x_i & \sum_{i=1}^{4} \dfrac{\partial N_i}{\partial \eta} y_i \end{bmatrix} \tag{3-28}$$

把式(3－17)中形函数的表达式代入上式得

$$[J]=\begin{bmatrix}-\frac{1}{4}(1-\eta) & -\frac{1}{4}(1-\eta) & -\frac{1}{4}(1+\eta) & -\frac{1}{4}(1+\eta)\\ -\frac{1}{4}(1-\xi) & -\frac{1}{4}(1+\xi) & \frac{1}{4}(1+\xi) & \frac{1}{4}(1-\xi)\end{bmatrix}\begin{bmatrix}x_1 & y_1\\ x_2 & y_2\\ x_3 & y_3\\ x_4 & y_4\end{bmatrix} \tag{3-29}$$

只要坐标变换(3 - 21)为整体坐标(x,y)与自然坐标(ξ,η)之间的一一对应变换,则雅可比矩阵的行列式恒不为 0,$[J]$的逆矩阵就一定存在,故由式(3 - 26)有

$$\begin{bmatrix}\frac{\partial}{\partial x}\\ \frac{\partial}{\partial y}\end{bmatrix}=[J]^{-1}\begin{bmatrix}\frac{\partial}{\partial \xi}\\ \frac{\partial}{\partial \eta}\end{bmatrix} \tag{3-30}$$

这样,我们就得到

$$\begin{bmatrix}\frac{\partial N_i}{\partial x}\\ \frac{\partial N_i}{\partial y}\end{bmatrix}=[J]^{-1}\begin{bmatrix}\frac{\partial N_i}{\partial \xi}\\ \frac{\partial N_i}{\partial \eta}\end{bmatrix}\quad (i=1,2,3,4) \tag{3-31}$$

注意:$\frac{\partial N_i}{\partial x}$和$\frac{\partial N_i}{\partial y}$仍是$(\xi,\eta)$的函数,所以应变矩阵$[B]$也是定义在自然坐标$(\xi,\eta)$上的。

由矩阵求逆法则可得

$$[J]^{-1}=\frac{1}{|J|}\begin{bmatrix}\frac{\partial y}{\partial \eta} & -\frac{\partial y}{\partial \xi}\\ -\frac{\partial x}{\partial \eta} & \frac{\partial x}{\partial \xi}\end{bmatrix}=\frac{1}{|J|}\begin{bmatrix}\sum_{i=1}^{4}\frac{\partial N_i}{\partial \eta}y_i & -\sum_{i=1}^{4}\frac{\partial N_i}{\partial \xi}y_i\\ -\sum_{i=1}^{4}\frac{\partial N_i}{\partial \eta}x_i & \sum_{i=1}^{4}\frac{\partial N_i}{\partial \xi}x_i\end{bmatrix} \tag{3-32}$$

式中雅可比行列式

$$|J|=\frac{\partial x}{\partial \xi}\frac{\partial y}{\partial \eta}-\frac{\partial y}{\partial \xi}\frac{\partial x}{\partial \eta} \tag{3-33}$$

即式(3 - 32)所示雅可比矩阵$[J]$的行列式。

3.3.5　应力 - 应变关系

$$\{\sigma\}=\begin{bmatrix}\sigma_x\\ \sigma_y\\ \tau_{xy}\end{bmatrix}=[D]\{\varepsilon\}=[D][B]\{\delta\}^e=[S]\{\delta\}^e \tag{3-34}$$

其中$[S]=[D][B]$为应力矩阵。

3.3.6 单元刚度矩阵及等效节点载荷

1. 面元变换公式

由于一切计算都在自然坐标系(ξ,η)下进行，所以需建立整体坐标系下的面积元和相应的自然坐标系下面积元之间的变换公式。

设 $PQRS$ 为(ξ,η)平面上的一个无限小面积元，经过坐标变换式(3－21)，它变换为(x,y)平面上的无限小平行四边形 $P'Q'R'S'$，如图 3－4 所示。

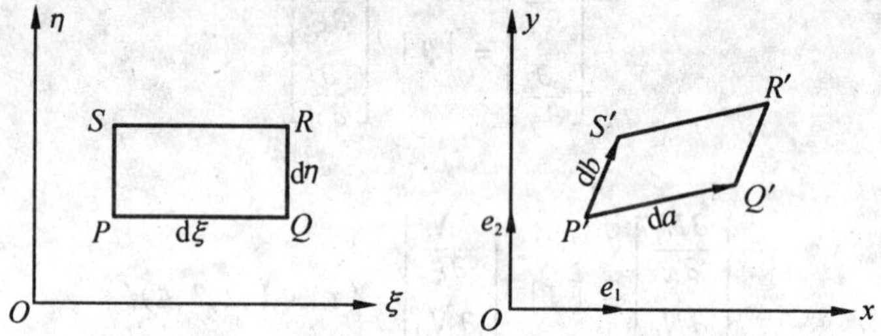

图 3－4 面积元的变换

点 P'，Q'，S' 的坐标分别记为(x,y)，$(x+\mathrm{d}x,y+\mathrm{d}y)$，$(x+\delta x,y+\delta y)$，变换后的微元面积记为 $\mathrm{d}A$，则

$$\mathrm{d}A = \mathrm{d}x\delta y - \mathrm{d}y\delta x \tag{3-35}$$

注意：沿线段$\overline{P'Q'}$仅 ξ 发生变化，沿线段$\overline{P'S'}$仅 η 发生变化，故

$$\begin{cases} \mathrm{d}x = \dfrac{\partial x}{\partial \xi}\mathrm{d}\xi, \mathrm{d}y = \dfrac{\partial y}{\partial \xi}\mathrm{d}\xi \\ \delta x = \dfrac{\partial x}{\partial \eta}\mathrm{d}\eta, \delta y = \dfrac{\partial y}{\partial \eta}\mathrm{d}\eta \end{cases} \tag{3-36}$$

把式(3－36)代入式(3－35)即得

$$\mathrm{d}A = \left(\frac{\partial x}{\partial \xi}\frac{\partial y}{\partial \eta} - \frac{\partial x}{\partial \eta}\frac{\partial y}{\partial \xi}\right)\mathrm{d}\xi\mathrm{d}\eta = |J|\mathrm{d}\xi\mathrm{d}\eta \tag{3-37}$$

显然 $\mathrm{d}\xi\mathrm{d}\eta$ 为(ξ,η)平面上面元 $PQRS$ 的面积，故$|J|$代表(x,y)平面上的面元与(ξ,η)平面上相应面元的面积比，因而$|J|$恒为正值。

注意式(3－35)是在$\boldsymbol{P'Q'}\times\boldsymbol{P'S'}$ 的指向与$\boldsymbol{PQ}\times\boldsymbol{PS}$ 的指向相同的条件下才能成立，亦即要求平面上的四边形单元的节点1,2,3,4应按逆时针方向编号，如图3－3所示。如果按顺时针方向编号，则应把式(3－37)中的$|J|$换为$|J|$的绝对值。

今后，我们规定(x,y)平面上的四节点四边形单元的节点一律按逆时针方向编号。

2. 单元刚度矩阵

$$[K]^e = \int_A [B]^T[D][B] t\mathrm{d}x\mathrm{d}y \tag{3-38}$$

式中 A—— 单元所占区域；

t—— 单元厚度。

由于$[B]$是定义在自然坐标(ξ,η)上的，所以应把积分区域变换到(ξ,η)平面上的相应区域，由面元变换公式并注意(ξ,η)平面上的积分区域是图3-3(b)所示的正方形区域，即得(厚度 t 在单元范围内可以是变化的)

$$[K]^e = \int_{-1}^{1}\int_{-1}^{1} [B]^T[D][B]|J| t\mathrm{d}\xi\mathrm{d}\eta \tag{3-39}$$

3. 等效节点载荷

由式(2-39)有

$$\{P_Q\}^e = \int_{-1}^{1}\int_{-1}^{1} [N]^T\{Q\} \mid J \mid t\mathrm{d}\xi\mathrm{d}\eta \tag{3-40}$$

现在讨论作用在单元边界上的表面力所引起的等效节点荷载。

假定作用在图3-3(a)所示单元$\overline{12}$边上的分布荷载集度为$\{Q\} = [P_x \quad P_y]^T$，其量纲为[力/(长度)^2]则

$$[P_Q]^e = \int_{\overline{12}} [N]^T\{Q\} t\mathrm{d}s \tag{3-41}$$

在$\overline{12}$边上，$\eta = -1, N_3 = 0, N_4 = 0$，且

$$s = \frac{l_{12}}{2}(1+\xi), \quad \mathrm{d}s = \frac{l_{12}}{2}\mathrm{d}\xi \tag{3-42}$$

式中 l_{12} 为边$\overline{12}$的长度，即 $l_{12} = \sqrt{(x_2-x_1)^2+(y_2-y_1)^2}$。故由式(3-41)得

$$[N]^T\{Q\} = [N_1P_x \quad N_1P_y \quad N_2P_x \quad N_2P_y \quad 0 \quad 0 \quad 0 \quad 0] \tag{3-43}$$

从而

$$P_{1x}^e = \int_{-1}^{1} N_1(\xi - 1)P_x \frac{l_{12}}{2} t\mathrm{d}\xi = \frac{l_{12}}{4}\int_{-1}^{1}(1-\xi)P_x t\mathrm{d}\xi$$

同理，可得 $P_{1y}^e, P_{2x}^e, P_{2y}^e$，故有

$$\begin{cases} P_{1x}^e = \dfrac{l_{12}}{4}\displaystyle\int_{-1}^{1}(1-\xi)P_x t\mathrm{d}\xi \\ P_{1y}^e = \dfrac{l_{12}}{4}\displaystyle\int_{-1}^{1}(1-\xi)P_y t\mathrm{d}\xi \\ P_{2x}^e = \dfrac{l_{12}}{4}\displaystyle\int_{-1}^{1}(1+\xi)P_x t\mathrm{d}\xi \\ P_{2y}^e = \dfrac{l_{12}}{4}\displaystyle\int_{-1}^{1}(1+\xi)P_y t\mathrm{d}\xi \end{cases} \tag{3-44}$$

对单元的其他边界也有类似结果。

在单元刚度矩阵以及等效节点载荷的表达式中，都需要计算如下形式的积分

$$\int_{-1}^{1}\int_{-1}^{1} f(\xi,\eta)\mathrm{d}\xi\mathrm{d}\eta \tag{3-45}$$

由于被积函数 $f(\xi,\eta)$ 的形式一般都比较复杂，因而需用数值积分方法计算。我们将在后面介绍用于计算这类积分的高斯求积公式。

3.3.7 能进行等参数变换的条件

由前面的讨论可以看到，只要给定单元的 4 个顶点在整个坐标系下的坐标 (x_i, y_i)，$i=1,2,3,4$，就可以写出一个形如式(3-21)的坐标变换式。为了确保这个变换能确定整体坐标与自然坐标之间的一一对应关系，必须使雅可比行列式 $|J|$ 在整个单元上恒不为零，即要求

$$|J(\xi,\eta)| \neq 0 \quad (-1 \leqslant \xi \leqslant 1,\ -1 \leqslant \eta \leqslant 1) \tag{3-46}$$

容易证明，只要四边形单元的四个内角均小于180°，条件式(3-46)就一定成立。

图 3-5 所示四边形单元在顶点 4 处的内角大于 180°，这时与 $\xi=-1/2$ 对应的直线的一部分已落在单元之外。显然，单元内部点的一一对应关系不再成立。所以，为保证等参数变换得以进行，所谓的任意四边形也不能是完全任意的，即四边形的所有内角都必须小于 180°。容易理解，当某个内角接近 180°时，$|J|$ 也接近于零，这时虽然从理论上讲等参数变换仍能进行，但计算中的舍入误差将迅速增大[因 $|J|$ 出现在式(3-30)的分母上]。因而在计算实践中不应使四边形单元过于歪斜，而且越接近矩形越好。

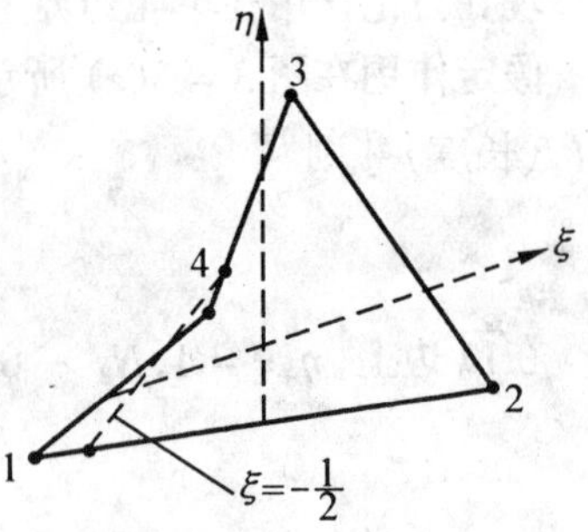

图 3-5 雅可比行列式可取零值的四边形单元

3.4 等参单元的收敛性

在 2.3 节我们已讨论了有限元分析中解的收敛性条件，即单元必须是协调的和完备的。现在来讨论等参元是否满足此条件。

为研究单元集合体的协调性，需要考虑单元之间的公共边(或面)。为了保证协调，相邻单元在这些公共边(或面)上应有完全相同的节点，同时每一单元沿这些边(或面)的坐标和未知函数应采用相同的插值函数加以确定。显然，只要适当划分网格和选择单元，等参元是完全能满足协调性条件的。图 3-6(a) 所示正是这种情况，而图(b) 所示是不满足协调性条件的。

关于单元的安全性，对于 C_0 型单元，要求插值函数中包含完全的线性项(即一次完全多项式)。这样的单元可以表现函数及其一次导数为常数的情况。显然，本章讨论的所有单元在自然

坐标中是满足此要求的。现在要研究经等参变换后,在笛卡儿坐标中此要求是否仍然满足。

现考查一个三维等参单元,坐标和函数的插值表示为

$$x = \sum_{i=1}^{n} N_i x_i, \quad y = \sum_{i=1}^{n} N_i y_i, \quad z = \sum_{i=1}^{n} N_i z_i \tag{3-47}$$

$$\varphi = \sum_{i=1}^{n} N_i \varphi_i \tag{3-48}$$

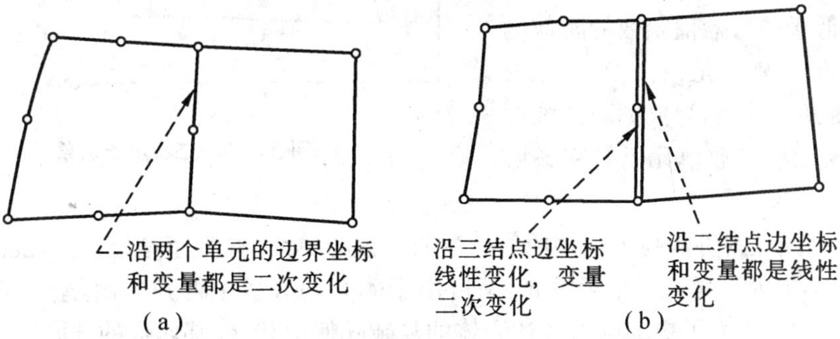

图 3-6 单元交界面上变量协调和不协调的情况

(a) 变量协调;(b) 变量不协调

现给各个节点参数和线性变化场函数

$$\varphi = a + bx + cy + dz \tag{3-49}$$

相对应的数值,即

$$\varphi_i = a + bx_i + cy_i + dz_i \quad (i = 1,2,\cdots,n) \tag{3-50}$$

将上式代入式(3-48)并利用式(3-47),就得到单元内的函数表示式

$$\varphi = a\sum_{i=1}^{n} N_i + bx + cy + dz \tag{3-51}$$

从上式可以看到,如果插值函数满足条件

$$\sum_{i=1}^{n} N_i = 1 \tag{3-52}$$

则式(3-51)和式(3-49)完全一致,说明在单元内确实得到了原来给予各个节点的线性变化的场函数,即单元能够表示线性变化的场函数,亦即满足完备性要求。

我们知道在构造插值函数时,条件(3-52)是确实满足了的。由此,还可进一步看到等参元的好处,在母单元内只要满足条件(3-52),则子单元可以满足更严格的完备性要求。

在建立等参数单元时,坐标变换即坐标插值函数与位移插值函数具有完全相同的构造,即节点参数的个数相同、形函数相同。但我们从推导过程中可以看到,某些情况下,坐标插值多项

式的次数低于位移插值多项式的次数时，计算更为简便，例如对图 3-7 所示八节点直边四边形单元，位移 u,v 按双二次函数插值，而坐标(x,y)只需像四节点任意四边形单元那样，按(ξ,η)的双线性函数插值即可。

坐标插值函数的阶数（即插值多项式的次数）低于位移插值函数的阶数的单元，称为次参数单元（Sub Parametric Element）。图 3-7 所示为典型的二维次参数单元。易知次参数单元仍是完备协调单元。

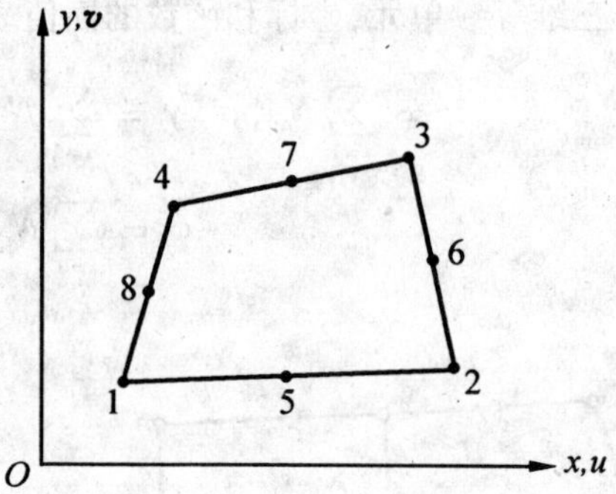

图 3-7　二维次参数单元

坐标插值函数的阶数高于位移插值函数的阶数的单元，称为超参数单元（Super Parametric Element）。这类单元已在既可用于厚壳，又可用于薄壳的分析中得到应用。坐标插值函数的阶数取的较高一些，是为了更准确地描述壳体的复杂几何形状；位移函数的选取则基于多方面的考虑，不再详述。

3.5　数值积分方法

我们已经看到，在等参数单元的计算中，需要计算如下形式的积分：$\int_{-1}^{1}F(\xi)\mathrm{d}\xi$，$\int_{-1}^{1}\int_{-1}^{1}F(\xi,\eta)\mathrm{d}\xi\mathrm{d}\eta$，由于被积函数的形式一般都比较复杂，需用数值积分方法计算。

下面先讨论一维情形，然后再推广到二维和三维情形。

由于积分 $\int_{a}^{b}f(x)\mathrm{d}x$，只需作变换 $x=\frac{a+b}{2}+\frac{b-a}{2}\xi$，即可化为$\int_{-1}^{1}F(\xi)\mathrm{d}\xi$，其中 $F(\xi)=\frac{b-a}{2}f\left(\frac{a+b}{2}+\frac{b-a}{2}\xi\right)$，所以以下我们将直接讨论积分$\int_{-1}^{1}F(\xi)\mathrm{d}\xi$的数值积分方法。

3.5.1　插值求积法

插值求积法的基本思想就是用一个多项式函数近似代替原来的被积函数，由于多项式函数的积分十分简单，这样就可以得到所求积分的近似值。

在求积区间$[-1,1]$上取 n 个分点 $\xi_i(i=1,2,\cdots,n)$

$$-1\leqslant\xi_1\leqslant\xi_2<\cdots<\xi_n\leqslant 1 \tag{3-53}$$

我们把$(\xi_1,\xi_2,\cdots,\xi_n)$这 n 个点称为求积节点或积分点（图 3-8）。这 n 个求积节点的分布可以

是等距的，也可以是不等距的，记

$$F_i = F(\xi_i),(i = 1,2,\cdots,n) \quad (3-54)$$

根据 n 个求积节点上的函数值 $F_i(i = 1,2,\cdots,n)$，可以构造一个 $n-1$ 次插值多项式 $P_n(\xi)$，使

$$P_n(\xi_i) = F(\xi_i) \quad (3-55)$$

成立，它称为 $F(\xi)$ 的插值多项式或 Lagrange 插值多项式。

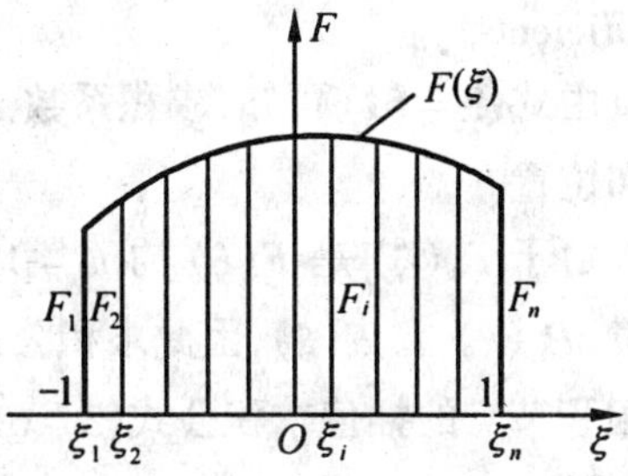

图 3－8　求积点分布

可将插值多项式写为如下形式

$$P_n(\xi) = \sum_{i=1}^{n} N_i(\xi) F_i \quad (3-56)$$

式中形函数 $N_i(\xi)(i = 1,2,\cdots,n)$ 满足以下两个条件：

(1) $N_i(\xi)$ 是 $n-1$ 次多项式；

(2) $N_i(\xi)$ 在结点 ξ_i 其值为 1，在其余节点 $\xi_j(j \neq i)$ 其值为 0。

由以上两个条件易得

$$N_i(\xi) = \frac{(\xi - \xi_1)(\xi - \xi_2)\cdots(\xi - \xi_{i-1})(\xi - \xi_{i+1})\cdots(\xi - \xi_n)}{(\xi_i - \xi_1)(\xi_i - \xi_2)\cdots(\xi_i - \xi_{i-1})(\xi_i - \xi_{i+1)})\cdots(\xi_i - \xi_n)} \quad (3-57)$$

记

$$\omega(\xi) = (\xi - \xi_1)(\xi - \xi_2)\cdots(\xi - \xi_i)\cdots(\xi - \xi_n) \quad (3-58)$$

它是 ξ 的 n 次多项式，记 $\omega'(\xi) = \frac{d\omega}{d\xi}$，则易知

$$N_i(\xi) = \frac{\omega(\xi)}{(\xi - \xi_i)\omega'(\xi_i)} \quad (3-59)$$

于是由式(3－56)，插值多项式 $P_n(\xi)$ 可写为

$$P_n(\xi) = \sum_{i=1}^{n} \frac{\omega(\xi)}{(\xi - \xi_i)\omega'(\xi_i)} F(\xi_i) \quad (3-60)$$

对于式 $\int_{-1}^{1} F(\xi)d\xi$，用 $P_n(\xi)$ 代替被积函数 $F(\xi)$ 就得到

$$\int_{-1}^{1} F(\xi)d\xi \approx \int_{-1}^{1} P_n(\xi)d\xi = \int_{-1}^{1} \sum_{i=1}^{n} \frac{\omega(\xi)}{(\xi - \xi_i)\omega'(\xi_i)} F(\xi_i)d\xi$$

于是，若记

$$H_i = \int_{-1}^{1} \frac{\omega(\xi)}{(\xi - \xi_i)\omega'(\xi_i)} d\xi \quad (3-61)$$

就得到

$$\int_{-1}^{1} F(\xi)d\xi \approx H_1 F(\xi_1) + H_2 F(\xi_2) + \cdots + H_n F(\xi_n) \quad (3-62)$$

这就是插值求积公式。上式中的系数 $H_i(i=1,2,\cdots,n)$ 称为求积系数或加权系数(Weighted Coefficients)。

由式(3 - 61)可知,求积系数 H_i 的值与被积函数 $F(\xi)$ 无关,它只依赖于求积节点 ξ_i 的个数和位置。

由于 $P_n(\xi)$ 是 $F(\xi)$ 的 $n-1$ 次插值多项式,当 $F(\xi)$ 本身是次数不超过 $n-1$ 次的多项式时,$P_n(\xi)\equiv F(\xi)$,因此求积公式(3 - 62)精确成立。这就是说,如果不计舍入误差,具有 n 个求积节点的插值求积公式(3 - 61)和(3 - 62)对任何次数不超过 $n-1$ 次的多项式函数 $F(\xi)$ 都精确成立。

这个结论可简述为具有 n 个求积节点的插值求积公式至少具有 $n-1$ 次的代数精确度。

最后指出,若 n 个求积节点为等距分布且 $\xi_1=-1,\xi_n=1$,则相应插值求积公式称为 Newton-Cotes 公式。此时,与 $n=2$ 和 $n=3$ 情形相应的插值求积公式即为梯形法则和 Simpson 法则。

3.5.2 高斯求积法

前述插值求积公式对任意给定的 n 个求积节点都是成立的。现在我们要对求积节点 $\xi(i=1,2,\cdots,n)$ 的位置予以优选,使求积公式

$$\int_{-1}^{1}F(\xi)\mathrm{d}(\xi)\approx\sum_{i=1}^{n}H_iF(\xi_i) \tag{3 - 63}$$

对任何次数不超过 $2n-1$ 次的多项式函数 $F(\xi)$ 都能精确成立。这时求积公式的最高代数精确度为 $2n-1$ 次,称为高斯求积公式。

首先注意,由前一段所述已知,不论以上 n 个求积节点 ξ_i 的位置如何选择,求积系数 H_i 仍由式(3 - 61)确定。

现在来确定高斯求积公式中的求积节点 $\xi(i=1,2,\cdots,n)$。

设 $F(\xi)$ 为次数不超过 $2n-1$ 次的任意多项式,记

$$\varphi(\xi)=F(\xi)-P_n(\xi) \tag{3 - 64}$$

式中 $P_n(\xi)$ 为 $F(\xi)$ 的 $n-1$ 次 Lagrange 插值多项式,见式(3 - 60)。则 $\varphi(\xi)$ 仍是一个次数不超过 $2n-1$ 次的多项式。

由式(3 - 55)有

$$\varphi(\xi_i)=F(\xi_i)-P_n(\xi_i)=0,\quad(i=1,2,\cdots,n)$$

即 $\xi_i(i=1,2,\cdots,n)$ 是多项式 $\varphi(\xi)$ 的 n 个根,所以 $\varphi(\xi)$ 必包含因式 $\omega(\xi)$,从而必有

$$\varphi(\xi)=\omega(\xi)g(\xi) \tag{3 - 65}$$

因为 $\varphi(\xi)$ 是次数不超过 $2n-1$ 次的多项式,而 $\omega(\xi)$ 是首项系数为 1 的 n 次多项式,所以 $g(\xi)$ 必为次数不超过 $n-1$ 次的多项式。因而 $\varphi(\xi)$ 的形式必为

$$\varphi(\xi) = \omega(\xi)(\alpha_0 + \alpha_1(\xi) + \cdots + \alpha_{n-1}\xi^{n-1}) \tag{3-66}$$

由式(3-64)即有

$$F(\xi) = P_n(\xi) + \varphi(\xi)$$

即

$$F(\xi) = \sum_{i=1}^{n} \frac{\omega(\xi)}{(\xi - \xi_i)\omega'(\xi)} F(\xi_i) + \sum_{k=0}^{n-1} \alpha_k \xi^k \omega(\xi) \tag{3-67}$$

由此即有

$$\int_{-1}^{1} F(\xi)\mathrm{d}\xi = \sum_{i=1}^{n} \left[\int_{-1}^{1} \frac{\omega(\xi)}{(\xi - \xi_i)\omega'(\xi)}\mathrm{d}\xi\right] F(\xi_i) + \sum_{k=0}^{n-1} \alpha_k \int_{-1}^{1} \xi^k \omega(\xi)\mathrm{d}\xi \tag{3-68}$$

无论 n 个求积节点 ξ_i 如何选取，对次数不超过 $2n-1$ 次的任意多项式 $F(\xi)$，式(3-68)恒精确成立。因而，只需选取 $\xi_i(i = 1,2,\cdots,n)$，使以下 n 个等式

$$\int_{-1}^{1} \xi^k \omega(\xi)\mathrm{d}\xi = 0, \quad (k = 0,1,2,\cdots,n-1) \tag{3-69}$$

成立，则插值求积公式

$$\begin{cases} \displaystyle\int_{-1}^{1} F(\xi)\mathrm{d}\xi \approx \sum_{i=1}^{n} H_i F(\xi_i) \\ \displaystyle H_i = \int_{-1}^{1} \frac{\omega(\xi)}{(\xi - \xi_i)\omega'(\xi)}\mathrm{d}\xi, \quad (i = 1,2,\cdots,n) \end{cases} \tag{3-70}$$

对次数不超过 $2n-1$ 次的任意多项式 $F(\xi)$ 都精确成立。由条件式(3-69)所决定的 n 个求积节点称为高斯求积公式中的积分点，而式(3-70)为高斯求积公式。高斯求积公式中积分点的个数 n，称为高斯求积公式的阶数，以后简称为数值积分的阶。

易知高斯求积公式(3-69)、(3-70)对被积函数为任意的 $2n$ 次项式不能都精确成立，所以 n 阶高斯求积公式的最高代数精确度是 $2n-1$ 次。因

$$\omega(\xi) = (\xi - \xi_1)(\xi - \xi_2)\cdots(\xi - \xi_n) \tag{3-71}$$

是 ξ 的 n 次多项式，所以式(3-69)表明，$\omega(\xi)$ 应与次数不超过 $n-1$ 次的任意多项式正交。另一方面，我们又知道 n 次勒让德(Legendre)多项式

$$L_n(\xi) = \frac{1}{2^n n!} \frac{\mathrm{d}^n}{\mathrm{d}\xi^n}[(\xi^2 - 1)^n] \tag{3-72}$$

在区间 $-1 \leqslant \xi \leqslant 1$ 上与次数不超过 $n-1$ 次的任意多项式正交，而 n 次多项式除一个乘数因子外，由它的 n 个根完全决定，因而 $L_n(\xi)$ 与 $\omega(\xi)$ 除一个乘数因子外完全相同，所以 $L_n(\xi)$ 在区间$[-1,1]$上的 n 个根就是高斯求积公式中的 n 个求积节点。利用这个性质可以简单地确定高斯求积节点 ξ_i 和相应系数 $H_i(i = 1,2,\cdots,n)$。因此高斯求积公式也称为高斯－勒让德求积法(Causs - Legendre quadrature)。

作为例子，我们仍根据式(3-69)确定求积节点，然后由式(3-70)确定相应的求积系数。

1. $n=1$ 情形

这时只有一个求积节点,即 ξ_1,$\omega(\xi)=\xi-\xi_1$。式(3-69)中应取 $k=0$,即要求

$$\int_{-1}^{1}(\xi-\xi_1)\mathrm{d}\xi=0$$

由此定出 $\xi_1=0$,再由式(3-70)即得 $H_1=2$。于是一阶高斯求积公式为

$$\int_{-1}^{1}F(\xi)\mathrm{d}\xi\approx H_1F(\xi_1)$$

式中 $\xi_1=0$,$H_1=2$。显然它就是中点矩形插值公式,它对 $F(\xi)$ 为任意一次多项式都精确成立。

2. $n=2$ 情形

求积节点由下面的方程组确定

$$\begin{cases}\int_{-1}^{1}(\xi-\xi_1)(\xi-\xi_2)\mathrm{d}\xi=0\\\int_{-1}^{1}\xi(\xi-\xi_1)(\xi-\xi_2)\mathrm{d}\xi=0\end{cases}$$

积分得

$$\begin{cases}\xi_1\xi_2=-\dfrac{1}{3}\\\xi_1+\xi_2=0\end{cases}$$

解得

$$\xi_1=-\frac{1}{\sqrt{3}},\quad \xi_2=\frac{1}{\sqrt{3}}$$

由式(3-70)即得相应求积系数

$$H_1=\int_{-1}^{1}\frac{\xi-\xi_2}{\xi_1-\xi_2}\mathrm{d}\xi=1$$

$$H_2=\int_{-1}^{1}\frac{\xi-\xi_1}{\xi_2-\xi_1}\mathrm{d}\xi=1$$

于是得到二阶高斯求积公式

$$\int_{-1}^{1}F(\xi)\mathrm{d}\xi\approx H_1F(\xi_1)+H_2F(\xi_2)$$

式中 $\xi_1=-\dfrac{1}{\sqrt{3}}$,$\xi_2=\dfrac{1}{\sqrt{3}}$,$H_1=H_2=1$,它对任意的三次多项式函数 $F(\xi)$ 都精确成立。

表3-1列出 $n=1$ 至 $n=4$ 时高斯求积公式中的求积节点坐标和相应求积系数。

表3-1 高斯求积公式$\int_{-1}^{1} F(\xi)\mathrm{d}\xi \approx \sum_{i=1}^{n} H_i F(\xi_i)$中的求积节点坐标和求积系数

n	$\pm \xi_i$	H_i
1	0.000 000 000 000 000	2.000 000 000 000 000
2	0.557 350 269 189 626	1.000 000 000 000 000
3	0.774 596 669 241 483	0.555 555 555 555 556
	0.000 000 000 000 000	0.888 888 888 888 889
4	0.861 136 311 594 953	0.347 854 845 137 454
	0.339 981 043 584 856	0.652 145 154 862 546

3.5.3 二维和三维高斯求积公式

因为

$$\int_{-1}^{1}\int_{-1}^{1} F(\xi,\eta)\mathrm{d}\xi\mathrm{d}\eta = \int_{-1}^{1}\left[\int_{-1}^{1} F(\xi,\eta)\mathrm{d}\xi\right]\mathrm{d}\eta \tag{3-73}$$

上式括号内积分中的 η 为参数,故由一维高斯求积公式即有

$$\int_{-1}^{1} F(\xi,\eta)\mathrm{d}\xi \approx \sum_{i=1}^{n} H_i F(\xi_i,\eta)$$

代入式(3-73)后再次应用一维高斯求积公式即得二维高斯求积公式

$$\int_{-1}^{1}\int_{-1}^{1} F(\xi,\eta)\mathrm{d}\xi\mathrm{d}\eta \approx \sum_{i=1}^{n}\sum_{j=1}^{n} H_i H_j F(\xi_i,\eta_j) \tag{3-74}$$

其中 $\xi_i(\eta_i)(i=1,2,\cdots,n)$ 均为表3-1中所列的高斯求积节点,而 $H_i(i=1,2,\cdots,n)$ 为相应求积系数。此时(ξ,η)平面上的求积点数为 n^2 个。

同理,可得三维高斯求积公式为

$$\int_{-1}^{1}\int_{-1}^{1}\int_{-1}^{1} F(\xi,\eta,\zeta)\mathrm{d}\alpha\xi\mathrm{d}\eta\mathrm{d}\zeta \approx \sum_{i=1}^{n}\sum_{j=1}^{n}\sum_{k=1}^{n} H_i H_j H_k F(\xi_i,\eta_j,\zeta_k) \tag{3-75}$$

其中,$\xi_i(\eta_i$ 及 $\zeta_i)(i=1,2,\cdots,n)$ 均为表3-1中所列的高斯求积节点,而 $H_i(i=1,2,\cdots,n)$ 为相应求积系数。此时空间中的求积点数为 n^3。

应该说明,对二维和三维高斯求积公式而言,沿 ξ 方向与沿 $\eta(\zeta)$ 方向的求积节点的个数可以是不相同的。但对有限元分析而言,由于几何各向同性的要求,各方向上的求积节点个数一般都取为相同,因而我们给出的是形如式(3-74)和式(3-75)的求积公式。

3.6 数值积分阶次的选择

当在计算中必须进行数值积分时,如何选择数值积分的阶次将直接影响计算的精度和计算工作量。如果选择不当,甚至会导致计算的失败。

选择积分阶次的原则如下。

1.保证积分的精度

以一维问题刚度矩阵的积分为例,如果插值函数 N 中的多项式阶数为 P,微分算子 L 中导数的阶次是 m,则有限元得到的被积函数是 $2(p-m)$ 次多项式(对于等参元假设 $|J|$ 是常数时)。为保证原积分的精度,应选择高斯积分的阶次 $n=p-m+1$,这时可以精确积分至 $2(p-m)+1$ 次多项式,可以达到精确积分刚度矩阵的要求。还需指出,由于位移有限元所根据的最小位能原理是极值原理,所以当单元尺寸不断减小时,有限元解将单调地收敛于精确解。

对于二维、三维单元,则需要对被积函数作进一步的分析。例如二维 4 节点双线性单元,它的插值函数中包含 $1,\xi,\eta,\zeta\eta$ 项,在假设单元的 $|J|$ 是常数(单元形状为矩形或平行四边形)的情况下,刚度矩阵的被积函数中包含 $1,\xi,\eta,\xi^2,\eta^2,\xi\eta$ 项。由于被积函数 ξ 在 η 方向的最高次方为 2,所以要达到精确积分,应采用 2×2 阶高斯积分。如果单元的 $|J|\neq$ 常数,则需要选取更多的积分点。对于二维 8 节点单元也可作类似的分析。结论是为精确积分单元刚度矩阵,在 $|J|=$ 常数条件下,应采用 3×3 高斯积分。如果 $|J|\neq$ 常数,则需要采用更高阶的高斯积分。正如前面已指出的,在对单元刚度矩阵进行精确积分的条件下,将保证当单元尺寸不断减小时,有限元解单调地收敛于精确解。

但是在很多情况下,实际选取的高斯积分点数低于精确积分的要求。例如,按单元插值函数中完全多项式的阶数 p 来选取,仍以上述二维 4 节点和 8 节点单元为例,它们的插值函数中完全多项式阶数 p 分别等于 1 和 2。由完全多项式所产生的刚度矩阵中被积函数在 ξ 方向和 η 方向的最高次方,在 $|J|=$ 常数条件下为 $2(p-m)=2(p-1)$,即对上述两种单元分别为 0 和 2。因此保证这部分被积函数积分的精度,只需要分别采用 1×1 和 2×2 的高斯积分。一般化,即仍按 $n=p-m+1$ 来确定积分方案,式中 p 是插值函数中完全多项式的次方,m 是微分算子 L 中导数的阶次,二维单元和三维单元分别采用 $n\times n$ 和 $n\times n\times n$ 高斯积分来进行单元刚度矩阵的计算。这种高斯积分阶数低于被积函数所有项次精确积分所需要阶数的积分方案称之为减缩积分。实际计算表明:采用减缩积分往往可以取得较完全精确积分更好的精度。这是由于以下几种原因。

(1) 精确积分常常是由插值函数中非完全项的最高次方要求,而决定有限元精度的是完全多项式的次方。这些非完全的最高次方项往往不能提高精度,反而可能带来不好的影响。取较低阶的高斯积分,使积分精度正好保证完全多项式次方的要求,而不包括更高次的非完全多项式的要求,其实质是相当用一种新的插值函数替代原来的插值函数,从而在一定情况下改善了单元的精度。这种积分方案又称为优化积分方案,是减缩积分的一种。

(2) 基于最小位能原理基础上建立的位移有限元,其解答具有下限性质,即有限元的计算模型具有较实际结构偏大的整体刚度。选取减缩积分方案将使有限元计算模型的刚度有所降低,因此可能助于提高计算精度。

2.保证结构总刚度矩阵$[K]$是非奇异的

求解系统方程$[K]\{\delta\} = \{R\}$,要求方程有解则必须系数矩阵的逆矩阵$[K]^{-1}$是存在的,即在引入强迫边界条件后$[K]$必须是非奇异的。系数矩阵$[K]$非奇异的条件是$|K| \neq 0$,或称$[K]$是满秩的。如果$[K]$是N阶方阵,则要求它的秩为N。数值积分应保证$[K]$的满秩,否则将使求解失败。

关于矩阵的秩,有下面两个基本规则:

(1) 矩阵相乘的秩规则

若
$$[B] = [U][A][V] \tag{3-76}$$
则
$$\text{秩}[B] \leqslant \min(\text{秩}[U], \text{秩}[A], \text{秩}[V])$$
秩$[B]$就是矩阵$[B]$的秩,它必然小于最多等于相乘矩阵中秩最小者;

(2) 矩阵相加的秩规则

若
$$[C] = [A] + [B]$$
则
$$\text{秩}[C] \leqslant \text{秩}[A] + \text{秩}[B] \tag{3-77}$$
即矩阵和的秩必然小于最多等于矩阵秩的和。

现在再来考察单元刚度矩阵的计算公式

$$[K] = \sum_{i=1}^{n_g} H_i [B]^{\mathrm{T}} [D] [B_i] \, |J_i| \tag{3-78}$$

其中弹性矩阵$[D]$是$d \times d$方阵,秩$[D] = d$。d是应变分量数(或独立关系数)。对于二维平面问题$d = 3$,轴对称问题$d = 4$,三维问题则$d = 6$。应变矩阵$[B]$是矩阵$d \times n_f$矩阵,n_f是单元的节点自由度数。在一般情况下$d < n_f$,所以秩$[B] = d$。根据矩阵的秩的基本规则式(3－76)及式(3－77),可以得到结论:秩$[K]^e \leqslant n_g d$,n_g是高斯积分点数。如果系统的单元数为M,再一次利用式(3－77)可得

$$\text{秩}[K] \leqslant M \cdot n_g \cdot d \tag{3-79}$$

因此系数矩阵$[K]$非奇异的必要条件是

$$M \cdot n_g \cdot d \geqslant N \tag{3-80}$$

N是系统的独立自由度数,也就是系数矩阵$[K]$的阶数。

式(3－80)表明:假如未知场变量的元素数目超过全部积分点能提供的独立关系数,则矩阵$[K]$必然是奇异的。

实际分析中,要对矩阵$[K]$是否满足非奇异性进行检查的是,采用减缩积分方案计算矩阵

$[K]$ 的情况。因为任何有别于刚体运动的位移模式在一个真实的结构系统上，必将在系统内产生大于零的应变能。如果采用精确积分方案进行 $[K]$ 的计算，实际上就是对应变能 $\{\delta\}[K]\{\delta\}$ 进行精确的计算。因为 $\{\delta\}[K]\{\delta\} > 0$，所以 $[K]$ 必然是正定的，即 $[K]$ 是非奇异的。而在采用减缩积分时，情况就不一样，系统的应变能并未被精确计算。对于某些除刚体运动而外的位移模式，在减缩积分点的应变可能正好等于零，则该点的独立关系式实际上就不能对 $[K]$ 的秩作出贡献，因而最后 $[K]$ 导致非奇异性的必要条件式(3－80)不能满足。

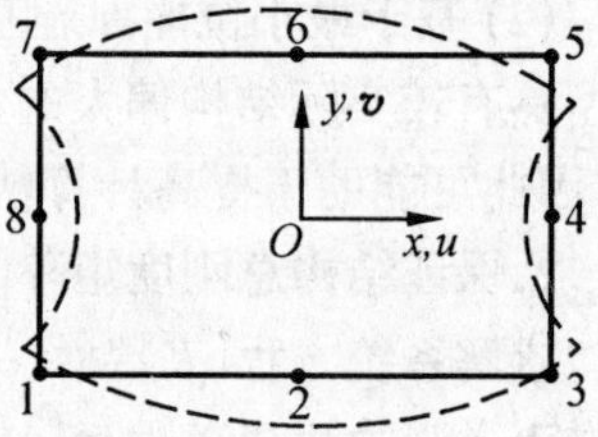

图 3－9　给定位移模式下的 8 节点单元

图 3－9 所示给出了这样一个例证。对于二维 8 节点单元，给定如下节点位移模式

$$-u_1 = u_3 = u_5 = -u_7 = v_1 = v_3 = -v_5 = -v_7 = 1$$

$$-u_4 = u_8 = -v_2 = v_6 = \frac{1}{2}$$

$$u_2 = u_6 = v_4 = v_8 = 0$$

可以验证，在单元减缩积分方案的 2×2 高斯点上对应于上述位移模式的应变正好等于0。这时如利用 2×2 高斯积分计算单元的应变能则有

$$\begin{aligned}\int V_e \frac{1}{2}\{\varepsilon\}^{\mathrm{T}}[D]\{\varepsilon\}\mathrm{d}V &= \frac{1}{2}\sum_{i=1}^{2}\sum_{j=1}^{2}H_{ij}\{\varepsilon_{ij}^{\mathrm{T}}\}^{\mathrm{T}}[D]\{\varepsilon_{ij}\}|J| = \\ &\frac{1}{2}\{\delta\}\Big(\sum_{i=1}^{2}\sum_{j=1}^{2}H_{ij}\{B_{ij}^{\mathrm{T}}\}^{\mathrm{T}}[D]\{B_{ij}\}|J|\Big)\{\delta\} = \\ &\frac{1}{2}\{\delta\}^{\mathrm{T}}\Big(\sum_{i=1}^{2}\sum_{j=1}^{2}H_{ij}[K_{ij}]\Big)\{\delta\} = \\ &\frac{1}{2}\{\delta\}^{\mathrm{T}}[K]\{\delta\} = 0\end{aligned}$$

式中，$\{\delta\}$ 是节点位移模式；H_{ij} 是权系数；$\varepsilon_{ij} = \varepsilon(\xi_i, \eta_j)$；$[B_{ij}] = [B(\xi_i, \eta_j)]$；$[K_{ij}] = [K(\xi_i, \eta_j)]$，$\xi_i$，$\eta_j$ 是高斯点坐标；$|J| = ab$。

上式表明通过 2×2 积分计算得到的单元刚度矩阵 $[K]$ 必然是奇异的。这是由于采用减缩积分导致的结果，如果采用 3×3 的精确积分，则有 $\frac{1}{2}\{\delta\}^{\mathrm{T}}[K]\{\delta\} > 0$，即 $[K]^{\mathrm{T}}$ 是非奇异的。这种由于采用减缩积分导致的使应变能为零、而自身有别于刚体运动的位移模式称为零能模式。它的存在将使解答失真，甚至求解无法进行。因此在实际分析中，必须防止零能模式的出现。也即在采用减缩积分时，必须注意检查 $[K]$ 的非奇异性条件是否得到保证。

图 3－10 给出了二维 4 节点单元和 8 节点单元组成的系统刚度矩阵奇异性检查的实例。从图可见，在只有刚体约束情况下，如只有一个单元，这两种单元的 $[K]$ 都是奇异的；如网格增加到二个单元，4 节点单元的 $[K]$ 仍是奇异的，而 8 节点的 $[K]$ 已不再奇异了；当网格增加到 16 个

单元时,4节点单元的$[K]$也不奇异了。但是必须指出,此结论是根据式(3－80)得出的,而此式给出的仅是$[K]$非奇异的必要条件,并非充分条件。实际计算表明,如仅给以刚体运动约束,即使16个4节点单元组成的网格$[K]$仍是奇异的。由此可见,对于4节点单元、改善应力结果的减缩积分方案和保证系统矩阵非奇异的最低阶积分方案并不一致,这是此单元较少被采用的原因之一。而对于8节点单元,这二种积分方案是一致的,即在$|J|$＝常数情况下都是2×2个积分点,这也是它能得到普遍应用的原因之一。当然由于此积分方案不能保证对刚度矩阵的精确积分,因此也不能保证有限元解的单调收敛。

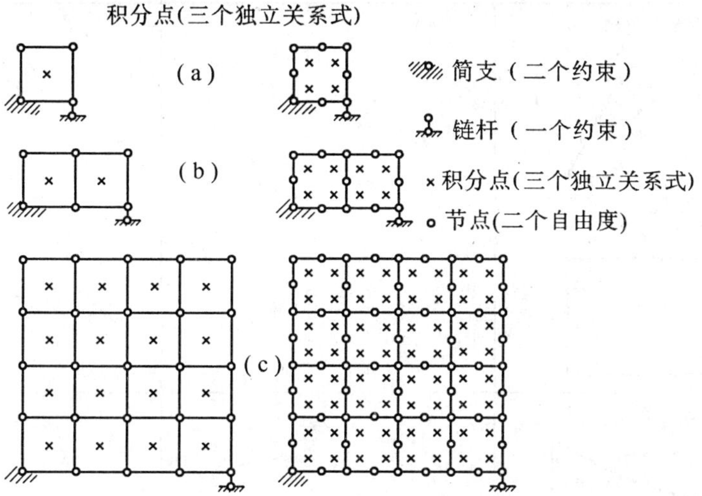

	线性单元：自由度数　独立关系式	二次单元：自由度数　独立关系式
(a)	$4\times2-3=5>1\times3=3$ 奇异	$2\times8-3=13>4\times3=12$ 奇异
(b)	$6\times2-3=9>2\times6=6$ 奇异	$13\times2-3=23<8\times3=24$
(c)	$25\times2-3=47<16\times3=48$	$65\times2-3=127<64\times3=192$

图3－10　二维网格系统刚度矩阵奇异性检查

以上分析的原则同样适用于其他二维单元以及三维单元。综合以上关于选择数值积分阶次的讨论,在表3－2中给出了二维等参元的高斯数值积分的推荐阶次,它也可以推广用于一维或三维单元刚度矩阵的计算。

表 3－2　二维等参元推荐采用的积分阶数

单　元	通常优化积分阶数	最高积分阶数
4节点矩形单元 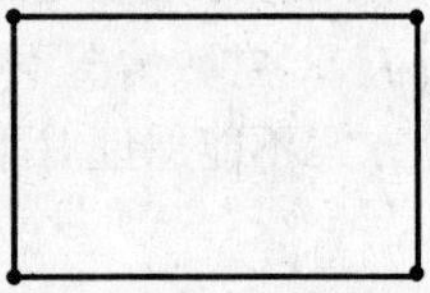	2×2	2×2
4节点任意四边形单元 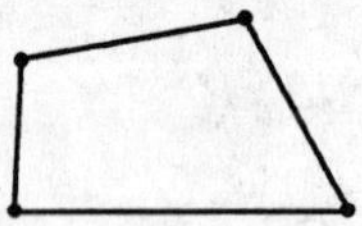	2×2	3×3
8节点矩形单元 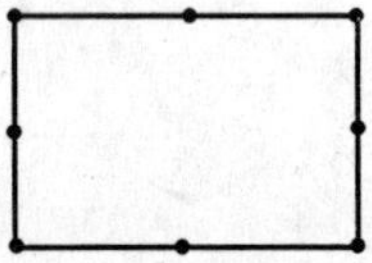	2×2	3×3
8节点曲边单元 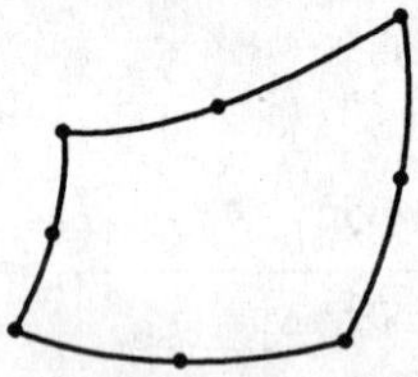	3×3	4×4

3.7　最佳抽样点与应力计算

我们知道，完备协调单元给出的位移在单元之间的公共边界上是连续的，但位移的导数只能保证分片连续，因而有限元近似解给出的单元之间的应力一般是不连续的，这也是节点应力计算精度往往最差的原因。由于工程对节点处的应力往往最为关心，所以本节着重给出节点处应力的计算方法。

3.7.1　最佳抽样点

设由有限元近似解得到 e 号单元的节点位移为 $\{\delta\}^e$，则 e 号单元内任一点的应力为

$$\{\sigma\} = [D]\{\varepsilon\} = [D][B]\{\delta\}^e \tag{3-81}$$

如果直接按上式计算单元节点上的应力,精度往往很差。这是因为,对二维和三维弹性力学问题即 C_0 问题,设单元位移模式中所包含的完整多项式的最高次数为 p,则位移的误差阶为 $O(h^{p+1})$,而应变的误差阶为 $O(h^p)$,即应变的计算精度比位移的计算精度低一个量阶。

有限元理论分析给出的一个极为重要的结论:对于 C_0 问题,设单元位移模式中所包含的完整多项式的最高次数为 p,则在最高代数精确度为 $2p-1$ 次的高斯求积公式的求积节点上,应变的误差阶为 $O(h^{p+1})$,即比其他点上的应变计算精度几乎高出一个量阶。由于 n 阶高斯求积公式的最高代数精确度是 $2n-1$,所以根据上面的结论,如果单元位移模式中所包含的完整多项式的最高次数为 p,则 p 阶高斯求积公式中的求积节点即应变的最佳抽样点。

由于我们采用的是精确的应力 - 应变关系,所以上面的结论对应力也同样成立。

按照上面的结论,图 3 - 11 给出了四节点任意四边形单元和八节点曲边四边形单元的最佳抽样点,即高斯积分点位置的示意图。

对于四节点等参元,最佳抽样点的自然坐标为($\xi = 0, \eta = 0$)。对八节点等参元,最佳抽样点即 4 个高斯积分点的自然坐标是

$$\begin{cases} \text{I}\left(-\dfrac{1}{\sqrt{3}}, -\dfrac{1}{\sqrt{3}}\right), \quad \text{II}\left(\dfrac{1}{\sqrt{3}}, -\dfrac{1}{\sqrt{3}}\right) \\ \text{III}\left(\dfrac{1}{\sqrt{3}}, \dfrac{1}{\sqrt{3}}\right), \quad \text{IV}\left(-\dfrac{1}{\sqrt{3}}, \dfrac{1}{\sqrt{3}}\right) \end{cases} \tag{3-82}$$

对于常应变三角形单元,它的形心即为最佳抽样点,即形心处应力的计算精度最高。

应该说明,图 3 - 11 中高斯积分点的个数也是数值积分至少应该具有的积分点个数。事实上,表 3 - 2 中推荐采用的高斯求积公式的阶数都满足这个要求。

应该强调指出,即使数值积分实际采用的高斯积分点个数多于图 3 - 11 中高斯积分点的个数,应力的最佳抽样点仍然是图 3 - 11 中所给出的高斯积分点求积,应力最佳抽样点仍然是

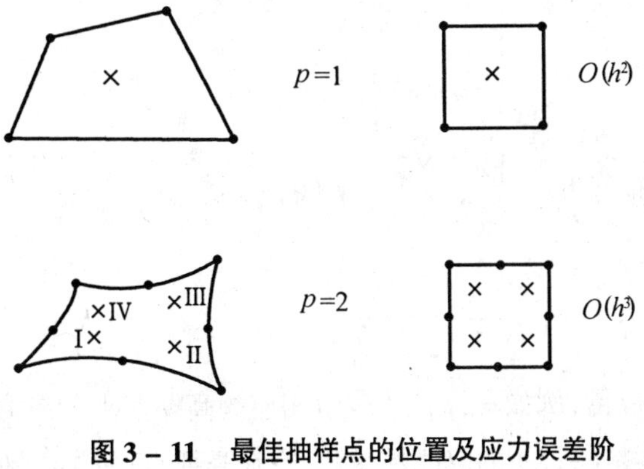

图 3 - 11　最佳抽样点的位置及应力误差阶

式(3－82)的4个高斯积分点。这是因为最佳抽样点是由单元位移模式中所包含的完整多项式的最高次数 p 决定的,而不是由所采用的高斯求积公式的阶数决定的。

3.7.2 单元节点处应力的计算方法

现以八节点曲边四边形等参数单元为例,说明单元节点处应力的计算方法。

1.高斯点上的应力

由有限元近似解给出的节点位移中抽取出指定单元的节点位移,记为$\{\delta\}^e$。式(3－82)的4个高斯积分点的自然坐标记为(ξ_i^G, η_i^G),$i = 1,2,3,4$。把这4个高斯点的自然坐标逐个代入

$$\{\sigma\} = \begin{Bmatrix} \sigma_x \\ \sigma_y \\ \tau_{xy} \end{Bmatrix} [D][B(\xi_i^G, \eta_i^G)]\{\delta\}^e \tag{3－83}$$

就得到这4个高斯点上的应力 $\sigma_{xi}^G, \sigma_{yi}^G, \sigma_{xyi}^G$, $i = 1,2,3,4$。

如果希望知道指定单元内与上述4个高斯点对应的点的位置,则只需把(ξ_j^G, η_j^G),$j = 1,2,3,4$逐个代入坐标变换式

$$\begin{cases} x = \sum_{i=1}^{8} N_i(\xi, \eta) x_i \\ y = \sum_{i=1}^{8} N_i(\xi, \eta) y_i \end{cases} \tag{3－84}$$

即可求得单元内对应点的整体坐标。

2.单元内的应力插值公式

取式(3－82)的4个高斯点作为插值节点,高斯点应力作为节点函数值,则单元内应力$\overline{\sigma}$可由双线性插值公式确定,即

$$\begin{cases} \overline{\sigma}_x = \sum_{i=1}^{4} \overline{N}_i(\xi, \eta) \sigma_{xi}^G \\ \overline{\sigma}_y = \sum_{i=1}^{4} \overline{N}_i(\xi, \eta) \sigma_{yi}^G \\ \overline{\tau}_{xy} = \sum_{i=1}^{4} \overline{N}_i(\xi, \eta) \tau_{xyi}^G \end{cases} \tag{3－85}$$

上式可统一表示为

$$\overline{\sigma} = \sum_{i=1}^{4} \overline{N}_i(\xi, \eta) \sigma_i^G \tag{3－86}$$

式中$\overline{\sigma}$表示任何一个应力分量,例如$\overline{\sigma}_x$,而 σ_i^G 表示相应的高斯点上的应力分量,即 σ_{xi}^G。

形函数 $\overline{N}_i(\xi, \eta)$ 应该是(ξ, η)的双线性函数,它在高斯点(ξ_i^G, η_i^G)处取值为1,在其余高

斯点$(\xi_i^G,\eta_j^G)(i\neq j)$取值为0。由此易知

$$\begin{cases}\overline{N}_1=\frac{3}{4}\left(\frac{1}{\sqrt{3}}-\xi\right)\left(\frac{1}{\sqrt{3}}-\eta\right)\\ \overline{N}_2=\frac{3}{4}\left(\frac{1}{\sqrt{3}}+\xi\right)\left(\frac{1}{\sqrt{3}}-\eta\right)\\ \overline{N}_3=\frac{3}{4}\left(\frac{1}{\sqrt{3}}+\xi\right)\left(\frac{1}{\sqrt{3}}+\eta\right)\\ \overline{N}_4=\frac{3}{4}\left(\frac{1}{\sqrt{3}}-\xi\right)\left(\frac{1}{\sqrt{3}}+\eta\right)\end{cases}\tag{3-87}$$

单元内任一点处的任何一个应力分量由式(3－86)和式(3－87)确定,我们称这样确定的应力为修匀应力,即

$$\{\overline{\sigma}\}=\begin{Bmatrix}\overline{\sigma}_x\\ \overline{\sigma}_y\\ \overline{\tau}_{xy}\end{Bmatrix}$$

3.单元4个角点上的应力

八节点曲边四边形4个角点即节点1,2,3,4上的修匀应力记为$\overline{\sigma}_1,\overline{\sigma}_2,\overline{\sigma}_3,\overline{\sigma}_4$。把这4个节点的自然坐标(－1,－1),(1,－1),(1,1),(－1,1)逐个代入式(3－86)即得

$$\begin{bmatrix}\overline{\sigma}_1\\ \overline{\sigma}_2\\ \overline{\sigma}_3\\ \overline{\sigma}_4\end{bmatrix}=\begin{bmatrix}a&b&c&b\\ b&a&b&c\\ c&b&a&b\\ b&c&b&a\end{bmatrix}\begin{bmatrix}\overline{\sigma}_1^G\\ \overline{\sigma}_2^G\\ \overline{\sigma}_3^G\\ \overline{\sigma}_4^G\end{bmatrix}\tag{3-88}$$

式中
$$a=1+\frac{\sqrt{3}}{2},\quad b=-\frac{1}{2},\quad c=1-\frac{\sqrt{3}}{2}$$

式(3－88)即由高斯点应力外推单元角点应力的插值公式。

4.单元各边中间节点处的应力

由于修匀应力$\overline{\sigma}$是(ξ,η)的双线性函数,在单元边界上($\xi=\pm1$或$\eta=\pm1$)是ξ或η的线性函数,所以任何一条边上中间节点处的应力值,就是该边上两个角点处应力值之和的一半,即

$$\begin{cases}\overline{\sigma}_5=\frac{1}{2}(\overline{\sigma}_1+\overline{\sigma}_2),\overline{\sigma}_6=\frac{1}{2}(\overline{\sigma}_2+\overline{\sigma}_3)\\ \overline{\sigma}_7=\frac{1}{2}(\overline{\sigma}_3+\overline{\sigma}_4),\overline{\sigma}_8=\frac{1}{2}(\overline{\sigma}_4+\overline{\sigma}_1)\end{cases}\tag{3-89}$$

5.应力计算结果的整理

除中间支承与集中荷载作用点处之外,真实应力场应该是连续的。但有限元近似解给出的应力是分片光滑的,它在单元之间的公共边和公共节点处一般是不连续的。各单元在公共节点

处应力差别的大小也是衡量计算精度的判据之一。因此应把按本节方法算出的各单元的节点应力予以输出并进行分析，如差别过大特别是主要应力分量差别过大，则应加密网格再次计算，对结果进行分析，直到查明原因，得到合理结果为止。

在得到合理结果后，应按绕节点平均法算出单元角点上的应力，按二单元平均法算出单元各边中间节点上的应力，作为最终的应力计算成果。当然这种整理工作通常只需对所关心的少数节点进行即可。

习 题

3.1 图示为二次四边形单元，试计算 $\partial N_1/\partial x$ 和 $\partial N_2/\partial y$ 在自然坐标为(1/2,1/2)的点 Q 的数值(因为单元的边是直线，可用4个节点定义单元的几何形状)。

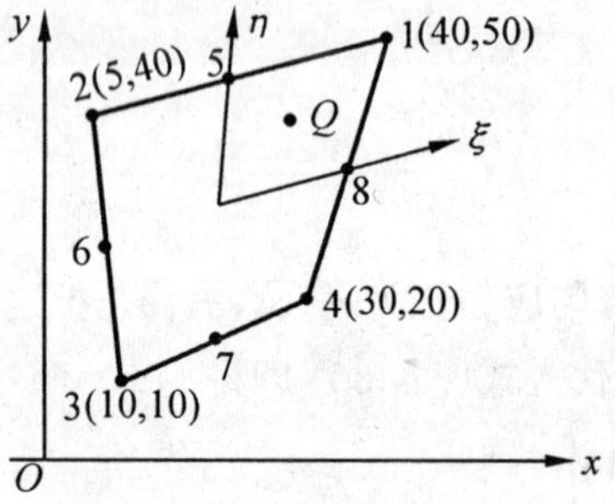

3.1 题图

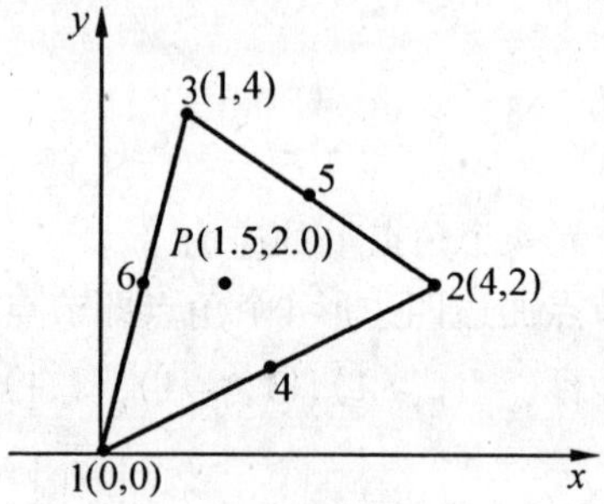

3.2 题图

3.2 图示为二次三角形单元，试计算 $\partial N_4/\partial x$ 和 $\partial N_4/\partial y$ 在点 $P(1.5,2.0)$ 的数值。

3.3 证明边界为直线的三角形和平行四边形的二维单元的 Jacobi 矩阵是常数矩阵。

3.4 证明：若在 x 轴上 $(-1,1)$ 区间内任意二次、三次曲线在 $\pm\frac{1}{\sqrt{3}}$ 两点和一直线相交，则曲线下的面积和直线下的面积相等。

3.5 试导出一维3阶高斯积分点的位置及权系数。

3.6 二维4节点等参元，在 x,y 坐标中单元边长为 a,b，且各边与坐标轴 x,y 平行，确定下列载荷情况下的节点载荷。

(1) 在 x 正方向有一分布载荷作用在 $\xi=1$ 的边上，载荷在 $\eta=-1$ 为0；在 $\eta=1$ 为 q_0，呈线性变化。

(2) 在 $\xi=1$ 的边上作用有均布载荷 q_0，方向压向单元。

(3) 在 y 正方向上作用有均匀的体积力 b_0。

3.7 上题是8节点等参元时，节点载荷向量各是什么？

第 4 章　薄板弯曲

薄板在横向载荷作用下的弯曲问题，无论是在理论上还是在工程实际上都具有重要的意义。本章讨论仅限于薄板、薄壳小挠度情况，与弹性二维及三维应力分析相比，板壳有限元分析有特殊的复杂性。这是因为板的位移函数要满足的微分方程是四阶双调和方程，其变形能依赖于位移函数的二阶偏导数，要求位移函数不仅本身连续而且其一阶偏导也连续，这就给构造形函数增加了困难。不仅如此，在数值求解中舍入误差的影响也往往比二维及三维应力分析问题严重。因此，对板的问题过细的网格划分反而是不适宜的。至于壳体，那就比板更困难。在用有限元求解时，我们可以将壳体分成很多单元，每个单元可以近似做为平板、折板等。这样，单元变形与内力分析就方便多了。壳体平板单元相当于平面问题与板弯曲问题的叠加，因而可以不涉及一般的壳体理论，实际计算结果还是可以的，用平板单元来逼近壳的方法在实用中也受欢迎。

4.1　薄板弯曲的基本方程

4.1.1　弯曲应变

板的弯曲性质在很大程度上取决于板的厚度与其他尺寸的比值，也取决于板的挠度与厚度的比值。当板的挠度小于板的厚度时，弯曲问题称为小挠度问题或称为小变形问题。对于薄板小挠度问题，为了简化计算，可以采用如下假设：

(1) 弯曲后板的中面保持无应变；

(2) 弯曲前板内垂直于中面的截面，在板弯曲后仍保持为平面并垂直于中面；

(3) 板的中面只发生弯曲变形，没有面内的伸缩变形。

利用上述假定，板的全部应力和应变分量都可用板的挠度 w 表示。取板的中面为 xy 面，z 轴垂直于中面，如图 4 – 1 所示。由第(1) 个假定可知

$$\varepsilon_z = \frac{\partial w}{\partial z} = 0$$

从而可得 $w = w(x,y)$，也就是说，薄板中面每一法线上的所有各点都有相同的位移 w。

由第(2) 假定，薄板弯曲后，板的法线与弹性曲面在 x 方向或 y 方向的切线都保持互相垂直，没有剪应变，即 $\gamma_{yz} = 0, \gamma_{zx} = 0$，也就是

$$\frac{\partial v}{\partial z} + \frac{\partial w}{\partial y} = 0, \quad \frac{\partial w}{\partial x} + \frac{\partial u}{\partial z} = 0$$

由上式可知

$$\frac{\partial v}{\partial z} = -\frac{\partial w}{\partial y}, \quad \frac{\partial u}{\partial z} = -\frac{\partial w}{\partial x} \qquad (4-1)$$

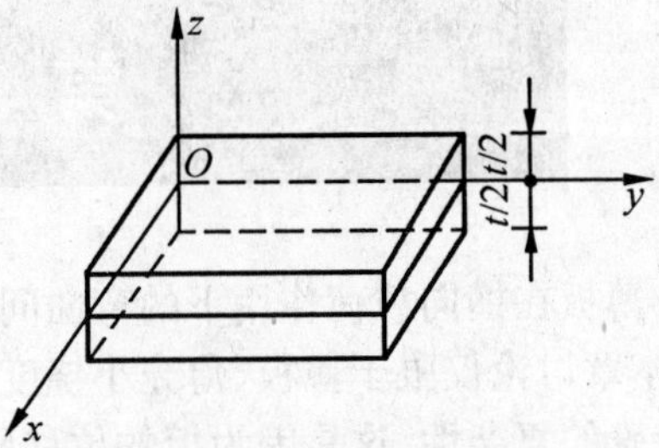

图 4－1　薄板模型

但由 $w = w(x,y)$ 可知$\frac{\partial w}{\partial x}$和$\frac{\partial w}{\partial y}$都不随 z 而变，由式(4－1)对 z 积分，得

$$v = -z\frac{\partial w}{\partial y} + f_1(x,y), \quad u = -z\frac{\partial w}{\partial x} + f_2(x,y) \qquad (4-2)$$

式中 $f_1(x,y)$ 和 $f_2(x,y)$ 是任意函数。

由第(3)假定，$(u)_{z=0} = (v)_{z=0} = 0$，由式(4－2)可知，$f_1(x,y) = f_2(x,y) = 0$，因而式(4－2)简化为

$$v = -z\frac{\partial w}{\partial y}, \quad u = -z\frac{\partial w}{\partial x}$$

由上式可得到薄板内各点的不等于零的三个应变分量

$$\begin{cases} \varepsilon_x = \dfrac{\partial u}{\partial x} = -z\dfrac{\partial^2 w}{\partial x^2} \\ \varepsilon_y = \dfrac{\partial v}{\partial y} = -z\dfrac{\partial^2 w}{\partial y^2} \\ \gamma_{xy} = \dfrac{\partial u}{\partial y} + \dfrac{\partial v}{\partial x} = -2z\dfrac{\partial^2 w}{\partial x \partial y} \end{cases} \qquad (4-3)$$

在小变形的情况下，$-\frac{\partial^2 w}{\partial x^2}$ 和 $-\frac{\partial^2 w}{\partial y^2}$ 分别代表薄板弹性曲面在 x 方向和 y 方向的曲率，而 $-\frac{\partial^2 w}{\partial x \partial y}$ 代表在 x 和 y 方向的扭率。这三者完全确定了板内各点的应变，因而可称为薄板的形变，用矩阵表示为

$$\{\psi\} = \left[-\frac{\partial^2 w}{\partial x^2}, -\frac{\partial^2 w}{\partial y^2}, -2\frac{\partial^2 w}{\partial x \partial y}\right]^{\mathrm{T}} \qquad (4-4)$$

由式(4－3)，板内各点的应变$\{\varepsilon\}$可用薄板形变$\{\psi\}$表示为

$$\{\varepsilon\} = z\{\psi\} \qquad (4-5)$$

4.1.2　弯曲应力与弯矩

由于薄板的法向应力 σ_z 可以忽略不计，对于各向同性材料，板内各点的应变可用应力表示如下

$$\varepsilon_x = \frac{\sigma_x}{E} - \mu\frac{\sigma_y}{E}, \quad \varepsilon_y = -\mu\frac{\sigma_x}{E} + \frac{\sigma_y}{E}, \quad \gamma_{xy} = \frac{2(1+\mu)}{E}\tau_{xy}$$

由以上三式解出应力得

$$\sigma_x = \frac{E}{1-\mu^2}(\varepsilon_x + \mu\varepsilon_y), \quad \sigma_y = \frac{E}{1-\mu^2}(\mu\varepsilon_x + \varepsilon_y), \quad \tau_{xy} = \frac{E}{2(1+\mu)}\gamma_{xy}$$

将式(4－3)代入，可用挠度 ω 表示板内各点应力分量为

$$\begin{cases} \sigma_x = -\dfrac{E}{1-\mu^2}z\left(\dfrac{\partial^2 w}{\partial x^2} + \mu\dfrac{\partial^2 w}{\partial y^2}\right) \\ \sigma_y = -\dfrac{E}{1-\mu^2}z\left(\mu\dfrac{\partial^2 w}{\partial x^2} + \dfrac{\partial^2 w}{\partial y^2}\right) \\ \tau_{xy} = -\dfrac{E}{1+\mu^2}z\dfrac{\partial^2 w}{\partial x\partial y} \end{cases} \tag{4－6}$$

现在计算由上述应力分量合成的薄板内力。如图4－2所示，从薄板取出一个微小六面体，它在 x 和 y 方向都有单位宽度。在垂直于 x 轴的横截面上，正应力是 σ_x，由式(4－6)可知它正比于 z，因此只能合成一个弯矩，把这个单位宽度上的弯矩记为 M_x，可得

$$M_x = \int_{-t/2}^{t/2} z\sigma_x \mathrm{d}z$$

把式(4－6)中 σ_x 的表达式代入，对 z 积分后得

$$M_x = -\frac{Et^3}{12(1-\mu)^2}\left(\frac{\partial^2 w}{\partial x^2} + \mu\frac{\partial^2 w}{\partial y^2}\right) \tag{4－7}$$

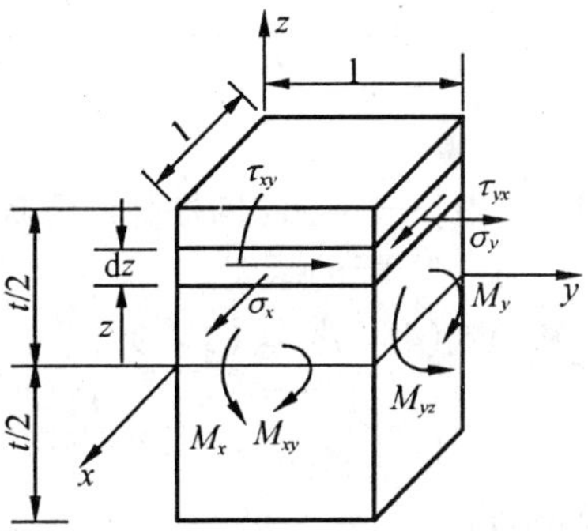

图4－2 薄板内力

同理，作用于此横截面上的剪应力 τ_{xy} 将合成扭矩，即

$$M_{xy} = \int_{-t/2}^{t/2} z\tau_{xy}\mathrm{d}z = -\frac{Et^3}{12(1+\mu)} \cdot \frac{\partial^2 w}{\partial x\partial y} \tag{4－8}$$

在垂直于 y 轴的横截面上，σ_y 和 τ_{yx} 也分别合成弯矩和扭矩，即

$$M_y = \int_{-t/2}^{t/2} z\sigma_y\mathrm{d}z = -\frac{Et^3}{12(1-\mu)^2}\left(\mu\frac{\partial^2 w}{\partial x^2} + \frac{\partial^2 w}{\partial y^2}\right) \tag{4－9}$$

$$M_{yx} = \int_{-t/2}^{t/2} z\tau_{yx}\mathrm{d}z = \int_{-t/2}^{t/2} z\tau_{xy}\mathrm{d}z = M_{xy}$$

把上述薄板内力合并起来，记为

$$\{M\} = \begin{Bmatrix} M_x \\ M_y \\ M_{xy} \end{Bmatrix} \tag{4－10}$$

把式(4－7)～(4－9)代入式(4－10)得到

$$\{M\} = \frac{Et^3}{12(1-\mu^2)}\begin{Bmatrix} -\dfrac{\partial^2 w}{\partial x^2} - \mu\dfrac{\partial^2 w}{\partial y^2} \\ -\mu\dfrac{\partial^2 w}{\partial x^2} - \dfrac{\partial^2 w}{\partial y^2} \\ -(1-\mu)\dfrac{\partial^2 w}{\partial x\partial y} \end{Bmatrix} = \frac{Et^3}{12(1-\mu^2)}\begin{bmatrix} 1 & \mu & 0 \\ \mu & 1 & 0 \\ 0 & 0 & \dfrac{1-\mu}{2} \end{bmatrix}\begin{Bmatrix} -\dfrac{\partial^2 w}{\partial x^2} \\ -\dfrac{\partial^2 w}{\partial y^2} \\ -2\dfrac{\partial^2 w}{\partial x\partial y} \end{Bmatrix}$$

利用式(4 - 4),上式可简写为

$$\{M\} = [D]\{\psi\} \tag{4 - 11}$$

$$[D] = D\begin{bmatrix} 1 & \mu & 0 \\ \mu & 1 & 0 \\ 0 & 0 & \dfrac{1-\mu}{2} \end{bmatrix} \tag{4 - 12}$$

式中

$$D = \frac{Et^3}{12(-\mu^2)} \tag{4 - 13}$$

其中 $[D]$—— 各向同性弹性薄板弯曲问题的弹性矩阵；

t—— 板的厚度。

利用式(4 - 7) ~ (4 - 9),消去式(4 - 6) 中的 w 得

$$\sigma_x = \frac{12M_x}{t^3}z,\quad \sigma_y = \frac{12M_y}{t^3}z,\quad \tau_{xy} = \frac{12M_{xy}}{t^3}z$$

或简记为

$$\{\sigma\} = \frac{12}{t^3}z\{M\} \tag{4 - 14}$$

式(4 - 14) 表示了板内各点的应力与薄板内力之间的关系。

对于正交各向异性薄板,当 x,y 轴平行于弹性主方向时,其应力 - 应变关系为

$$\begin{cases} \varepsilon_x = \dfrac{1}{E_x}(\sigma_x - \mu_1\sigma_y) \\ \varepsilon_y = \dfrac{1}{E_y}(\sigma_y - \mu_2\sigma_x) \\ \gamma_{xy} = \dfrac{1}{G}\tau_{xy} \end{cases}$$

弯矩 - 曲率关系为

$$\begin{cases} M_x = -D_x\left(\dfrac{\partial^2 w}{\partial x^2} + \mu_2\dfrac{\partial^2 w}{\partial y^2}\right) \\ M_y = -D_y\left(\dfrac{\partial^2 w}{\partial y^2} + \mu_1\dfrac{\partial^2 w}{\partial x^2}\right) \\ M_{xy} = -2D_{xy}\dfrac{\partial^2 w}{\partial x\partial y} \end{cases} \tag{4 - 15}$$

因此其弹性矩阵为

$$[D]=\begin{bmatrix} D_x & D_1 & 0 \\ D_1 & D_y & 0 \\ 0 & 0 & D_{xy} \end{bmatrix} \tag{4-16}$$

$$\begin{cases} D_x = \dfrac{E_x t^3}{12(1-\mu_1\mu_2)} \\ D_y = \dfrac{E_y t^3}{12(1-\mu_1\mu_2)} \\ D_{xy} = \dfrac{Gt^3}{12} \\ D_1 = \mu_2 D_x \end{cases} \tag{4-17}$$

4.1.3 弯曲应变能

按薄板弯曲的基本假设,板内只有 σ_x,σ_y 和 τ_{xy} 等应力分量,因而其弹性应变能为

$$U=\frac{1}{2}\int_V(\sigma_x\varepsilon_x+\sigma_y\varepsilon_y+\tau_{xy}\gamma_{xy})\mathrm{d}V=\frac{1}{2}\int_V\{\varepsilon\}^{\mathrm{T}}\{\sigma\}\mathrm{d}V$$

将式(4-5)及应力分量代入上式,并沿厚度方向积分得

$$U=\frac{1}{2}\int_S\{\psi\}^{\mathrm{T}}[D]\{\psi\}\mathrm{d}S \tag{4-18}$$

式中 S 为板中面的面积。

由此可见,薄板弯曲变形时,单位面积中面的弹性应变能为其曲率的二次型。由于板的曲率是其挠度 w 的二阶导数,因而薄板弯曲的弹性应变能为包括 w 二阶导数的二次泛函数。

由以上的分析可以看出,在薄板弯曲的基本假设之下,挠曲面方程 $w(x,y)$ 为薄板弯曲的基本变量,挠曲面确定之后,其内力、应力、应变能都可以确定。板的弯曲本身是一个三维问题,但在此基本假设之下,可归结为在中面的二维区域内分析一个变量 $w(x,y)$ 的问题。根据薄板微元的平衡,可以建立对 w 的四阶微分方程,但只在简单的几何形状、边界条件和载荷情况下,才能求得解析解。对一般工程中较复杂的薄板弯曲问题,只能求其近似解。薄板弯曲的有限元解法,则是一种相当有效的近似解法。

4.2 矩形薄板单元

一个矩形板构件,可以很方便地剖分为很多矩形单元,以矩形单元的4个角点为节点,可以构造一个简单的矩形板单元。它列式简单,精度也好,与平面问题的四节点矩形单元叠加起来,还可以用于柱形壳体的有限元分析。

4.2.1 节点位移

对于薄板弯曲，可以只研究其中的变形；对于矩形板单元，可以只研究一个矩形平面，但是，此单元面上一点实际上代表着一个长度为板厚的法线段。按基本假设，此法线长度不变，其位移应包括中心点的挠度 w 和法线挠 x,y 轴的转角 θ_x 和 θ_y（中心点在中面内按假设没有 x,y 方向的位移）。因而板单元任一节点 i 应有 3 个位移分量。图 4－3 中规定出这些位移的正方向，即 w_i 沿 z 轴方向，转角 θ_{xi},θ_{yi} 绕 x,y 轴按右手螺旋规定其正向。按直法线假设，与梁的弯曲相似，在小挠度变形下，法线的转角可由挠曲面的斜率表示。按图 4－3 规定的方向，i 节点的 3 项位移可用列阵表示为

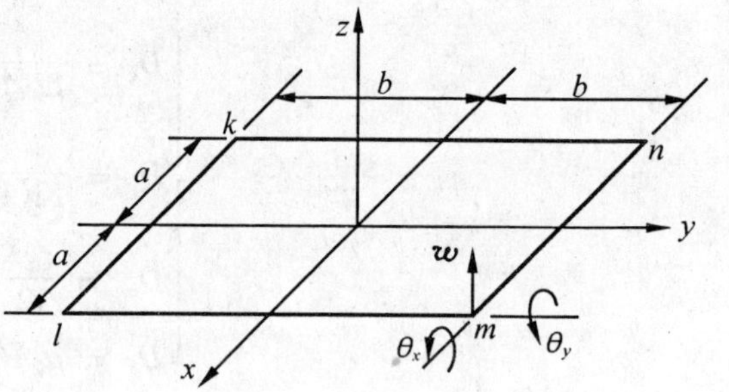

图 4－3 矩形板单元

$$\{\delta_i\} = \begin{Bmatrix} w_i \\ \theta_{xi} \\ \theta_{yi} \end{Bmatrix} = \begin{Bmatrix} w_i \\ \left(\dfrac{\partial \omega}{\partial y}\right)_i \\ -\left(\dfrac{\partial w}{\partial x}\right)_i \end{Bmatrix}$$

板单元的每个节点有 3 项独立位移，即有 3 个自由度，4 个节点共有 12 个自由度。如 e 单元 4 个节点的编号为 k,l,m,n，则此单元全部节点位移可以列阵表示为

$$\{\delta\}^e = [w_k \quad \theta_{xk} \quad \theta_{yk} \quad w_l \quad \theta_{xl} \quad \theta_{yl} \quad w_m \quad \theta_{xm} \quad \theta_{ym} \quad w_n \quad \theta_{xn} \quad \theta_{yn}]^{\mathrm{T}}$$

为分析方便，此顺序是按节点分组排列的。如按节点分块，上述节点位移应表示为

$$\{\delta\}^e = [\delta_k^{\mathrm{T}} \quad \delta_l^{\mathrm{T}} \quad \delta_m^{\mathrm{T}} \quad \delta_n^{\mathrm{T}}]^{\mathrm{T}}$$

4.2.2 形状函数

取矩形单元的对称轴为 x,y 轴，可假定单元内挠度具有如下的多项式形式

$$w = a_1 + a_2 x + a_3 y + a_4 x^2 + a_5 xy + a_6 y^2 + a_7 x^3 + a_8 x^2 y + a_9 xy^2 + a_{10} y^3 + a_{11} x^3 y + a_{12} xy^3 \tag{4-19}$$

式中 $a_1,a_2,\cdots,a_{12}$ 为待定系数。之所以选用如上的挠度形式，是考虑了以下几方面因素。

（1）12 个待定系数对应于单元的 12 个自由度。

（2）多项式中的前 3 项为常数项及线性项，反映出中面平板无弯曲的刚体位移。3 个二次项经二阶微分后给出常曲率，反映出中面变形的 3 种常应变形式。式(4－19)中包含了这前 6 项就满足了单元的完备性要求。

(3) 此多项式含有完全的三次多项式，其四次项是不完全的，此种近似的挠度函数具有三次多项式的精度。不完全四次项 x^3y 及 xy^3 两项是对称的，这使单元对 x 及 y 轴具有同等的变形能力；当坐标轴转 90° 时，单元不会表现出不同的弯曲挠度形式。

(4) 式(4－19) 的挠度形式在 x = 常数及 y = 常数的单元边界上，其挠度都只含三次多项式。由后面的分析可见，这种假定的挠度函数可以保证此单元间挠度的连续性。

式(4－19) 可写成矩阵形式如下

$$w = [1 \quad x \quad y \quad x^2 \quad xy \quad y^2 \quad x^3 \quad x^2y \quad xy^2 \quad y^3 \quad x^3y \quad xy^3]\{a\} \tag{4-20}$$

式中 $\{a\}$ 是由 12 个待定系数组成的列阵。

将式(4－20) 对 x，y 分别求导，可得到两个转角的矩阵表达式如下

$$\begin{cases} \theta_x = \dfrac{\partial w}{\partial y} = [0 \quad 0 \quad 1 \quad 0 \quad x \quad 2y \quad 0 \quad x^2 \quad 2xy \quad 3y^2 \quad x^3 \quad 3xy^2]\{a\} \\ \theta_y = \dfrac{-\partial w}{\partial x} = -[0 \quad 1 \quad 0 \quad 2x \quad y \quad 0 \quad 3x^2 \quad 2xy \quad y^2 \quad 0 \quad 3x^2y \quad y^3]\{a\} \end{cases} \tag{4-21}$$

依次将单元 4 个节点坐标代入式(4－20) 及式(4－21) 中，可得到 4 个节点的挠度 w 及转角 θ_x，θ_y。这里共有 12 个方程，联系着 12 个节点位移分量及 12 个 a 参数之间的关系，其矩阵表达为

$$\{\delta\}^e = [A]\{a\}$$

上式的逆转换式为

$$\{a\} = [A]^{-1}\{\delta\}^e \tag{4-22}$$

将式(4－22) 代入式(4－20) 得

$$w = [N(x,y)]\{\delta\}^e \tag{4-23}$$

式中 $[N(x,y)]$ 即为此矩形薄板单元弯曲的形状函数矩阵，是一个 1 × 12 阶的行向量，可按节点分块示为

$$[N(x,y)] = [N_k \quad N_l \quad N_m \quad N_n] \tag{4-24}$$

对于图 4－3 所示的矩形单元，其任一节点 i 的形状函数矩阵 $[N_i]$ 是一个 1 × 3 的行阵，N_i 表达如下

$$\begin{aligned}[N_i] = \frac{1}{8}\Big[&\left(\frac{x_ix}{a^2}+1\right)\left(\frac{y_iy}{b^2}+1\right)\left(2+\frac{x_ix}{a^2}+\frac{y_iy}{b^2}-\frac{x^2}{a^2}-\frac{y^2}{b^2}\right), \\ &y_i\left(\frac{x_ix}{a^2}+1\right)\left(\frac{y_iy}{b^2}+1\right)^2\left(\frac{y_iy}{b^2}-1\right), -x_i\left(\frac{x_ix}{a^2}+1\right)^2\left(\frac{y_iy}{b^2}+1\right)\left(\frac{x_ix}{a^2}-1\right)\Big] \\ &(i = k,l,m,n)\end{aligned} \tag{4-25}$$

式中 x_i，y_i 为 i 节点坐标。

4.2.3　单元刚度矩阵

将式(4－23) 代入式(4－4)，可得单元的曲率为

$$\{\psi\} = -\begin{Bmatrix} \dfrac{\partial^2}{\partial x^2} \\ \dfrac{\partial^2}{\partial y^2} \\ 2\dfrac{\partial^2}{\partial x \partial y} \end{Bmatrix}[N]\{\delta\}^e = [B]\{\delta\}^e$$

式中$[B]$称为单元的应变矩阵，按节点分块表示有

$$[B] = [B_k \quad B_l \quad B_m \quad B_n] \tag{4-26}$$

而对任一节点 i 的应变矩阵有

$$[B_i] = \frac{1}{8}\begin{bmatrix} \dfrac{6x_i x}{a^4}\left(\dfrac{y_i y}{b^2}+1\right) & 0 & \left(\dfrac{6x}{a^2}+\dfrac{2x_i}{a^2}\right)\left(\dfrac{y_i y}{b^2}+1\right) \\ \dfrac{6y_i y}{b^4}\left(\dfrac{x_i x}{a^2}+1\right) & \left(\dfrac{6y}{b^2}+\dfrac{2y_i}{b^2}\right)\left(\dfrac{x_i x}{a^2}+1\right) & 0 \\ \dfrac{x_i y_i}{a^2 b^2}\left(\dfrac{6x^2}{a^2}+\dfrac{6y^2}{b^2}-8\right) & \dfrac{x_i}{a^2}\left(\dfrac{3y^2}{b^2}+\dfrac{2y_i y}{b^2}-1\right) & \dfrac{-y_i}{b^2}\left(\dfrac{3x^2}{a^2}+\dfrac{2x_i x}{a^2}-1\right) \end{bmatrix}$$

$$(i = k, l, m, n) \tag{4-27}$$

如已解出板结构的全部节点位移$\{\delta\}$，则对任意的单元都可以找出相应的单元节点位移$\{\delta\}^e$，再应用式(4-26)应变矩阵$[B]$和式(4-12)薄板弯曲的弹性系数矩阵$[D]$，即可得到单元的内力

$$\{M\} = [D][B]\{\delta\}^e \tag{4-28}$$

上式中$[D][B] = [S]$为薄板弯曲应力矩阵，此处为 3×12 的矩阵。

将板弯曲的曲率$\{\psi\}$代入板弯曲的应变能表达式(4-18)，可得单元的应变能

$$U^e = \frac{1}{2}\int_{S^e}\{\psi\}^{\mathrm{T}}[D]\{\psi\}\mathrm{d}x\mathrm{d}y = \frac{1}{2}\{\delta^e\}^{\mathrm{T}}\int_{S^e}[B]^{\mathrm{T}}[D][B]\mathrm{d}x\mathrm{d}y\{\delta\}^e$$

简写为

$$U^e = \frac{1}{2}\{\delta^e\}^{\mathrm{T}}[k][\delta]^e$$

式中

$$[k]^e = \int_{S^e}[B]^{\mathrm{T}}[D][B]\mathrm{d}x\mathrm{d}y \tag{4-29}$$

$[k]^e$ 为板弯曲的单元刚度矩阵，其计算式与一般单元的刚阵(如平面问题)完全一样，只是这里应代入板弯曲的弹性系数矩阵$[D]$和板弯曲的应变矩阵$[B]$。

4.2.4 节点载荷

板结构上如受有集中的荷载，一般在划分单元时宜将此力作用点划为网格中的一个节点，此集中力可直接加入结构的总载荷列阵$\{Q\}$中。如板面承受有面分布的横向载荷 $p(x,y)$，则

应按式(4－17)逐个单元将分布力等效分配到各节点上。任一单元 e 形成的单元节点载荷为

$$\{Q\}^e = \int_{S^e} [N]^{\mathrm{T}} p(x,y)\,\mathrm{d}x\mathrm{d}y$$

式中$[N]$为板弯曲的形状函数矩阵，由式(4－24)决定。当横向分布载荷为常值 p 时(均布载荷)，对图4－4所示的矩形板单元，其分配得的单元节点载荷为

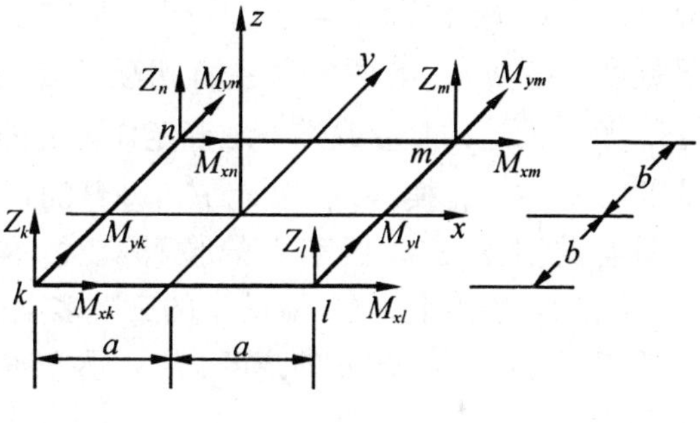

图4－4　单元的节点载荷

$$\{Q\}^e = [Z_k \quad M_{xk} \quad M_{yk} \quad Z_l \quad M_{xl} \quad M_{yl} \quad Z_m \quad M_{xm} \quad M_{ym} \quad Z_n \quad M_{xn} \quad M_{yn}]^{\mathrm{T}} =$$

$$4pad\left[\frac{1}{4} \quad \frac{b}{12} \quad \frac{-a}{12} \quad \frac{1}{4} \quad \frac{b}{12} \quad \frac{a}{12} \quad \frac{1}{4} \quad \frac{-b}{12} \quad \frac{a}{12} \quad \frac{1}{4} \quad \frac{-b}{12} \quad \frac{-a}{12}\right]^{\mathrm{T}} \tag{4－30}$$

式中 Z_i 和M_{xi}，M_{yi} 为i节点沿z向的力和绕x，y轴的力偶。由式(4－30)可见，单元在均布的横向载荷 p 作用下，每个节点不但分配有全部单元横向力 $4pab$ 的1/4，而且对各节点还分配有绕x，y轴的力偶。整个结构上，在受有分布载荷作用的区域内，每个节点都受到其周围单元上分布的分配。因而各节点上的全部载荷为其相邻单元分配来载荷的叠加，即

$$\{Q\} = \sum\{Q\}^e \tag{4－31}$$

如某个节点还另受有集中载荷的作用，其集中力和力偶也应加入$\{Q\}$中的相应位置。

4.3　薄板弯曲的相容性问题

由式(4－13)和式(4－18)可见，薄板弯曲的总势能表达式中包含有挠度函数 w 的二阶导数。为满足完备性要求，所假定的单元位移模式应能实现任意的刚体位移和常曲率状态。为满足相容性要求，所假定的单元位移应保证单元间挠度及其一阶导数都是连续的。

四节点矩形板单元的假定位移表达式(4－19)中包含有直到二次多项式的完全项，能实现板单元的刚体位移和常曲率位移，因而此单元是满足完备性要求的。但是，我们将会看到，这种单元却不满足相容性要求，是一种不相容单元。式(4－20)为不完全的四次多项式，但沿 x = 常数或 y = 常数的单元边界上，挠度皆为完全的三次曲线，例如图4－3所示的单元在 $y = b$ 的 nm 边界上，挠度 w 为x的三次多项式，其一般形式可写为

$$w(x) = a + bx + cx^2 + dx^3$$

式中a,b,c,d为四个待定常数。如此边上n,m节点变形后沿z方向移到n',m'位置，即原来的直线边界 nm 变形为曲线$n'm'$，如图4－5所示，为一条三次曲线。此曲线两端的挠度值即 n,m 两节点的挠度 w_n,w_m，而此曲线两端的斜率与 n,m 两节点的转角θ_{yn},θ_{ym} 应有关系式

$$-\left(\frac{\partial w}{\partial x}\right)_n = \theta_{yn}, \quad -\left(\frac{\partial w}{\partial x}\right)_m = \theta_{ym}$$

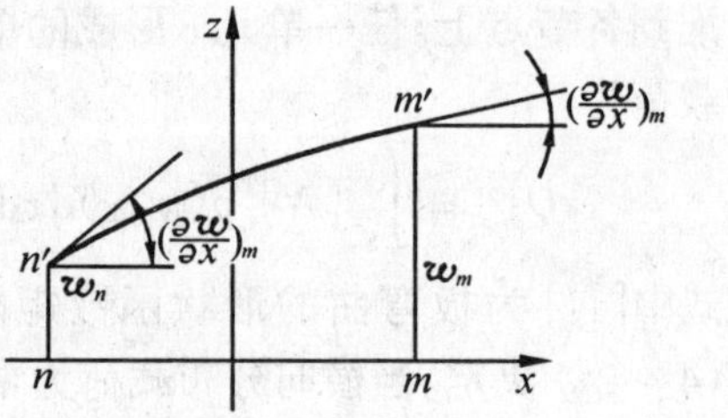

图 4－5　曲线边界

可见挠度曲线 $n'm'$ 的两端联系着四项节点位移 w_n，w_m，θ_{yn}，θ_{ym}，而这四个参数惟一地确定作为 x 的三次多项式的 $n'm'$ 曲线。换言之，单元 nm 边界的挠度曲线 $n'm'$ 只与此边上 n，m 两节点的位移有关。同样，在 $x=-a$ 的 kn 边界上，挠度 w 为 y 的三次多项式，此边界上的挠度可由节点 k，n 的挠度 w_k，w_n 及转角 θ_{xk}，θ_{xn} 惟一确定。

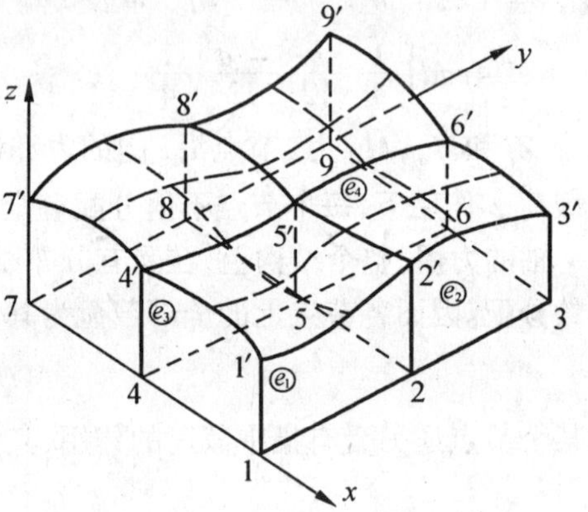

图 4－6　四单元连接情况

图 4－6 表示出 e_1，e_2，e_3，e_4 等 4 个单元在交界边的连接情况。对于单元 e_1 与 e_2，它们在 y 为常数的交界边上有共同的节点 5 与 2；而连接这两个单元的共同节点具有相同的挠度与转角。这些位移可以各自确定本单元交界边上惟一的挠度曲线 5′2′，故单元之间的挠度是连续的。显然，此挠度曲线沿 x 方向的导数（切向导数）也是连续的，此处是 $\frac{\partial w}{\partial x}$ 连续。同理，单元 e_1 与 e_3 在交界边 45 上亦有相对应的结果。总之，这种四节点矩形板弯曲单元，在单元交界边上，其挠度及沿边界切线方向的导数是连续的。但是由式（4－19）可见，导数 $\frac{\partial w}{\partial y}$ 在 52 边上也是 x 的三次曲线，而此边上与 $\frac{\partial w}{\partial y}$ 有关的节点参数只有 $\theta_{x5}=\left(\frac{\partial w}{\partial y}\right)_5$ 及 $\theta_{x2}=\left(\frac{\partial w}{\partial y}\right)_2$ 两项。显然，这两项位移是不足以确定作为 x 三次函数的 $\frac{\partial w}{\partial y}$；因而在 e_1，e_2 单元相连交界边上，其曲面沿法向的导数 $\frac{\partial w}{\partial y}$ 是不一致的，即不连续的（只在 5，2 两点有相同的值）。同理，在单元 e_1 与 e_3 间的交界边上，其曲面沿法向的导数 $\frac{\partial w}{\partial x}$ 亦是不连续的。由以上分析可知，这种四节点矩形单元变形后，其挠曲面在单元间虽然互相连续，但其法向导数并不连续，单元间在变形后是不光滑连接的（有棱）如图 4－6 所示。

薄板弯曲总势能含有挠度 w 的二阶导数，而此种单元只保证单元间挠度 w 本身连续，其一阶导数并不完全连续，因而是不相容的。

从力学角度看，薄板弯曲时，沿单元的边界是有弯矩作用的，如两单元沿此边界的法向导数不连续,则其交界处截面有不相同的转角(可称法向转角)。因而,当板变形时,此种单元边界上的弯矩在截面处相对转角上做了功。当变形恢复时,将有能量释放,故亦存在有势能。然而,单元交界处的这部分势能却没有计入任一单元的应变能之中,因此这种单元应变能之总和并不等于整个结构的变形能,即

$$U \neq \sum U^e$$

对于这种情况,前面阐述的有限元分析方法就不适当了。因而,一般用不相容的单元做有限元分析,是不能保证有收敛性的。

有人提出,可以用"分片试验"的方法来检验不相容单元的收敛性。这种四节点的矩形板单元可通过分片试验,实践计算也表明此单元的收敛性还是很好的。

图4－7表示周边固支的方板,在均布压力作用下,用上述单元计算的结果。图中给出了板对称轴处的挠度和弯矩,其中 q 为单位面积的压力,L 为正方板的边长,t 为板厚,M_x 为单位宽度板的弯矩,$D = Et^3/[12(1-\mu^2)]$。

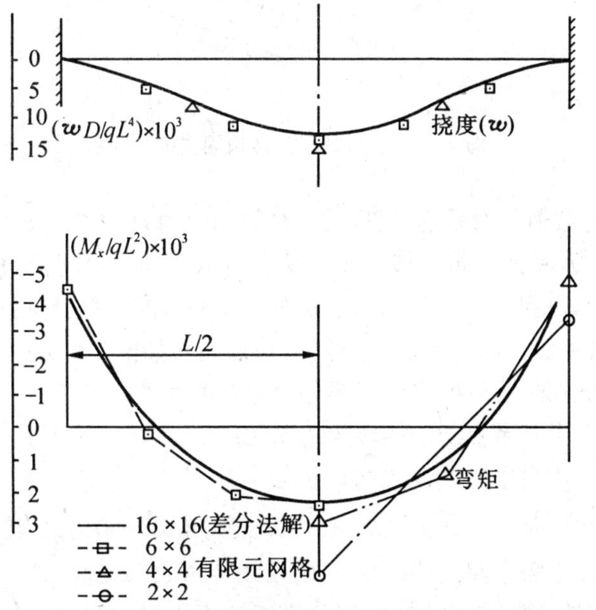

图4－7　周边固支方板的挠度和弯矩

在本题中,由于结构是对称的,可以只取其1/4为计算对象。其对应的边界条件如下。

在固支边上,其各节点的位移应满足:挠度为0,切线转角为0,法线转角为0。

在对称轴上,其各节点的位移应满足:法线转角为0,即在 $x = 0$ 的对称截面上,有 $\theta_y = 0$;

而在 $y = 0$ 的对称截面上，应有 $\theta_x = 0$。

另外，工程中常会遇到结构受到简支约束的情况，这时简支边上各节点的位移应满足：挠度为0，切线转角为0。

例 图4-8为两对边简支、另两对边固支的矩形薄板。其上受有均布压力 q 的作用，已知：$a = 1\ 000$ mm，$b = 500$ mm，板厚 $t = 20$ mm，$q = -1$ N/mm^2，$E = 2.1 \times 10^5$ N/mm^2，$\mu = 0.3$。求对称截面上的挠度 w 及弯矩 M_x，M_y 的分布曲线。

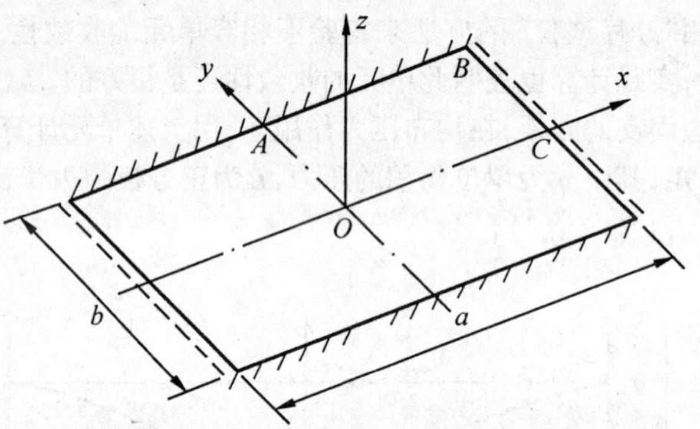

图4-8　两边简支，两边固支的矩形板

解 根据结构与载荷的对称性，可取其1/4(如图中的 $OABC$)为计算对象。将它划分为4×5的矩形网格，其节点及单元的编号如图4-9(a)所示。结构总节点数 $n = 30$，单元个数 $m = 20$，节点自由度数为3，总自由度数目 $3n = 90$，任一节点 i 的位移分量排列顺序为 $w_i\theta_{xi}\theta_{yi}$。最大半带宽为21。各单元的尺寸及单元节点编号($k, l, m, n$)，如图4-9(b)所示。

由对称性和支承情况，可以确定计算部分的边界条件：

(1) 在对称边 AO 上各节点的法线转角 $\theta_y = 0$；

(2) 在对称边 OC 上各节点的法线转角 $\theta_x = 0$；

(3) 在固支边 AB 上各节点的挠度 $w = 0$，切线转角 $\theta_y = 0$，法线转角 $\theta_x = 0$；

(4) 在简支边 BC 上各节点的挠度 $w = 0$，切线转角 $\theta_x = 0$。

根据上述边界条件，在总自由度中，位移为零的自由度序号：1，2，3，6，9，12，14，15，16，17，18，29，31，32，33，44，46，47，48，59，61，62，63，74，76，77，78，79，80，82，83，85，86，88，89。共有35个自由度被固定。

先根据式(4-30)求得均布载荷分配到各单元图4-9(b)的等效节点载荷，即

$$\{Q\}^e_{12\times1} = [Z_k \quad M_{xk} \quad M_{yk} \quad Z_l \quad M_{xl} \quad M_{yl} \quad Z_m \quad M_{xm} \quad M_{ym} \quad Z_n \quad M_{xn} \quad M_{yn}]^{\mathrm{T}}$$

式中

$$Z_k = Z_l = Z_m = Z_n = q \times A \times B = -1\ 562.5\ \mathrm{N}$$

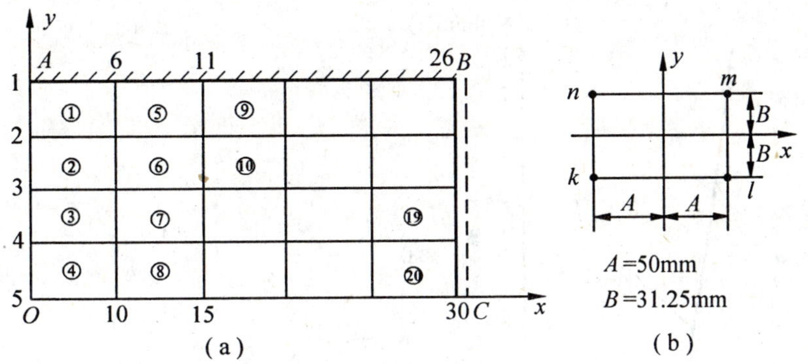

图 4－9　1/4结构模型

$$M_{xk}=M_{xl}=\frac{1}{3}q\times A\times B^{2}=-16\,276\ \text{N}\cdot\text{mm}$$

$$M_{xm}=M_{xn}=-M_{xk}=16\,276\ \text{N}\cdot\text{mm}$$

$$M_{yk}=M_{yn}=\frac{1}{3}\times q\times A^{2}\times B=26\,041.67\ \text{N}\cdot\text{mm}$$

$$M_{yl}=M_{ym}=-M_{yk}=-26\,041.67\ \text{N}\cdot\text{mm}$$

由于各单元的尺寸相同，故各单元的等效节点载荷值都相同。

按式(4－31)，$\{Q\}=\sum_{e=1}^{m}\{Q\}^{e}$，可叠加求得总载荷列阵$\{Q\}_{90\times1}$。其中一些弯矩分量为零值，这是由于单元大小相同，且为均布载荷，当节点载荷叠加时，某些弯矩正负相消的结果。实际上当单元数目较多时，单元等效节点载荷的计算及总载荷列阵的叠加均可编制程序段，由计算机自动完成。挠度及弯矩的计算结果分别见图4－10和图4－11所示。

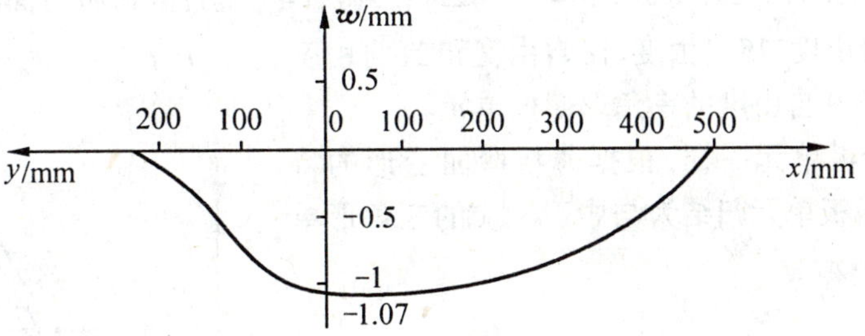

图 4－10　挠　度

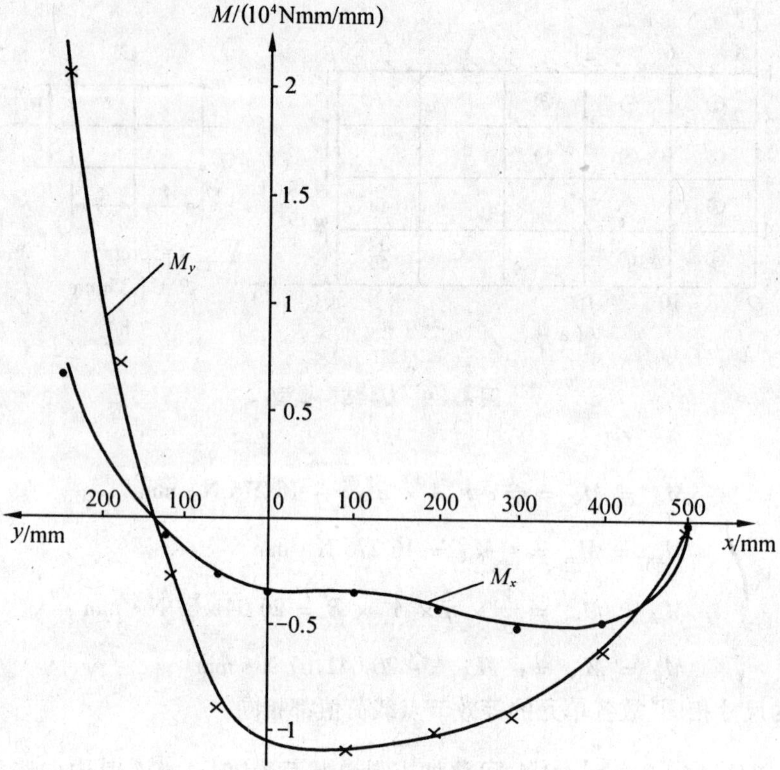

图 4－11　弯　矩

4.4　三角形薄板单元

对于具有曲边或斜边的薄板，常离散成三角形薄板单元。计算薄板弯曲问题的三角形单元有许多种，如 9 自由度、15 自由度、18 自由度和 21 自由度等等，本节只介绍 9 自由度的三角形薄板单元。

如同矩形薄板单元一样，根据薄板弯曲变形的特点，可将三角形薄板单元归结为与中面相应的三角形单元，如图 4－12 所示。

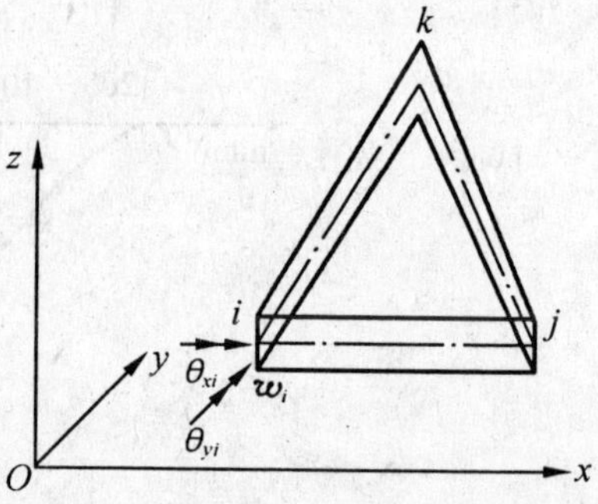

图 4－12　三角形单元

4.4.1　位移函数

三角形薄板单元具有 9 个自由度，其位移函数应有 9 个独立的待定系数，但是一个完整的三次多项式有如

下的10个独立项

$$\alpha_1 + \alpha_2 x + \alpha_3 y + \alpha_4 x^2 + \alpha_5 xy + \alpha_6 y^2 + \alpha_7 x^3 + \alpha_8 x^2 y + \alpha_9 xy^2 + \alpha_{10} y^3$$

为了满足收敛性的必要条件，在位移函数中应当包含能反映单元的常应变状态的刚体运动的项，即必须保留上式中的前六项。为了使独立项数目与自由度数一致，还必须在后四个三次项中减去一项。有人从不失去 x 和 y 的对称性方面考虑，曾试图将 $x^2 y$ 和 xy^2 两项合并为一项，即将单元的位移函数取为

$$\alpha_1 + \alpha_2 x + \alpha_3 y + \alpha_4 x^2 + \alpha_5 xy + \alpha_6 y^2 + \alpha_7 x^3 + \alpha_8 (x^2 y + xy^2) + \alpha_9 y^3$$

但是在某些情况下，取为基本未知量的九个节点位移分量将不是相互独立的，因为求解九个待定系数所建立的线性方程组是不相容的，也就不可能解出几个独立的待定系数。

采用面积坐标可以克服上述缺点。由前面知，面积坐标与直角坐标的关系式为

$$\begin{cases} L_i = \dfrac{1}{2\Delta}(a_i + b_i x + c_i y) \\ L_j = \dfrac{1}{2\Delta}(a_j + b_j x + c_j y) \\ L_K = \dfrac{1}{2\Delta}(a_k + b_k x + c_k y) \end{cases} \tag{4-32}$$

式中 $a_r, b_r, c_r (r = i, j, k)$ 和 Δ 分别由式(2 - 11) 和式(2 - 13) 确定。

面积坐标的完全多项式为

一次项　L_i, L_j, L_k

二次项　$L_i^2, L_j^2, L_k^2, L_i L_j, L_j L_k, L_k L_i$

三次项　$L_i^3, L_j^3, L_k^3, L_i^2 L_j, L_j^2 L_k, L_i L_j^2, L_j L_k^2, L_k L_i^2, L_i L_j L_k$

在构成位移函数时，我们首先删去项 $L_i L_j L_k$。因为它本身和它的一阶偏导数在单元节点处恒为零，对于确定九个待定系数毫无帮助，故可删去。

为了保证所构造的位移函数既能使面积坐标对称出现，又具有刚体位移和常应变状态，w 可取如下形式

$$\begin{aligned} w = {} & \alpha_1 L_i + \alpha_2 L_j + \alpha_3 L_k + \alpha_4 L_j L_k + \alpha_5 L_k L_i + \alpha_6 L_i L_j + \\ & a_7 (L_j L_k^2 - L_k L_j^2) + \alpha_8 (L_k L_i^2 - L_i L_k^2) + \alpha_9 (L_i L_j^2 - L_j L_i^2) \end{aligned} \tag{4-33}$$

式中的三次项采用“减号” 的组合形式，是因为任意两对称之和，如 $L_i L_j^2 + L_j L_i^2 = L_i L_j - L_i L_j L_k$ 将不起独立作用。二次项中未取前三项，主要是考虑到计算上的方便。

为了确定式(4 - 33) 中的待定系数 $\alpha_1, \alpha_2, \cdots, \alpha_9$，根据面积坐标与直角坐标的线性关系式(4 - 32)，将原来的节点自由度改为 $w_r, \left(\dfrac{\partial w}{\partial L_i}\right)_r, \left(\dfrac{\partial w}{\partial L_j}\right)_r, r = i, j, k$ 作为单元的节点自由度且以面积坐标 L_i 与 L_j 为自变量，$L_k = 1 - L_i - L_j$，于是有

$$\begin{cases} w'_{L_i} = \dfrac{\partial w}{\partial L_i} = \dfrac{\partial w}{\partial x} \cdot \dfrac{\partial x}{\partial L_i} + \dfrac{\partial w}{\partial y} \cdot \dfrac{\partial y}{\partial L_i} = -\theta_y \dfrac{\partial x}{\partial L_i} + \theta_x \dfrac{\partial y}{\partial L_i} \\ w'_{L_j} = \dfrac{\partial w}{\partial L_j} = \dfrac{\partial w}{\partial x} \cdot \dfrac{\partial x}{\partial L_j} + \dfrac{\partial w}{\partial y} \cdot \dfrac{\partial y}{\partial L_j} = -\theta_y \dfrac{\partial x}{\partial L_j} + \theta_x \dfrac{\partial y}{\partial L_j} \end{cases} \tag{4-34}$$

由面积坐标与直角坐标的关系知

$$L_r = \frac{1}{2\Delta}(a_r + b_r x + c_r y) \quad (r = i, j, k)$$

$$\begin{cases} x = L_i x_i + L_j x_j + L_k x_k = L_i x_i + L_j x_j + (1 - L_i - L_j) x_k \\ y = L_i y_i + L_j y_j + (1 - L_i - L_j) y_k \end{cases} \tag{4-35}$$

所以

$$\frac{\partial x}{\partial L_i} = x_i - x_k = c_j$$

$$\frac{\partial x}{\partial L_j} = x_j - x_k = -c_i$$

$$\frac{\partial y}{\partial L_i} = y_i - x_k = -b_j$$

$$\frac{\partial y}{\partial L_i} = y_i - y_k = b_i$$

将上式代入式(4 - 34)得

$$\begin{cases} w'_{L_i} = -b_j\theta_x - c_j\theta_y \\ w'_{L_j} = b_i\theta_x + c_i\theta_y \end{cases} \tag{4-36}$$

将三角形单元三个节点的面积坐标 $i(1,0,0)$,$j(0,1,0)$ 和 $k(0,0,1)$ 分别代入式(4 - 33)得

$$\begin{cases} w_i = \alpha_1 \\ w_j = \alpha_2 \\ w_k = \alpha_3 \end{cases} \tag{4-37}$$

将式(4 - 33)对面积坐标求偏导数得

$$\begin{cases} w'_{L_i} = \dfrac{\partial w}{\partial L_i} = w_i - w_k - \alpha_4 L_j + \alpha_5 (L_k - L_i) + \alpha_6 L_j + \\ \qquad \alpha_7 (L_j^2 - 2L_jL_k) + \alpha_8 (4L_iL_k - L_i^2 - L_k^2) + \alpha_9 (L_j^2 - 2L_iL_j) \\ w'_{L_j} = \dfrac{\partial w}{\partial L_j} = w_j - w_k + \alpha_4 (L_k - L_j) - \alpha_5 L_i + \alpha_7 (L_j^2 + L_k^2 - 4L_iL_k) + \\ \qquad \alpha_6 L_i + \alpha_8 (2L_iL_k - L_i^2) + \alpha_9 (2L_iL_j - L_i^2) \end{cases} \tag{4-38}$$

再将节点 i,j,k 的面积坐标代入上式得

$$\begin{cases}(w'_{L_i})_i = w_i - w_k - \alpha_5 - \alpha_8 \\ (w'_{L_j})_i = w_j - w_k - \alpha_8 + \alpha_6 - \alpha_8 - \alpha_9 \\ (w'_{L_i})_j = w_i - w_k - \alpha_4 + \alpha_6 + \alpha_7 + \alpha_9 \\ (w'_{L_j})_j = w_j - w_k - \alpha_4 + \alpha_7 \\ (w'_{L_i})_k = w_i - w_k + \alpha_5 - \alpha_8 \\ (w'_{L_j})_k = w_j - w_k + \alpha_4 + \alpha_7\end{cases} \tag{4-39}$$

由上式可解得

$$\begin{cases}\alpha_4 = \dfrac{1}{2}[(-w'_{L_j})_j + (w'_{L_j})_k] \\ \alpha_5 = \dfrac{1}{2}[(-w'_{L_i})_i + (w'_{L_i})_j] \\ \alpha_6 = \dfrac{1}{2}[(-w'_{L_i})_i + (w'_{L_i})_j + (w'_{L_j})_i - (w'_{L_j})_j] \\ \alpha_7 = -w_j + w_k + \dfrac{1}{2}[(w'_{L_j})_j + (w'_{L_j})_k] \\ \alpha_8 = w_i - w_k - \dfrac{1}{2}[(w'_{L_i})_i + (w'_{L_i})_j] \\ \alpha_9 = -w_i + w_j + \dfrac{1}{2}[(w'_{L_i})_i + (w'_{L_i})_j - (w'_{L_i})_i - (w'_{L_j})_j]\end{cases} \tag{4-40}$$

将上式代入式(4－33),并合并 $w_i,(w'_{L_i})_i,(w'_{L_j})_i$ 前的各项,就得到对应于它们的形函数

$$\begin{cases}N_i = L_i - (L_iL_j^2 - L_jL_i^2) + (L_kL_i^2 - L_iL_k^2) \\ (N_{L_i})_i = -\dfrac{1}{2}L_iL_j - \dfrac{1}{2}L_kL_i + \dfrac{1}{2}(L_iL_j^2 - L_jL_i^2) - \dfrac{1}{2}(L_kL_i^2 - L_iL_k^2) \\ (N_{L_j})_i = \dfrac{1}{2}L_iL_j - \dfrac{1}{2}(L_iL_j^2 - L_jL_i^2)\end{cases} \tag{4-41}$$

这就是用面积坐标表示的形函数,若要用直角坐标表示,还需利用转换关系式(4－36)将 $(w'_{L_i})_i,(w'_{L_j})_i$ 用 θ_{xi},θ_{yi} 表达后,并代入式(4－39)中的相应项,再将式(4－39)回代到式(4－33),并合并 θ_{xi},θ_{yi} 前的各项,即可得到形函数 N_{xi},N_{yi} 的计算式

$$\begin{cases}N_{xi} = -b_j(N_{L_i})_i + b_i(N_{L_j})_i \\ N_{yi} = -c_j(N_{L_i})_i + c_i(N_{L_j})_i\end{cases} \tag{4-42}$$

将式(4－41)代入式(4－42),可得到直角坐标的形函数式

$$\begin{cases} N_i = L_i + (L_k L_i^2 - L_i L_k^2) - (L_i L_j^2 - L_j L_i^2) \\ N_{xi} = \frac{1}{2} b_j L_k L_i - \frac{1}{2} b_k L_i L_j + \frac{1}{2} b_j (L_k L_i^2 - L_i L_k^2) + \frac{1}{2} b_k (L_i L_j^2 - L_j L_i^2) \\ N_{yi} = \frac{1}{2} c_j L_k L_i - \frac{1}{2} c_k L_i L_j + \frac{1}{2} c_j (L_k L_i^2 - L_i L_k^2) + \frac{1}{2} c_k (L_i L_j^2 - L_j L_i^2) \end{cases} \tag{4-43}$$

对于相应于节点 j,k 的形函数,可将上式按下标轮换得到。根据以上确定的形函数,位移函数可写成一般插值形式

$$\begin{aligned} w = & N_i w_i + N_{xi}\theta_{xi} + N_{yi}\theta_{yi} + N_j w_j + N_{xj}\theta_{xj} + N_{yi}\theta_{yi} + N_k w_k + \\ & N_{xk}\theta_{xk} + N_{yk}\theta_{yk} = [N]\{d\} \end{aligned} \tag{4-44}$$

可以证明在两相邻三角形薄板单元之间,挠度是连续的,但在公共边的法向导数是不连续的,因此三角形薄板单元是一种完备的非协调元。

4.4.2 单元刚度矩阵

在推导单元应变与节点位移之间的关系式时,要计算$\frac{\partial^2 w}{\partial x^2}$,$\frac{\partial^2 w}{\partial y^2}$,$\frac{\partial^2 w}{\partial x \partial y}$,而形函数是利用面积坐标表示的,所以要将式(4-43)改写成为直角坐标 x,y 的函数。这样可得

$$\{\varepsilon\} = [B]\{d\} = [[B_i][B_j][B_k]]\{d\} \tag{4-45}$$

式中

$$[B_r] = -z\begin{bmatrix} [N_r\ N_{xr}\ N_{yr}]'_{xx} \\ [N_r\ N_{xr}\ N_{yr}]'_{yy} \\ 2[N_r\ N_{xr}\ N_{yr}]'_{xy} \end{bmatrix} \quad (r = i,j,k) \tag{4-46}$$

经过冗长的计算和整理后得

$$[B_r] = -z[A][C_r][T_r] \qquad (r = i,j,k) \tag{4-47}$$

式中

$$[A] = \begin{bmatrix} 2 & 0 & 0 & 6x & 2y & 0 & 0 \\ 0 & 0 & 2 & 0 & 0 & 2x & 2y \\ 0 & 2 & 0 & 0 & 4x & 4y & 0 \end{bmatrix} \tag{4-48}$$

$$[T_r] = \begin{bmatrix} -\frac{c_r}{2\Delta} & \frac{b_r}{2\Delta} & -\frac{c_r}{2\Delta} & \frac{b_r}{2\Delta} & -\frac{c_r}{2\Delta} & \frac{b_r}{2\Delta} \\ 1 & 0 & 0 & 0 & 0 & 0 \\ 0 & 1 & 0 & 0 & 0 & 0 \end{bmatrix}^{\mathrm{T}} \quad (r = i,j,k)$$

$$[C_r] = [[C_{xr}][C_{yr}]] \tag{4-49}$$

且

$$\begin{cases} \{C_{xr}\} = [C_{xr}^{(1)}\ C_{xr}^{(2)}\ C_{xr}^{(3)}\ \cdots\ C_{xr}^{(7)}]^{\mathrm{T}} \\ \{C_{yr}\} = [C_{yr}^{(1)}\ C_{yr}^{(2)}\ C_{yr}^{(3)}\ \cdots\ C_{yr}^{(7)}]^{\mathrm{T}} \end{cases} \quad r = i,j,k \tag{4-50}$$

对于节点 i,则上式中的元素为

$$\begin{cases} C_{xi}^{(l)} = \lambda_i^{(l)} b_k - \delta_i^{(l)} b_j + e^{(l)} E_i \\ C_{yi}^{(l)} = \lambda_i^{(l)} c_k - \delta_i^{(l)} c_j + e^{(l)} G_i \end{cases} \quad (l = 1,2,\cdots,7) \tag{4-51}$$

且

$$\begin{aligned}
&\lambda_i^{(1)} = \frac{2}{3}\Delta(b_i^2 + 2b_ib_j) && \delta_i^{(1)} = \frac{2}{3}\Delta(b_i^2 + 2b_ib_k) \\
&\lambda_i^{(2)} = \frac{3}{4}\Delta(b_ic_i + b_jc_i + b_ic_j) && \delta_i^{(2)} = \frac{3}{4}\Delta(b_ic_i + b_kc_i + b_ic_k) \\
&\lambda_i^{(3)} = \frac{2}{3}\Delta(c_i^2 + 2c_ic_j) && \delta_i^{(3)} = \frac{2}{3}\Delta(c_i^2 + 2c_ic_k) \\
&\lambda_i^{(4)} = b_i^2b_j && \delta_i^{(4)} = b_i^2b_k \\
&\lambda_i^{(5)} = 2b_ic_ib_j + b_i^2c_j && \delta_i^{(5)} = 2b_ic_ib_k + b_i^2c_k \\
&\lambda_i^{(6)} = c_i^2b_j + 2b_ic_ic_j && \delta_i^{(6)} = c_i^2b_k + 2b_ic_ic_k \\
&\lambda_i^{(7)} = c_i^2c_j && \delta_i^{(7)} = c_i^2c_k \\
&E_i = \frac{1}{2}(b_k - b_j) && G_i = \frac{1}{2}(c_i - c_j)
\end{aligned} \tag{4-52}$$

对于节点 j 和 k,只要将上式中各量按下标 $i \to j \to k$ 的顺序循环轮换即可,和节点序号无关的参数 $e^{(l)}$ 的计算式为

$$\begin{cases}
e^{(1)} = \frac{2}{3}\Delta(b_ib_j + b_jb_k + b_kb_i) \\
e^{(2)} = \frac{2}{3}\Delta(c_ib_j + b_ic_j + c_jb_k + b_jc_k + c_kb_i + b_kc_i) \\
e^{(3)} = \frac{2}{3}\Delta(c_ic_j + c_jc_k + c_kc_i) \\
e^{(4)} = b_ib_jb_k \\
e^{(5)} = c_ib_jb_k + c_jb_kb_i + c_kb_ib_j \\
e^{(6)} = c_ic_jb_k + c_jc_kb_i + c_kc_ib_j \\
e^{(7)} = c_ic_jc_k
\end{cases} \tag{4-53}$$

有了应变矩阵$[B]$,应用单元刚度矩阵的一般公式,可得三角形薄板单元的刚度矩阵

$$[K]_e = \begin{bmatrix} [K_{ii}] & [K_{ij}] & [K_{ik}] \\ [K_{ji}] & [K_{jj}] & [K_{jk}] \\ [K_{ki}] & [K_{kj}] & [K_{kk}] \end{bmatrix} \tag{4-54}$$

式中各个子块矩阵为

$$[K_{rs}] = \iiint_{\Delta} z^2 [B_r]^{\mathrm{T}} [D] [B_s] \mathrm{d}x\mathrm{d}y\mathrm{d}z$$

$$= \frac{t^3}{192\Delta}\iint_{\Delta}[T_r]^{\mathrm{T}}[C_r]^{\mathrm{T}}[A]^{\mathrm{T}}[D][A][C_s][T_s]\mathrm{d}x\mathrm{d}y$$

$$= \frac{t^3}{192\Delta^4}[T_r]^{\mathrm{T}}[C_r]^{\mathrm{T}}\left(\iint_{\Delta}[A]^{\mathrm{T}}[D][A]\mathrm{d}x\mathrm{d}y\right)[C_s][T_s] \tag{4-55}$$

通过积分计算,并整理得

$$[K_{rs}] = \frac{1}{64\Delta^5}\cdot[T_r]^{\mathrm{T}}[C_r]^{\mathrm{T}}[D_0][C_s][T_s] \tag{4-56}$$

式中

$$[D_0] = \frac{Et^3}{3(1-\mu^2)}\begin{bmatrix} 1 & 0 & \mu & 0 & 0 & 0 & 0 \\ 0 & \frac{1-\mu}{2} & 0 & 0 & 0 & 0 & 0 \\ \mu & 0 & 1 & 0 & 0 & 0 & 0 \\ 0 & 0 & 0 & 9I_1 & 3I_3 & 3\mu I_1 & 9\mu I_3 \\ 0 & 0 & 0 & 3I_3 & I_2+2(1-\mu)I_1 & 2\mu I_3 & 3\mu I_2 \\ 0 & 0 & 0 & 3\mu I_1 & (2-\mu)I_3 & I_1+2(1-\mu)I_3 & 3I_3 \\ 0 & 0 & 0 & 9\mu I_3 & 3\mu I_2 & 3I_3 & 9I_2 \end{bmatrix} \tag{4-57}$$

而

$$\begin{cases} I_1 = \frac{1}{12}(x_i^2 + x_j^2 + x_k^2) \\ I_2 = \frac{1}{12}(y_i^2 + y_j^2 + y_k^2) \\ I_3 = \frac{1}{12}(x_iy_i + x_jy_j + x_ky_k) \end{cases} \tag{4-58}$$

4.4.3 节点载荷与单元内力矩

相应于单元节点位移的单元节点载荷为

$$\{P\} = \{P_{zi}\ M_{xi}\ M_{yi}\ P_{zj}\ M_{xj}\ M_{yj}\ P_{zk}\ M_{zk}\ M_{yk}\}^{\mathrm{T}} \tag{4-59}$$

若板单元受垂直于板面的均布载荷 p 作用,则有

$$\{P\} = p\iint_{\Delta}[N]^{\mathrm{T}}\mathrm{d}x\mathrm{d}y = p\iint_{\Delta}\{N_i\ N_{xi}\ N_{yi}\ N_j\ N_{xj}\ N_{yj}\ N_k\ N_{xk}\ N_{yk}\}^{\mathrm{T}}\mathrm{d}x\mathrm{d}y$$

进行积分计算后可得

$$\{P\} = p\Delta\left\{\frac{1}{3},\frac{b_j-b_k}{24},\frac{c_j-c_k}{24},\frac{1}{3},\frac{b_k-b_i}{24},\frac{c_k-c_i}{24},\frac{1}{3},\frac{b_i-b_j}{24},\frac{c_i-c_j}{24}\right\}^{\mathrm{T}} \tag{4-60}$$

三角形板单元的内力矩可按下式计算

$$\{M\} = \frac{t^2}{6}[D][B]\{d\} = \frac{t^2}{6}[D][[B_i][B_j][B_k]]\{d\} \tag{4-61}$$

式中

$$[D][B_r] = \frac{1}{8\Delta^3}[D][A][C_r][T_r] \quad (r = i,j,k) \tag{4-62}$$

4.5 薄壳单元

所谓壳体，指由两个曲面所限定的空间物体。曲面间的垂直距离，就称为壳体厚度，以 t 表示。当壳体厚度与其他两个方向的尺度相比是很小时，则称为薄壳。壳的厚度从一点到另一点，可以是变化的，也可以是不变的。若壳体的厚度在各点都相等时，就认为是等厚度壳体，否则就称为变厚度壳体。本节只研究等厚度薄壳，如图 4－13 所示。

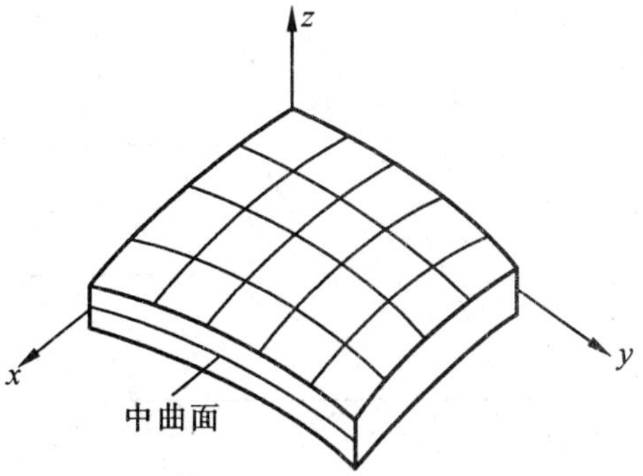

图 4－13 壳体

在薄壳理论中，把与薄壳上、下表面等距离的曲面，称作薄壳的中曲面。如果给定了壳体中曲面的形状、壳厚和周边轮廓，则壳体的几何性质就完全被确定了。根据中曲面的不同形状，薄壳的外形也不同。在实际工程中，应用较多的是柱面壳和旋转面壳。

所谓柱面壳，是指壳体的中曲面为柱面。若一平面曲线(称经线)绕该曲线所在平面内的 z 轴旋轴而成的曲面，称旋转(或回转) 曲面，如图 4－14 所示。以旋转面为中曲面的薄壳，称旋转壳。经线为直线的旋转壳，就是圆柱面壳或锥面壳。

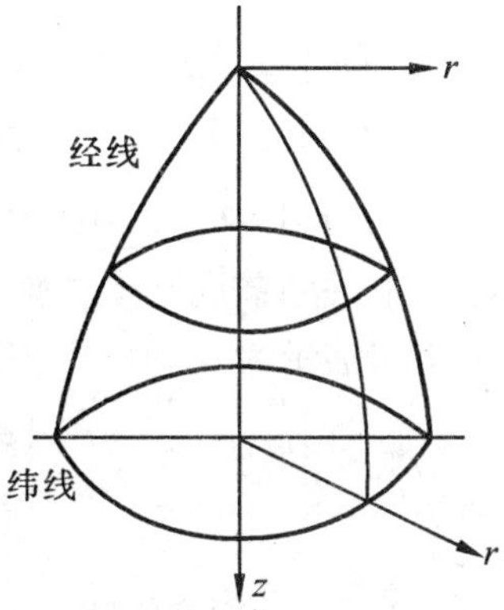

图 4－14 旋转曲面

薄壳结构是从薄板演变而来的，所以分析薄板时所用的基本假设在壳体分析中同样有效。所不同的是由于薄壳的中面为曲面，因而变形状态和薄板有着很大的不同，它除了弯曲变形外还存在中面变形，这就使壳中内力包括弯曲内力和中面内力两部分。因此对薄壳的分析，在实际上可以当成平面应力状态和板的弯曲应力状态的组合。在用有限元法解一般壳体问题时，考虑到这一特点，将使单元刚度矩阵的计算简化。

应用有限元法分析壳体结构时，首先将壳体进行有限单元离散，这里通常采用平面单元和曲面单元两种，在这里我们只介绍平面单元，在平面单元中通常使用较多的是矩形平面单元和三角形平面单元。对于任意形状曲面的壳体，宜于将曲面划分成有限个三角形单元，这样能较好地反映曲面外形，而对于具有正交边界的柱面薄壳，则宜于用矩形单元。单元之间彼此只在节点刚性连接。这样就把实际的壳体结构近似地用一个双向或单向的折板体系来代替。实际计算表明，结果是良好的。下面着重介绍一般柱面壳的有限元解法。

4.5.1 节点位移向量和节点力向量

由于单元之间是通过空间刚性节点在单元角点处相连接的，因此单元的每个节点相应地有六个节点位移分量和六个节点力分量，如图 4 - 15 所示。考虑到薄壳的应力状态为壳板的平面应力状态和弯曲应力状态的组合，所以节点位移向量及节点力向量分别是

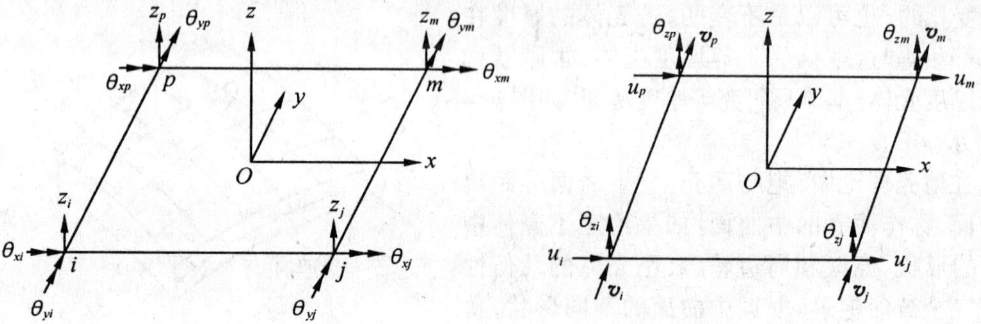

图 4 - 15 节点力和节点位移

$$
\begin{aligned}
\{d_i\} &= \{u_i\ v_i \mid \omega_i\ \theta_{xi}\ \theta_{yi} \mid \theta_{zi}\}^{\mathrm{T}} = \{\{d_i^p\}^{\mathrm{T}}\{d_i^b\}^{\mathrm{T}}\ \theta_{zi}\}^{\mathrm{T}} \quad (i,j,m,p) \\
\{F_i\} &= \{X_i\ Y_i \mid Z_i\ M_{xi}\ M_{yi} \mid M_{zi}\}^{\mathrm{T}} = \{\{F_i^p\}^{\mathrm{T}}\{F_i^b\}^{\mathrm{T}}\ M_{zi}\}^{\mathrm{T}} \quad (i,j,m,p)
\end{aligned}
\tag{4-63}
$$

式中，$\{d_i^p\}$，$\{F_i^p\}$ 为与平面应力状态有关的节点位移向量和节点力向量；$\{d_i^b\}$，$\{F_i^b\}$ 为与薄板弯曲状态有关的节点位移向量和相应的节点力向量。因此单元的节点位移向量和相应的节点力向量就可表示为

$$
\begin{aligned}
\{d\}^e &= \{\{d_i\}^{\mathrm{T}}\{d_j\}^{\mathrm{T}}\{d_m\}^{\mathrm{T}}\{d_p\}^{\mathrm{T}}\}^{\mathrm{T}} \\
\{F\}^e &= \{\{F_i\}^{\mathrm{T}}\{F_j\}^{\mathrm{T}}\{F_m\}^{\mathrm{T}}\{F_p\}^{\mathrm{T}}\}^{\mathrm{T}}
\end{aligned}
\tag{4-64}
$$

4.5.2 单元刚度矩阵

对于这里所采用的组合应力状态的矩形平面壳体单元，单元节点力和节点位移的关系仍可写成

$$\{F\}^e = [K]^e\{d\}^e \tag{4-65}$$

展开后

$$\begin{Bmatrix} \{F_i\} \\ \{F_j\} \\ \{F_m\} \\ \{F_p\} \end{Bmatrix} = \begin{bmatrix} [K_{ii}] & [K_{ii}] & [K_{im}] & [K_{ip}] \\ [K_{ji}] & [K_{ji}] & [K_{jm}] & [K_{jp}] \\ [K_{mi}] & [K_{mj}] & [K_{mm}] & [K_{mp}] \\ [K_{pi}] & [K_{pj}] & [K_{pm}] & [K_{pp}] \end{bmatrix} \begin{Bmatrix} \{d_i\} \\ \{d_j\} \\ \{d_m\} \\ \{d_p\} \end{Bmatrix} \tag{4-66}$$

由上式可以求得任一节点的节点力向量

$$\{F_r\} = \sum_{s=i,j,m,p} [K_{rs}]\{d_s\} \tag{4-67}$$

当考虑到式(4－63)以后，同时认为平面应力状态的节点力、节点位移与弯扭应力状态的节点力、节点位移互不影响，且单元的平面应力与弯扭应力不会产生节点力矩 M_{zr}，而 θ_{zr} 同样也不影响单元的节点力和应力。于是从式(4－67)可以确定在组合应力状态下单元刚度矩阵的子矩阵$[K_{rs}]$的形式为

$$[K_{rs}] = \begin{bmatrix} K_{rs}^p & 0 & 0 \\ 0 & K_{rs}^b & 0 \\ 0 & 0 & 0 \end{bmatrix} \quad (r, s = i, j, m, p) \tag{4-68}$$

式中　$[K_{rs}^p]$——平面应力矩形单元的单元刚度矩阵；

$[K_{rs}^b]$——矩形薄板单元弯扭应力状态单元刚度矩阵。

因为壳体各单元有着不同方位的局部坐标，为了形成整体刚度矩阵，建立平衡方程组，就必须把上面求得的在局部坐标下的单元刚度矩阵$[K]^e$变换成整体坐标下的单元刚度矩阵$[K']^e$。

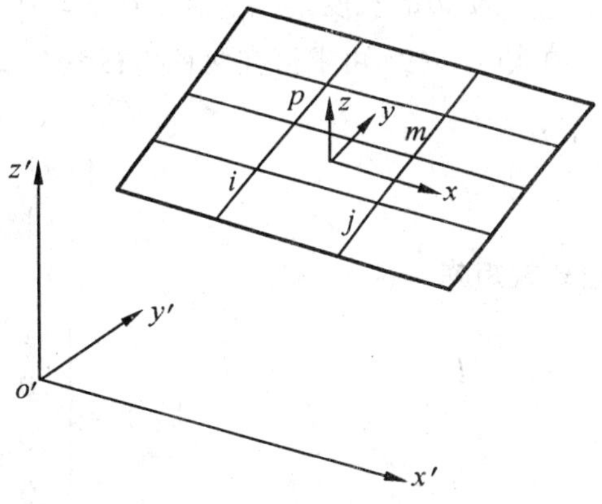

图4－16　单元的整体与局部坐标系

设壳体的整体坐标系为 $o'x'y'z'$。对于柱面薄壳，为计算简便起见，通常总是把整体坐标系的 x' 轴取为柱面的母线方向，同时也把各单元的局部坐标系的 x 轴选为 x' 轴相同的方向，如图4－16所示。在整体坐标系下，单元各节点的节点位移和节点力向量可写成

$$\{d'_r\} = \{u'_r\ v'_r\ \omega'_r\ \theta'_{xr}\ \theta'_{yr}\ \theta'_{zr}\}^T$$

$$\{F'_r\} = \{X'_r\ Y'_r\ Z'_r\ M'_{xr}\ M'_{yr}\ M'_{zr}\}^T$$

节点位移及节点力向量在两个坐标系下的变换式为

$$\begin{aligned}\{d_r\} &= [t][d'_r] \\ \{F_r\} &= [t][F'_r]\end{aligned} \tag{4-69}$$

而变换矩阵

$$[t] = \begin{bmatrix} t_{xxi} & t_{xyi} & t_{xzi} & 0 & 0 & 0 \\ t_{yxi} & t_{yyi} & t_{yzi} & 0 & 0 & 0 \\ t_{zxi} & t_{zyi} & t_{zzi} & 0 & 0 & 0 \\ 0 & 0 & 0 & t_{xxi} & t_{xyi} & t_{xzi} \\ 0 & 0 & 0 & t_{yxi} & t_{yyi} & t_{yzi} \\ 0 & 0 & 0 & t_{zxi} & t_{zyi} & t_{zzi} \end{bmatrix}$$

矩阵中的元素

$$t_{xxi} = 1 \quad t_{xyi} = 0 \quad t_{xzi} = 0$$

$$t_{yxi} = 0 \quad t_{yyi} = \frac{y'_p - y'_i}{l_{pi}} \quad t_{yzi} = \frac{z'_p - z'_i}{l_{pi}}$$

$$t_{zxi} = 0 \quad t_{zyi} = -\frac{z'_p - z'_i}{l_{pi}} \quad t_{zzi} = \frac{y'_p - y'_i}{l_{pi}}$$

式中 l_{pi} 为$\overline{pi}$ 边的长度,且 $l_{pi} = \sqrt{(y'_p - y'_i)^2 + (z'_p - z'_i)^2}$。

由式(4 - 69) 可求得在两种坐标系下,单元节点位移向量和单元节点力向量的转换关系为

$$\begin{cases}\{d\}^e = [T]\{d'\}^e \\ \{F\}^e = [T]\{F'\}^e\end{cases} \tag{4-70}$$

这里转换矩阵

$$[T] = \begin{bmatrix} [t] & 0 & 0 & 0 \\ 0 & [t] & 0 & 0 \\ 0 & 0 & [t] & 0 \\ 0 & 0 & 0 & [t] \end{bmatrix} \tag{4-71}$$

由式(4 - 70) 可以求得

$$\{F'\}^e = [T]^{-1}\{F\}^e$$

将式(4 - 65) 代入上式,并注意到式(4 - 70) 的关系后有

$$\{F'\}^e = [T]^{-1}[K]^e[T]\{d'\}^e = [K']^e\{d'\}^e$$

显然,在整体坐标系下的单元刚度矩阵为

$$[K']^e = [T]^{-1}[K]^e[T] \tag{4-72}$$

根据单元节点力在单元节点位移上的功不随坐标系而变的性质,可以证明$[T]^{-1} = [T]^{\mathrm{T}}$,于是式(4 - 72) 可改写成

$$[K']^e = [T]^{\mathrm{T}}[K]^e[T] \tag{4-73}$$

在整体坐标下的等效节点载荷向量

$$\{P'\}^e = [T]^{\mathrm{T}}\{P\}^e \tag{4-74}$$

式中

$$\{P\}^e = \{P_{xi}P_{yi}P_{zi}T_{xi}T_{yi}0\cdots P_{xp}P_{yp}P_{zp}T_{xp}T_{yp}0\}^{\mathrm{T}}$$

$$\{P'\}^e = \{P'_{xi}P'_{yi}P'_{zi}T'_{xi}T'_{yi}0\cdots P'_{xp}P'_{yp}P'_{zp}T'_{xp}T'_{yp}0\}^{\mathrm{T}}$$

有了各单元的单元刚度矩阵$[K']^e$，可以用直接刚度法求得整体刚度矩阵$[K']$。利用各单元的等效节点载荷$\{P'\}^e$，计算各节点的载荷向量$\{R'_k\}$（k为节点编号），从而再组成结构的载荷向量$[R']$。在此基础上，结构的平衡方程组仍可写成。

$$[K']\{d'\} = \{R'\} \tag{4-75}$$

引入边界条件，修改平衡方程组(4－75)，然后求解，即可得到节点位移。再利用变换式(4－70)求出在局部坐标下的单元节点位移，然后计算单元各节点的内力。

习　题

4.1　何谓协调元？何谓非协调元？

4.2　检查以下薄板弯曲问题位移函数的完备性。

(1) $w(x,y) = \alpha_1 + \alpha_2 x + \alpha_3 y + \alpha_4 x^2 + \alpha_5 xy + \alpha_6 y^2 + \alpha_7 x^3 + \alpha_8 x^2 y + \alpha_9 y^3$

(2) $w(x,y) = (\alpha_1 + \alpha_2 x + \alpha_3 x^2 + \alpha_4 x^3)\cdot(\beta_1 + \beta_2 y + \beta_3 y^2 + \beta_4 y^3)$

(3) $w(x,y) = \alpha_1 + \alpha_2 x + \alpha_3 y + \alpha_4 x^2 + \alpha_5 xy + \alpha_6 y^2 + \alpha_7 x^3 + \alpha_8 x^2 y + \alpha_9 xy^2$

4.3　四边刚性固定的正方形板，如图所示，边长为l，厚度为t，泊松比$\mu = 1/6$。板上受有法向均布载荷q_0，试利用对称条件，只取1/4板（一个单元）进行分析，求板中点的最大挠度（解析解$w_1 = 0.001\,26 q_0 l^4/D$）。

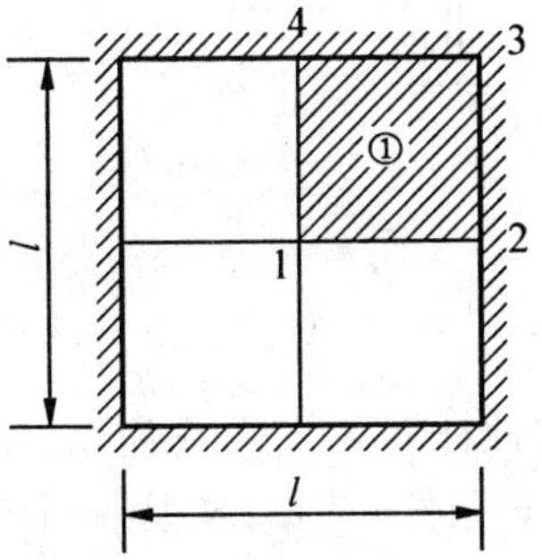

4.3 题图

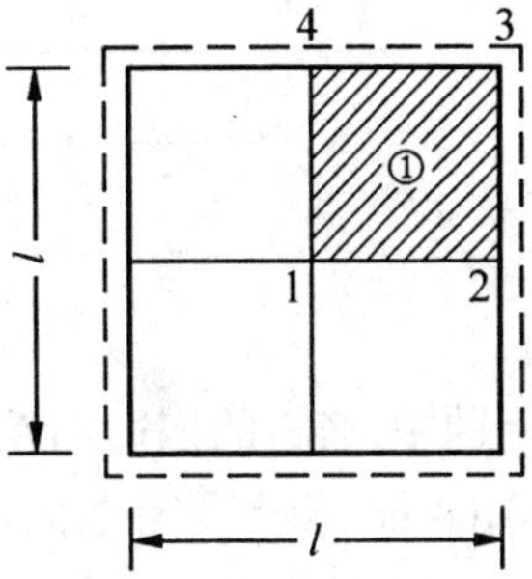

4.5 题图

4.4　上题中若板中心处受集中载荷 P,试利用对称条件,只取 1/4 板(一个单元)进行分析,求板中点的最大挠度。

4.5　四边简支的正方形板,如图所示,边长为 l,厚度为 t,泊松比 $\mu = 1/6$。板上受有法向均布载荷 q_0,试利用对称条件,只取 1/4 板(一个单元)进行分析,求板中点的最大挠度(解析解 $w_1 = 0.004\,06 q_0 l^4/D$)。

4.6　两对边简支,另两对边刚性固定的正方形板,如图所示,边长 $l = 4$ m,板厚 $t = 0.1$ m,弹性模量 E 为常数,泊松比 $\mu = 1/6$。板上受有法向均布载荷 q_0,试利用对称条件,只取 1/4 板(一个单元)进行分析,求板中点的最大挠度(不计等效节点力矩载荷)。

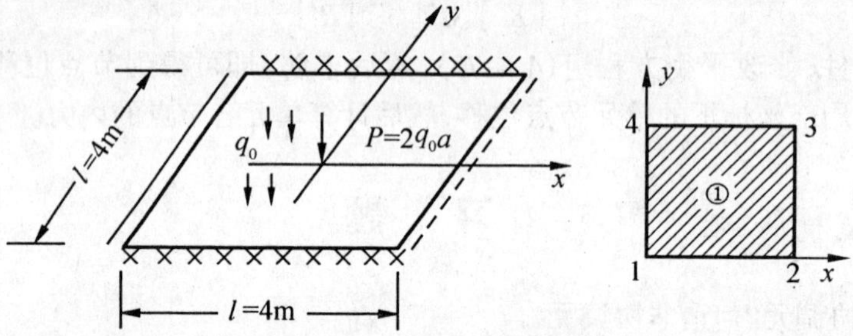

4.6 题图

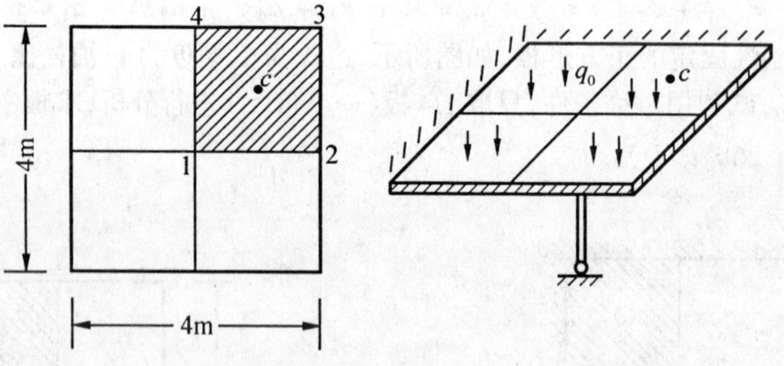

4.7 题图

4.7　上题中,若板的四边刚性固定,板中点联结有弹性杆件支撑,如图所示,杆长为 4 m,截面面积为 0.04 m^2,板上受有法向均布载荷 q_0,试利用对称条件,只取 1/4 板(一个单元)进行分析,求板中点的最大挠度。

第 5 章　船体结构的模型化

5.1　概　述

近年来，由于新型船只的建造和船舶的大型化(特别是油船)及海洋开发的兴起，新结构、新材料不断出现，船舶结构的屈曲、弹塑性破坏、疲劳和断裂等课题提出，迫使我们寻找新的有效的船体结构的分析方法；并且，随着计算机软硬件技术的发展，将船体的局部结构甚至是整艘船划分为有限单元来进行分析成为可能，船体结构强度分析从此有了革命性的突破。有限元分析方法，将整个船体结构离散为能精确模拟其承载模式和变形情况的有限单元。对于各主要结构构件，按其受力状况分别以膜、杆、板、壳和梁等单元来表达。这样可详尽地表述船体结构的微观细节，真实地表达出各个构件间的协调关系与变化。通过大规模有限元分析求解，可以求出各个关心构件或区域的实际变形与应力。这种方法是目前船体强度分析最准确、最完善的方法，也是在“理性”结构设计中，最能精确预报结构对载荷响应的结构分析方法。

船体模块基本上是一种由梁和加筋板格组成的三维结构。船体模块分析包含对这些构件全部基本响应的计算。“基本响应”意味着不包括那些纯属局部的响应和那些与船体模块分析无关的可独立进行分析的响应。在一个加筋板格中，有两种非常普遍的响应：由横向载荷(分布压力、轮压等)引起的加强筋的弯曲，以及由横向载荷引起的加强筋之间的板的弯曲。在船体模块中，大多数横向载荷最初作用在板上，然后通过板弯曲的作用，将横向载荷传到附近的加强筋上。加强筋基本上是小梁，而这些小梁又将载荷传到附近的大梁，即横向刚架和纵桁上。重要的是这两种载荷传递：一种通过板的弯曲，而另一种则通过扶强材的弯曲，都是局部现象。也就是说，它们不影响更高层次上的载荷响应，并且可以相当精确地估计出它们的边界条件，以便对这些现象分别进行分析，因此不需要对板的弯曲刚度和加强筋的弯曲刚度模型化。这就意味着加筋板格可用一种仅有薄膜刚度的单元表示。另一方面，还需要将加强筋的面内刚度或轴向刚度模型化，因此表示加筋板格的单元必须具有这种功能。

上述讨论仅适用于板的加强筋，而船体模块中的全部较大的梁，包括支持加强筋的梁均应明确地模型化。在分布压力载荷作用下，加强筋端部可看做固定端；在承受分布范围更小的载荷(载荷仅作用在一个板格上)时，因为支持加强筋的梁几乎都是开口式剖面的构件，它们的扭转刚度较小，所以加强筋端部的转动约束较小。若板格的两个方向加筋，则可用现有的板架分析方法。

若就其总的横向尺寸来说，船体模块常常是等剖面的，即使不是如此，也经常可以理想化成这样。换句话说，即使船梁的剖面尺寸有变化，也常常略去不计。在这种情况下，各节点纵向网格总是垂直于横向平面，这就为生成三维网格以及结构模型的其他方面提供了极大的方便。另外，对所有纵向的板格元也允许用矩形元。至于个别构件，纵梁常常是等剖面的，而由于结构纵向连续性的需要，以及简单而规则的几何形状的要求，在一个纵列中的加筋板格常常具有相同的几何形状。

为了尽量减少计算量，要求将船体模块中的单元取得尽可能大些。由于加筋板格是用矩形膜元表示的，结构模型仅要求节点在这些元的角点上，同时又在梁元的连接处（若这种连接点是在另外的位置上）。图5－1表示在船体模块中几种典型的元；图5－2为一集装箱船的简化结构模型。

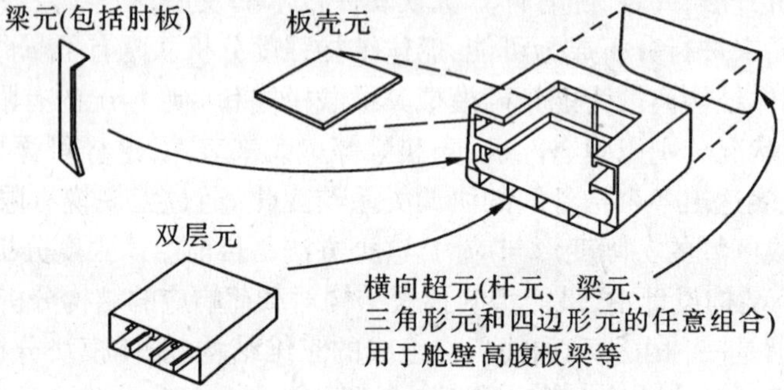

图5－1　船体模块中的典型单元

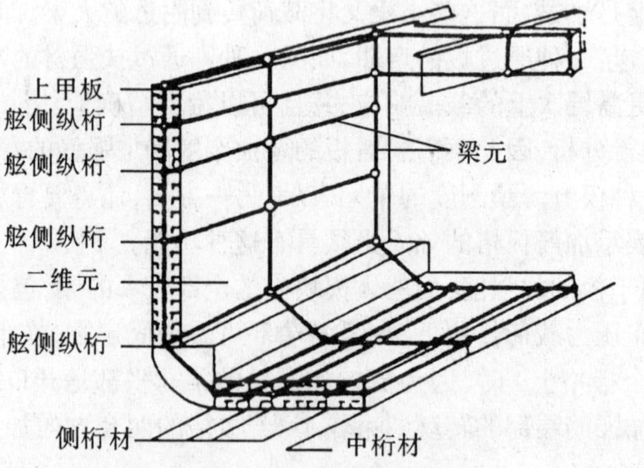

图5－2　集装箱船结构模型

5.2　桁材的模型化

在船体模块的模型化中，可用两种基本类型的元来表达几乎整个的结构。两种基本元，即梁元和矩形加筋板元。一般说来，梁的主要作用是承受作用于板表面的横向载荷，以使板的薄壁表面或外表面保持合适的位置和形状，从而使板本身也能承担存在于结构中的面内载荷。

5.2.1　梁和板之间的相互作用

在梁和板格模型化中的重要要求是提供一个关于它们之间的相互作用的恰当表示，包含两种载荷模式和响应模式：

(1) 横向载荷和相应的梁弯曲响应；

(2) 梁中的轴向载荷及板中的面内载荷和相应的轴向应变及面内应变。

梁和板的相互作用是在上述两种载荷和响应模式之间的相互作用。这种相互作用发生在两个方向，现在分别考虑每一个方向的相互作用。

1. 梁弯曲对板的面内响应的影响

在与板相连接的梁中，板成为梁的一个面板，因此除了承受由船体梁载荷引起的直接或主要的面内应力$(\sigma_a)_1$之外，还承受由弯曲引起的面内应力$(\sigma_{x,b})_p$，如图 5 – 3 所示。带板常常比梁本身的面板要宽得多，因此组合剖面的中和轴通常靠近带板，结果是$(\sigma_{x,b})_p$常小于$(\sigma_a)_1$，故有时被称为次应力。由于剪切滞后，带板有一个有效宽度 b_e，这个有效宽度小于梁的间距 b，b_e 的值一般在 $0.5 < b_e/b < 0.8$ 范围内。因为带板有较大的宽度，所以梁的剖面是不对称的。

2. 轴向载荷或面内载荷对梁弯曲的影响

轴向载荷或面内载荷经常是一种外加的应力$(\sigma_a)_1$，例如由于船体梁响应引起的应力，在船体梁弯曲情况下，这种应力均匀地作用在梁上和板上（假设梁刚性连接于板上，并且足够长）。在这种情况下，梁中的外加应力$(\sigma_a)_{梁}$与板中的外加应力$(\sigma_a)_1$相同。若板中的应力不均匀，则$(\sigma_a)_1$就是一种平均应力，而它将略微不同于$(\sigma_a)_{梁}$。这时，总的并不准确地通过两个构件的组合形心，而这就会引起梁的某种弯曲。但是，这种影响相当小，一般可以略去，或者以后作为第三层次（即单独构件）的分析的一部分来考虑。在某些特定的情况下，这种诱导弯矩可能是较大的，例如一个轴向载荷仅作用在一根短梁的两端，而不是作用在板上。在这种情况下，可以明确地求出偏心力矩（通过用对组合形心求矩），并且将它作为一种附加载荷作用在梁的两端节点上。因此，除了要求包括局部弯矩的地方以外，通常不需要在船体模块分析中考虑或者特别地估计轴向载荷对梁弯曲的影响。

在受到轴向压力时，就存在屈曲的可能（包括梁的屈曲或板的屈曲），这当然是对的。这种轴向压力还可能引起相当显著的偏心弯曲。当梁的载荷趋近其屈曲载荷时，梁的横向挠度增加

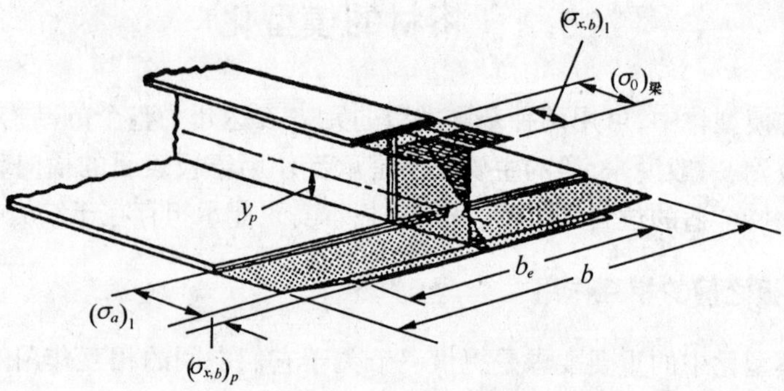

图 5－3　与板连接的梁中的轴向应力和弯曲应力

了,而这又使弯曲更加增大。此外,若板先于梁屈曲,则剖面的有效形心(即内部轴向力的作用线)将同板离得更远,而由此产生的偏心度将引起梁的弯曲。

尽管屈曲有它的重要性,但是它还不是同船体模块分析直接有关。重要的是在总的设计过程的每一轮计算中,确实研究过梁和板的屈曲,而在重新设计中,在下一轮开始前,通过构件的重新设计,这种屈曲立即被消,所以构件屈曲的研究不需要也不形成船体模块分析的一个部分。

由上述讨论可得出这样的结论:对于船体模块分析来说,轴向载荷对梁的弯曲的影响是不重要的,因而在船体模块分析之后,将这种影响作为单独构件计算的一部分来考虑更为恰当。就轴向刚度来说,梁和板是独立的。对它们中的每一种,其轴向刚度可作为单元刚度矩阵的一部分用常规方法计算出来。梁在$[k]^e$中的有关各项将是$\pm a$,这里$a = AE/L$,而A仅为梁(即不含带板)的剖面面积。

至于梁弯曲对面内响应的影响,情况则完全不同。前面曾经说明,这种相互作用是显著的,而且应作为船体模块分析的一个部分来考虑,即应以某种方式将它结合到梁的弯曲要素中,而这就要求一类经过修正的具有适当的弯曲刚度特征的梁元。

下面介绍两种这样的元,并且在它们之间做一个比较。

5.2.2　用于与板相连的梁的模型化的元

估计梁的弯曲对面内响应的影响可有两种不同的途径,因而形成两种不同的梁元。

1.杂交梁元

这种元取名“杂交”是因为其轴向刚度和弯曲刚度按照不同的横剖面得出的。轴向刚度参数为$a = AE/L$,其中面积A只是梁本身(面板和腹板)的面积。弯曲刚度参数$\beta_e = EI_e/L^3$,其中中和轴位置和剖面惯性矩I_e是根据梁加上有效宽度的带板构成的组合剖面求出的。单元的节点位于组合剖面的中和轴上，如图5－4所示。因而，在杂交元中，板对梁弯曲刚度的贡献是在 I_e 的计算中考虑的，而梁的刚度矩阵的表达式保持不变。在结构模型中出现的板和梁之间仅有的相互作用是当装配结构刚度矩阵时，出现的梁的轴向刚度项同某些板的面内刚度项的组合。使用杂交元的结构模型化是这样进行的，即将结构节点设置在组合剖面的中和轴上，因而仅有面内刚度的板元被这样放置在模型中，使它们的刚度作用在组合剖面中和轴的平面内，

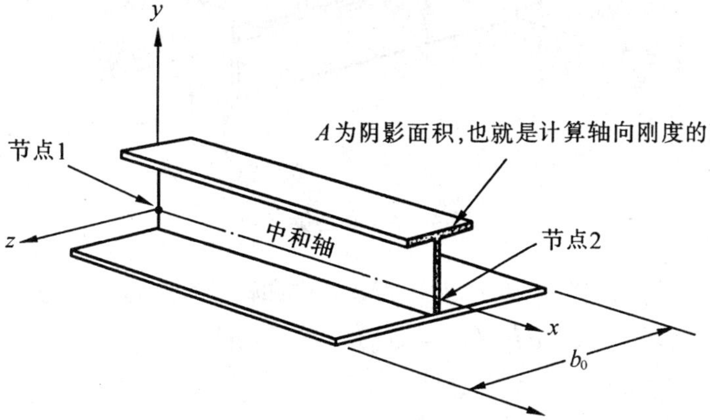

图5－4　杂交梁元

如图5－5所示。这是一种正确的表达，因为除了板元贡献其面内刚度外，梁元也贡献其轴向刚度，以形成总的面内刚度，而这个总刚度的等效“作用平面”穿过组合剖面形心的平面。将板元置于组合剖面的形心不会影响弯曲刚度，因为这种刚度是完全通过梁元计算的。

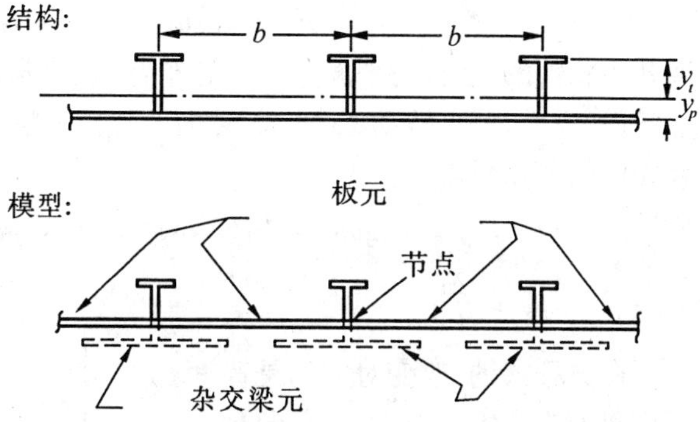

图5－5　杂交梁元的应用

2.偏心梁元

这种元仅包括梁的本身(不包括带板)，即面积 A(及其参数 $a = AE/L$)和惯性矩 I(及其参数 $\beta_e = EI/L^3$)两者均只考虑梁本身，而且 I 是对梁本身的形心计算而得，形心轴以 $\bar{x}$，$\bar{y}$ 表示。但是，单元的节点不在梁的形心轴上，而是在腹板的趾部，如图5－6所示，即单元坐标系(x, y)的原点位于形心轴原点之下，距离为 g 之处，因而 $y = \bar{y} + g$。在这类模型化中，将各板元置于它们的真实位置上，即在板的平面上。但是，梁中的轴向力仍然是同中和轴长度的变化成正比，而中和轴则由单元的 x 轴移置而得。对于图5－7中的

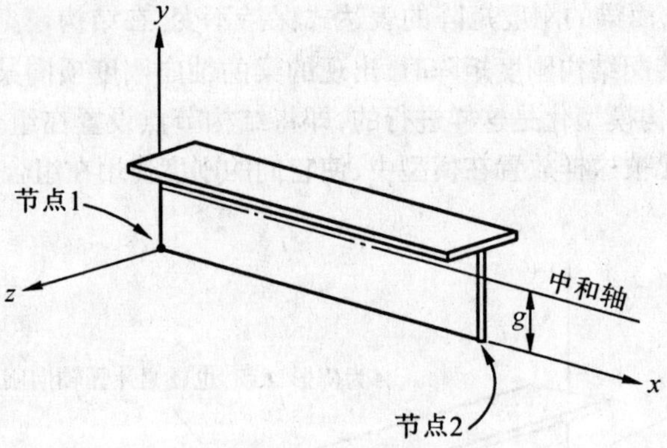

图 5－6　偏心梁元

元(为了简化,图中的节点位移 v_1 和 v_2 保持为零),中和轴长度的纯变化为

$$d = (u_2 - g\theta_2) - (u_1 - g\theta_1)$$

因而轴向力 F 为

$$F = ad = a(-u_1 + g\theta_1 + u_2 - g\theta_2)$$

式中

$$a = \frac{AE}{L}$$

由于平衡关系,节点力为 $f_{x1} = -F$ 及 $f_{x2} = F$,因此,关于 f_{x1} 的平衡方程为

$$f_{x1} = a(u_1 - g\theta_1 - u_2 + g\theta_2) \tag{5-1}$$

离开中和轴的、在板的平面中的节点布置,就意味着在这种梁元中,一个轴向节点力会引起节点转动。反之,节点转动也会引起轴向节点力。用同样的方式可以证明:与图 5－7 中的节点位移相应的节点弯矩 M_{z1} 为

$$M_{z1} = -gau_1 + (4\beta_2 + g^2a)\theta_1 + gau_2 + (2\beta L^2 - g^2a)\theta \tag{5-2}$$

式中　　$\beta_e = \dfrac{EI}{L^3}$

与平衡方程式的、改变对应的是普通梁元刚度矩阵[k^e]的改变。后者是对形心坐标系的,其中 x 轴是中和轴。将原点向下移动一段距离 g 的结果是在[k^e]中加了某些新项,这些项原先为零,并且表示两种新的相互关系。首先,正如所见到的,轴向力与节点转动

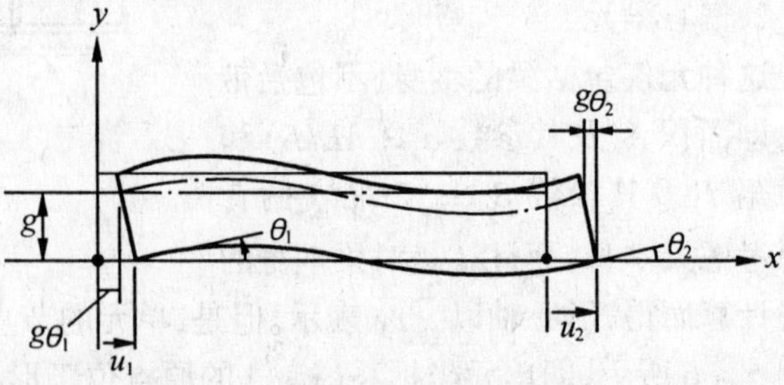

图 5－7　偏心梁元的节点位移

之间存在一种相互作用。式(5 - 1) 体现了这种关系,并表明,在$[k^e]$的第一行中的新项为$k_{13} = -k_{16} = ga$。其次,节点力矩与轴向位移之间存在一种以式(5 - 2)表明的相互作用。该式相应于$[k^e]$的第三行,其中包含的新项为$k_{31} = -k_{34} = -ga$。除了上述这些新的相互作用之外,还通过在$[k^e]$中的第三行和第六行增加两个新项,改变了节点力矩和节点转角之间的关系。例如,由式(5 - 2) 可见k_{33}中包含新项g^2a。对于偏心梁元,完整的单元刚度矩阵为

$$[k^e_{偏心}] = \begin{bmatrix} a & & & & & \\ 0 & 12\beta & & & & \\ -ga & 6\beta L & 4\beta L^2 + g^2a & & & \\ -a & 0 & ga & a & & \\ 0 & -12\beta & -6\beta L & 0 & 12\beta & \\ ga & 6\beta L & 2\beta L^2 - g^2a & -ga & -6\beta L & 4\beta L^2 + g^2a \end{bmatrix} \tag{5-3}$$

由于轴的变化,内力(轴向应力和弯矩)的表达式也受到影响。新的表达式为

$$\sigma_x = \frac{E}{L}[-1 \quad 0 \quad g \quad 1 \quad 0 \quad -g][\delta] \tag{5-4}$$

$$\begin{cases} m_z(0) = [ga \quad -6\beta L \quad -(4\beta L^2 + g^2a) \quad -ga \quad 6\beta L \quad -(2\beta L^2 - g^2a)][\delta] \\ m_z(L) = [ga \quad 6\beta L \quad (2\beta L^2 - g^2a) \quad -ga \quad -6\beta L \quad (4\beta L^2 + g^2a)][\delta] \end{cases} \tag{5-5}$$

5.2.3　各种元的比较

现在证明,在对于梁 - 板组合结构的两种模型化的方法中,杂交梁元比偏心梁元更为精确。图 5 - 8(a) 表示包含了同板相连接的梁的一个结构。为了简化起见,假设每一根梁为简支,并承受沿正向(向上)作用的一个集中载荷。图 5 - 8(b) 表示采用偏心梁元得到的结构模型,每根梁用两个偏心梁元进行模型化,以提供载荷的一个节点。

在分析这种情况以前,先考虑图 5 - 9(a) 所示的完全不存在板的情况。梁元的变形状态如图所示。由于没有水平载荷,中和轴的长度保持不变,即梁的节点位移为$u_1 = g\theta_1$。由式(5 - 4)得总轴向应力为零,与实际情况相符。另外容易验证,v_2和θ_1之间存在下列关系:$v_2 = \frac{2}{3}L\theta_1$,因而在将上述$u_1$和$v_2$代入式(5 - 5) 以后,得到左端的弯矩为

$$m_2(0) = ga(g\theta_1) - (4\beta L^2 + g^2a)\theta_1 + 6\beta L\left(\frac{2}{3}L\theta_1\right) = 0$$

当然,这必须对于一根简支梁而言。

现在再将板加上,如图 5 - 9(b) 所示。板的弯曲是一种更为局部而独立的现象,用一个膜元将板模型化,膜元仅贡献面内刚度。由于它宽度较大,板就具有较大的刚度,所以它将大大降低u_1,同时也将降低θ_1。但是完全没有理由假设u_1和θ_1仍然通过$u_1 = g\theta_1$相关。它们的相对

值完全取决于梁和板的相对轴向刚度，所以式(5－4)将给出在梁中的一个非零轴向应力(在目前情况下为拉伸应力)。同样，式(5－5)将给出梁元左端的一个非零弯矩，如图5－8所示。

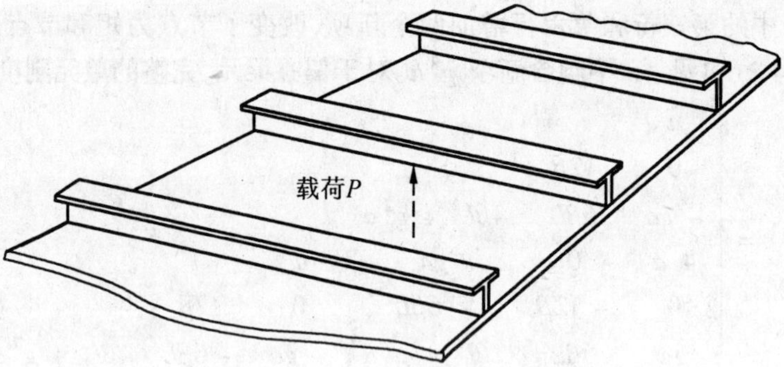

(a)

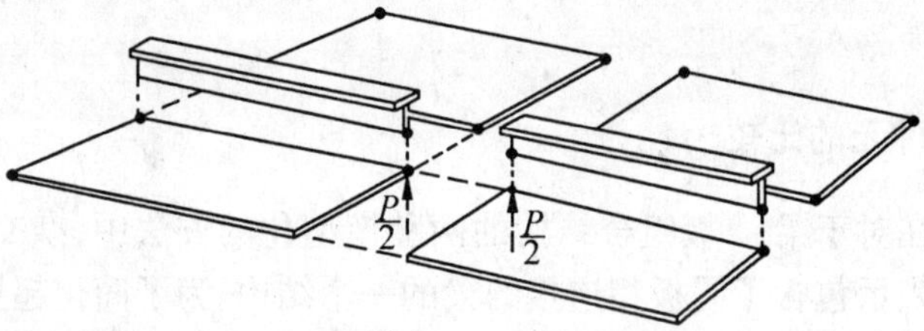

(b)

图5－8　偏心梁元的应用

(a)与板相连接的梁；(b)采用偏心梁元的结构模型

出现这些不合逻辑的轴应力和弯矩的原因是：用加入板的轴向刚度来对板作为组合剖面受压面板的作用进行模型化，这种做法是相当粗糙的，而且在剖面上的应力竖向分布也与实际情况不同。

为了了解这一点，让我们仔细地考虑一下图5－9(c)中所示的应力分布。梁中的总应力是轴向应力σ_x和弯曲应力$\sigma_{x,b} = M_z(x)y/I$之和。板中的应力$\sigma_{x,b}$可从板的内应力方程得出。在目前情况下，它将是压应力，但在组合剖面上的总应力分布如图5－9(c)所示。在梁的左端，分布显然是错的，因为在简支端应力必须为零。若将应力积分，则净轴向力将是一个小值，因此近似地满足轴力平衡条件，但应力本身完全是假的。在梁的右端，应力是这样分布的，即使零应力点近似地落在组合剖面的中和轴上，而净轴向力也近似地等于零，应力分布的形状仅仅是一个对实际应力分布的粗略近似。

作为比较，将这个结构的杂交元模型化示于图 5 – 10 中。由于这种元采用普通的刚度矩阵（以有效惯性矩 I_e 代替 I），同所要求的那样，它给出下列结果，即在梁中为零轴向应力，而在梁左端为零弯矩，并且横剖面上的应力分布也是正确的线性形式。图 5 – 11 表示更一般的情况，其中有面内载荷和横向载荷。在解出节点位移之后，将用单元刚度方程的第一行计算梁中的轴向应力 $\sigma_x(\sigma_x = \sigma_{x1} = \sigma_{x2})$。求得的轴向应力与图 5 – 3 的实际轴向应力$(\sigma_a)_{梁}$本质上是相同的，不过由于梁和板同属于一个大型结构的一部分，已知载荷是作用在更远的点上，所以这种实际应力并不是确切已知的。同样，板元的内应力方程，将给出板中的内应力 $\sigma_{x,p}$。还应指出，这个最后的应力事实上将等于板中的实际应力，即图 5 – 3 中的$(\sigma_a)_1$。若后者是船体梁应力，则其值将是已知的，由于取平均值的影响和模型化的其他近似性，$\sigma_{x,p}$ 将不会准确地等于$(\sigma_a)_1$。若梁在长度方向的任何点上的弯矩为 $M_z(x)$，剖面上的弯曲应力为

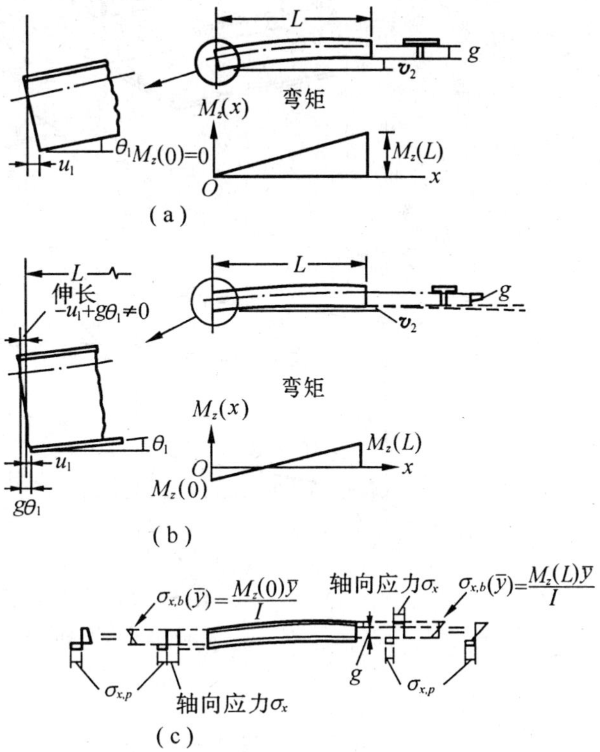

图 5 – 9 采用偏心梁元时的应力分布

(a) 梁；(b) 梁和板；(c) 总应力

$$\sigma_{x,b}(y) = \frac{M_z(x)y}{I_e}$$

在板的平面内，弯曲应力为

$$(\sigma_{x,b})_p = \frac{M_z(x)y_p}{I_e}$$

而且这种应力沿着宽度为 b_e 的有效带板均匀分布，如图 5 – 11 所示。

虽然杂交梁元的应力分布具有适当的形状，但是其精确度取决于 b_e 的选择。偏心梁元则不包含 b_e 的选择，这似乎是一个优点，而事实并非如此，因为利用 b_e 的目的是考虑剪切滞后，

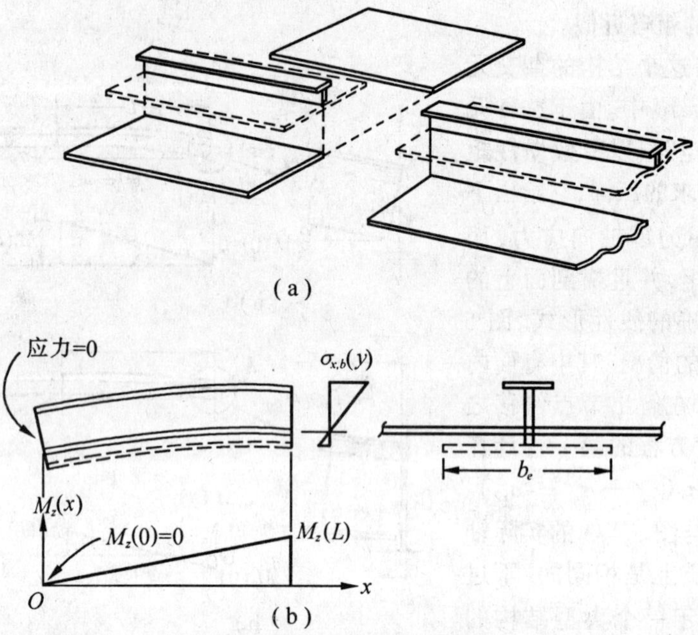

图 5-10　杂交梁元模型

(a) 结构模型；(b) 应力分布

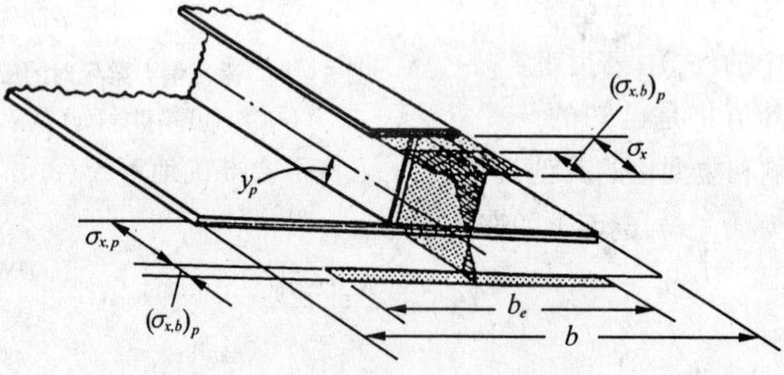

图 5-11　采用杂交元时的应力分布

但是在偏心梁元模型化方法中，仅当板元是高阶（多自由度）元时，才提出剪切滞后问题，而这又增加了计算时间。若采用普通单元，则在模型化时，就将板看做是完全有效的。除非在各梁之间采用一个以上的板元，但这样又增加了计算量。因而，对于船体模块分析，宁可用杂交元，对于这个层次上的分析，其精确度是相当满意的，只要小心选择一个有效宽度比 b_e/b，使之对于给定的载荷和边界条件来说，这个比是适当的。在单个构件分析或局部应力分析中，可能要求更高的精度，这可以通过采用膜元网格，更详细地将梁和板模型化而得到。

5.3　加筋板格的模型化

在本节中，我们介绍一种单元，借助于这种单元，可将一种在任一方向或是两个方向具有任意数量的平行加强筋的矩形平面加筋板格的面内刚度模型化。这种单元主要用于表示在船舶结构的刚架和纵桁之间的矩形加筋板，板格可相当大，所以应注意保证单元具有足够的精度来表示这样大的结构部分。例如在船侧板中，船体梁应力沿竖向线性地变化，因此板格元必须至少考虑到正应力的线性变化。前面提到等剪应力板元（CSSR 元）具有良好的精度，在考虑大型矩形板格模型化时，选择这种元是合适的。而等参元 QM6 则适用于非矩形板格。大的板格几乎都具有与板相连接的加强筋，因为横向载荷和面内压缩载荷会引起结构屈曲，因此出现了应采用哪种元表示一个加筋板格的问题。

作为一个起点，需要再次注意这样的事实，即板的弯曲和加强筋的弯曲，不需要作为船体模块分析的组成部分，因此仅仅需要将板格的面内刚度模型化。另一点是，在船体模块层次上，分别表示每一根加强筋肯定是不妥当的，因为这需要沿着板格各边设置中间节点，所以需要很大的存贮量和计算工作量。因而，在表示加筋板格面内刚度的方法中，要求只采用角节点。可用三种不同的方法来做到这点。

(1)“归并”加强筋法。用两根铰支的杆元来代表加强筋的总影响，在板格的每一边上放置一个杆元。

(2) 正交异性板法。在本方法中，令加强筋同板融合在一起，将加筋板格表示为一块在两个正交方向上具有不同的应力 - 应变关系的板。

(3) 利用单独的“加强筋元”法。即用一种特殊的膜元代表加强筋。这种膜元的面积扩展到与板相同，并且具有与板相同的角节点和自由度。在这个方法中，假设加强筋在 x 方向具有同板一样的位移形式。这就允许用与板相同的方式计算加强筋的应变能和导出加强筋的刚度矩阵。板格的刚度矩阵则是两个单独的刚度矩阵之和。

最简单的方法是归并的方法。但是这个方法的精确度要比另外两个方法差，因此在本节中不予考虑。正交异性板法是最常用的方法，所以我们将给出这个方法的简单提要。不过，我们将采用第三种方法，在这个方法中采用一种单独的加强筋元，它具有同板一样的位移函数，因为对加强筋和对板都选择等剪应力板元的位移函数。用这种办法使整个加筋板格保留了这种元的良好的精度。这种方法的另一个优点是它给出了板和加强筋的单独的刚度矩阵，并且两个矩阵均为 $k = dk_0$ 的形式。在式中，我们最感兴趣的设计变量仅出现在外部的标量因子 d 中。

5.3.1 将加筋板格模型化为正交异性板

在这个方法中,将加筋板格表示成一块不加筋的,但具有正交异性性质的板,即板在两个正交方向具有不同的应力 - 应变关系。图 5 - 12(a) 表示一块矩形板,其弹性模量为 E,泊松比为 μ,在平行于 x 轴的方向没有加强筋,均匀的应力 σ_x 引起应变 $\varepsilon_x = \sigma_x / rE$,式中 r 是总横剖面面积与板的面积 Bt 之比。相关的泊松应变(即纵向应力引起的横向应变)为 $\varepsilon_y = -\mu\sigma_x / rE$。

均匀的拉伸应力 σ_y,使板在 x 方向由于泊松效应而收缩,而加强筋只能承受 x 方向的应力,不会因 σ_y 引起的泊松效应而收缩。由于板和加强筋挠度的相容性引起内应力——在加强筋中的压应力 σ_s 和在板中的平均拉应力 σ_p(假设加强筋靠得很近,允许采用一种平均的板中应力)。由平衡条件

$$\sigma_p Bt = \sigma_s (r - 1) Bt$$

板的长度 L 变化了 δ_p,而加强筋长度变化了 δ_s,这里

$$\delta_p = \frac{L}{E}(\sigma_p - \mu\sigma_y), \quad \delta_s = \frac{L}{E}\sigma_s$$

由于相容性,$\delta_p = \delta_s$,故得

$$\frac{\sigma_p}{\sigma_y} = \frac{\mu(r-1)}{r}, \quad \frac{\sigma_s}{\sigma_y} = \frac{-\mu}{r}$$

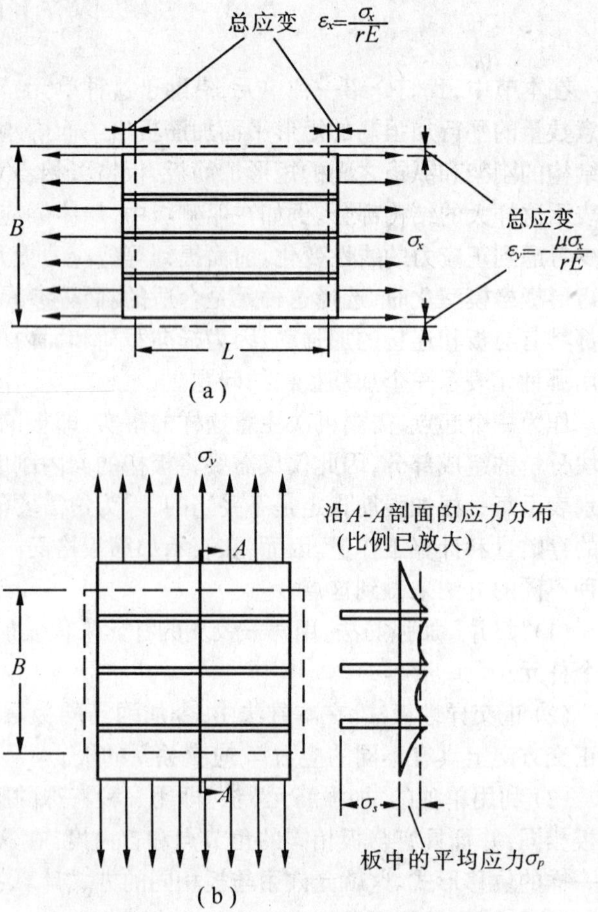

图 5 - 12 一个加筋板格中的应力和应变

$$\frac{\varepsilon_x}{\left(\frac{-\mu\sigma_y}{E}\right)} = \frac{1}{r}, \quad \frac{\varepsilon_y}{\left(\frac{\sigma_y}{E}\right)} = 1 - \frac{\mu^2(r-1)}{r}$$

在加筋和不加筋两种情况下,一种均匀的剪应力 τ 引起剪应变 $\gamma = r/G$,因而加筋板的应力 - 应变关系可写成

$$\begin{Bmatrix}\varepsilon_x\\ \varepsilon_y\\ \gamma\end{Bmatrix}=\frac{1}{rE}\begin{bmatrix}1 & -\mu & 0\\ -\mu & r-\mu^2(r-1) & 0\\ 0 & 0 & 2r(1+\mu)\end{bmatrix}\begin{Bmatrix}\sigma_x\\ \sigma_y\\ \tau\end{Bmatrix}$$

或

$$\{\varepsilon\}=[D]^{-1}\{\sigma\}$$

虽然这个式子反映了所要求的正交异性特性,但其推导中包含了两个简化假设,即加强筋均匀分布于板面上,以及在加筋板格中的应力 σ_x 是板中应力 σ_p 和加强筋中应力 σ_s 的某种平均。

建立了[D]矩阵之后,可通过从任何合适的位移函数开始的标准程序导出正交异性板格刚度矩阵,在每种情况下,都会发现正交异性因子 r 出现在最后的刚度矩阵的许多不同的项中,并且无法提出矩阵之外。因此,若将正交异性板法用于计算机辅助设计或用于结构优化,则基本设计变量的每一种变更(即板厚或加强筋的任何特性的变更),将要求完全重新计算刚度矩阵。为此,在本节中将不进一步阐述正交异性板法。

最后值得一提的是,当采用正交异性板方法时,有关应力计算的问题。可以证明,正交异性板(指材料的正交异性)理论用于表示加强筋的影响(结构的正交异性),要求对用这种理论计算出的应力 σ_x 作一次最后的修正。这点可通过考虑图5-12(b)中的板格来说明。一种均匀的应力 σ_x 相应于一个力 $F_x = Bt\sigma_x$,加强筋的增加将面积变成 rBt,因此对于不变的 F_x,应力下降为 σ_z/r。因为有限元分析涉及力-位移关系而不是应力-应变关系,所以由正交异性模型求出的应力 σ_x,必须用一个放大系数 $1/r$ 来修正。

5.3.2　用于表示加强筋的特殊单元

现在开始推导一个表示加强筋的特殊的矩形膜元。这个方法差不多是同时由 Tingleff 和 Colville 及 Abbasi 为表达混凝土中的钢筋加强作用而提出的。文献[4]第一次对一个矩形板格中的加强筋采用了CSSR元的位移函数,由此得到一个单元刚度矩阵,它同文献[3]的单元刚度矩阵相比,有下述几个优点:更简单;CSSR元提供给加筋板格改善的精度与CSSR元提供给板的改善精度相同;产生了一个刚度矩阵,其中设计变量作为明显的尺度因子出现。推导出这个单独的“加强筋元”之后,还将介绍一些试验结果的简单的摘要,以说明其优越性。

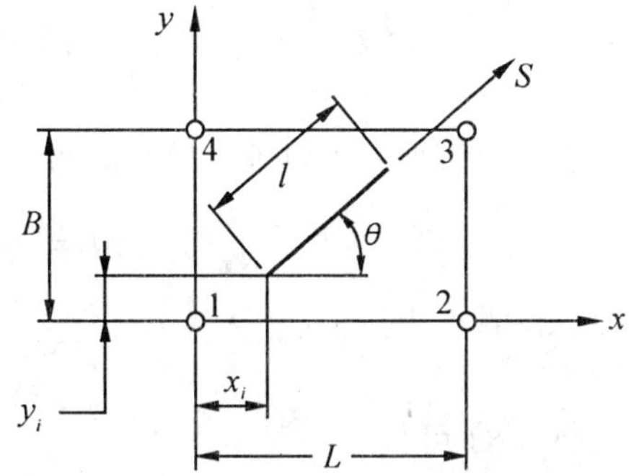

图5-13　加强筋在任意方向上的加筋板元

在文献[2]和[3]里介绍的这种基本方法中,每根加强筋可以是任意长度的,而且在板格中可按任意方向设置。但是船舶板格中的加强筋几乎都是正交的，所以将主要讨论这种情况。不过，我们还将对一般情况完成基本的推导，以便说明如何用这个方法将设置斜交的，甚至不平行的加强筋的板格模型化。图 5－13 表示一根最一般的加强筋，譬如第 i 根加强筋，它的一个端点在矩形板中间的 (x_i, y_i) 点，其长度为 l，与 x 轴成 θ 角。

我们希望位移与 CSSR 元的位移相容，常规方法：用 $[C]$ 再通过一个连接矩阵 $[A]$ 写出节点位移 δ，

$$[\delta] = [A][C] \tag{5-6}$$

式中

$$[A] = \begin{bmatrix} H(L,B) \\ H(0,B) \\ H(0,0) \\ H(L,0) \end{bmatrix} = \frac{1}{E}\begin{bmatrix} L & LB & -\mu L & \frac{-(\mu L^2 + B^2)}{2} & (1+\mu)B & B & 1 & 0 \\ -\mu B & \frac{-(\mu B^2 + L^2)}{2} & B & LB & (1+\mu)L & -L & 0 & 1 \\ 0 & 0 & 0 & \frac{-B^2}{2} & (1+\mu)B & B & 1 & 0 \\ -\mu B & \frac{-\mu B^2}{2} & B & 0 & 0 & 0 & 0 & 1 \\ 0 & 0 & 0 & 0 & 0 & 0 & 1 & 0 \\ 0 & 0 & 0 & 0 & 0 & 0 & 0 & 1 \\ L & 0 & -\mu L & \frac{-\mu L^2}{2} & 0 & 0 & 1 & 0 \\ 0 & \frac{-L^2}{2} & 0 & 0 & (1+\mu)L & -L & 0 & 1 \end{bmatrix} \tag{5-7}$$

通过对 $[A]$ 求逆，系数列阵 $[C]$ 可用节点位移表示

$$[C] = [A]^{-1}\{\delta\} \tag{5-8}$$

下面我们得到了以节点位移表示的应变函数

$$\varepsilon(x,y) = \frac{\partial}{\partial x}u(x,y) = \frac{1}{E}[1 \quad y \quad -\mu \quad -\mu x \quad 0 \quad 0 \quad 0 \quad 0][C]$$

可将上式表示为

$$\varepsilon(x,y) = [G][C] \tag{5-9}$$

由式(5－8)可得

$$\varepsilon(x,y) = [G][A]^{-1}\{\delta\}$$

式中定义了应变系数矢量 $[B]$，

$$[B] = [G][A]^{-1} \tag{5-10}$$

得

$$\varepsilon(x,y) = [B]\{\delta\} \tag{5-11}$$

应力－应变关系为

$$[\sigma] = [D]\{\varepsilon\} = E\{\varepsilon\}$$

因为应变是单向的，故式中的矩阵$[D]$在这里就是标量E。根据小应变理论，应变在θ方向的分量为

$$\varepsilon_\theta = \lambda\varepsilon$$

式中

$$\lambda = [\cos^2\theta \quad \sin^2\theta \quad \sin\theta \quad \cos\theta]$$

相应的应力分量为

$$\sigma_\theta = E\varepsilon_\theta$$

下面来完成基本有限元推导过程中的第 V 步。在这一步中，给单元一个节点虚位移δ^*，并令包括真实节点为f的外力功等于内力功，内力功包括虚应变ε^*和真实应力σ所做的功。然后，令节点虚位移为 1，则所得到的f和δ的矩阵就是所求的单元刚度矩阵。

外力虚功为

$$W_{ext} = \{\delta^*\}^T\{f_s\} + \{\delta^*\}^T\{f_p\}$$

而内力虚功为

$$W_{int} = \int R_s[\varepsilon^*(x,y)]^T\sigma(x,y)\mathrm{d}R_s + \int R_p[\varepsilon^*(x,y)]^T\sigma(x,y)\mathrm{d}R$$

式中R_s和R_p是加强筋和板的域。W_{ext}和W_{int}均包含两个独立的分量：一个是对于板的；一个是对于加强筋的。板的分量产生 CSSR 元的刚度矩阵，因此从现在开始，我们将注意力集中在加强筋分量上。

$$W_{int,s} = \int R_s\{\varepsilon_\theta^*\}^T\{\sigma_\theta\}\mathrm{d}R_s = E\int R_s\{\varepsilon^*\}^T[\lambda]^T[\lambda][\varepsilon]\mathrm{d}R_s$$

以式(5－11)代入上式

$$W_{int,s} = E\int R_s\{\delta^*\}^T[B]^T[\lambda]^T[\lambda][B]\{\delta\}\mathrm{d}R_s$$

令δ^*等于 1，并令内功等于外功得

$$[k_s] = E\int R_s[B]^T[\lambda]^T[\lambda][B]\mathrm{d}R_s$$

可以通过在xy坐标系中积分将上式计算出来，不过沿加强筋轴的s方向积分更为简单，所需的坐标变换如下

$$\begin{cases} x = x_i + s\cos\theta \\ y = y_i + s\sin\theta \end{cases}$$

以后的推导是简单的，不过现在所考虑的一般情况下的加强筋，其推导仍包含繁琐的乘法和积分，这就导致冗长的表达式。因此需将注意力集中在主要感兴趣的情况，即具有n根平行加强筋的板格，加强筋均延伸至板格的全长。为了使方法具有更大的普遍性，仍允许加强筋的不等间距设置，因而对全部加强筋有$\theta = 0$，$x_i = 0$，而$l = L$，第i根加强筋的横剖面面积为a_i，

位于离板格底部为 y_i 的高度上。经过这些简化，单元刚度矩阵成为

$$[k_s] = E\int R_s[B]^{\mathrm{T}}[B]\mathrm{d}R$$

以式(5－10)代入上式，并注意到$[A]^{-1}$不是 x 或 y 的函数，于是得

$$[k_s] = E[A^{-1}]^{\mathrm{T}}[k_s'][A]^{-1} \tag{5－12}$$

式中 k_s' 称为“核心刚度矩阵”，并且 $k_s = \int R_s[G]^{\mathrm{T}}[G]\mathrm{d}R$。

在大多数单元中，积分的域是连续的，但在目前这种情况下，有 n 个离散的、具有面积 a_i、位于相同高度 y_i 上的等剖面加强筋，它们从 $x = 0$ 延伸到 $x = L$。k_s' 实质上同应变能的总和有关，所以沿竖向的积分可用一个求和式来代替，以式(5－9)中的$[G]$代入核心刚度矩阵的表达式，并沿着每根加强筋的长度积分，求得核心刚度矩阵为

$$k_s' = \frac{L}{E}\left[\begin{array}{cccc:c} \sum\limits_n a_i & \sum\limits_n a_i y_i & -\mu\sum\limits_n a_i & -\mu\dfrac{L^2}{2}\sum\limits_n a_i & \\ & \sum\limits_n a_i y_i^2 & -\mu\sum\limits_n a_i y_i & -\mu\dfrac{L^2}{2}\sum\limits_n a_i y_i & \\ \text{对} & & \mu^2\sum\limits_n a_i & \mu^2\dfrac{L^2}{2}\sum\limits_n a_i & 0 \\ & \text{称} & & \mu^2\dfrac{L^3}{2}\sum\limits_n a_i & \\ \hdashline & & 0 & & 0 \end{array}\right]$$

最后一步是由式(5－12)计算单元刚度矩阵得

$$[k_s] = \frac{E}{LB^2}\begin{bmatrix} L & & & & & & & \\ & P & & \text{对} & & & & \\ -L & & L & & & & & \\ & -P & & P & & \text{称} & & \\ M & & -M & & N & & & \\ & P & & -P & & P & & \\ -M & & M & & -N & & N & \\ & -P & & P & & -P & & P \end{bmatrix} \tag{5－13}$$

式中空格处均为零，而

$$L = \sum_n a_i y_i^2$$

$$M = -\sum_n a_i y_i(B - y_i)$$

$$N = \sum_n a_i(B - y_i)^2$$

$$P = \frac{\mu^2 L^2}{12} \sum_n a_i$$

上述刚度矩阵对各种加强筋分布的精确反映可用一根截面积为 a 的加强筋表示。在 $y = 0$ 处，刚度矩阵为

$$[k_s] = \frac{Ea}{12L}\begin{bmatrix} 0 & & & & & & & \\ & p & & & \text{对} & & & \\ 0 & & 0 & & & & & \\ & -p & & p & & & \text{称} & \\ 0 & & 0 & & 12 & & & \\ & p & & -p & & p & & \\ 0 & & 0 & & -12 & & 12 & \\ & -p & & p & & -p & & p \end{bmatrix}$$

式中 $p = (\mu L/B)^2$，空格处均为零。

这与连接节点 1 和节点 2，并具有截面积 a 的一个杆元的刚度相同，但要加上 y 方向上的某个小的刚度，这个刚度来自加强筋长度方向约束的泊松效应，约束是加强筋施加在板的底边上的。将加强筋移到 $y = B/4$ 处，便得到刚度矩阵

$$[k_s] = \frac{Ea}{16L}\begin{bmatrix} 1 & & & & & & & \\ & p' & & & \text{对} & & & \\ -1 & & 1 & & & & & \\ & -p' & & p' & & & \text{称} & \\ -3 & & 3 & & 9 & & & \\ & p' & & -p' & & p' & & \\ 3 & & -3 & & -9 & & 9 & \\ & -p' & & p' & & -p' & & p' \end{bmatrix}$$

式中 $p' = \frac{3}{4}p = \frac{3}{4}(\frac{\mu L}{B})^2$，空格处均为零。

这表明在节点 3 和 4 之间的这种单元要比在节点 1 和 2 之间的单元更有柔性，因为加强筋更靠近 1 和 2 两个节点，所以这个结果是合理的。

对于 $y = \frac{B}{2}$，即加强筋设置在板格的中部，在这种情况下，$[k_s]$ 为(空格处均为零)

$$
[k_s]=\frac{Ea}{12L}\begin{bmatrix}
3 & & & & & & & \\
 & p & & & \text{对} & & & \\
-3 & & 3 & & & & & \\
 & -p & & p & & & \text{称} & \\
-3 & & 3 & & 3 & & & \\
 & p & & -p & & p & & \\
3 & & -3 & & -3 & & 3 & \\
 & -p & & p & & -p & & p
\end{bmatrix}
$$

由于加强筋的位移与所连接的板的位移 u 相同，因此加强筋中的应力由 CSSR 元的 σ_s 方程给出

$$
\sigma_x = C_1 + C_2 x \tag{5-14}
$$

其中

$$
\frac{C_1}{E}=\frac{u_4-u_3}{L(1-\mu^2)}+\frac{\mu^2(u_1-u_2+u_3-u_4)}{2L(1-\mu^2)}+\frac{\mu(\mu_1+\mu_2-\mu_3+\mu_4)}{2B(1-\mu^2)}
$$

$$
\frac{C_2}{E}=\frac{u_1-u_2+u_3-u_4}{LB}
$$

在上面的讨论中，假设了加强筋的尺寸、数量和位置均为已知；还假设了所完成的分析的详细程度是合适的和满意的。与之相应的情况可能是一艘真实的船或一艘接近完成的新设计船的结构局部分析。但是，这种细节不影响像船体模块那样大的结构的总的响应。此外，在理性结构设计过程的大部分步骤中，这种细节一般是不知道的，因而用做平均的扶强材特性代之。最后，对于造价合理的设计和建造来说，希望在一个已知的板格采用尺寸相同的、等距布置的加强筋（从一个板格到另一个板格也尽可能这样做）。在这种情况下，可进一步简化刚度矩阵，若用总的加强筋剖面面积 A_s 表示，得到下列刚度矩阵

$$
[k_s]=\frac{EA_s}{12L}\begin{bmatrix}
4 & & & & & & & \\
 & p & & & \text{对} & & & \\
-4 & & 4 & & & & & \\
 & -p & & p & & & & \\
-2 & & 2 & & 4 & & \text{称} & \\
 & p & & -p & & p & & \\
2 & & -2 & & -4 & & 4 & \\
 & -p & & p & & -p & & p
\end{bmatrix} \tag{5-15}
$$

式中 $p=(\mu L/B)^2$，空格处均为零。

为了书写简单和查考方便，将用 USR（Uniform Stiffener Rectangle，即均匀加强筋矩形元）来称呼这种元；而用 DSR（Discrete Stiffener Rectangle，即离散加强筋矩形元）来称呼式（5－13）给

出的元。

完整的加筋板格元的刚度矩阵即为加强筋的刚度矩阵[k_s]与板的刚度矩阵[k_p]之和。后者是 CSSR 单元刚度矩阵。为了便于对照，将加筋板格的刚度矩阵表示为[k_{sp}]，即

$$[k_{sp}] = [k_s] + [k_p] \tag{5-16}$$

对于加强筋和板来说，在设计板格时，最影响强度和经常调整的结构特性为以加强筋总面积 A_s 表示的加强构件的总量以及板的厚度 t。在前面的每一个矩阵中，这些设计变量作为外部标量因子，仅仅出现一次。这在计算机辅助设计和结构优化设计中有着明显的好处，因为在进行设计时，这些变量被重复地改变。所以宁可将加强筋和板作为两个单独的元(CSSR 元和 USR 元)处理，每一个元有其自身的单元刚度矩阵(k_s 和 k_p)，仅当装配总刚度矩阵时，才将它们组合起来，如同对所有其他元所做的那样。然而，为了便于对照以及符号的简化，常把这种组合称为一个元，即"加筋板格元"，或者就称为 SP 元。

在船体模块分析中，加强筋元取为 USR 元，这种元仅用总的加强筋面积 A_s 表示。在这种情况下，复合 SP 元的刚度特性与正交异性板元的刚度特性没有显著差别。SP 元的真正优点是 A_s 和 t 作为显式标量因子出现。与此对比，我们已看到 DSR 元逐个地考虑了所有的加强筋，每一根加强筋有它特定的剖面积和位置，所以在应用中，当加强筋在尺寸上或在间距上不均匀时，对加强筋应采用 DSR 元，因而得到离散的加筋板格元，即 DSP 元。对于所有这样的板格来说，DSP 元明显地要比正交异性板元好。在下节中将表明，事实上，甚至对于均匀加筋的板格来说，DSP 元也是较好的。在下节中还将阐明，若用 USP 元表示加强筋，则普通的 SP 元对于大型加筋板格的模型化是足够精确的，因而用于船体模块分析也是适合的。交叉加筋板格可用两个 USR 元的组合和一个 CSSR 元将其模型化。对于非矩形板格，可用等参数四边形"QM6"元来代替 CSSR 元将其模型化。

5.3.3　加筋板格元的精确度

1. 各种元的比较

加筋板格元的性能是不容易估计的，因为对于各种不同情况的加筋板格，几乎没有得到过它们的解析解，即使有也是意义不大的解。图 5 - 14 中所示的考题，相当于在中拱情况下船侧板的分析，一共考察了四种不同的情况。板格上的加强筋总面积均为 0.012 m^2，我们对如图所示的两种不同加强筋分布形式的板格进行了模型化，对应每种加强筋分布形式用了两种不同的板厚(即 2.1×10^{-3} m 和 9.5×10^{-3} m)，就给出了两种不同的总面积与板面积之比(r = 1.78 和 r = 1.173)。虽然这个问题相当简单，甚至可进行解析考察，但是要求得一个完整的解析解还是极为困难的，所以一个对每一根加强筋用多个杆元的小网格的有限元解，被作为参考解。在图 5 - 15 中表明了各种模型的详图。在参考模型和"归并"加强筋模型中，均用 LSR 元表示加强筋之间的矩形板格。

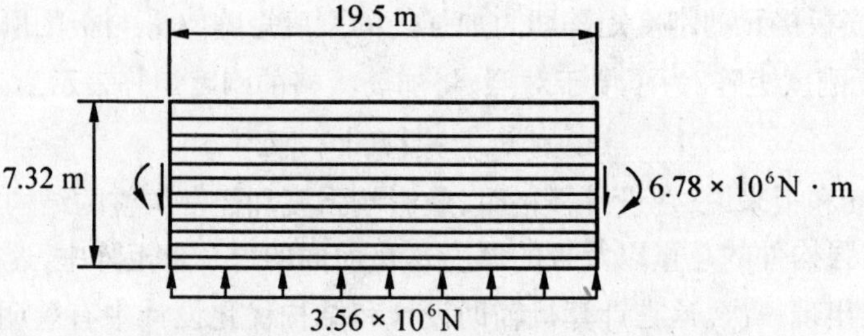

2根边加强筋,每根筋的剖面面积为$\frac{A_s}{24}=5\times10^{-4}\text{m}^2$;

11根按等间距布置的内部加强筋,每根加强筋的剖面面积为$\frac{A_s}{12}=1\times10^{-3}\text{m}^2$

(a)

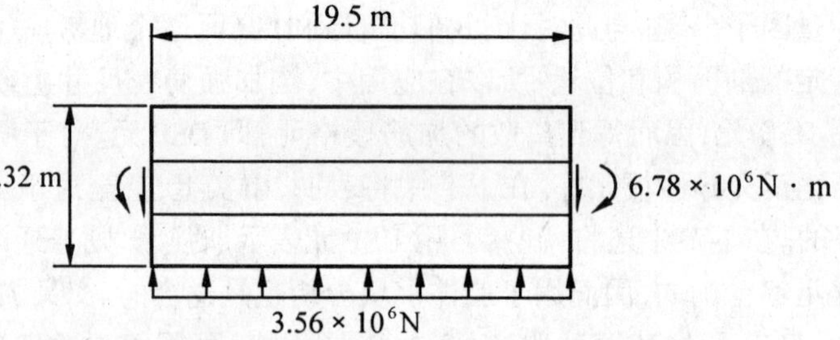

2根边加强筋,每根筋的剖面面积为$\frac{A_s}{6}=2\times10^{-3}\text{m}^2$;

2根按等间距布置的内部加强筋,每根加强筋的剖面面积为$\frac{A_s}{3}=4\times10^{-3}\text{m}^2$

(b)

图 5 – 14　两种板格

(a)1 型板格;(b)2 型板格

对于各种不同的加筋板格元,其最大挠度和应力的误差列在表 5 – 1 中。结果指出:“归并”的元、SP 元和正交异性板元都具有几乎相同的总精确度 —— 在特定条件下,某种元可能比其他几种元的精确度稍好些。这取决于加强筋如何分布以及是涉及挠度误差还是涉及应力误差。一般地说,人们对应力值有较大的兴趣,而这三种元给出应力值,按误差的均方根来衡量,都在小网格有限元解的 ± 15% 以内。比较起来,DSP 元则精确到 ± 3% 以内,而且当用标准差表示时,它还能给出更为一致的结果。

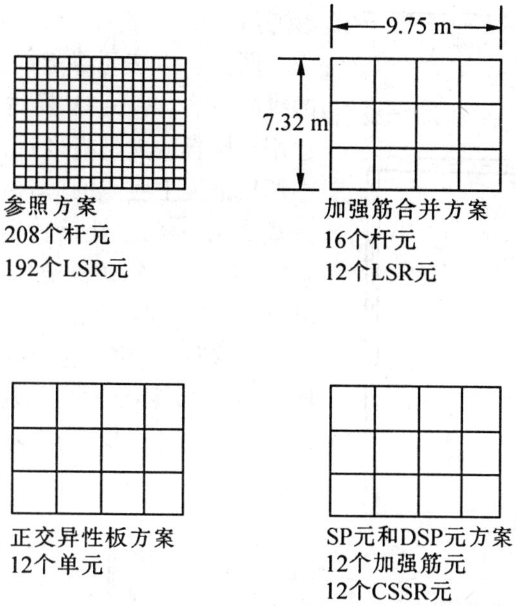

图 5－15　加筋板格的有限元模型

注：由于对称，结构模型仅为每个板格的一半

表 5－1　用各种加筋格元计算的最大挠度和应力的误差

单元类型	误差/%					
	挠度			应力		
	均方根	均值	标准差	均方根	均值	标准差
归并	5.5	－4.7	3.4	4.5	－2.5	4.4
正交异性	5.3	3.2	5.0	7.5	5.2	6.2
SP	3.3	0.2	3.8	6.2	3.7	5.8
DSP	2.6	－2.5	0.5	1.4	0.2	1.7

2. 用 SP 元将大型板格模型化

在 SP 元能起到预期作用的地方，如对大型加筋板格模型化，我们来考察 SP 元的性能。为此，将这种元用于一艘 Whitby 级护卫舰的锅炉舱结构分析，如图 5－16 所示。船体模块承受中拱弯矩、静水载荷以及甲板载荷。这里不提供问题的细节，但是结构的形式可从图中看出。一个

分别对每根加强筋模型化的小网格有限元解被作为参考解。

图 5 – 17 表示靠近锅炉舱中部处横剖面上各点的纵向应力。两种解法所得结果良好，这种相符甚至适用于甲板的大型板格元。图 5 – 18 表示靠近锅炉舱中部横剖面上各点的横向应力。可以预料，SP 元也像一些单元一样，不能反映横向应力的线性变化。图 5 – 19 表示靠近锅炉舱舱壁处的剪应力，这里也存在 SP 元不能反映某些应力梯度的情况。但是对船体模块分析来说，重要的应力都已被充分地模型化了。如所预料，SP 元不能对由于局部不连续（如在靠近中线的甲板中那样的情况）引起应力集中进行模型化。但这不是船体模块分析的任务。

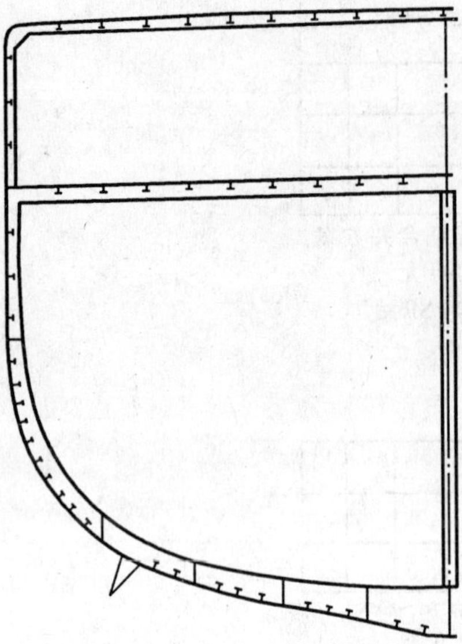

图 5 – 16　护卫舰锅炉舱横剖面

我们得出结论：用这里提出的两种加筋板格元，可以恰当地将矩形加筋板格的面内刚度模型化。与常规的正交异性板和“归并”加强筋的模型不同，DSP 元给出均匀加筋的一种现实处理。而用较简单的 SP 元来表示大型的加筋板格是足够精确的，可满足船体模块分析的要求。此外，主要设计变量作为标量因子出现在刚度矩阵之外，这两个特性在船舶结构计算机辅助设计中都是显著的优点。

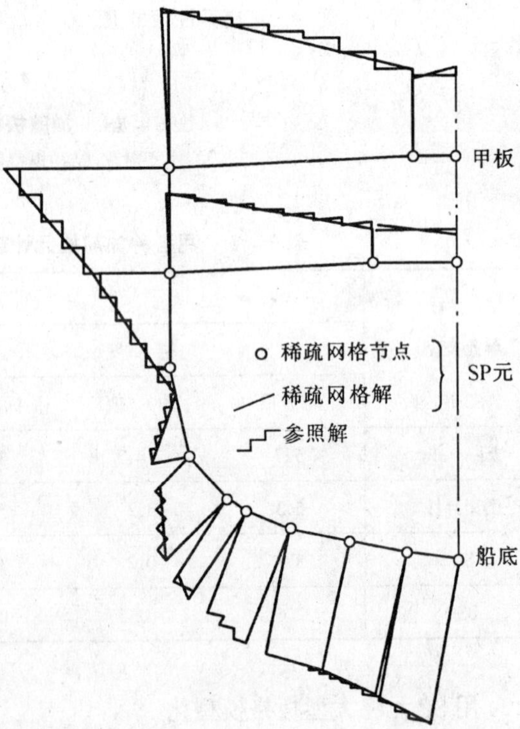

图 5 – 17　靠近锅炉舱中部横剖面上各点的纵向应力

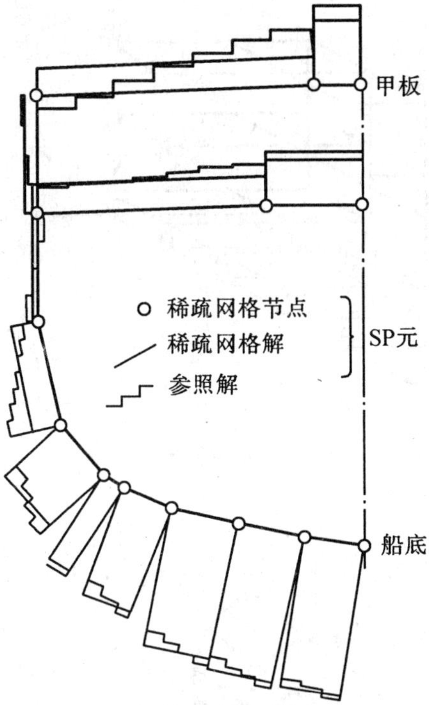

图 5－18　靠近锅炉舱中部横剖面上各点的横向应力

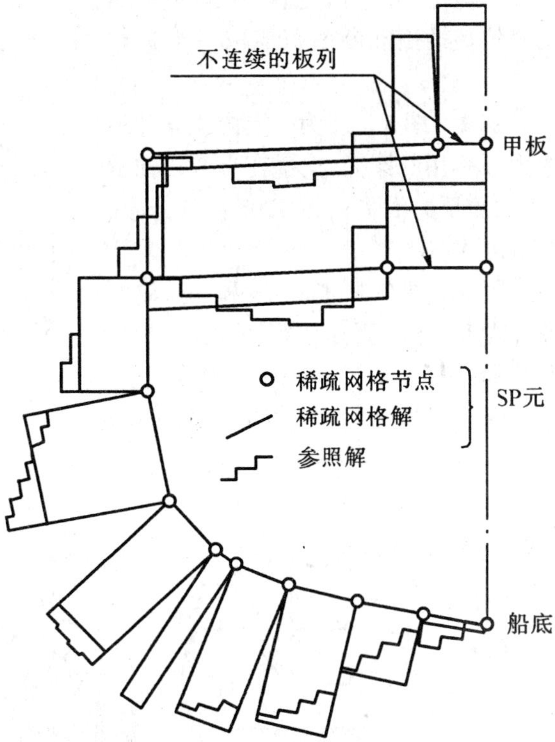

图 5－19　靠近锅炉舱横剖面上各点的剪应力

5.4　船体结构模型的简化处理

结构模型简化处理主要解决两方面的问题：从总体上如何利用结构受力特点尽可能应用简化的模型以减少自由度；在局部，要解决不同类型单元的连接和由于特殊构造引起的总刚方程"病态" 问题。一般来说，在结构处理模型化中可以采用以下几方面措施。

5.4.1　结构对称性的利用

利用结构对称性可以大大减少自由度数目，使大型结构分析易于实现，节省机时，因此有很大实用价值。

例 1　船体舱段结构可沿纵中剖面切开，只计算一半，如图 5－20 所示。在对称面 xoz 上的节点施加约束条件$u_y = 0, \theta_x = 0$。对称面上的构件，如中内龙骨、中间甲板纵桁等的惯性矩和断面积应取一半进行计算。

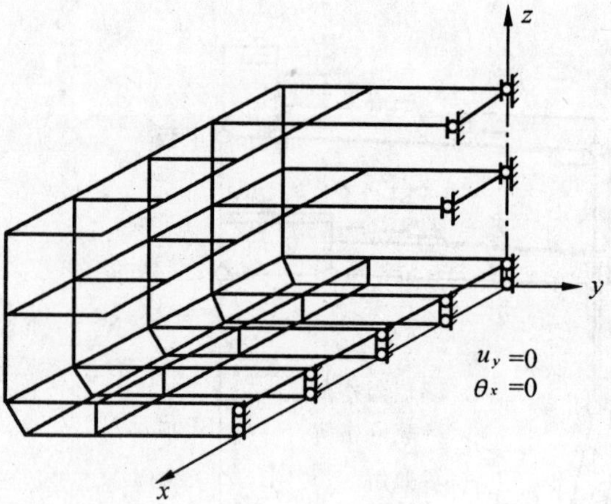

图 5 - 20　半个舱段结构

例 2　图 5 - 21 为一受内压 q 和集中力 p 作用的圆筒，支承在一滑动轴承上，油膜反力沿周向按 120° 余弦分布，沿长度均布。

因为有两个对称面 yoz 和 xoy，故可取 1/4 结构来计算。应用三维元离散，在对称面的节点上 $u_x = 0, u_z = 0$。集中力取 $p/4$，虽然该结构在 y 方向，外力 $p/4$ 与分布力 $p(x)$ 是平衡的，不会发生 y 向刚体位移，但对于有限元模型来说，由于缺少 y 向约束，总刚度阵是奇异的。为此需在 y 方向施加一个附加约束，此约束可以加在 A 点处，也可以加在 B 点处。如果加在 B 点处，集中力就不用加了，将来求出 B 支撑的反力应该等于 $p/4$。

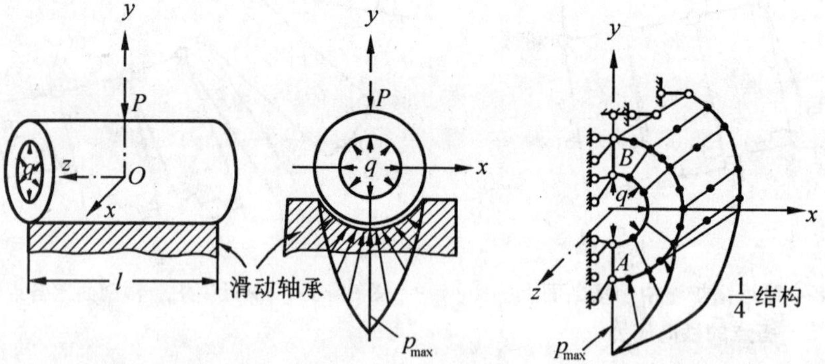

图 5 - 21　受压圆筒

5.4.2　主从关系的应用

应用主从关系，不但可以减少未知自由度数目，而且还可以避免方程组出现“病态”。

为了说明刚性构件与柔性构件连接时产生病态方程，现举一个例子。设两根弹簧串联在一起，一个刚度很大，另一个刚度很小，如图 5 - 22 所示。列出有限元方程

$$\begin{bmatrix} 1+10^6 & -10^6 \\ -10^6 & 10^6 \end{bmatrix} \begin{Bmatrix} u_A \\ u_B \end{Bmatrix} = \begin{Bmatrix} 0 \\ P \end{Bmatrix}$$

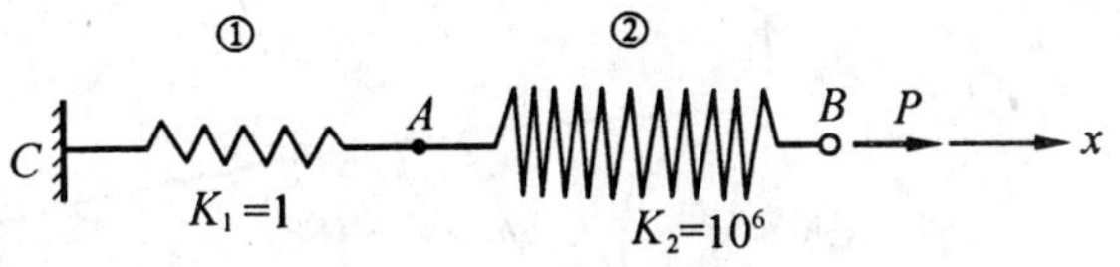

图 5－22　两串联弹簧

可以看出，这个方程是病态的，一定要用7位以上有效位数才能求解，否则1与10^6相比就被吞没了，成为一个矛盾方程。这个方程的准确解是 $u_A = P$，$u_B = 1\,000\,001 u_A$。假如方程组系数最后两位不是有效的，将 $1\,000\,001 u_A$ 改为 $1\,000\,002 u_A$，那么会得到 $u_A = p/2$ 的错误结果。对于图5－22所示结构采用主从关系，把A点作为主节点，把B点看成从节点，则有 $u_B = u_A$，可解得 $u_A = P$。这样得到的结果和准确解略有误差。这是把弹簧②绝对刚化造成的，但这一点误差对于求解是完全可以接受的。

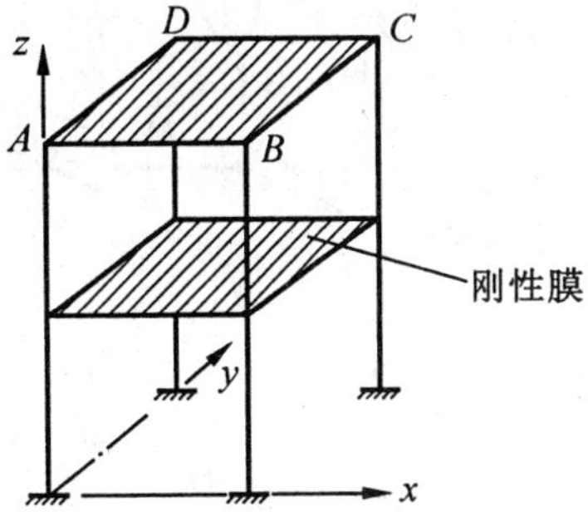

图 5－23　刚性膜

例 3　高层建筑中的各层楼板，其平面刚度比弯曲刚度大得多，可以足够精确地模型化为刚性膜(图5－23)，因此对同一楼板平面，各节点在该平面内的位移 u_x, u_y, θ_z 不是独立的。取A为主节点，B，C，D为从节点，它们对A点自由度的从属关系见表5－2。

表 5－2　自由度的从属关系

节点＼自由度	u_x	u_y	u_z	θ_x	θ_y	θ_z
$A(m)$	0	0	0	0	0	0
$B(s)$	A	A	0	0	0	A
$C(s)$	A	A	0	0	0	A
$D(s)$	A	A	0	0	0	A

刚性膜模型应用很广，如在船舶总强度计算中横舱壁就可抽象为刚性膜。类似的例子还有尾轴架的计算。图5－24是快速舰艇组合箱型结构单臂轴架，用来支撑螺旋桨和尾轴。可将整个轴架沿船长方向压缩，箱型外壳板简化为杆元，腹板简化为膜元，尾轴用梁元，并近似认为轴架与尾轴是通过轴壳刚性连接的。由于轴壳刚性远大于支架，因此轴壳简化成刚性平面，其计算模型如图5－24(b)所示。

例 4　双体船连接桥的强度计算。川木俊彦提出一种空间梁元计算模型如图5－25。将两片体作为直梁，连接桥作为交叉梁系，其间用刚性杆连接之。如果在计算中取刚性杆

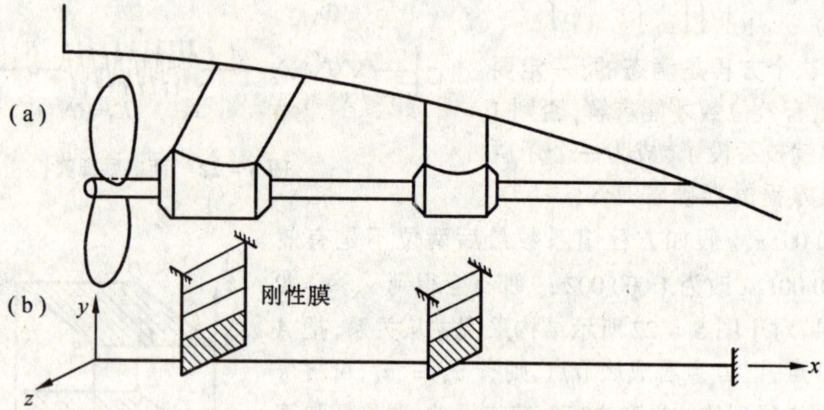

图 5－24　组合箱型结构单臂轴架

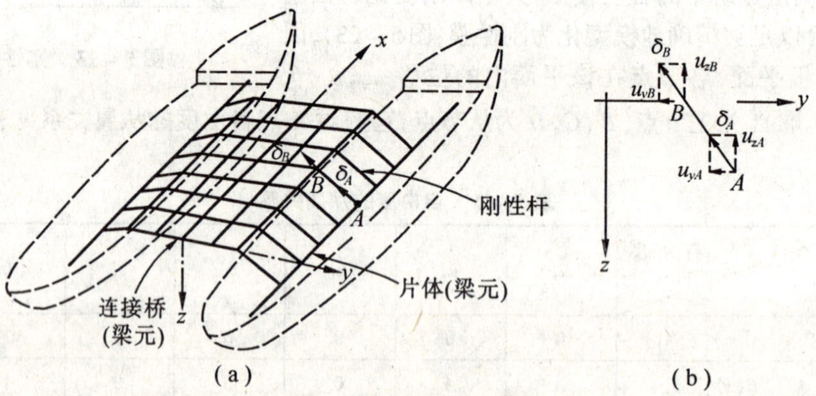

图 5－25　双体船模型

的刚度 *EI* 为大数，会产生病态；如果用伪单元，需建立伪单刚，给用户带来不便，比较好的处理方法是利用主从关系。由于沿 *AB* 刚性杆方向 $\delta_A = \delta_B$，如图 5－25(b) 所示，将它在总体坐标方向分解，则 $u_{yB} = u_{yA}$，$u_{zB} = u_{zA}$，于是可在节点约束代码中填写主从关系。这种处理既不会发生病态，又减少了自由度数目。

5.4.3　等效刚度模型

等效刚度模型可以将空间结构用二维甚至一维模型来分析，使未知数大大减少。在建筑结构计算中应用很普遍，例如把高层建筑框筒作为杆系结构计算时，超静定次数很高，节点位移未知数很多，可以采用等效连续化的方法，把离散杆件组成的结构转化为正交异性连续薄板所组成的结构，然后作为连续体进行有限元分析，未知数可大为减少。欲把离散杆件的框架转化为等效的正交异性板，关键问题是求出等效弹性常数，即等效弹性模量、剪切模量和泊松比。在水平侧向力作用下的平面框架，其梁和柱常是按双曲率形状发生弯曲。反曲点位置接近于杆件中点，故可近似认为，框架所有梁和柱的反曲点，都在杆长中点，并取介于 4 个相邻反曲点间的十字形框架部分为等效计算单元。这个十字形杆件单元连续化后成为一块正交异性板，如图 5－26 所示。这块板的等效弹性常数可通过十字形杆件单元与矩形板，在静力等效的拉力和剪力作用下变形相等的条件推导出来。等效弹性常数的公式，由于采用不同的假定和算法，也有所不同。

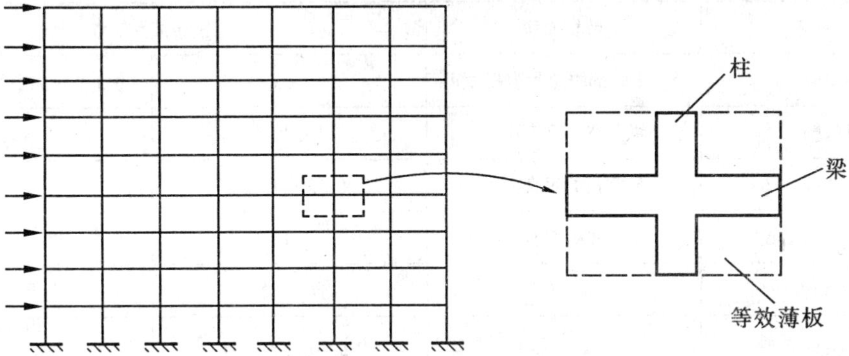

图 5－26　等效刚度模型

在船体结构计算中的等效刚度模型也不乏实例，如将双层底板架作为正交异性板来处理；还可以举出英国 LR 船级社提出的“平面板架”模型，它把立体舱段结构压扁，形成一个相当的“平面板架”，即把舱段内的纵横舱壁、宽肋骨和船侧壳板等折算成位于船底板架平面的“相当梁单元”，如图 5－27 所示。

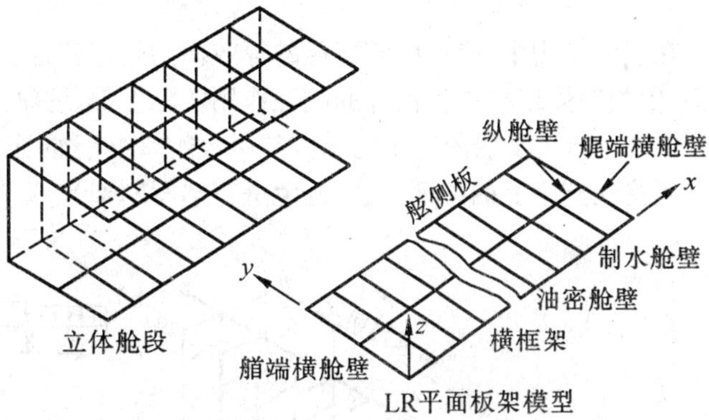

图 5－27　平面板架模型

不难看出，把垂向尺度很大的构件压缩成平面梁元显然是十分粗糙的。但在初步方案设计阶段或者为了确定肋骨框架上的作用力，这个计算模型是十分方便的。它不能作为比较精密的结构分析模型。

"平面板架"模型规定:带有附连翼板的主加强材用梁元,小的加强材也可以合并起来用梁元来代替。梁元的理论轴线取在实际加强材的中心线上。板架承受垂直载荷作用,在某些情况下,边界还作用有力矩和指定位移。具体计算时,不同的舱段部位和范围有不同的折算刚度。现以具有二道纵舱壁的模型为例,说明相当梁的计算规定,如表5-3所示。

表5-3 相当梁的计算

类型	剪切面积	扭转惯性矩 J	
中龙骨	0.5×底部中龙骨腹板面积	$5\times I_x$	0.5×底部中龙骨惯性矩
纵舱壁	纵舱壁的垂直面积	1×10^{-5}	$0.3\times I_x$
船侧板	船侧板的垂直面积	$5\times I_x$	$0.2\times I_x$
中央舱底部助板	腹板面积	1×10^{-5}	肋板惯性矩
边舱结构	查表	同上	不小于 $0.3\times I_x$
制水舱壁	查表	$\frac{1}{4}D_T^2(t_b+t_d)$	同上
油密舱壁	舱壁垂直面积	同上	同上

表中 D_T——油舱高;I_x——船中剖面垂直惯性矩;t_b——船底板厚度;t_d——甲板厚度。

在船体结构中,应用比较普遍的等效模型是用弹性支座或弹性固定端来代替某些构件或结构。因为船体结构中各构件的相互作用实际上都是弹性的。

例5 散装货船的边水舱结构与甲板舱口纵桁如图5-28所示。在计算舱口纵桁强度时,可采用弹性支座上的梁模型,以避免进行空间刚架计算。

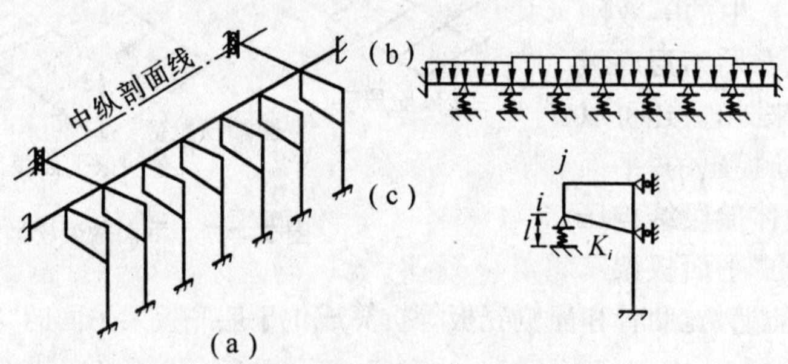

图5-28 散货船结构模型

将边水舱肋骨框架的影响化为弹性支座，舱口纵桁的计算模型如图 5 – 28(b) 所示。弹性支座的刚度 K_j，是由于水舱肋骨框架侧板 ij 产生单位垂直位移时作用在 j 点处的反力 S_j，这 S_j 的数值就是刚度 K_j 值。它可由指定位移的水舱肋骨刚架计算得到，如图 5 – 28(c) 所示。

例 6　具有长大舱口船的横强度计算。图 5 – 29 是某内河 400 t 长大舱口货驳，具有单舷侧和双层底结构。

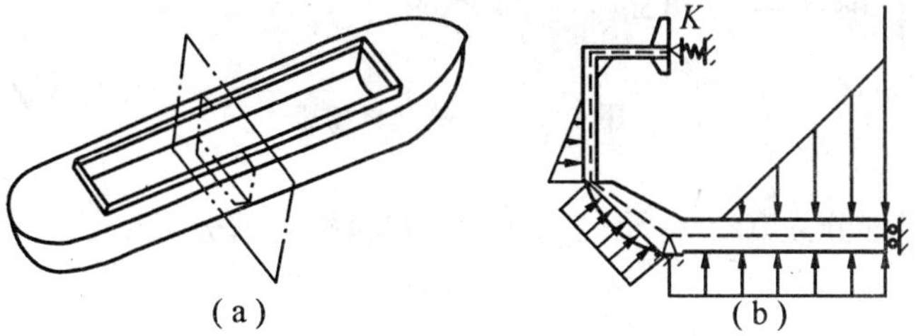

图 5 – 29　长大舱口船

计算这种船的横强度，必须考虑纵向甲板边板的影响，孤立地切出一个肋骨框架进行计算是不正确的。合理的计算模型当然是进行货舱范围内的主体舱段计算，但它的工作量无异于整船分析，不便采用。为此，可取一个简化模型来计算：从船中段切出一个肋骨框架，把纵向甲板边板作为它的弹性支撑来考虑，如图 5 – 29(b) 所示。刚度系数 K 可由纵向甲板条来计算：把它当做两端固定在舱壁上的单跨梁，中点在水平方向产生单位位移时的反力即为 K 值。纵向舱口围板也可作同样处理。

5.5　结构离散模型化

5.5.1　选择单元类型

根据结构几何和受力特点选取单元类型。一维物体用杆元和梁元；二维物体，如平面受力用膜元，垂直受力用板壳元；三维物体用三维块元；组合结构需采用多种类型单元。希望尽可能用简单单元来分析，即能用杆的不用梁，能用膜的不用板。

现以箱型结构的有限元分析为例来说明单元选择问题。箱型结构是一种经常遇到的结构，如船体、起重机的转臂、吊车、汽车底架等。很多人惯于采用板壳元来分析，因为他们看到箱型结构发生弯曲，有时还伴随扭转变形，想必是有弯矩和扭矩产生。用板壳元计算箱型结构是可以的，但要保证足够精度，就需使网格划分得很细才行，而且板壳元每个节点有 6 个自由度，规模很大，计算时间会很长。

下面以箱型悬壁梁(图 5 – 30) 为例进行计算，并将结果与精确解比较。

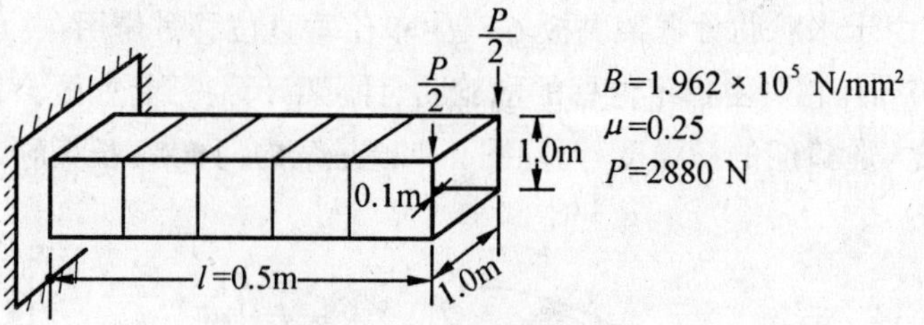

图 5－30　箱型悬臂梁

例 7　将箱型梁划分为20个单元，上、下翼板和腹板各划分为5个单元。采用4种不同的单元方案进行计算：

(1) 全部用板壳单元；

(2) 全部用膜元(威尔逊修正单元)；

(3) 翼板用板壳单元，腹板用膜元；

(4) 翼板用膜元，腹板用板壳元。

计算结果列于表 5－4。

表 5－4　箱型悬臂梁的计算结果

数值 \ 计算方案	材料力学精确解	有限元解			
		(1)	(2)	(3)	(4)
自由端挠度	0.100 0	0.084 9	0.099 3	0.098 9	0.085 2
误　差	%	15%	0.7%	1.1%	15%

从4种方案的结果来看，问题出在腹板用了板壳单元，因为此时腹板纯系平面应力状态，并没有弯矩，所以采用膜元是合理的。因为现所用的板壳元是由平面应力与板弯曲应力单元组合而成，其中平面应力的位移模式为常应变三角形单元的位移模式，它的精度比较低的，所以不采用板壳。如果希望计算误差在 5% 以内，上例需要划分成 80 个板壳元，这对于复杂的箱型结构是不合算的。

应当指出，箱型结构往往用加强筋来加强，它们主要是强化局部抗弯能力，对于整体的刚度和强度贡献不大，在整体计算时可去掉它们，这样做是合理的。

例 8　计算图 5－31 所示结构 A、B 点的位移及应力。

对于本题如果全部采用板壳元来计算，由于板壳元的节点取在中面上，所以算不出 A、B 点的应力。如果用三维元来计算，规模又太大。比较好的计算方案是在转弯处用 12 节点三维元而平面部分用板元，如图 5 - 31(b) 所示。当然，这样的组合结构计算模型还需要进行协调处理。

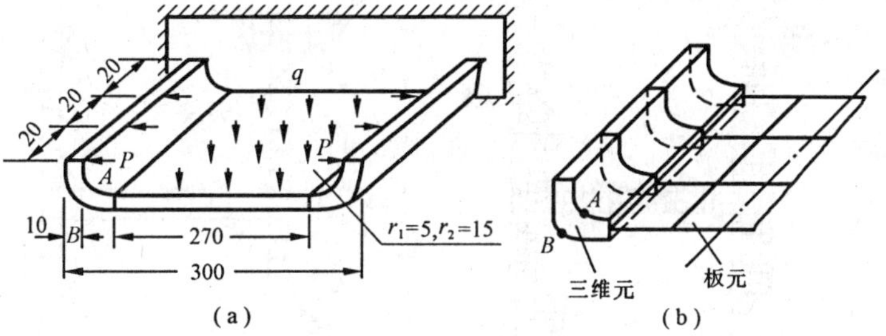

图 5 - 31　例 8 图

5.5.2　网格的划分与计算精度估计

选好单元之后进行网格划分是有限元法非常重要的步骤。不同的划分方案对计算结果会产生很大影响。图 5 - 32 为一油轮的肋骨框架，图(b) 是较均匀的网格，在水平撑杆处网格稍大一些；图(a) 是在图(b) 的基础上将网格加密一倍，水平撑杆处加密更多，构成非常均匀的小网格，显然图(a) 的数据量要比图(b) 大很多。但图(a) 和图(b) 两网格计算结果仅差 10.2%（舷侧最大垂直位移）；图(c) 在角隅处加密网格，而其他部位用粗网格，数据量比图(b) 稍大一些，但比图(a) 少得多。图(c) 和图(a) 计算结果仅差 6.5%；图(d) 在角隅处采用粗网格，其他部位用细网格，其数据量比图(b) 和图(c) 都大，但结果误差很大，这是由于网格划分粗细不当所致。

如何判断所划分的网格能使计算结果达到足够精度，是有限元计算中非常重要的问题。如果都像上例那样作比较计算，对大型结构显然是很困难的。在大型结构网格划分前最好用同类型的简化模型（它具备大型结构同样的力学特征）作可行性和可靠性试验，例如计算图 5 - 33 所示结构，可先用模型图(a) 计算，进而再简化为悬壁梁图(b) 来计算。因为悬臂梁有解析解，可供比较，如果图(b) 网格方案是可靠的，那么把实际结构进行同样剖分，所得结果也是可靠的。

做可行性和可靠性试验时最好将实际结构模型向有理论解的简单结构模拟，如简单拉伸、梁的弯曲、薄壁筒、方板等。如果找不到理论解作比较，则可作比较计算。

5.5.3　先粗后细二次解析

对于大型结构物，为了得到局部应力集中区的应力状态，需要将网格划分很细，使节点数目大增，数据准备将十分困难，甚至会因为规模超过计算机容量使计算不能进行。如果先用粗网格进行分析，得到总体的应力和节点位移，然后取出要分析的局部区域用细网格剖分，并且

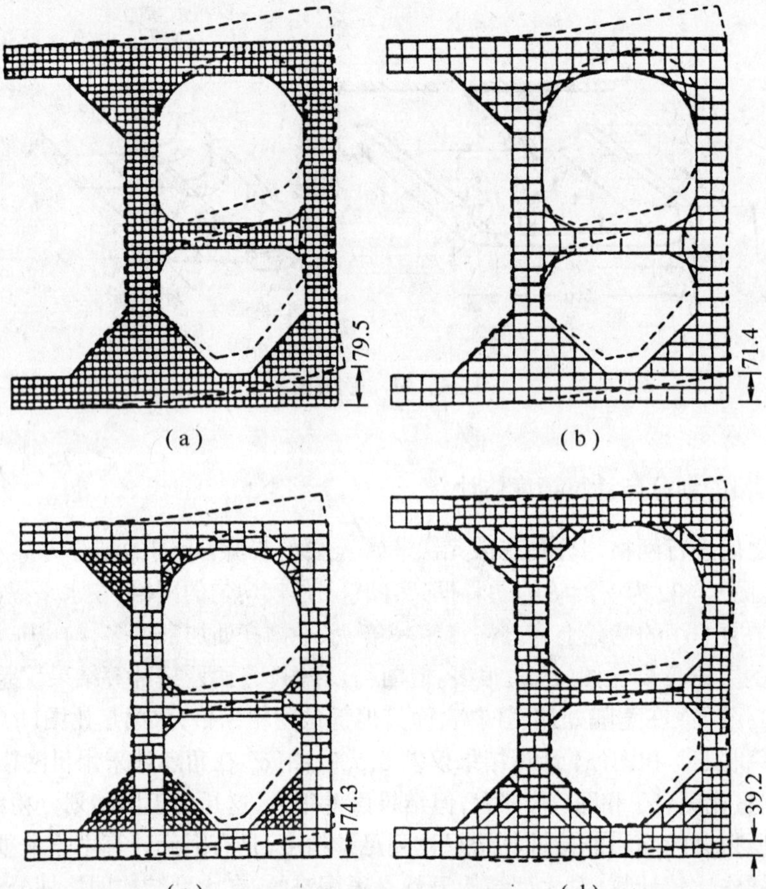

(a)　(b)　(c)　(d)

图 5－32　几种网格划分比较

以粗网格分析得到的节点力或节点位移作为边界条件进行再解析，称为二次解析法，可使计算量大为减少，是一种经济的分析方法。

二次解析法的原理可用图 5－34 来说明。为了更加精确还可以进行第三次解析。

二次解析算出来的应力的可靠程度与前一阶段网格粗细和切出的局部范围大小有关，而且可能产生误差累积，所以应用二次解析时整体计算的网格选定是十分重要的。另外，作为下一阶段分析的边界条件，应用节点力还是节点位移，也需要考虑。把节点力作为边界上的已知外力，应用上不太方便，需要用户把第一次解析输出的单元应力化成等效节点力。应用节点位移作为边界条件比较容易处理，只要在已知位移的节点上加上刚度很大的弹簧元即可，并输入

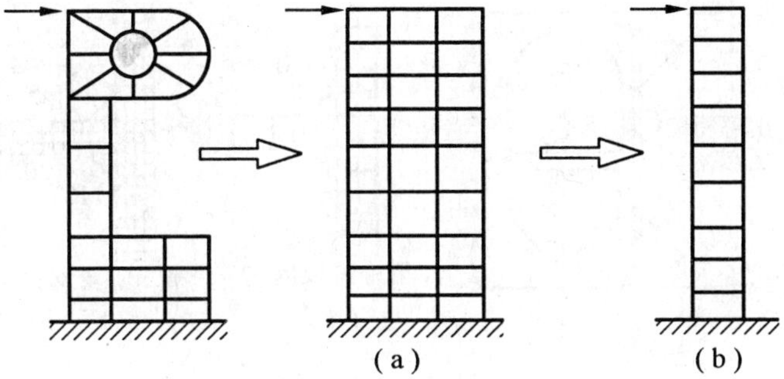

图5-33　结构模型化

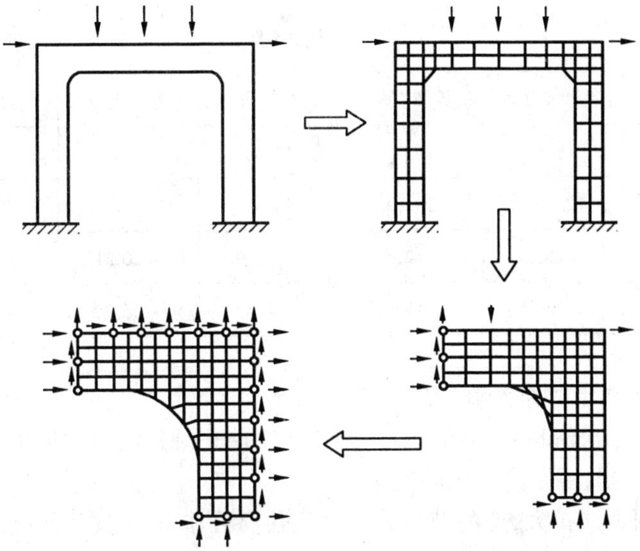

图5-34　二次解析法

已知位移。一般用节点力所得应力值偏大，用节点位移所得应力值偏小。所以从偏于安全方面考虑，用节点力比较合适。

例9　计算图5-35所示受剪力作用的横框架结构与横撑杆交叉处的应力状态。各计算阶段的应力值如表5-5所列。

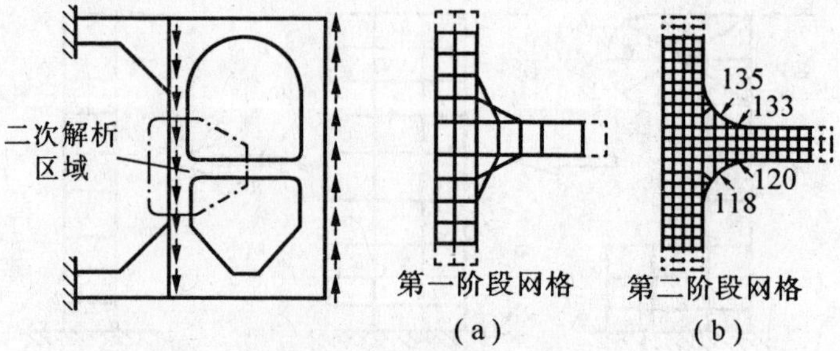

图 5 – 35　例 9 示意图

表 5 – 5　各情况下的应力值

节点号	整个结构细网格见图 5 – 32(a)	图 5 – 35(b) 取实线范围计算		图 5 – 35(b) 取扩大范围(虚线)计算		力和位移在中间节点上分配计算	
		边界节点力	边界节点位移	边界节点力	边界节点位移	边界节点力	边界节点位移
118	13.93	15.38	11.07	15.38	12.62	15.30	12.03
120	22.18	23.96	19.19	23.95	19.71	23.95	19.64
133	– 23.34	– 25.00	– 19.90	– 24.99	– 20.51	– 25.00	– 20.45
135	– 19.29	– 20.44	– 15.94	– 20.42	– 16.95	– 20.51	– 16.48

由表列数值可得出下列结论。

(1) 用节点力作二次解析所得结果比整个结构用细网格计算的应力值偏大；用节点位移计算则应力值偏小，但前者更接近正确值。

(2) 将计算范围稍加扩大，或将节点力 / 节点位移在中间节点上分配，都能改善以节点位移为边界条件的计算结果，但对节点力计算的结果没有改善。

例 10　某火车轮渡因更换机舱电缆，需在机舱甲板强横梁上开 600 mm × 140 mm 长圆孔，削弱了承载火车的甲板强横梁的强度，要求进行强度校核。

为了得到强横梁腹板开孔后的应力状态，计算分两阶段进行：首先计算甲板板架，得出强横梁开孔段两端的弯曲应力和剪应力，然后再对开孔梁腹板进行有限元细网格二次解析，求出开孔梁腹板的应力状态。

取 90# 肋位处甲板强横梁为计算对象，该强横梁被两根甲板纵桁支撑。为得到开孔梁的弯矩和剪力，作偏于安全的简化，取支撑纵桁两端自由支持在支柱上。因结构和载荷沿船体纵中剖面对称，故取一半结构进行计算。在对称节点 1 约束 θ_z 和 u_y，强横梁计算简图如图 5 – 36 所示。

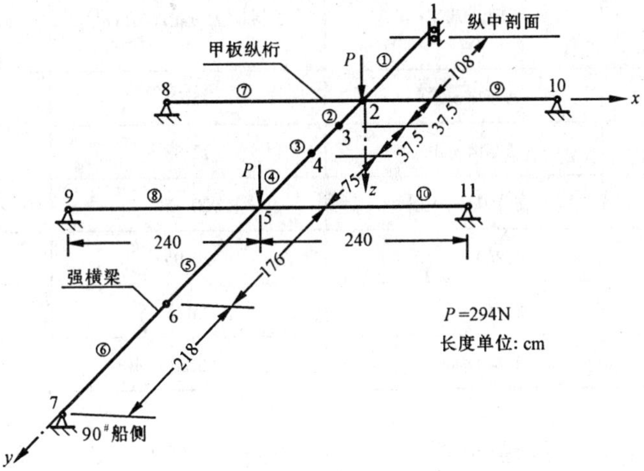

图5－36 强横梁计算简图

计算载荷：甲板上承载火车车箱及货重，考虑到动力因素及其他甲板附属结构重量，取计算荷重1 176 N。假设在计算强横梁上刚好承受车轮集中力作用，每个集中力为1 176 N/4 = 294 N，作用在图5－36所示节点2和节点5处。甲板强横梁及甲板纵桁包括带板的剖面特性如表5－6所示。

表5－6 甲板横梁及纵桁的剖面特性

构件 \ 剖面特性	剖面积 A/cm^2	惯性矩 I/cm^4	剖面模数 W/cm^3	
			$W_{甲板}$	$W_{面板}$
甲板纵桁	147.84	61 736	3 283.83	1 978.72
强横梁(无开孔部分)	147.84	61 736	3 283.83	1 978.72
强横梁(有开孔部分)	131.04	60 676	3 075.32	2 004.5

将图5－36所示交叉梁系采用空间梁元进行有限元计算，共划分11个节点，10个单元。计算结果如表5－7所列。

表 5－7　有限元计算结果

项　目 节点剖面	弯矩 M/kN·m	甲板应力 $\sigma_{甲}$ /(N/mm^2)	面板应力 $\sigma_{面}$ /(N/mm^2)
1	5.514×10^5	15.71	26.07
2	5.514×10^5	17.93	27.51
3	6.1973×10^5	20.15	30.92
4	6.8809×10^5	20.95	34.77
5	8.2478×10^5	25.12	41.68
6	2.2494×10^5	6.85	11.37

强横梁许用应力按内河船强度标准 $[\sigma] = 0.75\sigma_s = 176.4$ N/mm^2。开口强横梁最大应力 $\sigma_{max} = 41.68$ N/mm$^2 < [\sigma]$，强度足够。

取出强横梁开孔区进行有限元分析。以第一次算出的强横梁在节点2和节点5处的正应力及剪应力作为外荷重进行有限元二次解析。采用二维元对强横梁腹板进行离散，在开孔附近用细网格，其他部分用粗网格，共划分130个节点，157个单元，其中腹板上有41个威尔逊单元。62个四节点等参元(包括三角形单元)；强横梁上、下翼板及开孔的加强筋(ϕ16圆钢)作为杆元离散，共54个杆元，如图5－37所示。为消除总体奇异性，在节点31处及节点4(剖面中和轴)处分别加上约束，如图5－37所示。这些约束的作用是消除刚体位移但不限制变形状态。

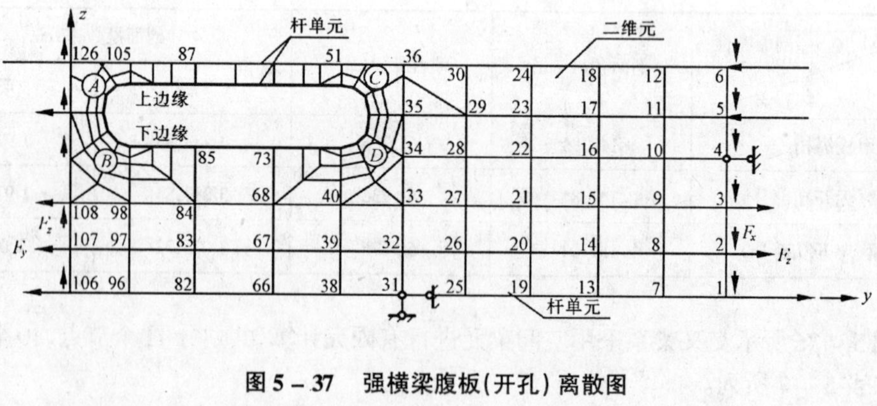

图 5－37　强横梁腹板(开孔)离散图

将第一次解析算出来的强横梁节点2及5处正应力和剪应力在剖面上的分布，按静力等效原则简化为作用在相应节点上 y 向和 z 向的集中力。有限元计算结果(取最大值)见表5－8。

表5-8　孔边区域应力计算结果

孔边区域	A区	B区	C区	D区	上边缘	下边缘
$\sigma_{max}/(N/mm^2)$	-46.70	34.73	12.23	-42.30	-42.86	-30.75

由表可见，开孔的左上角（A区）和右下角（D区）应力较大，最大应力发生在A区靠近开孔边缘处，其值为-46.70 N/mm²（压应力）。计算还表明，虽然开孔位置在梁的中和轴附近，但由于应力集中，使孔边应力和变形都比远离开孔处的应力和变形大得多。比强横梁弯曲时同一位置的计算应力约大3倍，说明开孔后应力集中系数达到3。但由于总应力水平不高，所以未超过许用应力。

5.6　载荷模型化

几乎在所有情况下，船体模块至少具有横向的对称性，即左右舷对称。在本节中将集中讨论当载荷不对称时如何充分利用结构的对称性这个特点，而不讨论相反的情况。因为，若结构甚至连横向的对称性都不存在，就谈不上节省计算工作量的可能性，在这种情况下，即使载荷是对称的，也必须将整个结构模型化。

在整个结构（船体梁）层次上的重要响应是垂向弯曲和扭转。水平弯曲与垂向弯曲相似，因而，除非作为扭转分析的一部分，一般很少详尽地考察它，船体模块结构除了横向对称以外，还常常具有纵向对称性，即关于跨中横向平面的对称性。即使结构不是纵向对称的，也可以近似地作这种简化。另一方面，有许多例子，其中船体模块确实不是纵向对称的，因此将讨论关于结构纵向对称和不对称两种情况。除了结构的对称以外，还有载荷对称性的问题。这方面的对称性也有两种类型，即横向的对称和纵向的对称。表5-9归纳了各种可能的组合，下面讨论每种特定的组合，并使用与表中该种组合相应的行和列的标号。

一般说来，必须对几种货物装载情况和其他载荷的组合进行船体模块分析。在下面的讨论中，将这些组合中的每一种叫做一种“装载情况”。因为事先并不知道哪一种装载情况对于在船体模块的特定位置发生特定形式的破坏将是危险的，所以原则上，应研究所有的装载情况。在实践中，常常可以结合各个装载情况的最不利特性，将两种或两种以上的装载情况综合为一种人工复合的装载情况，若这些不同的最不利特性发生在船体模块的不同部位，并且已知它们几乎是独立的话，这种综合就减少了装载情况的数目，因而也减少了计算工作量。

表 5-9 船体模块分析的结构模型化

载荷对称情况	结构对称情况	
	A. 纵向与横向均对称(用半长计算模型)	B. 仅横向对称(用全长计算型)
Ⅰ. 纵向与横向均对称	每种装载情况一个载荷矢量,边界条件如图 5-38 所示。	每种装载情况一个载荷矢量,边界条件如图 5-39 所示。
Ⅱ. 仅横向对称	将载荷分解成两个载荷矢量,如图 5-40 所示,并计算两种响应: R_s:对应于双重对称载荷矢量,边界条件见图 5-38; R_a:对应于纵向反对称载荷矢量。①	同上。
Ⅲ. 纵向与横向均不对称	将载荷分解成四个载荷矢量,并计算四种响应: R_{ss}:对应于双重对称载荷矢量,边界条件见图 5-38; R_{as}:对应于纵向反对称、横向对称载荷矢量; R_{sa}:对应于纵向对称、横向反对称载荷矢量; R_{aa}:对应于双重反对称载荷矢量。	将载荷分解成两个载荷矢量: R_s:对应于横向对称载荷矢量,边界条件如图 5-39 所示; R_a:对应于横向反对称载荷矢量。

① 因为其边界条件不同于第一个载荷矢量,所以要在第一次修改[K]使之对应于新的边界条件后,单独求解 R。

5.6.1 载荷为纵向对称和横向对称

1. 结构为纵向对称和横向对称

在有限元分析中,求平衡方程组的解是整个分析中最艰巨的任务。有限元分析所要求的存储量与 N 成正比,而所需要的计算工作量则与 $N\omega_b^2$ 成正比,这里 N 是总的自由度数,而 ω_b 是半带宽,因此,尽可能地利用对称性是非常重要的。若载荷和结构双重对称,则仅需将船体模块的 1/4 予以模型化。这样,N 的值仅为全结构的 1/4,而 ω_b 的值约为全结构的 1/2,因而,同全结构相比,只需要 1/4 的存储量和大约 1/16 的计算工作量。在双重对称情况下,只需取结构的 1/4 进行分析,这时,作为这部分的约束的边界条件如图 5-38 所示。对应于两个对称面,有两组边界条件:

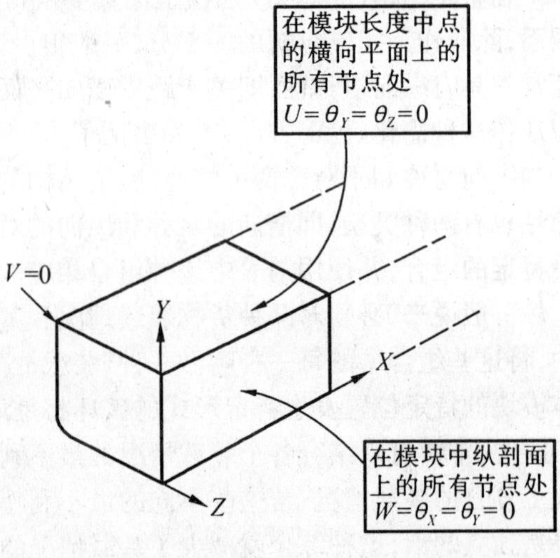

图 5-38 双重对称的船体模块的边界约束

在跨中横剖面上的全部节点处

$$U = \theta_Y = \theta_Z = 0$$

在纵中剖面上的全部节点处

$$W = \theta_X = \theta_Y = 0$$

此外，还需要阻止整个结构的刚体运动。上述约束消除了除竖向平移以外的全部刚体运动，因此必须在某处(例如在船侧板的顶部)施加进一步的约束 $V = 0$。

2. 结构仅为横向对称

若结构不存在纵向对称性，则在结构计算模型中必须取船体模块的全长，并且不能利用载荷的纵向对称性，计算模型及其边界约束如图 5 – 39 所示。在中纵剖面上的约束与前面列出的相同。还应加上几个附加约束，以阻止在 x 方向上和 y 方向上的刚体平移和在平行于 xoy 平面的平面中的刚体转动。所选择的这几个约束均位于船侧板上，即

在最靠近中和轴的节点处，$V = 0$；

在两端 $V = 0$。

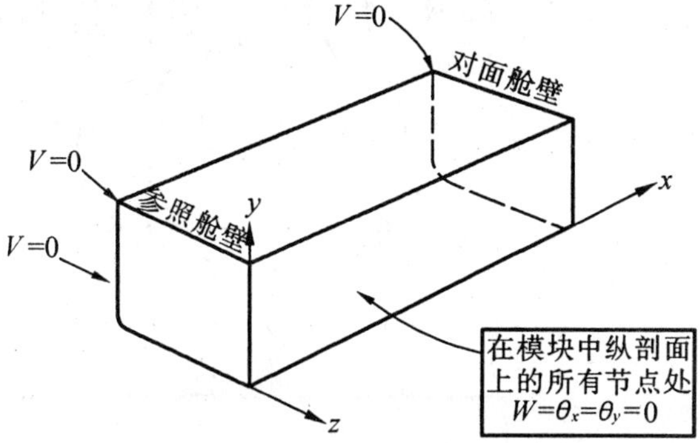

图 5 – 39　横向对称装载时的边界条件

希望 $V = 0$ 的两个点离得远些，以避免出现大的平衡力，这种力会使计算模型产生不真实的翘曲。全部约束如图 5 – 39 所示。但这决不是惟一可能的一组，另外还有其他的等效组合。在一个全长的计算模型中，为了区分两端的横舱壁，确立某种系统是有好处的。我们将采用图 5 – 39 中所示的术语：其中包含原点的横舱壁称为“参照” 舱壁，而另一个横舱壁则称为“对面” 舱壁。

5.6.2　载荷仅为横向对称

1. 结构为双重对称

通常结构具有某种类型的对称性，而载荷则不然，那么在利用结构的对称性时，需要将载荷分成两部分，即一个对称的部分和一个反对称的部分。图 5 – 40 说明下述情况的分析过程，即结构是纵向对称的，而载荷则不对称。由于结构的对称性，宜引入第二坐标系(x, y, z)，坐标原点取在船体模块的跨中，如图 5 – 40 所示。这个坐标系几乎与(X, Y, Z)坐标系相同，惟一的不同是 $x = X - L/2$，式中 L 是模块的长度。

一种典型的载荷情况包括在船体模块两端的两个不同的剪力值和弯矩值，以及一个沿纵向分布不对称的竖向载荷 $f(x)$。上述所有载荷已在船体梁分析中求得。为了利用载荷分解技术，分布载荷只能由集中载荷、均布载荷或沿模块长度方向呈线性变化的载荷构成。但是这个限制不很严格，因为 $f(x)$ 是浮力和重量两种纵向分布载荷之差，而 $f(x)$ 几乎总可以用这三种

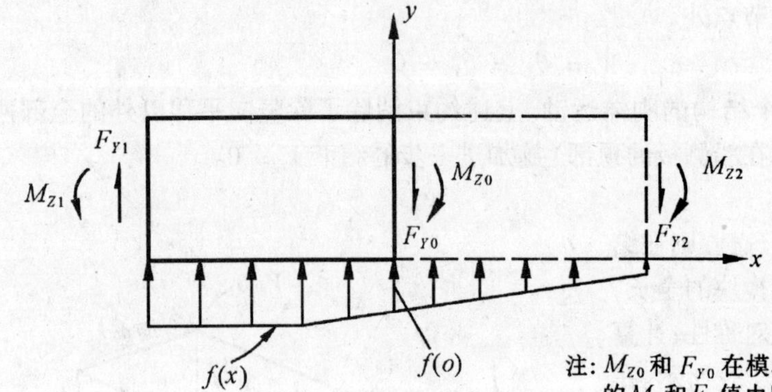

注: M_{Z0} 和 F_{Y0} 在模块的中间平面处的 M_Z 和 F_Y 值由船体梁分析求得

等于一组对称载荷 $\boldsymbol{P_s}$ 加上一组择对称载荷 $\boldsymbol{P_a}$:

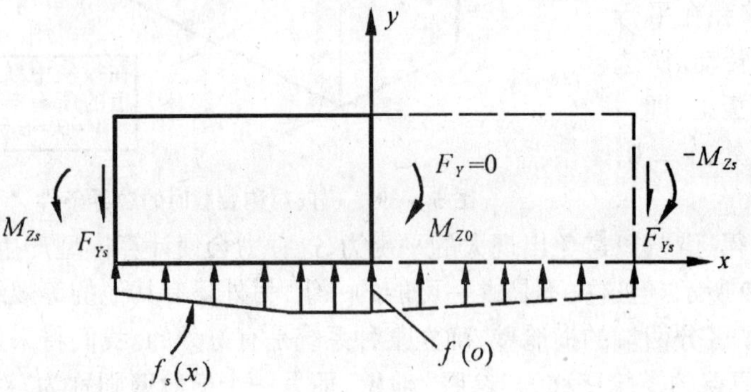

$$M_{Zs}=\frac{1}{2}(M_{Z1}-M_{Z2})$$

$$F_{Ys}=\frac{1}{2}(F_{Y1}+F_{Y2})$$

$$f_s=\frac{1}{2}[f(x)+f(-x)]$$

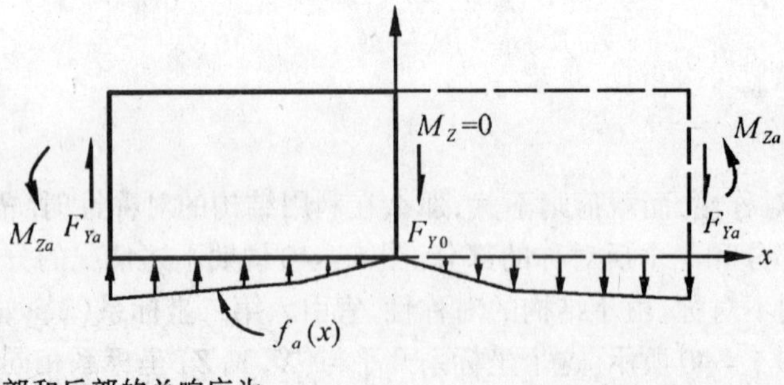

$$M_{Za}=\frac{1}{2}(M_{Z1}+M_{Z2})$$

$$F_{Ya}=\frac{1}{2}(F_{Y1}-F_{Y2})$$

$$f_a=\frac{1}{2}[f(x)-f(-x)]$$

前部和后部的总响应为

$$R_{\text{aft}}(x)=R_s(x)+R_a(x)$$

$$R_{\text{for'd}}(x)=R_s(-x)-R_a(-x)$$

图 5-40　将一种纵向不对称的载荷分解成对称的和反对称的分量

类型的载荷的某种组合满意地表达出来。在横舱壁处,船体梁剪力和弯矩的边界载荷实际上是分布力,这些分布力是沿纵向和剖面的围长方向作用的,并以等效节点力的形式作用到舱壁的每个节点上。为简单起见,在图5－40中,在参照舱壁处用 F_{Y1} 和 M_{Z1} 表示上述节点力的总值,而在对面舱壁处,用 F_{Y2} 和 M_{Z2} 表示节点力的总值。另外,还需要有模块中点处的剪力和弯矩值,考虑作为外力作用在半个模型上,这两个量分别以 F_{Y0} 和 M_{Z0} 表示。在实际的有限元解中,总的力 F_Y 和弯矩 M_Z 是载荷矢量,它由各个离散的节点力组成。同样,分布载荷 $f(x)$ 事实上也是节点力的一个集成。而三组载荷——F_Y,F_Z 和 $f(x)$ 一起构成整个载荷矢量 $\boldsymbol{P}$。在下面将要进行的工作中 $\boldsymbol{P}(x)$ 表示在那些节点上的全部载荷(节点力),上述节点位于距原点为 x 的横向平面内。因而,例如 $\boldsymbol{P}(-L/2)$ 表示参照舱壁中各节点上的全部节点力,它们将包含构成 M_{Z1} 的全部 x 方向的力,构成 F_{Y1} 的全部 y 方向的力和 z 方向的力,再加上由分布载荷 $f(x)$ 引起的作用在参照舱壁各节点上在 y 方向或 z 方向的所有其他的节点力(z 方向的节点力由剪力和船侧的静水压力引起,我们假设这些力是横向对称的)。下面叙述的基于所有这些力和力矩的全部计算,实际上是按所有的力是作用在节点上的节点力进行的。图5－40中的符号法则对于弯矩 M_Z 是反时针为正,因为 z 轴从纸面指向外。

在定义了上述各量之后,我们现在可着手证明,当纵向不对称的载荷作用在一个纵向对称的船体模块上时,总载荷矢量 $\boldsymbol{P}$ 可用下面两个载荷矢量代替。

(1) 一个对称的载荷矢量 $\boldsymbol{P}_s$。它由将模块前后两部分上的载荷加以平均而得出,即

$$\boldsymbol{P}_s = \frac{1}{2}[\boldsymbol{P}(x) + \boldsymbol{P}(-x)] \tag{5－17}$$

(2) 一个反对称的载荷矢量 $\boldsymbol{P}_a$。即原载荷 $\boldsymbol{P}$ 与 $\boldsymbol{P}_s$ 之差。因为 $\boldsymbol{P}_s$ 和 $\boldsymbol{P}_a$ 的组合或叠加与原来的载荷 $\boldsymbol{P}$ 等效,所以得到

$$\begin{aligned}\boldsymbol{P}_a &= \boldsymbol{P} - \boldsymbol{P}_s = \boldsymbol{P}(x) - \frac{1}{2}[\boldsymbol{P}(x) + \boldsymbol{P}(-x)] \\ &= \frac{1}{2}[\boldsymbol{P}(x) - \boldsymbol{P}(-x)]\end{aligned} \tag{5－18}$$

上式的第二行表明,$\boldsymbol{P}_a$ 恰好是反对称的。即若用 $-x$ 代替 x,上式右边的合成载荷具有相同的值,但符号相反。

上述 $\boldsymbol{P}_s$ 和 $\boldsymbol{P}_a$ 的定义适用于如分布载荷 $f(x)$ 或船体梁弯矩 $BM(x)$ 这些量,它们均为 x 的连续函数。特定的端部力 $F_{Y1,2}$ 和端部力矩 $M_{Z1,2}$ 需要专门的定义,因此定义完整的对称力集合如下

$$(F_{Ys})_{1,2} = \frac{1}{2}(F_{Y1} + F_{Y2}) \tag{5－19}$$

$$(M_{Zs})_1 = \frac{1}{2}(M_{Z1} - M_{Z2}) \tag{5－20}$$

$$(M_{Zs})_2 = -\frac{1}{2}(M_{Z1} - M_{Z2}) \tag{5-21}$$

$$f_s(x) = \frac{1}{2}[f(x) + f(-x)] \tag{5-22}$$

两个 M_{Zs} 值需要分开定义是因为将船梁弯矩 $BM(x)$ 在模块两端的值取平均值，而船梁弯矩 $BM(x)$ 与 M_Z 这样的力矩有着不同的符号规定，即中垂时船梁弯矩为正值，反时针转动时力矩为正值。对应于一个给定的弯矩的一组节点力将有相反的方向，这取决于它作用在参照舱壁上还是在对面舱壁上。

现在考虑的情况：结构为双重对称，而载荷 $\boldsymbol{P}$ 为横向对称。同纵向对称载荷矢量 $\boldsymbol{P}_s$ 一起考虑，我们得到双重对称性。因此，仅需要取船体模块的 1/4 作为计算模型。边界约束条件就是在图 5－38 中表明的对双重对称情况导出的那些条件。跨中平面上的约束 $U = 0$ 将提供该处的反力 F_X，而这些力的合成力矩就是反力矩，它将等于该点上的原来的弯矩 M_{Z0}；这种关系可作为求解后的平衡检验的一部分。因为载荷是对称的，在跨中平面上剪力为零，所以在这个边界上，不需要以任何节点力来表示剪力。但是，对称分布的载荷 $f_s(x)$ 在这个平面上将有一个值，由式(5－20)可见，这个值等于在该处的实际分布载荷值，即 $f_x(0) = f(0)$，这已在图 5－40 中阐明。因而，需要施加在跨中平面上仅有的节点力是相应于 $f(0)$ 的静力等效力。

现在转而讨论反对称载荷 $\boldsymbol{P}_a$。写出载荷矢量的各个部分的式表达式，以扩充前面所给出的定义

$$(F_{Ya})_1 = \frac{1}{2}(F_{Y1} - F_{Y2}) \tag{5-23}$$

$$(F_{Ya})_2 = -\frac{1}{2}(F_{Y1} - F_{Y2}) \tag{5-24}$$

$$(M_{Za})_{1,2} = \frac{1}{2}(M_{Z1} + M_{Z2}) \tag{5-25}$$

$$f_s(x) = \frac{1}{2}[f(x) - f(-x)] \tag{5-26}$$

因为 F_{Ya} 不是 x 的连续函数，不能应用式(5－18)，所以对于 $(F_{Ya})_2$ 要求用一个单独的表达式，以便得到所要求的反对称。同时，由前面的讨论可知，按照对于 M_Z 的符号规定，在式(5－25)中要采用正号。

由式(5－26)可见，在反对称载荷情况下，跨中横向平面上的分布载荷为零。同样，反对称变矩 $BM_a(x)$ 的一般表达式为

$$BM_a(x) = \frac{1}{2}[BM(x) - BM(-x)]$$

在 $x = 0$ 处，方括号中的两项是相同的，因而其总值为零。所以，在反对称载荷情况下，跨中平面上不存在船体梁弯矩，即不需要用任何节点力来表示这种载荷。另一方面，由于在结构的左

右两半中，全部竖向力都是相等而又相反的，跨中平面的剪力不等于零。可以证明，它的数值等于在该平面上的剪力的实际值 F_{Y0}，即与在原来的载荷 P 上的剪力值相同。

2. 结构和载荷均为横向对称

如同在 5.6.1 情况中一样，若结构不存在纵向对称性，则必须对全长的船体模块模型化。事实上，在现在这种情况下的结构模型化和边界约束正好与 5.6.1 相同，因为虽然 5.6.1 那种情况具有双重对称的载荷，但不能利用其纵向对称性。

5.6.3　无对称性的载荷

现在考虑最一般的情况，在这种情况下，载荷既不是纵向对称，也不是横向对称。横向不对称载荷可由货物放置不对称或不规则波浪而引起。但是，即使在各种最不利情况的组合下，除了非常规船型（例如大型起重船）以外，通常，载荷的不对称程序相对于载荷的量级来说是很小的。然而这种载荷不对称性的后果是引起一个扭矩，若船舶的扭转刚度较小（例如集装箱船），则必须研究船舶对于这类载荷的响应。顺便指出，若载荷为纵向对称，则可不产生扭矩。所以纵向对称而横向不对称的载荷情况是很少有实际意义的，而且无论如何，都可通过简单地略去纵向对称性而作为上面所讨论的情况的一个例子来处理。

5.7　边界条件处理

5.7.1　位移约束的基本形式

由于结构在构造上的要求，有些部件刚度很大，它就对其他部件构成刚性约束，使某些节点的位移受到限制；有些结构部件间的连接不是完全固接的，或节点位移不是相互独立的。如何处理这些约束就成为结构模型化的重要内容。

由于有限元位移法是以节点位移为未知数的，所以讨论的节点约束是对位移的限制。一般结构一个节点最多有六个自由度（薄壁梁除外），即三个线位移和三个角位移

$$\delta_l = [\, u_{xi}\ u_{yi}\ u_{zi}\ \theta_{xi}\ \theta_{yi}\ \theta_{zi} \,]^{\mathrm{T}}$$

下面我们分别讨论各种约束情况的处理方法。

(1) 刚性约束　不允许发生位移的约束，如固定铰支座的线位移为零；固定刚性支座的线位移和角位移为零等等。刚性约束在节点分析阶段以约束代码的形式给出。

应该指出，对于在平面内变形的结构，垂直该平面没有载荷作用，如图 5 - 41(a) ~ (d) 中 xoz 平面，称为零载荷平面，该面没有节点位移，所以在约束代码中作为刚性约束，填 1。又如，二维问题，节点只有位移自由度，没有转动，如图 5 - 41(e) 中 xoz 平面为零刚度平面，该平面内的所有自由度均应约束，填 1。

(2) 弹性约束　反力与位移成正比的约束称为弹性支座；反力矩与转角成正比的约束称

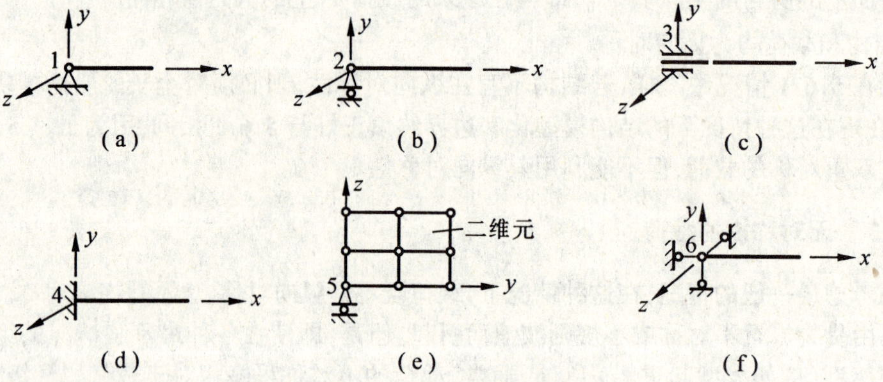

图 5－41　几种约束情况

为弹性固定端，如图 5－42 所示。这种约束用弹簧元来处理，需要定出弹簧元的方向和输入弹簧约束的刚度。弹簧元可与其他单元一样进行组集和求解。

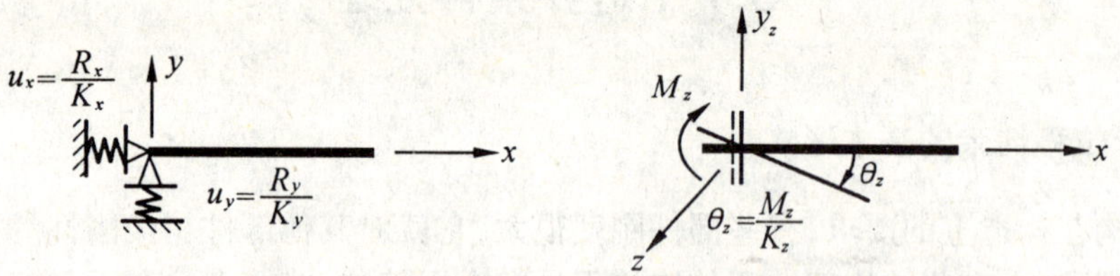

图 5－42　弹性约束

(3) 指定位移约束　　如果节点在某一方向的位移被给定，则可在该方向加一个刚度很大的弹簧元来处理。输入给定的位移值作为弹簧元的单元载荷。

(4) 斜约束　　约束方向与总体坐标轴的方向不一致，称为斜约束，如图 5－43 所示。可以应用弹簧元来处理，需要输入一个很大的刚度。实际上，只要刚度比其周围的单元对本节点贡献的刚度大几个数量级就能保证弹簧元方向的位移等于零了，同时这还可以避免总刚度方程发生病态。

5.7.2　三舱段模型的边界条件

以油船的三舱段结构模型为例，边界条件施加如下。

(1) 如果载荷左右对称，则中纵剖面内节点的横向位移为 0，绕中纵剖面内两个坐标轴的

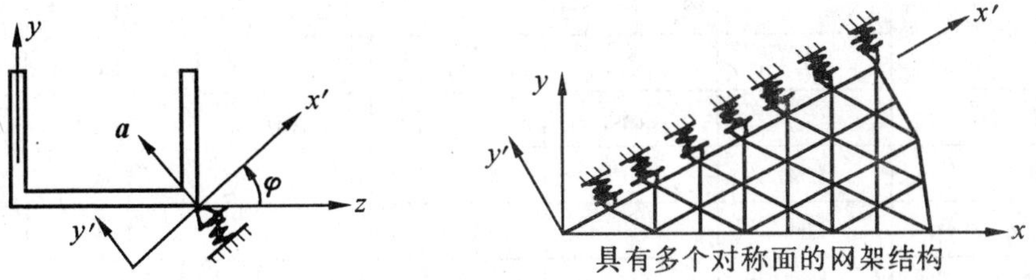

图 5 – 43　斜约束

角位移为0，即 $\delta_y = \theta_x = \theta_z = 0$。

(2) 如果载荷左右反对称，则中纵剖面内节点沿纵中剖面内两个坐标轴方向的线位移为 0，绕垂直于纵中剖面的坐标轴的角位移为 0，即 $\delta_x = \delta_z = \theta_y = 0$。

(3) 端面约束：一端独立点约束 $\delta_x, \delta_y, \delta_z, \theta_x, \theta_z$，另一端独立点约束 $\delta_y, \delta_z, \theta_x, \theta_z$，如表 5 – 10 所示。

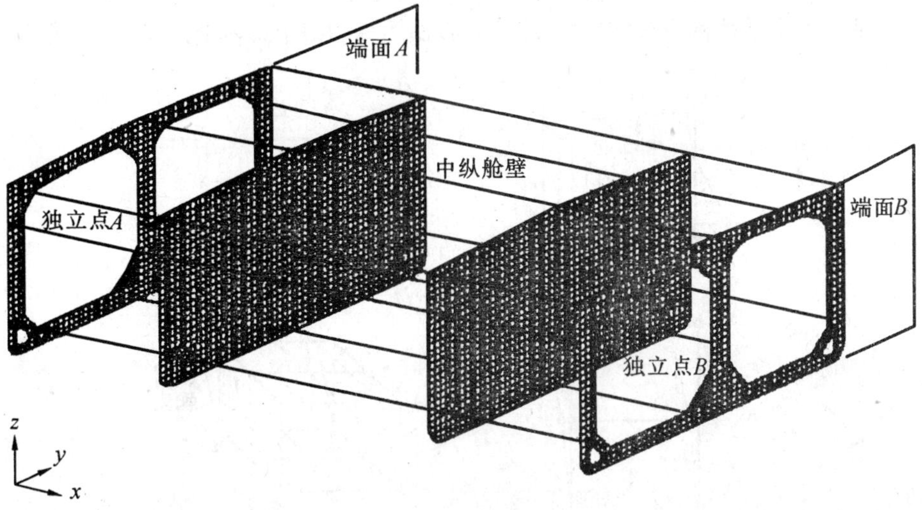

图 5 – 44　端面约束

表 5-10　边界条件施加表(载荷对称边界)

约　束	线　位　移			角　位　移		
	δ_x	δ_y	δ_z	θ_x	θ_y	θ_z
中纵舱壁	-	Cons.	-	Cons.	-	Cons.
端面 *A*	Link	-	Link	-	Link	Link
端面 *B*	Link	-	Link	-	Link	Link
独立点 *A*	Cons.	Cons.	Cons.	Cons.	BM	Cons.
独立点 *B*	-	Cons.	Cons.	Cons.	BM	Cons.

注:Cons.—— 表示对应的位移约束;Link—— 面内相关点位移与独立点连接;BM—— 端面所受的总体弯矩

5.7.3　有限元模型奇异性的处理

1. 总体奇异性

有限元法最终归结为求解联立方程组$[K]\{\delta\}=\{Q\}$,如果结构没有施加足够的约束而产生刚体位移,或结构呈现不安定性(机构),则总刚$[K]$成为奇异矩阵,平衡方程组呈不定解。这种由于整体模型造成的奇异性称为总体异性。图 5-45 所示结构由于总体奇异性都是不能计算的。

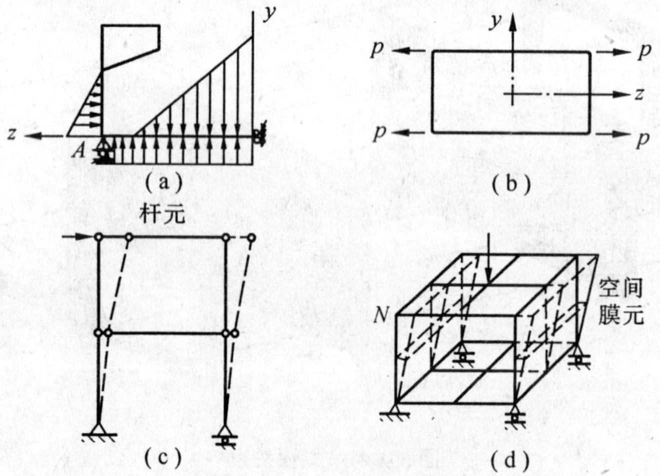

图 5-45　总体奇异结构

图 5-45(a) 肋骨框架的约束不足,可产生刚体转动。

图 5-45(b) 刚架虽然在外力作用下处于平衡状态,看起来好像无刚体位移,实际上因结构没有约束,总刚是奇异矩阵。

图 5 - 45(c) 结构为一机构，不能承受水平力作用。任何微小的水平力都将使结构失去原来的形状，此时节点位移与节点力不存在一一对应的关系，平衡方程呈不定解。

图 5 - 45(d) 是由空间膜元组成的箱型结构（节点联接如同球铰链）。即使结构没有任何水平力，但是由于数字计算中的舍入误差，会使例如 N 点的水平力分量不再精确为零，以致引起微小搅动，导致结构丧失安定性，使计算失败。

为消除刚体位移，应遵循下列原则。

(1) 使结构在静力上是平衡的：对于平面问题至少要有三个独立约束；对于空间问题至少有六个独立约束，以使结构不发生移动和转动。所加约束不应该影响结构变形状态。

(2) 对于静力平衡的自由体，所有支反力都应该为零，所以约束可加在任一点上。

(3) 对于具有对称性的结构，可利用对称性特点施加约束。

例如为限制图 5 - 45(a) 肋骨框架的刚体转动，可将节点 A 处的滚动支座改为不滚动支座。

例如对于图 5 - 45(b) 所示静力平衡刚架可利用对称性取 1/4 结构来计算（参见图 5 - 46）。

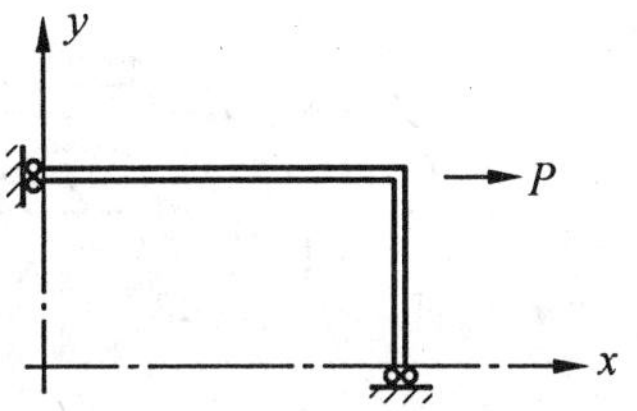

图 5 - 46　图 5 - 45(b) 的简化结构

例 11　船体是浮在水中的自由体，在总纵强度计算时，为限制其刚体移动和转动，通常在艉部舱壁处对称位置和艏部纵剖面的节点上施加共计六个独立约束，如图 5 - 47 所示。如果支撑加在船中两端其他位置也是可以的，两者仅差一个刚体位移，不影响应力状态。所加支座反力应该等于零。可用此条件校验载荷是否平衡。

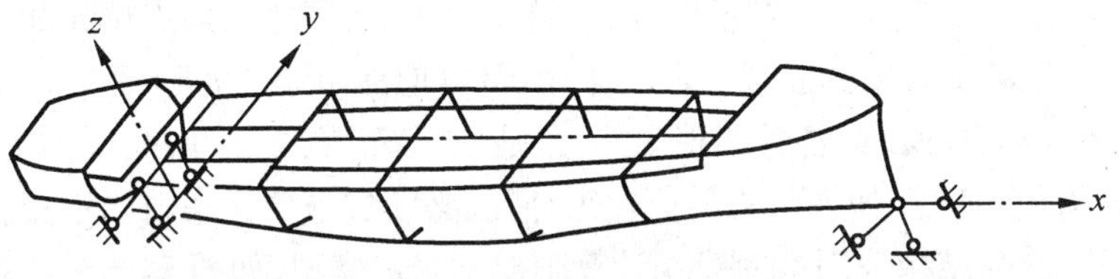

图 5 - 47　艏部和艉部施加约束的船体结构

消除结构不安定性可应用下述方法。

(1) 适当地增加对节点位移的约束或增加虚拟构件

在不影响结构变形状态的前提下增加对节点位移的约束或增加虚拟构件，如图 5 - 48 所示，可以防止箱型结构的不安定性。

应该指出，图 5 - 45(c) 所示结构，如果原设计采用铰接节点则属几何可动，是不能计算的，这种结构也是不合理的；如果是刚性节点，由于梁的很小，杆件主要承受拉压，模型化时作为杆元处理而造成几何不安定，则是模型化带来的问题。该结构应该按刚架而不能当作桁架来计算。

又如工字梁采用空间膜元计算时，翼板也会发生不安定，变形呈现图5－49(a)所示机构。可以采用加虚杆元或虚膜元的办法来处理，如图5－49(b)所示。虚构件的刚度要很小(比结构小3～4个数量级)，不要因为虚构件的加入使结构加强。实现的方法是令虚单元的弹性模量很小或截面很小或厚度很薄。

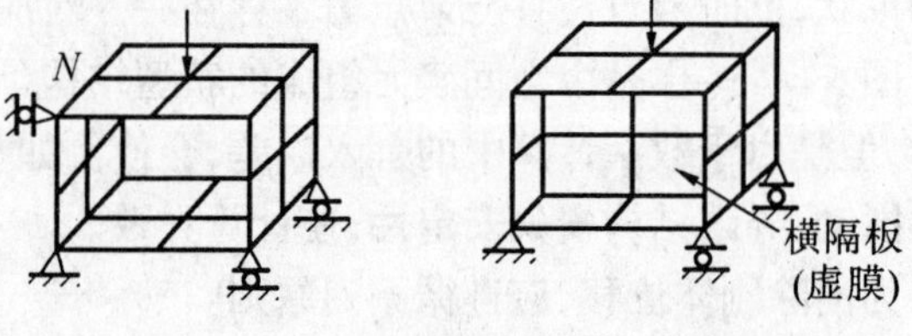

图5－48　增加位移约束和虚拟构件的箱型结构

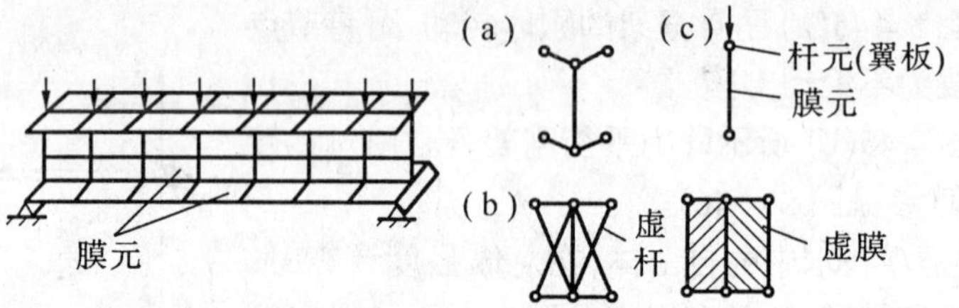

图5－49　工字梁

(2) 合理地选用单元

对于图5－49所示工字梁，如将上、下翼板用杆元代替，如图5－49(c)所示，不改变它的变形状态。这不但可以解决结构不安定性问题，而且简化了计算，比增加虚单元的方案为佳。

图5－50所示没有横隔壁的船体舱段若采用膜元(船体板)和杆元(骨架)计算则是一个不安定结构，如图5－50(a)所示。若骨架用梁元，则是一个安定结构，如图5－50(b)所示，因为梁端是刚接的，可以承受弯矩。如果将骨架简化为杆元，必须加虚单元来消除不安定性。

图5－51所示薄壳结构采用空间膜元计算则成不安定模型，如图5－51(a)所示，如用板壳元计算则为安定结构，如图5－51(b)所示。

2.局部奇异性

当数个单元的节点在同一平面内汇交时，该节点称为共面节点。如果围绕共面节点的单元在法向都没有刚度贡献时，将引起总刚奇异，虽然整体结构并无刚体位移，但方程组无法求解。这就是结构局部奇异性，此共面节点称为奇点。

例如图5－52中A节点，其法线方向与某一总体坐标轴方向相同，由于围绕A点的所有单元在这个方向都没有刚度，所以对应于该自由度的这一行总刚元素全为零，总刚变成奇异矩阵。又如图5－52中B节点，初看起来似乎围绕B点的单元在总体坐标方向有刚度，总刚中不会出现全部为零的行，但是B点在各坐标方向的刚度是B点面内刚度各按一定比例分配而得，

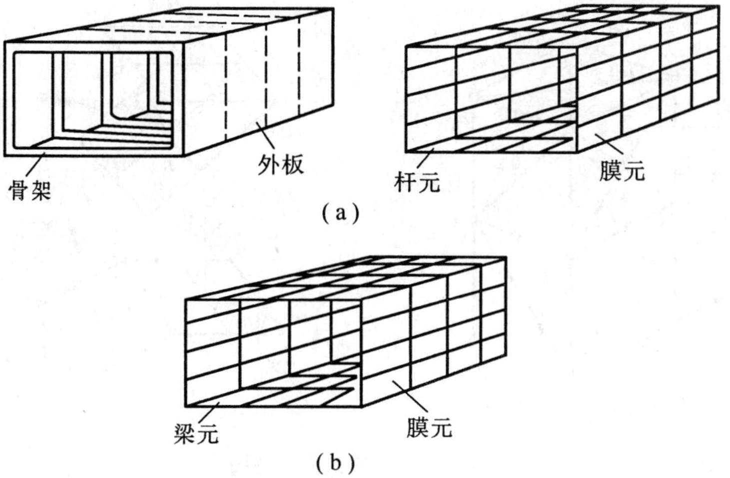

图 5-50　舱段结构

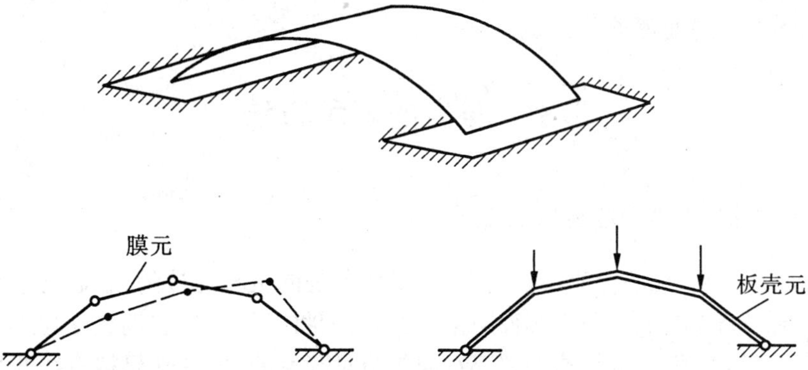

图 5-51　薄壳结构

因此总刚矩阵中出现二行元素线性相关，所以总刚仍是奇异的。这种相关在方程组求解中途出现零除数而造成计算中断，因此必须事先消除奇点才能求解。

消除局部奇异性的方法是给奇点增加一维刚度，例如对杆元或膜元的奇点，需增加一个拉压弹簧元，以贡献法向刚度；对于板壳元的奇点需加一个扭转弹簧元，以在第六自由度方向贡献刚度。由于弹簧元在法线方向作用，所以不会影响平面内位移和面内力的计算。弹簧元的刚度可以任意选取。应该指出，加弹簧元后在奇异方向的位移分量计算值不是实际数值，但对于面内力的计算是无关的，所以不妨碍应力分析结果，亦不影响其他位移的正确计算。

对于图 5-52 中 A 点的情形，奇异方向正好是总体坐标系的一个轴向，亦可更简单的用一

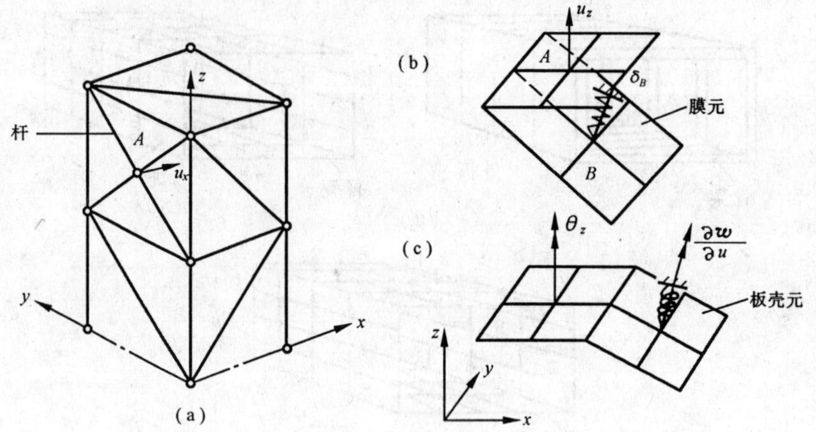

图 5 - 52　局部奇异结构

个刚性活动支座代替弹簧支座，这相当于在节点约束代码中约束这一方向的位移，所以不需要用户再进行消除奇点的处理了。

5.8　肘板的表示方法

5.8.1　用刚性长度表示接头的挠曲刚性

在前面已经注意到，在一个船体模块中，大多数梁是同板相连接的，它们的中和轴比较靠近板。因此，不论对结构的节点采用哪种网格，梁的长度将常常包括在端点处与之正交的相邻梁的腹板高度。就弯曲而言，可将这些端部看成是绝对刚性的，即端部保持直线并且作为一个刚体绕支点(即节点)转动。如果梁是比较细长的，致使刚性梁端相对于全长来说较短(譬如说小于 10%)，则可略附加刚性的影响，而将梁端同样看作梁的一部分。注意到这些端部区域应以不同的方式(或者作为梁的一部分，或者作为单独的刚性段)被包含在梁中，但因梁的支点位置不改变，所以梁的长度总是节点之间的全长。减去端部仅取剩余部分的长度作为梁长是不对的，这样做将使梁过于坚挺。

如果梁是短而高的，如油船中的横向框架中的梁，如图 5 - 53 所示。则刚性端部的影响变得更重要，并且必须考虑。考虑这种影响，并不要求增加任何自由度，而只需要增加少量计算。图5 - 54 表示一个典型的刚性长度的模型化。每根梁包括长度分别为 r_1 和 r_2 的两个刚性的端部段和一个普通的挠性的(即可弯曲的) 中间段。在目前这个应用中，刚性长度只出现在梁的腹板中，若接头上包含小的或中等尺长的肘板，则可沿着肘板长度方向将刚性长度延伸，以考虑肘板的存在。为了一般化，在这里用符号 r 表示刚性长度。

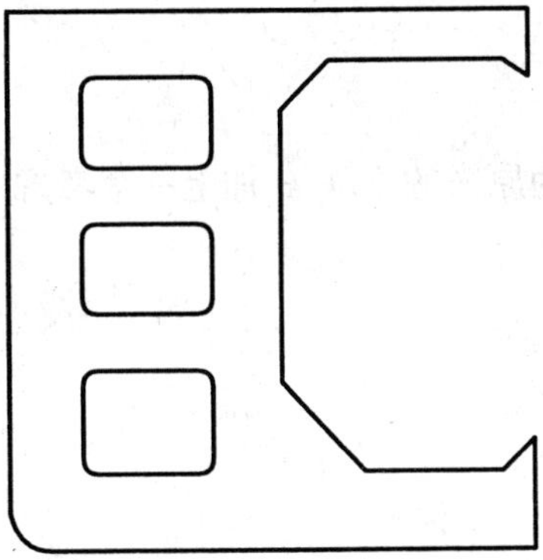

图 5 – 53　油船中的横向梁

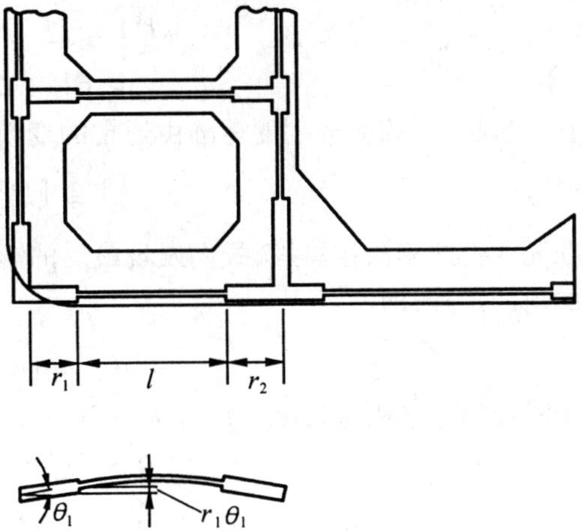

图 5 – 54　一个梁元中的两个刚性端

刚性长度的引入意味着除了外节点以外，还有两个内节点。为了对照，内节点的斜率和挠度均用附加记号"∨"来表示。由于端部完全保持直线，因而内节点处的挠度与外节点处的挠度和斜率之间存在一个统一的数学关系

$$\begin{aligned} \check{v}_1 &= v_1 + r_1\theta_1 \\ \check{v}_2 &= v_2 - r_2\theta_2 \end{aligned} \tag{5-27}$$

以矩阵来表示，从外节点的位移到内节点的位移的变换式为

$$\begin{bmatrix} \check{v}_1 \\ \check{\theta}_1 \\ \check{v}_2 \\ \check{\theta}_2 \end{bmatrix} = \begin{bmatrix} 1 & r_1 & 0 & 0 \\ 0 & 1 & 0 & 0 \\ 0 & 0 & 1 & -r_2 \\ 0 & 0 & 0 & 1 \end{bmatrix} \begin{bmatrix} v_1 \\ \theta_1 \\ v_2 \\ \theta_2 \end{bmatrix} \tag{5-28}$$

或

$$\{\check{\delta}\} = [T]\{\delta\}$$

因为内部位移完全可用外部位移来表示，梁的全部响应都可用外节点处的斜率和挠度值来表达，所以，不存在附加的自由度。内节点之间的梁元长度为 l，它由下式给出

$$l = L - r_1 - r_2 \tag{5-29}$$

单元刚度方程中只需以 l 代替 L，因为刚度矩阵对应于各个内节点，这里以 $\check{k}$ 表示这个刚度矩阵，则有

$$[\check{k}] = \frac{EI}{l^3}\begin{bmatrix} 12 & 6l & -12 & 6l \\ 6l & 4l^2 & -6l & 2l^2 \\ -12 & -6l & 12 & -6l \\ 6l & 2l^2 & -6l & 4l^2 \end{bmatrix} \tag{5-30}$$

在外坐标中,相应的刚度矩阵由通常的变换法则得出

$$[k] = [T]^{\mathrm{T}}[\check{k}][T]$$

在完成上述乘法运算后,我们发现最后的矩阵可表示为原来的矩阵 $\check{k}$ 加上一个考虑刚性长度的附加矩阵,即

$$[k] = [\check{k}] + [k_r] \tag{5-31}$$

而这个附加的考虑刚性长度的矩阵为

$$[k_r] = \frac{12EI}{l^3}\begin{bmatrix} 0 & & & \\ r_1 & r_1(l+r_1) & & \text{对称} \\ 0 & -r_1 & 0 & \\ r_2 & \rho l & -r_2 & r_2(l+r_2) \end{bmatrix} \tag{5-32}$$

式中

$$\rho = \frac{r_1 r_2}{l} + \frac{r_1 + r_2}{2}$$

为了普遍的使用,要求用结构坐标来表示这个矩阵。设梁元具有一个任意的方向角 α,为了进行变换,可先将式(5-32)扩展成一个 6×6 矩阵(使其第一行、第四行和第一列、第四列的各项为零),然后应用一般变换公式 $[k] = [T]^{\mathrm{T}}[\check{k}][T]$,式中的 $[T]$ 为坐标转换矩阵。于是得

$$[K_r] = \frac{12EI}{l^3}\begin{bmatrix} 0 & & & & & \\ 0 & 0 & & & \text{对称} & \\ -\mu r_1 & \lambda r_1 & r_1(l+r_1) & & & \\ 0 & 0 & \mu r_1 & 0 & & \\ 0 & 0 & -\lambda r_1 & 0 & 0 & \\ -\mu r_2 & \lambda r_2 & \rho l & \mu r_2 & -\lambda r_2 & r_2(l+r_2) \end{bmatrix} \tag{5-33}$$

在建立并解出结构平衡方程组以及将结构节点位移 Δ 变换成单元节点位移 $[\check{\delta}]$ 之后,通过式(5-28)得出内节点位移 $[\check{\delta}]$,将其代入单元内力计算公式,并以 l 代替 L,最后即得到梁的挠性段的弯矩。

5.8.2 在小肘板情况下刚性长度的推广

在一个框架结构中,肘板可起到一种非常重要的作用。可以说,它的作用要比它的尺寸所能说明的作用重要得多。采用肘板的原因如下。

(1) 肘板可给梁端提供更大的横剖面面积和惯性矩，因而使梁端剖面上的横向剪应力和弯曲正应力降低。肘板还可作为角撑板起作用，以缓和局部的应力集中。

(2) 肘板提高了梁端的固定程度，从而也提高了框架的刚性，也可降低跨中弯矩。

(3) 由于装设了肘板，在连接的构件定位时允许更大的间隙，因而使结构容易建造。

以上原因中，原因(1)—— 减小应力，常常是最重要的。因为在一个承受分布载荷的刚架中，正好在每根梁的两端处弯矩和剪力最大。应该注意，设置肘板并不能降低端弯矩，事实上，由于提高了梁端的刚性，常使梁端弯矩增大，可是端部弯曲应力反而被降低了。这是因为梁端的局部惯性矩和局部剖面模数增大了。对于一种简单的平板型肘板，其剖面模数与肘板高度的平方成正比。图 5 – 55(a) 通过对一根受均布载荷的梁同时做出其弯矩曲线(已乘上一个因子 γ 并取绝对值) 和局部剖面模数曲线来说明设置肘板的好处。为简单起见，梁的两端取为刚性固定，剖面模数曲线被乘以屈服应力，将其转换成一个极限值，即引起屈服的弯矩 M_Y。图 5 – 55(b) 是放大载荷比 $\gamma|M(x)|/M_Y(x)$，它表明一个适当尺寸的肘板在端部可提供足够的剖面模数，以使该处的应力保持在一个可接受的水平。这样，就可根据抵抗梁中点的较小弯矩这个条件来决定梁本身的尺寸。图 5 – 56 表明类似的关于减小剪应力的好处。弯曲应力或剪应力都可能是选择肘板尺寸的决定因素，这取决于载荷的类型和梁端固定情况的类型。

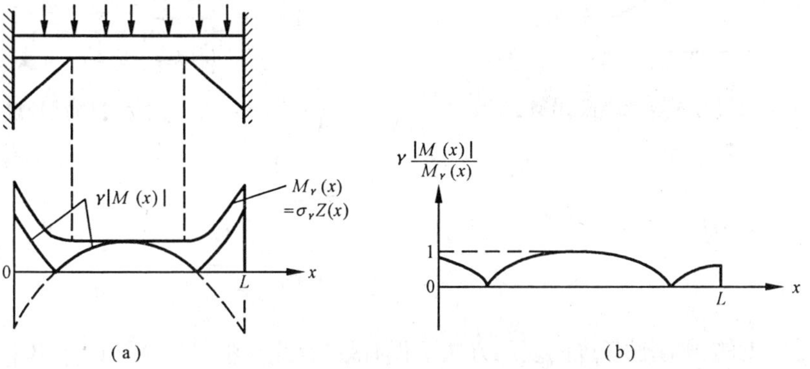

图 5 – 55　使用肘板以减小梁端弯曲应力

(a) 弯矩的放大值和极限值；(b) 放大载荷比

因为肘板提高了梁的局部惯性矩，也提高了梁的局部弯曲刚度 EI。由于 $M = EI\phi$，涉及曲率 ϕ 和弯矩 M。因而，若对于一个不变的弯矩，局部 I 值的增大将导致局部曲率 ϕ 相应地减小。换句话说，由于装设了肘板，梁在挠曲方面的刚性更大了。通常的等剖面梁元，由于它具有均匀的弯曲刚性，因而不能考虑这种影响。对每条梁采用三个梁元，即两个端部取更高的梁元，以便表示梁加肘板的部分，这样便可考虑上述影响。但是很少用这个方法，因为将有三倍的单元数目，此外总计算量的增加倍数还要大。现在广泛采用一种包含较少的附加计算量的更简单的方法。这种方法是将肘板理想化为短的刚性端部，或者若已采用刚性端部，则简单地沿着肘板长度将这些部分延伸。附加的长度应不是肘板的全长。因为肘板具有某种弯曲的柔性。事实上，肘板的挠曲程度可能是相当大。但是普通梁元能表示的只是弯矩的线性变化，而承受分布载荷的框架结构中的梁具有二次变化的弯矩，弯矩的峰值在两端，肘板也恰好设在那里。因而，虽在肘板范围内，梁有较大的局部惯性矩值，但它还是会在这个范围内承受到显著的弯曲。这可用下述方法来考虑。即只把肘板长度的一部分 d_r 看做刚性长度，而另一部分 d_f 作为均匀梁的一部分，如图 5－56 所示。有几个估算 d_r 的近似公式。这个参数同肘板的形状有关。对于简单的三角形肘板，最常用的公式为(图 5－57)

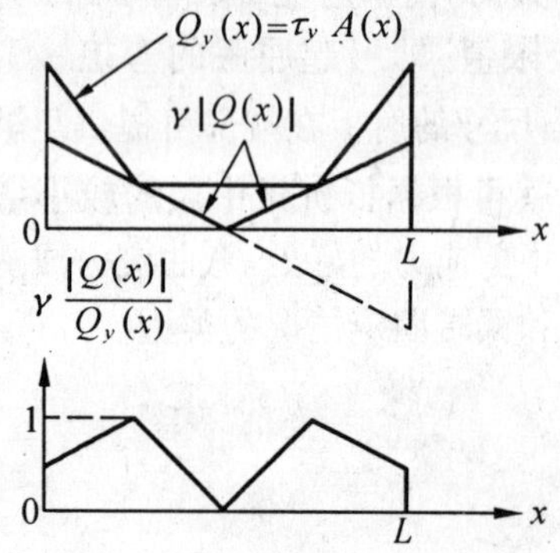

图 5－56　使用肘板以减小梁端剪应力

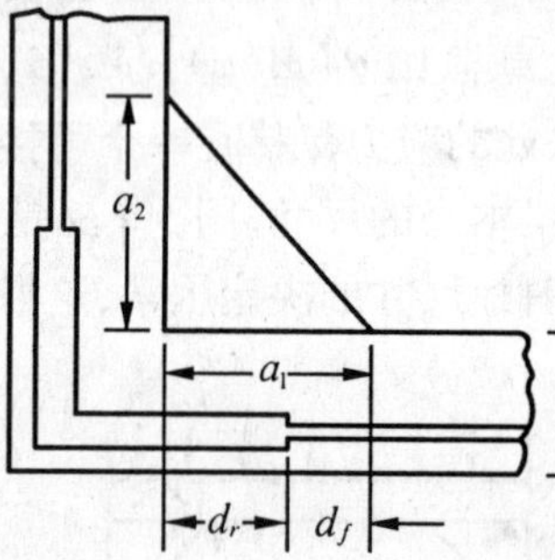

图 5－57　肘板的刚性长度表示

$$d_r = a_1\left(1 - \frac{h_1}{h_1 + a_2}\right) \tag{5－34}$$

而挠性部分的长度为

$$d_f = a_1 - d_r = \frac{h_1 a_1}{h_1 + a_1} \tag{5－35}$$

若肘板是大型的，则刚性长度的表示方法不再有效。因此它将梁的全部挠性集中于中间部分，而若这部分较短，则梁的挠性就被严重地夸大了。另外，刚性长度的表示方法不提供任何关于梁在加肘板这一部分或肘板本身的应力的信息。为了解决大肘板的分析问题和肘板中的应力计算问题，都必须采用如杆元、三角形膜元和四边形膜元等几种合适的小有限元明确地将肘板模型化。

5.9　计算实例

对船体进行有限元分析，必须先建立有限元模型。它是由技术人员根据船舶的结构形式、受力情况、精度要求和计算的最终目的，运用结构力学和有限元知识，对实际结构进行简化，选用适当类型的单元加以模拟而得出的模型。

船体结构是非常复杂的，这就决定了其三维有限元模型的建立是一项非常繁重而艰巨的工作，因此充分地利用有限元分析软件的建模工具是十分必要的。其中特别值得一提的是在超大型结构的建模工程中的子结构技术的运用，即将船体划分成若干个子结构来处理，通常按照船舶结构的自然分段来划分子结构，然后再通过平移、镜射等手段将其组装起来。这样可以将各个子结构的建模工作交给不同的人同时来处理，可以有效地、充分地利用计算机资源，从而大大地加快工作进度。

一般而言，根据要求的不同，船体结构的有限元分析可分为以下三个不同层次。

(1) 整船分析。目的是为了获得船体应力和变形的整体情况，主要是对大开口型船舶(如集装箱船)等特殊船型进行强度分析时采用；另一目的是为舱口角隅等需要细化的局部结构分析提供边界条件。

(2) 舱段分析。它不仅能用于分析甲板、舷侧、船底和舱壁等结构在局部载荷作用下的强度，而且在得到的结构局部应力和变形上再叠加船体梁载荷的响应后，同样能够进行船体总强度的评估。

(3) 局部有限元分析。通常在对船体进行整体分析的基础上，为了更精确地获知主要结构件或关键部位的应力水平和应力分布时采用。可用于计算局部应力以确定应力集中系数。

全船的有限元模型化必须建立在对船体结构的承载模式、载荷传递和相应的变形特征正确分析的基础上，合理地布置单元网格线和简化纵骨等小构件，运用杆元、梁元、膜元和板壳元等结构单元的恰当组合，做到即保证了计算结构的真实、有效、可信，又控制了模型的规模。在模型化过程中，主要遵循以下原则。

(1) 若采用舱段分析，即仅对船体的某些舱段建立有限元模型。各个船级社技术小组基于各自的考虑，模型范围并不完全相同，主要包括两种：一种是中间舱各向前后延伸一个舱共三个舱，即三舱段模型(以下简称大模型)，ABS采用的就是大模型；另一种则是船中的一个舱各向前后延伸半个舱，即二舱段模型(以下简称小模型)，DNV，LR，GL及CCS采用的是小模型。无论是大模型还是小模型，模型的垂向范围都为船体型深。

(2) 两道纵舱壁和无纵舱壁的油船，当主要构件和载荷对称于纵中剖面时，则可以仅模型化船体结构的右舷(或左舷)；而一般情况下非对称载荷可以分解为相对于纵中剖面对称的和反对称的载荷来处理，否则用全宽模型。对一道纵舱壁的油船用全宽模型。

(3) 主要的结构构件，如肋板、舷侧肋骨、甲板横梁、纵骨、纵桁、底部纵桁及其他相当构件等要合理地模型化。

(4) 有限元网格的划分应根据计算目标和精度的要求，过细会给建模和计算工作带来困难；过粗又会使计算结构不能表达细部的变形和应力。主要有两种做法：一种是粗网格(如ABS)，即根据主要结构件来布置单元格子线；另一种是细网格，即根据骨材的间距来划分单元，目前DNV，LR，BV和CCS等采用细网格模型。

(5) 粗网格的有限元模型在表达船体结构的总纵弯曲和局部板架弯曲时是恰当的，但是它关于加强筋和板格的弯曲的描述却是不完备的。有鉴于此，粗网格模型通常采用膜单元和杆单元来模拟船体结构。由于梁单元与膜单元的贴和连接存在单元间变形的不相容，所以一般不采用梁单元。但在有些情况下，为了使结构具有面外刚度，梁单元被用来支撑膜单元，以便承受横向载荷。如双层底上的纵骨通常采用杆单元，但在横舱壁的支凳附近则处理为梁单元。

(6) 细模型的板构件(主要结构构件)选用板壳单元，加强筋选用梁单元，后者是必须的。在主要构件之间布置这种单元，以承受压力载荷并把它们传递给主要构件。对于仅在板的一侧布置的加强筋应采用偏心梁元。否则梁的弯曲刚度应该计入有效带板的影响。另外对于较薄的板构件，考虑到它的承载能力，可以用平面应力元来代替板壳元。

(7) 单元主要采用四种类型：杆单元、梁单元、膜元及板壳元。并且通常只采用简单单元，即仅在角点处布置节点，采用高阶单元被认为是不必要的。

(8) 一般来讲，船体的外板结构，强框架、纵桁、平面舱壁的桁材、肋骨等的高腹板，以及槽型舱壁和壁凳采用四节点板壳单元模拟，在高应力区和高应力变化区尽可能避免使用三角形单元，如减轻孔、人孔，舱壁与凳连接处，邻近肘板或结构不连续处，尽量少用三角形单元。

(9) 对于承受水压力和货物压力的各类板上的扶强材用梁单元模拟，并考虑偏心的影响。纵桁、肋板上加强筋、肋骨和肘板等主要构件的面板和加强筋可用杆单元模拟。若考虑到网格的布置和大小划分的困难，部分区域一个线单元可以用来模拟一根或多根梁/杆单元。船底纵桁和肋板在垂直方向布置应不少于三个板单元。舱壁最底部的单元一般情况下应尽量划分为正方形单元。

(10) 槽型舱壁和壁凳：每一个翼板和腹板至少应划分为一个板元；在槽型舱壁下端接近底凳处的板单元和凳板的邻近单元，其长宽比系数接近1。主要构件的减轻孔、人孔，特别是双层底邻近舱壁处桁材和邻近底凳肘板肋板的开孔，可以采用等效板厚的板元来替代这些开孔的影响。

(11) 在板厚有突变的地方应作为单元的边界。如果单元跨越板厚突变，则应相应地调整单元数据以得到等效刚度。板单元应位于相应板构件的中面上，但对于在整体强度分析中，板单元可以近似置于外部轮廓的平面内。

(12) 由于船体结构的复杂性，在模型化时要做必要的简化，只要这样做对结构的不利影响可以忽略。在整体分析时，最通常的简化是将几个次要构件合并(如加强筋等)，合并的构件应位于相关构件的几何中心，还要具有相同的刚度。甚至一些贡献较小的次要构件可以不计入模型，例如短的防止屈曲的加强筋和小的开孔。至于大的开孔，则必须计入模型。

(13) 在前后端面中和轴与中纵剖面相交处各建一个独立点，端面各纵向构件节点自由度 $\delta_x, \delta_z, \theta_y, \theta_z$ 与独立点相关。

(14) 结构尺寸采用船舶建造厚度。板单元许用应力标准采用的是膜应力，即弯曲板单元的中面应力。梁单元采用的是轴向应力。

本节中将给出一些船舶结构全船，舱段或局部结构有限元分析的实例。

5.9.1 实例1

一艘800位客船，长189.7 m，宽29.2 m，型吃水7 m，航速20节，排水量3 900 t。其全船有限元模型见图5-58(a)；图5-58(b)为一半结构的模型，图5-58(c)为171号肋位到195号肋

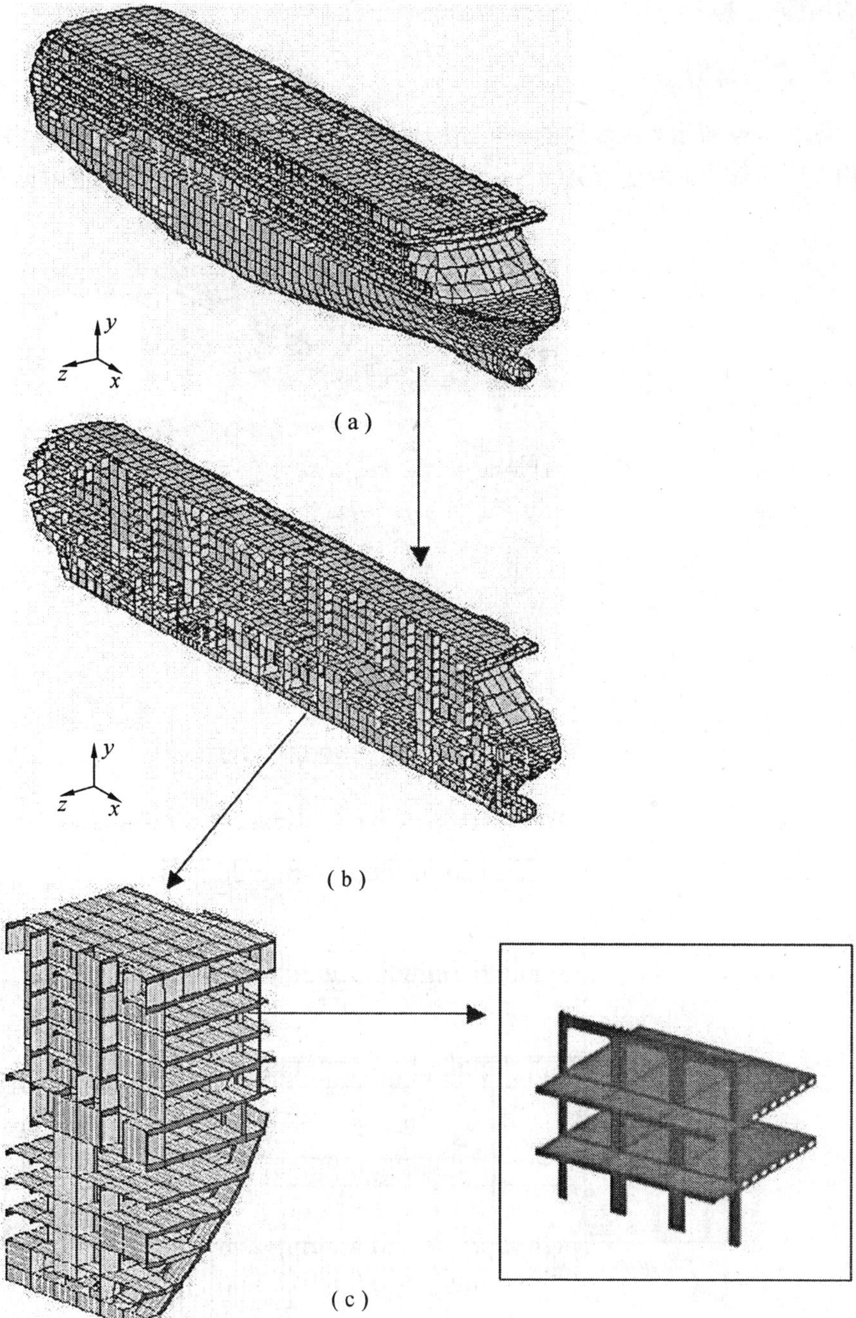

图 5－58　实例 1 结构模型

位的局部结构。

5.9.2 实例 2

图 5 - 59 所示为一舱段的一半结构模型，结构所受甲板载荷及外部压力载荷见图 5 - 60，结构在甲板载荷下的变形见图 5 - 61，在载荷工况 6(表 5 - 11) 下的应力见图 5 - 62。

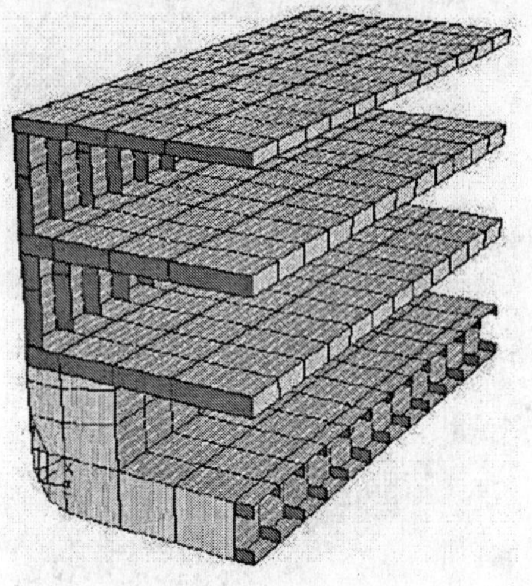

图 5 - 59 半舱结构模型

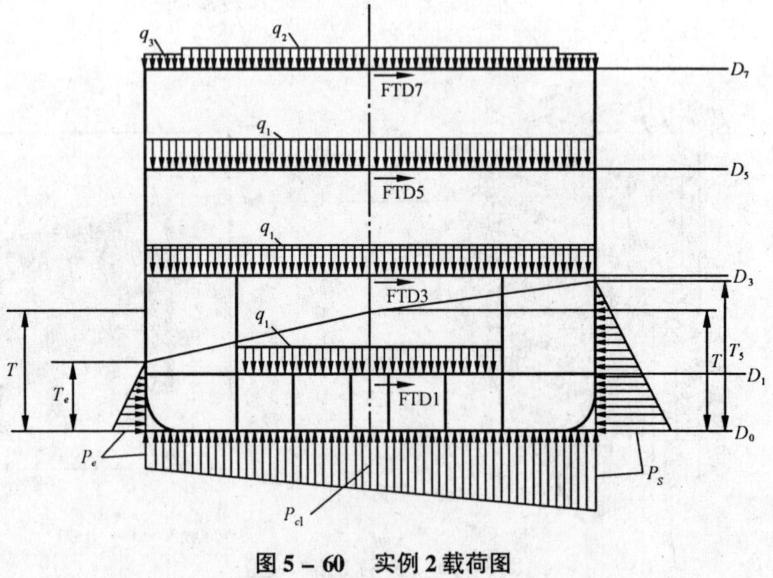

图 5 - 60 实例 2 载荷图

表 5 - 11　图 5 - 60 的载荷值

Rcf.	Valuc	Rcf.	Valuc	Rcf.	Valuc
T_e	4.38 m	$q1$	21.57 kN/m^2	FTD1	155.82 kN/section
T_5	9.42 m	$q2$	34.32 kN/m^2	FTD3	256.97 kN/section
P_e	43.84 kN/m^2	$q3$	5.00 kN/m^2	FTD5	280.25 kN/section
P_{c1}	74.00 kN/m^2	a_v	12.42 m/s^2	FTD7	44.51 kN/section
P_s	94.21 kN/m^2	a_h	3.14 m/s^2	MTOTS	1.485 × 106 kNm
				Type	SAGGING

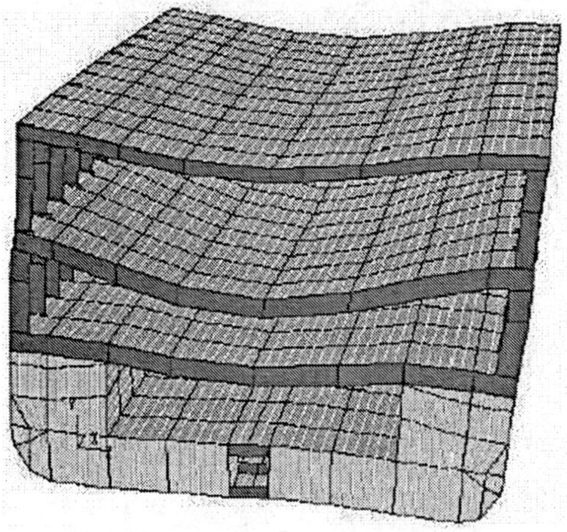

图 5 - 61　变形图

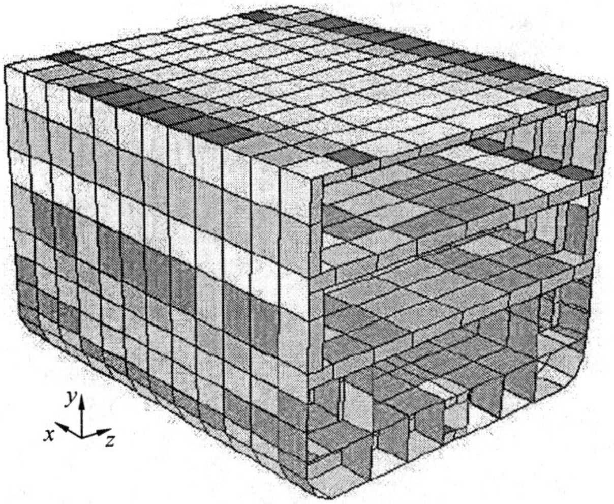

图 5 - 62　应力图

5.9.3 实例 3

一散货船的三舱段模型如图 5 – 63 所示,其 x 方向的应力分布如图 5 – 64 所示。

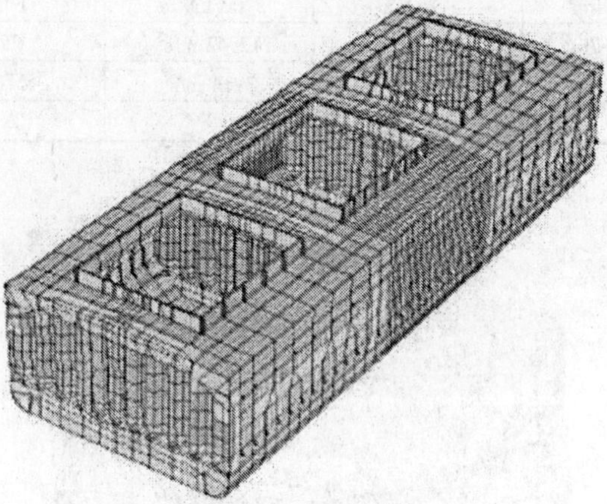

图 5 – 63 散货船三舱段模型

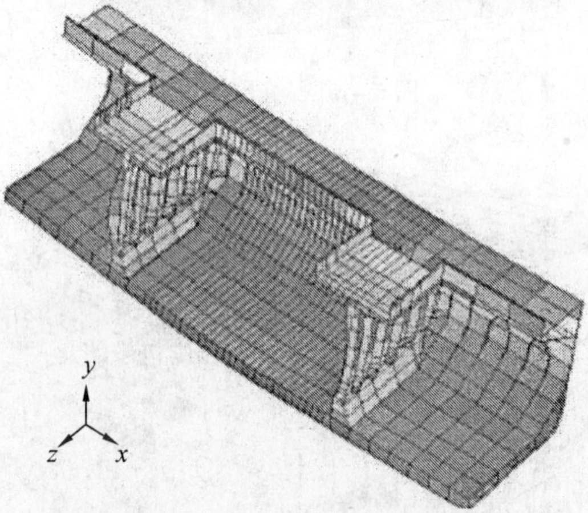

图 5 – 64 x 方向应力分布

5.9.4 实例 4

一汽车轮渡有 11 层甲板,能载车 4 300 辆,按 DnV 规范其在载荷工况下的有限元模型变形图如图 5 – 65 所示，在此载荷工况下，51 号和 147 号肋位处的冯米塞斯等效应力分别见图 5 – 66 和图 5 – 67。图 5 – 68 ~ 图 5 – 70 分别给出了 51 号、99 号和 147 号肋位横舱壁的剪应力图及其局部细化模型的等效应力图。

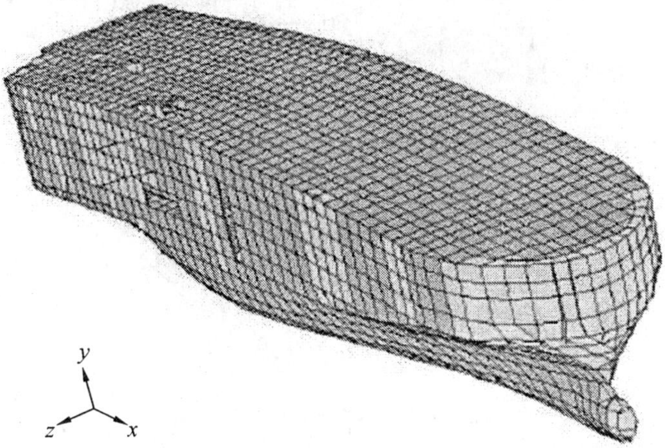

图 5 – 65　实例 4 的变形图

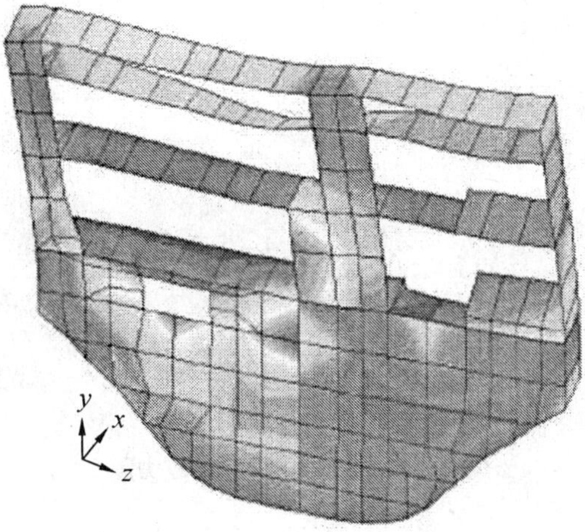

图 5 – 66　51 号肋位的等效应力图

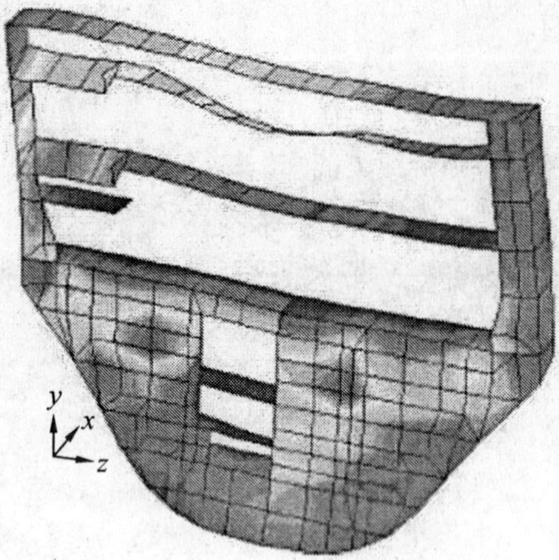

图 5－67　147 号肋位的应力图

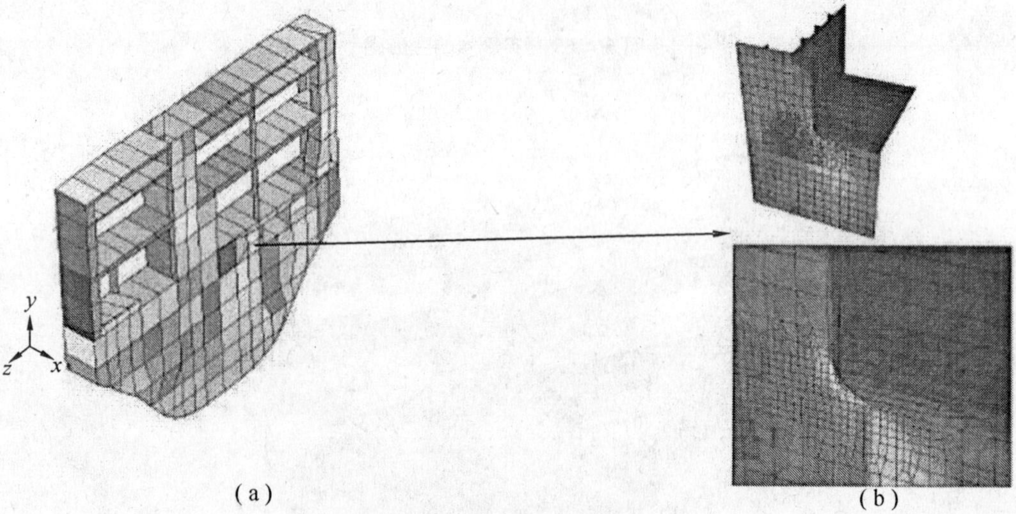

图 5－68　51 号肋位的剪应力图

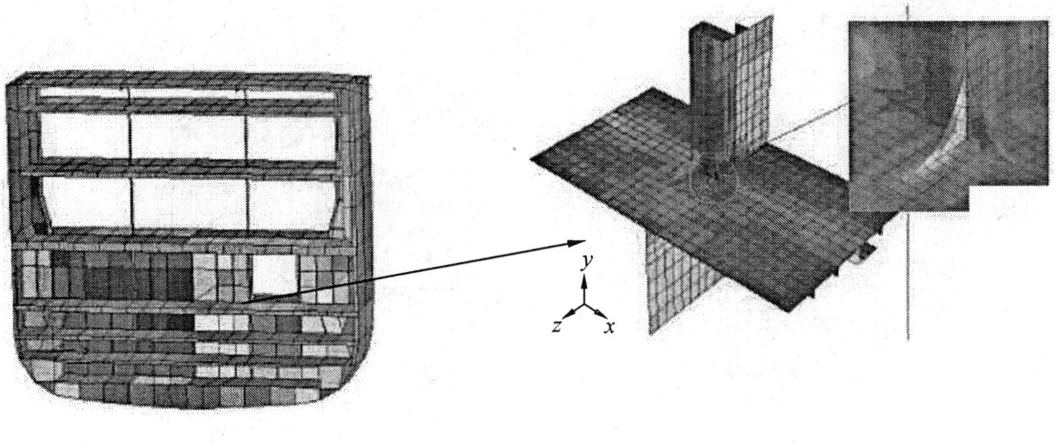

(a)　　　　　　　　　　　　　(b)

图 5－69　99 号肋位的剪应力图

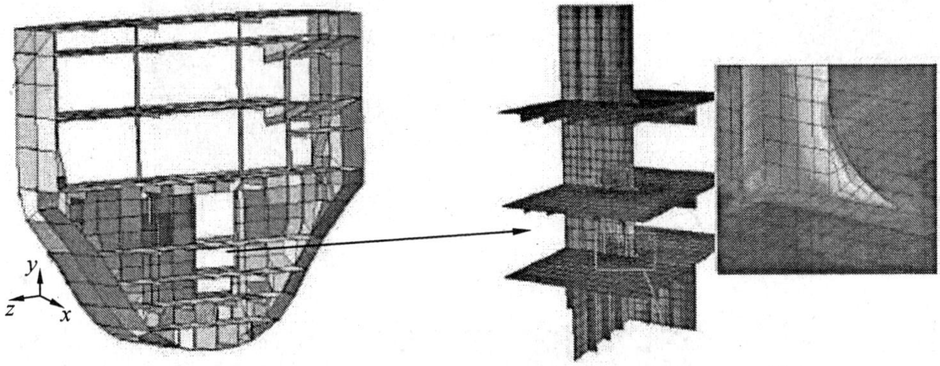

(a)　　　　　　　　　　　　　(b)

图 5－70　147 号肋位的剪应力图

5.9.5　实例 5

一渡轮 99 号肋位至 144 号肋位结构有限元模型如图 5－71(a) 所示;图 5－71(b) 是其局部高应力区,其局部细化模型及应力云图分别见图 5－71(c) 和图 5－71(d)。

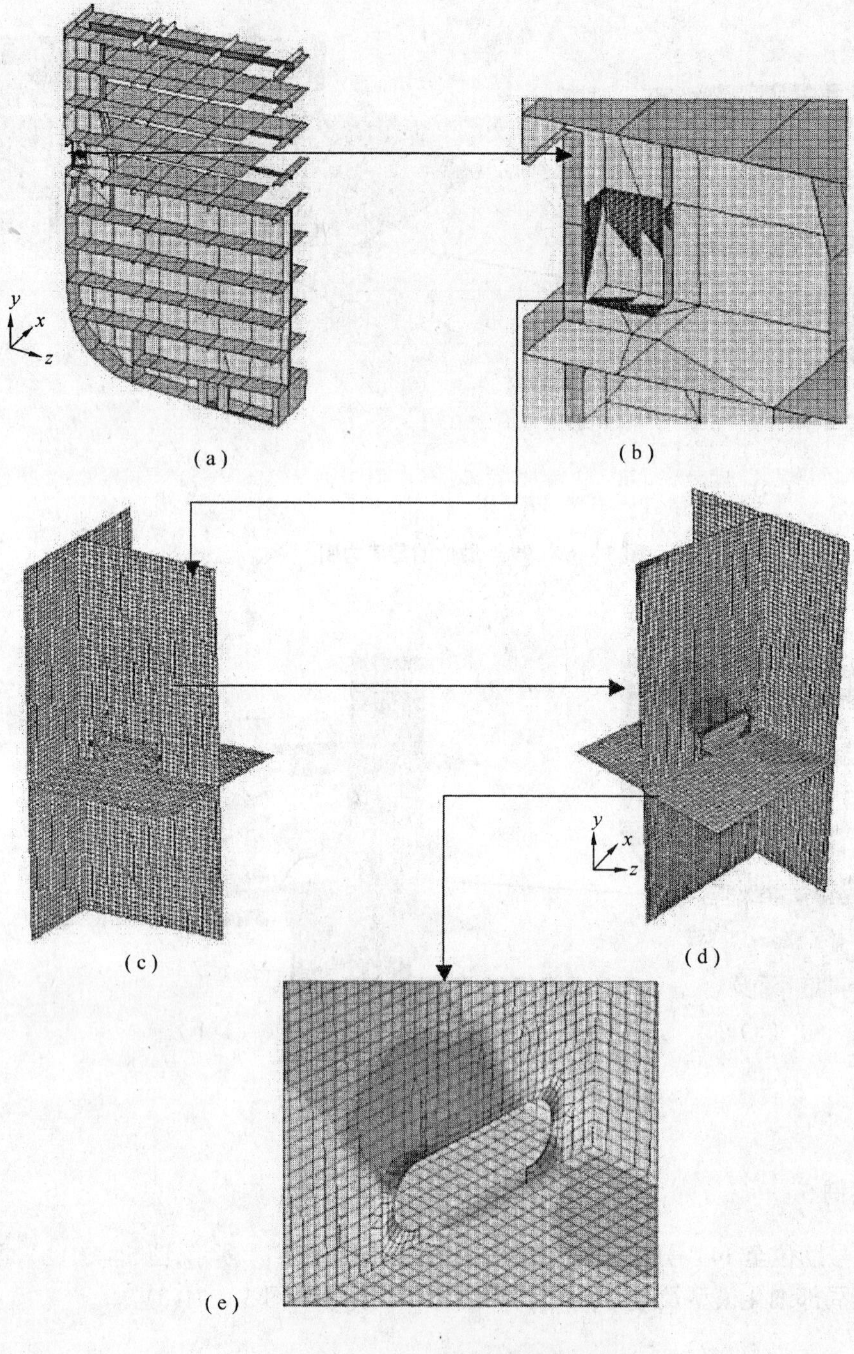

图 5－71　实例 15 的结构及应力

5.9.6　实例 6

按 DnV 规范图 5－72 为一油轮三舱段结构在载荷工况 3 下的变形图，图 5－73 是在载荷工况 5 下的变形图，水密舱壁处的等效应力如图 5－74 所示。

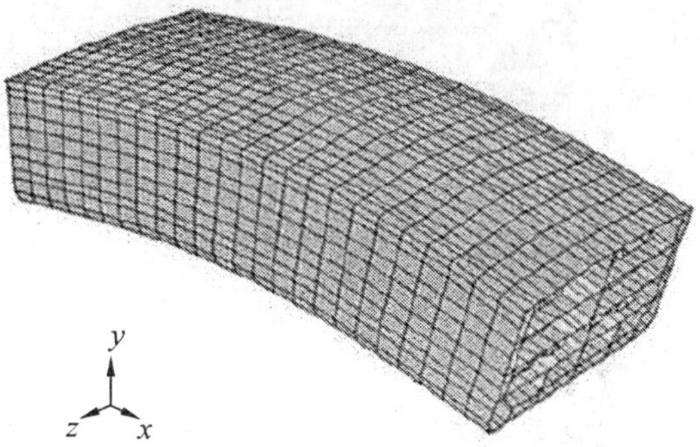

图 5－72　油轮结构变形图

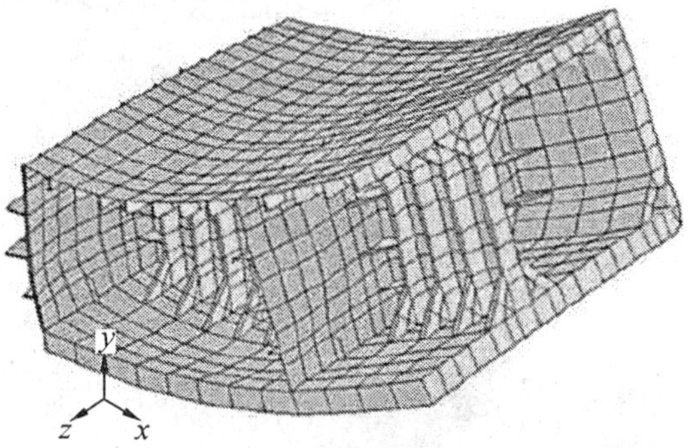

图 5－73　载荷工况 5 下的变形图

5.9.7　实例 7

图 5－75 为 3800TEU 集装箱船在满载工况下 60° 浪向时船体弯扭变形图。可以看到船体在中垂、水平弯曲和总体扭转联合变形下的模拟状态。

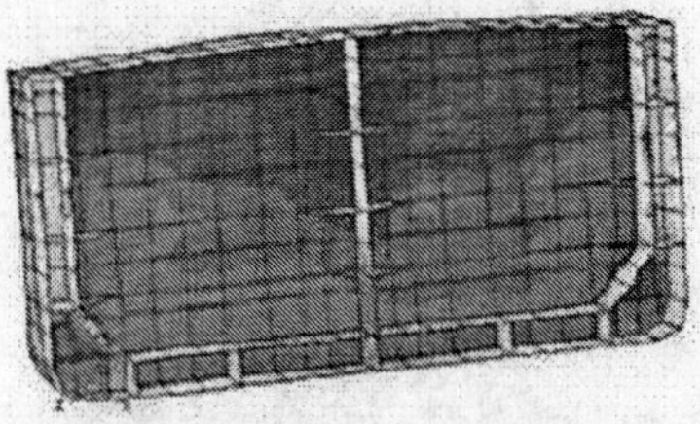

图 5 – 74　舱壁处的应力云图

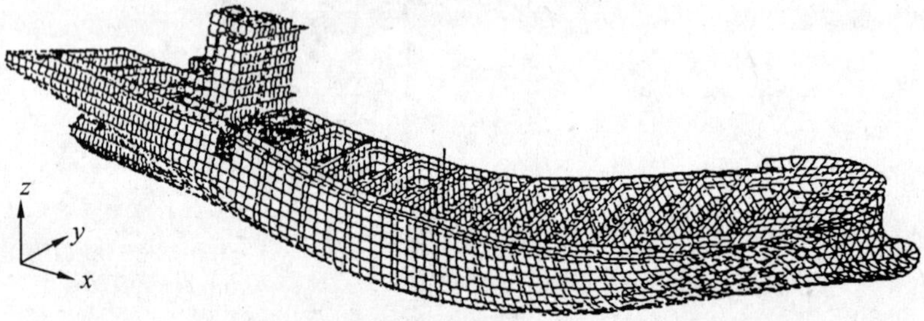

图 5 – 75　集装箱船变形图

5.9.8　实例 8

港口浮式码头承载力为 750 t,有限元模型及其变形图如图 5 – 76 所示。

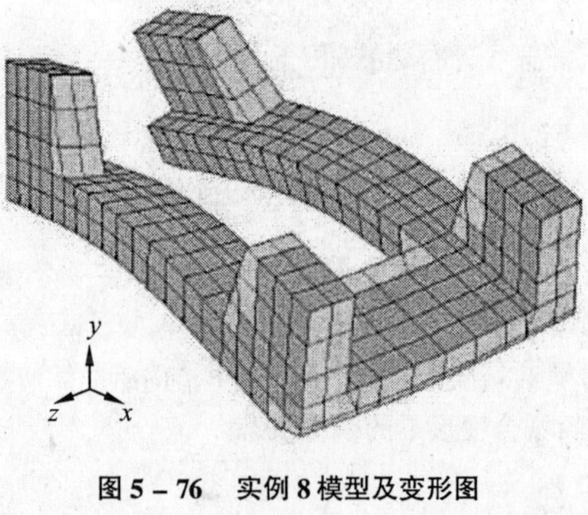

图 5 – 76　实例 8 模型及变形图

第6章　通用有限元分析软件

6.1　概　述

有限元软件是与有限元方法同时诞生的，并且随着有限元方法和计算机技术的发展而迅速发展。有限元方法是与工程应用密切结合，直接为工程设计服务的，因此各种有限元结构分析程序，即有限元软件使有限元方法，转化为直接推动社会发展和科技进步的生产力，产生了巨大的社会和经济效益。有限元软件本身已经成为CAD/CAM不可分割的一部分。同时，以有限元软件为依托的力学学科——计算力学，异军突起，将力学理论应用于工程实践，使古老的力学科学在20世纪末仍然闪耀着强大的生命之光。有限元软件的应用极大地提高了力学学科解决自然科学和工程中的力学问题的能力，成为力学工作者通向工程实践以及邻近科学领域的桥梁。它的一个重要特点是与工程应用直接联系，解决了许多用传统的理论和方法无法解决的工程问题。促进了力学学科的发展以及力学为工程服务能力的提高。

有限元软件就是有限元方法的计算机程序或程序系统，有通用和专用两种。前者通常是商业软件，优点是通用型强，格式规范，输入方法简单，用户无需特殊记忆也不需要太多专业知识和计算机技能，解决问题领域宽，因而流行范围广，缺点是程序通常很大，因而开发成本高。专用程序的优点是程序相对短，开发价格低，版本升级相对容易，解决专门问题更有效。

自20世纪70年代后期，引入我国的各种大、中型专用和通用有限元著名软件有数十种，下面介绍几个国际上比较常用的软件。

6.1.1　ABAQUS(General-Purpose Finite-element System 通用有限元系统)

该软件是1978年作为一种具有最大通用性的生产工具而设计的。

它的主要能力集中在实际应用的可靠性上。由于此程序的大部分应用集中在非线性领域，因而它具有广泛的非线性特征库。只需要很少的来自用户的指导信息，便可求解多种不同参数的问题，例如对静力情形(包括不稳定后屈曲响应)、动力问题(包括冲击问题)、完全耦合应力问题、空隙流体流动和多空介质变形问题等，重点都放在自动增量方案上。程序能模拟近海结构，包括波浪载荷，模拟高弹性体，模拟混凝土结构，其中包括一般钢筋条的确定，单独模拟混凝土材料和钢筋材料和混凝土的开裂及压碎等。本程序处于积极的、不断的开发当中，每12至18个月推出一个重要的新版本。

形成ABAQUS用户接口的主要思想有四个：简单输入、细致的文件编制、广泛的画图功能和自动时间剖分。输入是通过关键字和“串”来组织的。关键字引导数据段，关键字通常包括参数；串的概念对用户来说是一种有效的数据组织手段，特别对大的模型更是如此。它允许通过用户定义的名字来对节点或单元集合寻址。串又可以组装成任何层次的其他串。大多数说明均采用串的形式，譬如材料性质、外载和边界条件、输出编辑等。

6.1.2 ANSYS(General-purpose, Finite-element Program for structural, Heat-transfer and Static-electromagnetic Analysis 结构、热传导和静电磁场分析的通用有限元程序)

该程序是由世界著名的力学分析专家、匹兹堡大学教授 J Swanson 创建的 SASI 公司 1970 年推出的。

ANSYS 可用于二维或三维系统的有限元静力、动力、热、线性或非线性分析。通过把热分析的输出与结构的输入直接相连，ANSYS 可进行热应力分析。除了强大的分析能力外，ANSYS 还包含前、后处理部分，并能支持广泛的图形显示设施。

模型和载荷生成的前处理及其检验包含在 ANSYS 当中。网格和外载均可自动生成，而且可通过图形显示加以验证。每一命令都有主控文件。ANSYS 后处理支持很多图形功能——隐线、截面、XY-绘图、畸变形状和应力及温度的等值图。ANSYS 后处理还包括一种数据库语言，因而能有选择地检查结果。ANSYS 能与很多 CAD 系统接口。

6.1.3 Marc(General-purpose Finite-element Program 通用有限元程序)

Marc 是 1970 年提出的以非线性问题为重点的通用有限元程序。

其主要特征包括弹塑性、粘弹性、不可压缩和具有温度相关的各向异性等。有限应变和转动的处理不限于小载荷或小位移增量的情形。非线性静力、动力和具有自适应性时间或载荷步控制的扩散问题，断裂、节点动力学、后屈曲、耦合分析和子结构也属于程序的求解能力范围。通过使用用户子程序、重新启动、后处理文件、输出控制和结构的分类及列表等特性，程序的使用十分灵活。具有各种等参和杂交元的强大单元库，包括接触摩擦和管道弯曲单元，也是程序的一个显著特点。

MARC 提供了网格生成和增量数据生成及程序内部的前、后处理图形能力。此外还提供了一个全交互式前、后处理程序——MENTAT。MENTAT 支持交互式模型构成和外载、材料及边界条件的交互式选定。

6.1.4 NASTRAN(NASA Structural Analysis 美国国家航空和宇航局的结构分析程序)

MSC/NASTRAN 软件诞生于 1980 年前后，是在美国国家宇航局 NASA 的资助下，随着计算机及其交互技术的发展，蕴孕而生并日益完善的新一代计算机辅助工程分析的前后处理系统，它率先把工程分析人员从繁重的数据准备工作中摆脱出来，并且提供漂亮的计算结果仿真。目前，已广泛应用于航空航天、汽车、造船、国防等各大领域。

其前后处理系统PATRAN为用户提供了一种全功能的计算机编程语言——PCL语言。PCL程序的结构类似于C语言，几乎具有标准C语言的全部功能，例如字符串处理，动态内存分配等。另外，用PCL还可以方便地编制PATRAN风格特色的界面，允许用户读写PATRAN数据库中的全部信息。所以PATRAN是结合不同领域的用户的特点，进行专用软件二次开发的强有力的软件环境。

6.1.5 ADINA(Automatic Dynamic Incremental Nonlinear Analysis 自动动力增量非线性分析)

该软件是1975年由美国的ADINA工程有限公司推出的。

本程序以高效率、可靠的有限元法为基础，进行线性和非线性分析。尽管ADINA是一个非线性分析程序，但它在线性方面仍然十分有效。源程序中包含很多说明语句，所用到的理论也编成了文件。源程序可提供给具有程序许可证的工业用户。用户能够理解程序的操作。如果需要，还可对其加以修改，以满足特定的需要。

以上这些程序的共同点是：

(1) 所有程序都至少包括杆、梁、平面应力、板和三维实体单元，热分析能力；

(2) 分析静力和动力问题；

(3) 分析线弹性和非线性问题；

(4) 多种载荷：集中力、分布力、力偶、温度问题和支座沉陷问题；

(5) 自动划分网格功能的前处理程序；

(6) 用图形解释计算结果，如变形前后的模型，应力和温度分布的云图，指定位置的位移和应力等等。

在这些软件中，ANSYS是惟一能实现多场及多场耦合分析功能的软件，也是惟一实现前后处理、求解及多场分析统一数据库的一体化大型有限元分析软件，它的诸多特点使其在有限元分析软件中具有领先地位，得到了广泛的应用。下面就以ANSYS软件为依据，由浅入深地介绍ANSYS软件的分析步骤。

6.2 ANSYS的基本知识

6.2.1 ANSYS的启动

单击“开始”菜单，选中“程序”，在“程序”菜单中选中“ANSYS5.7”，这时会出现如图6－1所示的一个菜单。在该菜单中，用户可选择“Interactive”、“Batch”或“Run Interactive Now”来进入ANSYS的交互方式的用户图形界面(GUI)。

(1) 单击“Interactive”选项，系统弹出如图6－2所示的对话框，在该对话框中，用户可以选择 ANSYS 软件的产品模块、工作目录的选择、工作文件名的设置、内存大小的设置、操作界面选择以及参数化文件的设定等,在确定这些设置无误后,单击"Run"命令,就可进入ANSYS的操作界面,用户就可以使用ANSYS软件进行分析。

(2) 单击"Run Interactive Now"选项,系统将直接进入ANSYS操作界面,不用进行任何设置。

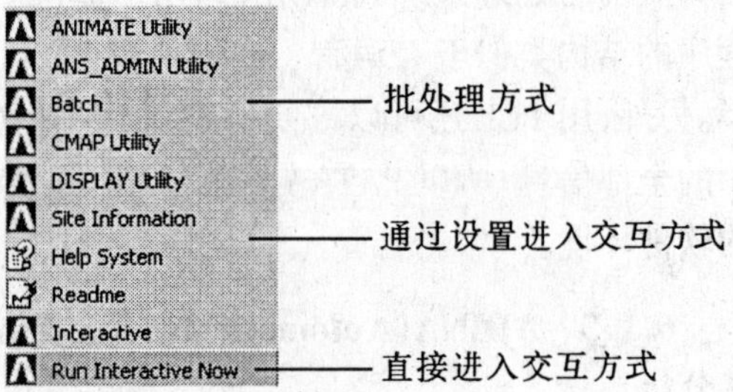

图 6-1　运行菜单

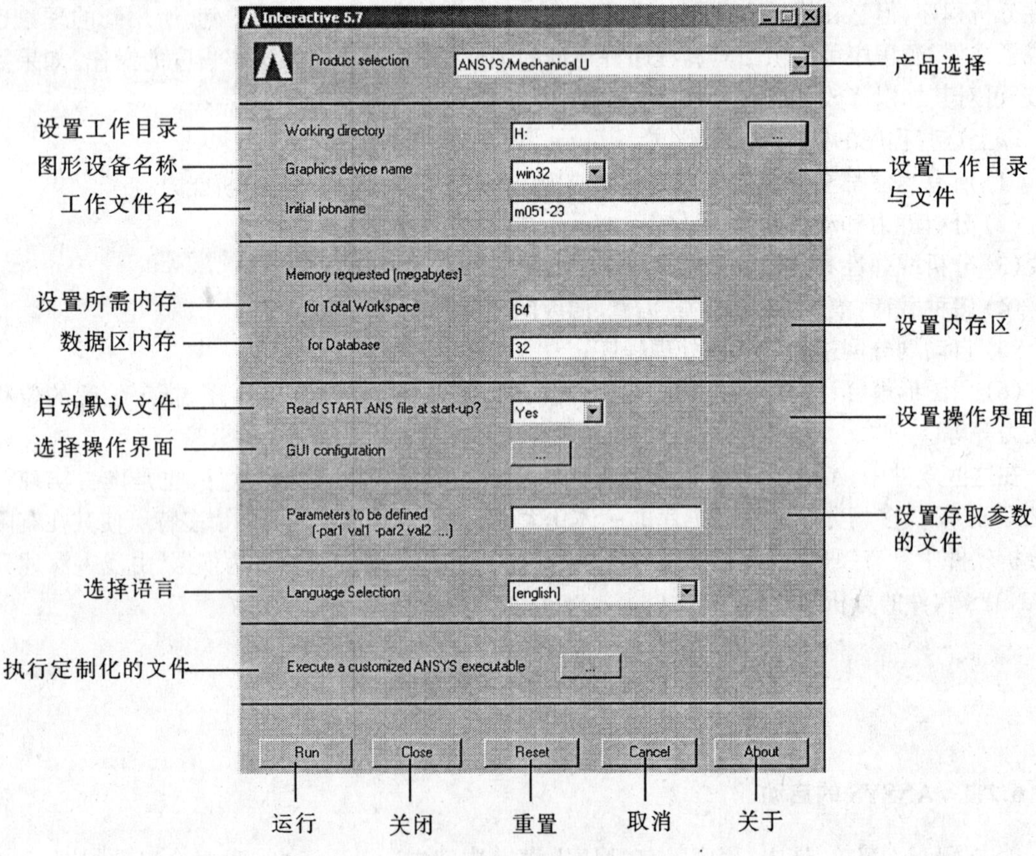

图 6-2　运行对话框

在该对话框中,最重要的是要设置输入文件名(Input file name),输入文件是一个文本文件，当单击 Run 按钮后，ANSYS 将运动该文件，并产生一系列的文件，如数据库文件、结果文件，这些文件以初始工作文件名(Initial jobname)为文件名，并加上适当的扩展名；输出文件(Output file name)也是一个文本文件，其中包含了输入文件的内容、运行过程中的警告和错误、运动统计信息等。

(3) 单击“Batch ”选项，系统弹出如图 6－3 所示的对话框。

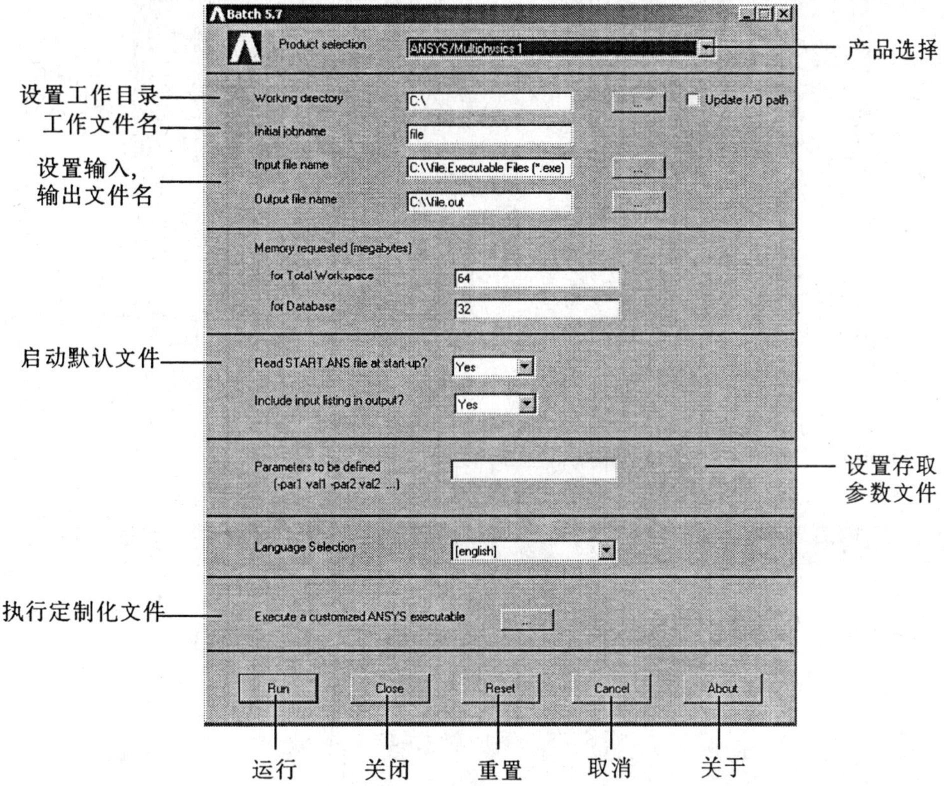

图 6－3　批处理启动对话框

6.2.2　ANSYS 的操作界面

ANSYS 软件的操作界面如图 6－4 所示。它由实用命令菜单、命令输入窗口、图形输出窗口、工具栏、信息输出窗口、主菜单和各种弹出式对话框组成，它们都可独立关闭。

1. 实用命令菜单

该菜单为下拉式结构，由 10 个下拉菜单组成，包括了 ANSYS 最主要的功能，它可以直接完

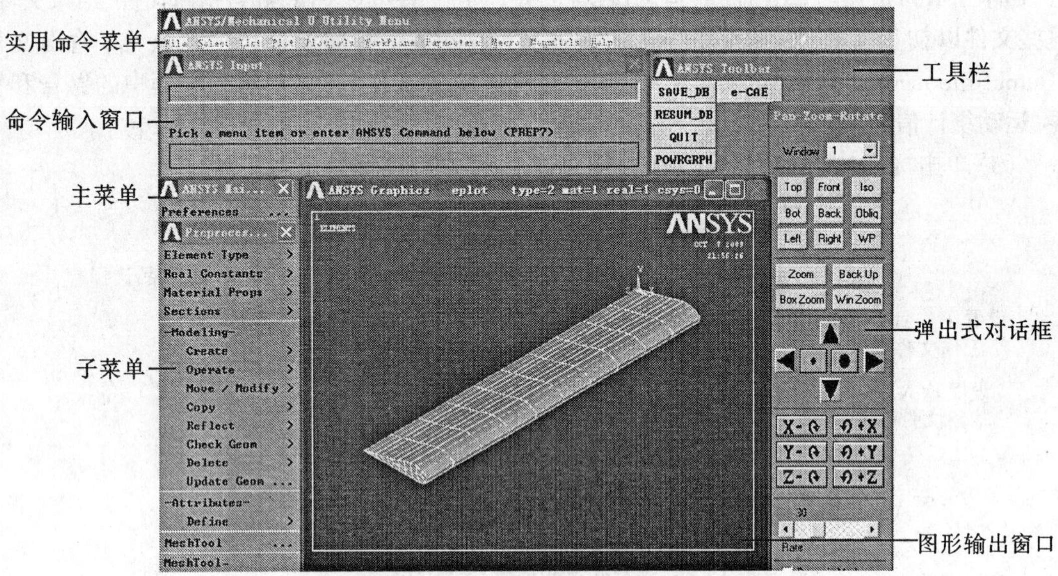

图 6-4　ANSYS 的操作界面

成某一程序功能或引出一个对话框，如图 6-5 所示。

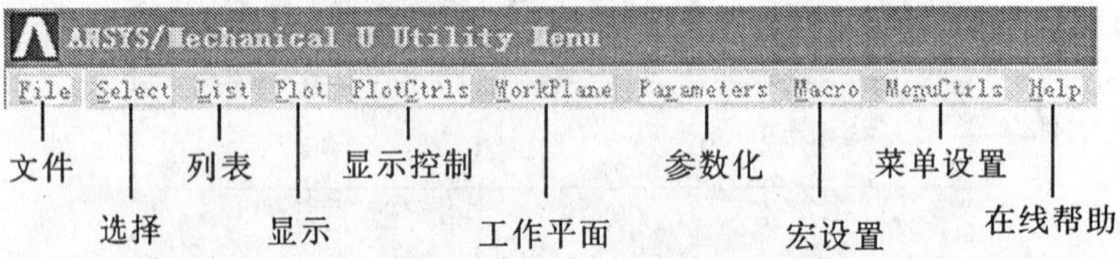

图 6-5　实用命令菜单

2. 命令输入窗口

在 ANSYS 软件的操作中，除了采用 GUI(图形界面输入) 外，还可以采用命令输入。在该窗口中不仅可以输入 ANSYS 的各种命令，而且可以显示 GUI 输入的提示信息和浏览以前输入的命令，可以采用剪切和粘贴操作，如图 6-6 所示。

3. 图形输出窗口

可以在该窗口中显示分析模型、网格、计算结果、云图、等值线等图形，用户可根据个人要求调整该窗口的大小，如图 6-7 所示。

4. 工具栏

该窗口主要用于存放一些快捷命令，用户可根据需要对该窗口中的快捷命令进行编辑、修

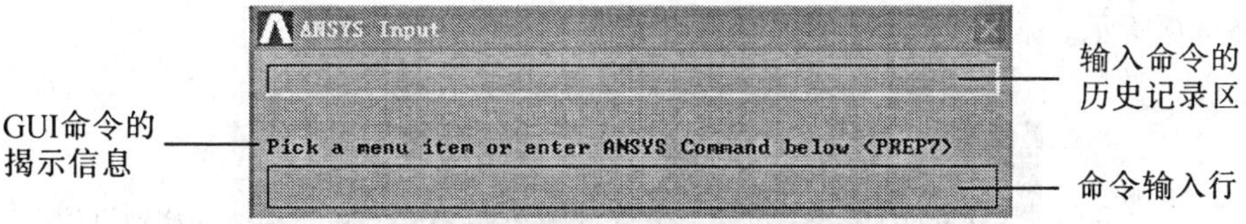

图 6 – 6　命令输入窗口

图 6 – 7　图形输出窗口

改、删除等操作，只要用鼠标单击即可运行该命令，如图 6 – 8 所示。

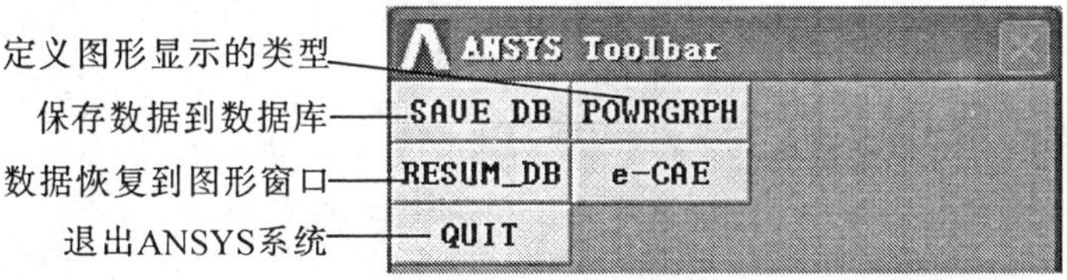

图 6 – 8　工具栏

5. 信息输出窗口

用于显示 ANSYS 软件对已输入命令或已使用功能的响应信息，包括用户使用命令的出错信息和警告信息。在 GUI 方式下，用户可随时访问该窗口。但要注意，若用户对该窗口使用了关闭操作，则必须要重新启动 ANSYS 软件后，该窗口才能出现，因此在操作中一般不要关闭该窗口，如图 6－9 所示。

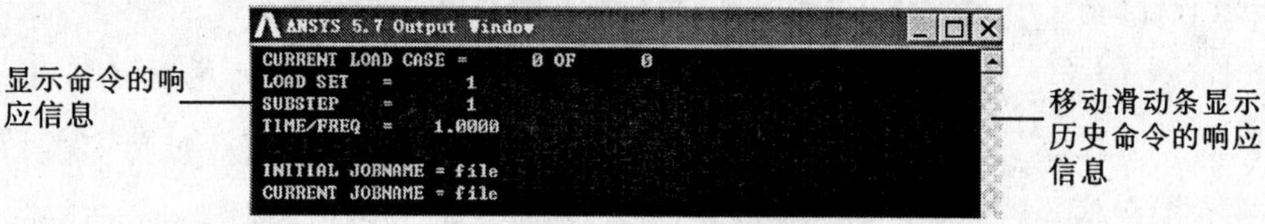

图 6－9　信息输出窗口

6. 主菜单

该菜单为弹出式结构，由 ANSYS 分析的最主要功能组成，按 ANSYS 分析的顺序进行排列，如图 6－10 所示。其中方式选择是允许用户将与当前分析无关的选项过滤掉，以缩减菜单项。如只选择热分析，则只有热单元类型在单元类型选择对话框中出现，在载荷状态则只显示热载荷等。

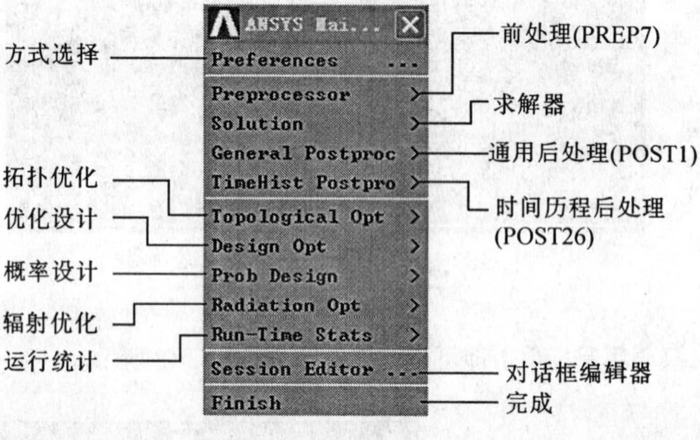

图 6－10　主菜单

6.2.3　ANSYS 文件与数据库

1. 数据库

ANSYS 软件的数据库包括建模、求解、后处理所产生的保存在内存中的数据。它统一使用集中式数据库来存储，模型数据（包括实体模型和有限元模型、材料等）通过前处理器写入数据库；载荷和求解结果通过求解器输入数据库；后处理结果通过后处理器输入到数据库。

(1) 存储数据库

在实用文件菜单中有两个选项用于存储文件：

①Save as jobname.db:将数据库存储到用户定义的工作文件(jobname.db)中;

②Save as:将数据库存储到另外一个由用户临时定义的文件名上,但并不改变当前的文件,它存储的是当前数据库的一个备份,单击该命令后,将会出现如图 6－11(b) 所示的对话框,要求用户输入保存的文件名。

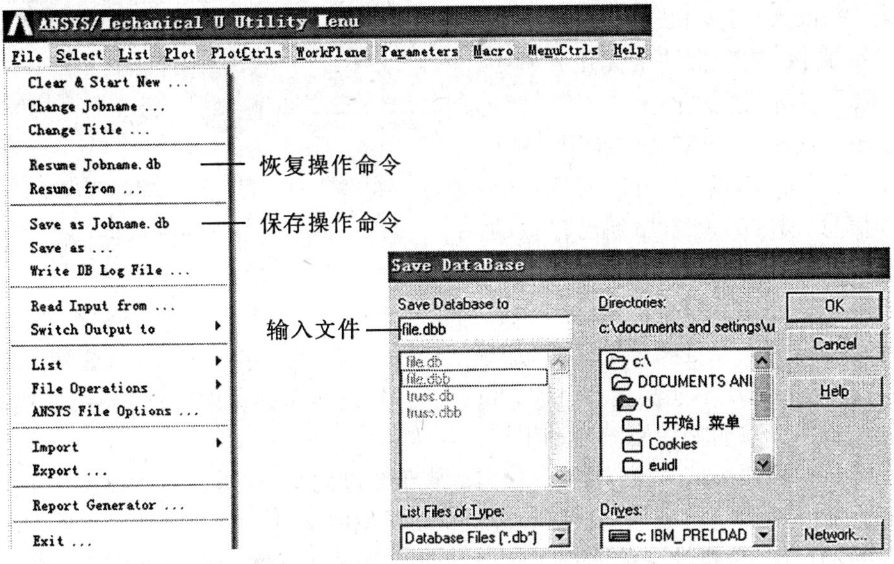

(a) (b)

图 6－11 数据库的存储与恢复操作

(a) 实用文件菜单;(b) 另存为文件对话框

(2) 恢复数据库

在恢复之前,系统将首先清除内存中的数据,然后再将恢复的数据替换内存中的数据库文件,在实用菜单中有两个命令可以恢复数据库文件。

①Resume Jobname.db:直接将工作文件中的数据恢复到内存。

②Resume from:将用户指定的数据库文件读入内存。单击该命令后,系统将会出现如图 6－12 所示对话框。用户可在对话框中指定要恢复文件的名称和路径。

2. 文件管理

ANSYS 的文件包括数据库文件、计算结果文件、图形文件等,其存取格式有 ASCII 格式和二进制格式。在默认设置下,ANSYS 软件会生成外部格式(IEEE 标准)的二进制文件,该格式允许在不同的硬件系统中移置。

ANSYS 软件典型文件有四种。

（1）Jobname.log　日志文件属于 ASCII 码文件，它包括运动过程中的每一个操作命令，体现用户操作的命令流文件，该文件只会追加而不会产生覆盖。当用户要进行优化设计分析时，将要由该文件通过文件菜单中的“Write DB log file”去生成一个 Jobname.lgw 文件，这个文件是优化分析中的一个有限元分析的全过程。

（2）Jobname.err　出错文件属于 ASCII 码文件，包括了运行过程中出现的所有错误和警告信息，ANSYS 将添加到已存在的错误文件中。

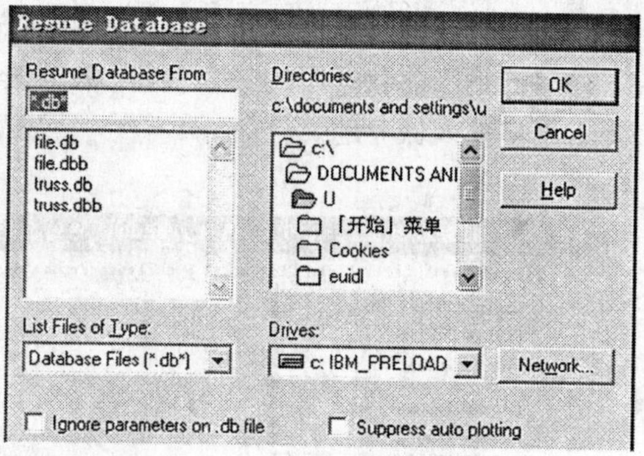

图 6－12　恢复文件对话

（3）Jobname.db 或“.dbb”　数据库文件属于二进制文件，该文件是 ANSYS 的一个最重要的文件，它包括了用户所建模型的信息、加载信息以及求解后的结果信息。若删除了该文件，则整个分析都将会失去而不能恢复。其中“.dbb”是一个数据库的备份文件，当用户用同一个文件名保存二次后，该文件将由系统自动生成。

（4）Jobname.rst，“.rth”，“.rfl”等　它们都属于二进制文件，是由 ANSYS 生成的中间结果文件，将在后面的分析计算或另一次计算分析中要调用的文件。

另外，在 ANSYS 分析计算中，除了要产生一些有用的中间文件和结果文件之外，还会生成一些由 ANSYS 分析所生成的中间数据文件如“.emat”，“.esav”，“.full”，“.mntr”，“.tri”等，这些文件仅仅对分析的过程有用，而对用户来说是没有用的，用户可以采用下列命令来删除。

命令：/Fdelete

GUI：Utility Menu ＞ File ＞ Ansys File Option

但在每次分析后，下列文件必须保存：

日志文件（.log）

数据库文件（.db）

结果文件（.rst，.rth，…）

载荷步文件（.s01，.s02，…）

物理文件（.ph1，.ph2，…）

6.2.4　ANSYS 命令的恢复与撤消

与其他软件不同的是，在 ANSYS 命令和菜单中没有一个具体的恢复与撤消操作命令，这给用惯了这个命令的用户会带来不必要的麻烦。根据笔者的使用经验，如果用户能够巧妙地利用工具栏中的“Save_DB”和“Resume_db”命令或者是实用文件菜单中的“Save as Jobname.db”

和“Resume Jobname.db”命令,同样可以实现对操作命令的恢复与撤消操作。

在用户建模操作中,用户如果能够确定当时的输入操作是对的,并且不会对其进行修改,这时用户应该按工具栏中的“Save_DB”按钮,将当时的操作保存到工作文件中,然后再进行下一步操作。如此进行下去,当用户在操作过程中出现了错误,或者要将当时的操作取消时,用户可以按工具栏中“Resume_db”按钮,这时系统将用户最后一次保存的工作文件名的内容调出,而当前的错误操作就可以取消掉,从而减少了用户重新开始建模操作的时间,这要求用户在使用 ANSYS 过程中养成一个经常保存文件的习惯。

另外,根据有限元的分析顺序,用户在不同的分析阶段使用文件菜单中的“Save as…”命令,对分析问题进行保存。这样将有利于以后仅对所建模型作适当的修改就可以应用不同的状态,为问题的分析节省时间,也可以防止计算机的突然死机或断电而造成的信息丢失。

6.2.5　ANSYS 的坐标系

1. 坐标系的类型

ANSYS 软件提供了以下多种坐标系供用户选取。

(1) 总体和局部坐标系:用来定位几何形状参数(节点、关键点等)的空间位置。

(2) 显示坐标系:用于几何形状的列表和显示。

(3) 节点坐标系:定义每个节点的自由度方向和节点结果数据的方向。

(4) 单元坐标系:确定材料特性主轴和单元结果数据方向。

(5) 结果坐标系:用来列表、显示或在通用后处理(POST1)操作中将节点或单元结果转换到一个特定的坐标系中。

在这里仅介绍总体坐标系、显示坐标系以及坐标系的激活与响应。

ANSYS 软件预定义了三种总体坐标系,即直角坐标系(笛卡尔坐标系)、柱坐标系和球坐标系,坐标方向都符合右手准则,有共同的原点。在 ANSYS 系统中,它们用坐标系号码来识别,即 0 是笛卡尔坐标、1 代表柱坐标、2 代表球坐标,如图 6-13 所示。其默认方式是直角坐标系,用户也可自己定义任意多个坐标系,但在某一时刻只能有一个坐标系被激活。

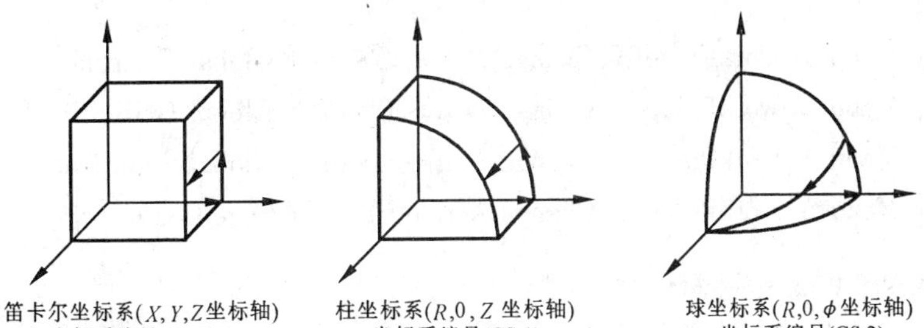

笛卡尔坐标系(X,Y,Z坐标轴)
坐标系编号(CS,0)

柱坐标系(R,θ,Z 坐标轴)
坐标系编号(CS,1)

球坐标系(R,θ,ϕ坐标轴)
坐标系编号(CS,2)

图 6-13　总体坐标系

2. 激活坐标系

如果要激活一个总体坐标系或以前定义的坐标系，如图 6 – 14 所示。可用下列操作命令。

命令：CSYS

GUI：Utility Menu > workPlane > Change Active CS to > Global Cartesian
Utility Menu > workPlane > Change Active CS to > Global Cylindrical
Utility Menu > workPlane > Change Active CS to > Global Spherical
Utility Menu > workPlane > Change Active CS to > Specified Coord Sys
Utility Menu > workPlane > Change Active CS to > Working Plane
Utility Menu > workPlane > Offset WP to > Global Origin

图 6 – 14　坐标系的激活

用户可在任何一个坐标系中进行操作，但在不同的坐标系中，输入同样的命令其结果是不一样的。如在两个“Keypoints”之间进行连线命令(In Active Coord) 的结果如图 6 – 15 所示。

3. 显示坐标系的转换

在默认方式下，即使是在其他坐标系中定义的节点和关键点，其列表都显示它们的总体直角坐标，如图 6 – 16 所示。同样的图形在不同的坐标系下的显示结果是不一样的，如图 6 – 17 所示。可用下列方法改变显示坐标系。

命令：DSYS

GUI：Utility Menu > workPlane > Change Active CS to > Global Cartesian
Utility Menu > workPlane > Change Active CS to > Global Cylindrical
Utility Menu > workPlane > Change Active CS to > Global Spherical
Utility Menu > workPlane > Change Active CS to > Specified Coord

6.2.6　ANSYS 的工作平面

图形上的一个点在三维空间里可以被看成是垂直于图形表面的直线，若要用光标来拾取

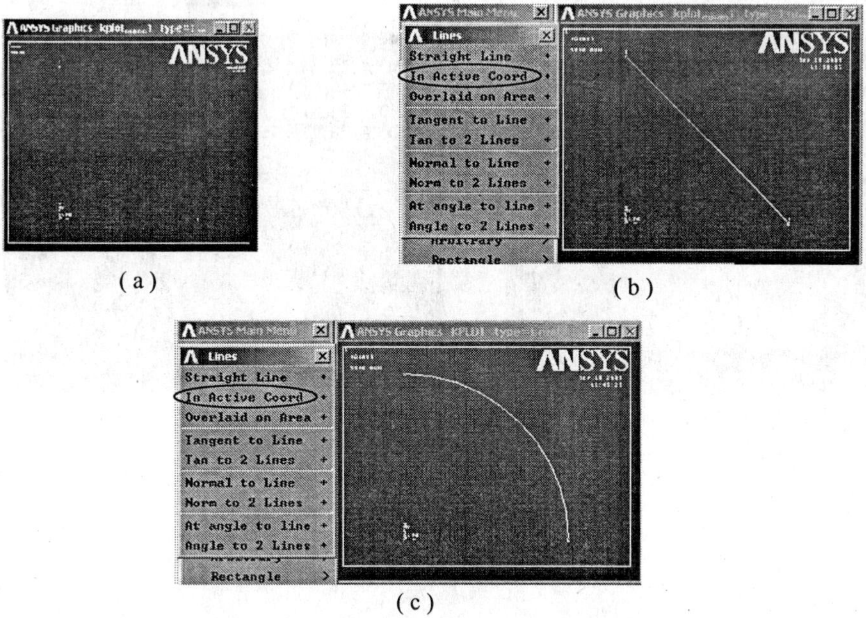

图 6 – 15　在不同坐标系里的连线结果

(a) 两个“Keypoints”;(b) 直角坐标系中连线;(c) 柱坐标系中连线

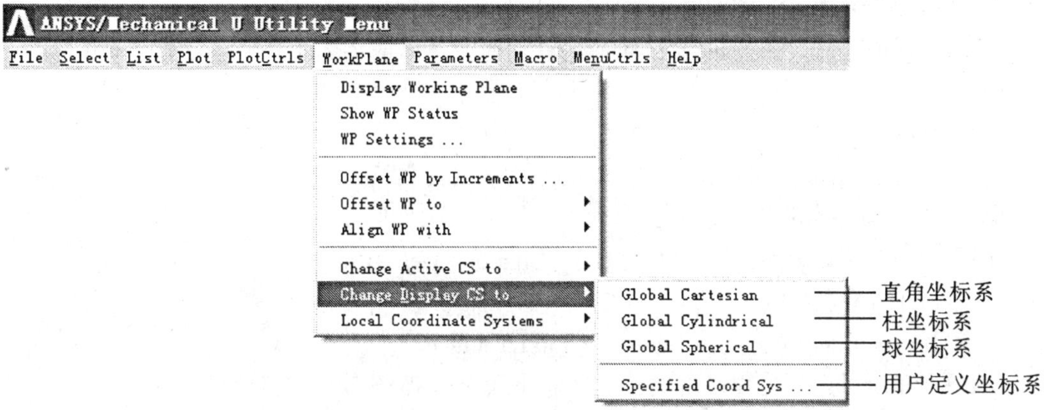

图 6 – 16　坐标系的显示

这个点,则必须用一个假想的平面与该垂线相交,这样才能惟一确定一个点,其中这个假想的平面就称为工作平面。另外,还可以把工作平面想象成一个绘图板,用户可以在这个平面上任

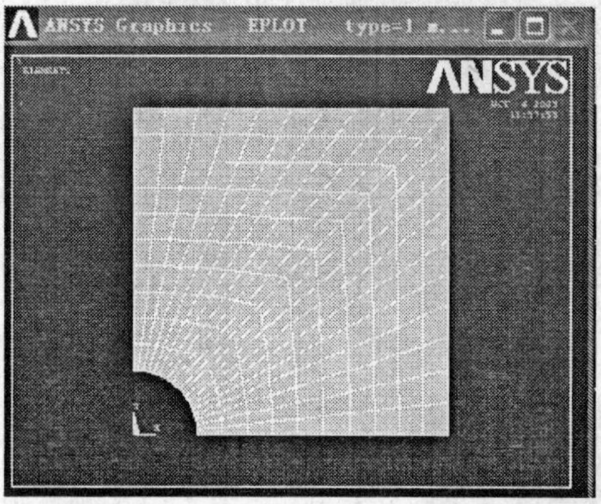

(a)

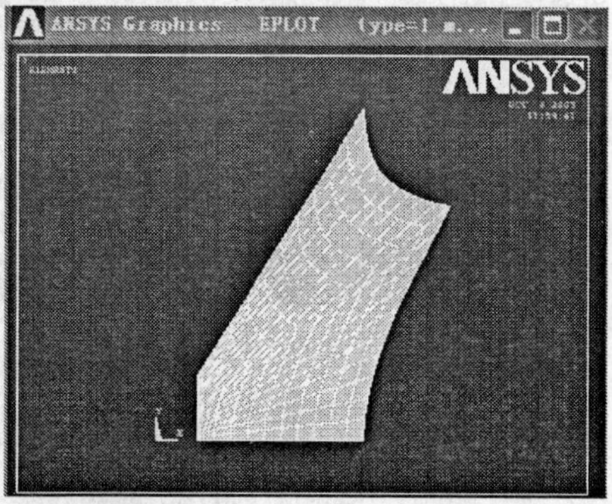

(b)

图 6 - 17　单元模型在不同的坐标系中显示

(a) 直角坐标系;(b) 柱坐标系

意绘图。

工作平面是一个无限平面,有原点、二维坐标系、捕捉增量和显示栅格。但用户一次只能定义一个工作平面,工作平面与坐标系是相互独立的,它们之间可以有不同的原点和旋转方向。

在进入 ANSYS 软件后,有一个默认的工作平面,即总体直角坐标系的 $x-y$ 平面,工作平面的 x,y 轴分别取总体直角坐标系的 x 轴和 y 轴。

1. 工作平面的显示与关闭

用户可在前处理(Preprocessor) 阶段的任何时刻显示或关闭工作平面如图 6 - 18 所示。其操作命令为

命令:WPSTYL

GUI:Utility Menu > WorkPlane > Display Working Plane

2. 工作平面的当前状态

用下列命令可以显示工作平面的状态,如图 6 - 19 所示。

命令:WPSTYL,STAT

GUI:Utility Menu > List > Status > working Plane

用下列命令可以将工作平面的当前状态重置于 ANSYS 软件的默认状态下。

命令:WPSTYL,DEFA

3. 工作平面的旋转和移动

用户可以通过如下的两种方法将工作平面旋转到一个新的方向:

(1) 在工作平面内旋转其 x,y 轴;

(2) 使整个工作平面都旋转到一个新的位置。

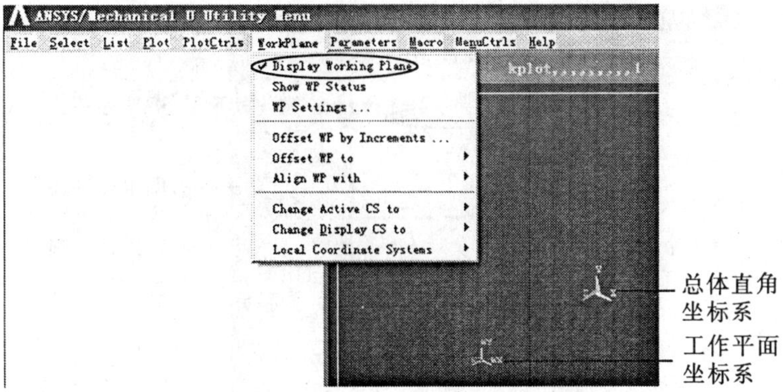

图 6－18　工作平面的显示

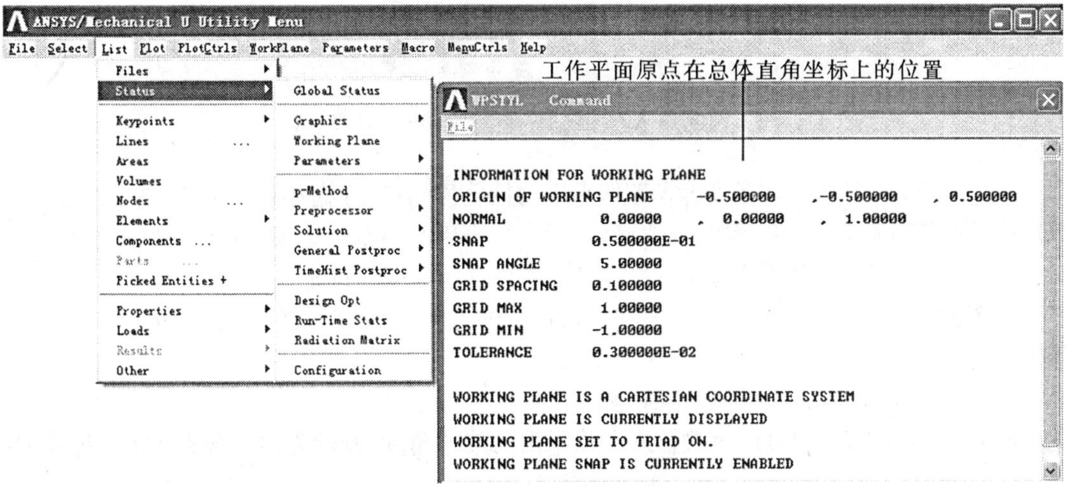

图 6－19　工作平面的当前状态

要旋转工作平面，如图 6－20 所示。可利用下列命令之一。

命令：WPROTA

GUI：Utility Menu ＞ WorkPlane ＞ Offset WP by Increment

偏移按钮：单击按键，可以使工作平面沿按钮上的 x，y，z 轴方向移动，移动量由其下的偏移滑动条和“WP Settings…”对话框中的捕捉增量值决定。

偏移滑动条：控制偏移量的大小，如果其值是 1，则单击偏移按钮，工作平面沿该方向的移动量是在“WP Settings…”对话框中已设置捕捉增量值的 1 倍。

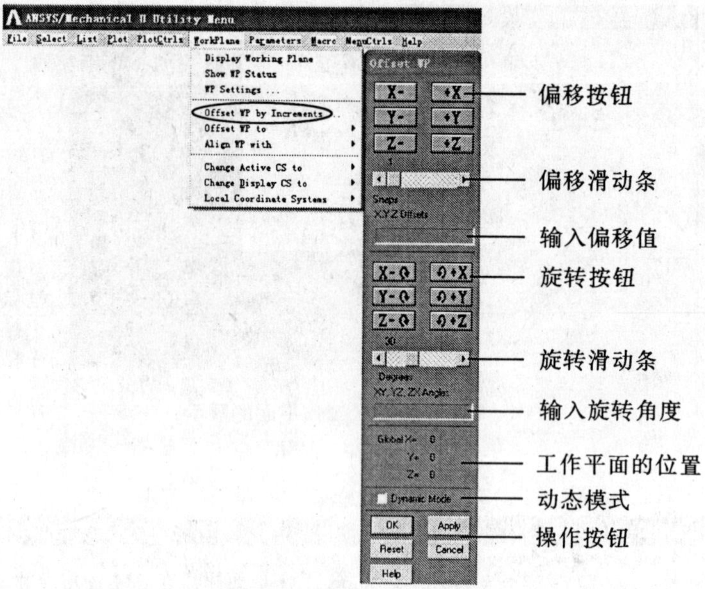

图 6－20　工作平面旋转与平移对话框

输入偏移值：用户可以直接输入工作平面的精确移动量。数据相互之间用“逗号”隔开，若数据的值为零，则可以不输，但必须要输入逗号。数据后的零也可以不输，如只要在 x 方向移动 20 个单位，则只要在对话框中输入 20，后面的零和逗号都可以省略。

旋转按钮：单击该按钮，工作平面将沿按钮上的方向进行旋转，旋转量则由其下面的旋转滑动条来控制。

旋转滑动条：控制旋转按钮的旋转量。

输入旋转角度：用户可以直接输入工作平面的旋转角度，旋转方向符合右手准则即逆时针方向。

工作平面的位置：显示工作平面的原点在总体直角坐标系中的位置，其值会随着工作平面的移动而发生变化。

动态模式：选中该项后，用户可以直接用鼠标来移动或旋转工作平面。按住鼠标左键不放，可以移动工作平面；按住鼠标右键不放，可旋转工作平面。

操作按钮：按钮功能与其他对话框的操作按钮相同。

4. 工作平面移动到指定点的中心位置

工作平面除了上述方式进行任何量的移动外，还可以在固定位置之间进行移动，如关键点、节点、原点等。在移动之前，这些固定的位置必须要存在。

(1) 工作平面的原点移动到所有选择关键点的中心位置上，其命令为

命令：KWPAVE

GUI：Utility Menu > Work Plane > Offset WP to > Keypoints

(2) 工作平面的原点移动到所有选择节点的中心位置上。其命令为

命令：NWPAVE

GUI：Utility Menu > Work Plane > Offset WP to > Nodes

(3) 工作平面的原点移动到所有指定点的中心位置上，如图6－21所示。其命令为

命令：WPAVE

GUI：Utility Menu > Work Plane > Offset WP to > Global Origin

Utility Menu > Work Plane > Offset WP to > Origin of Active CS

Utility Menu > Work Plane > Offset WP to > XYZ Locations

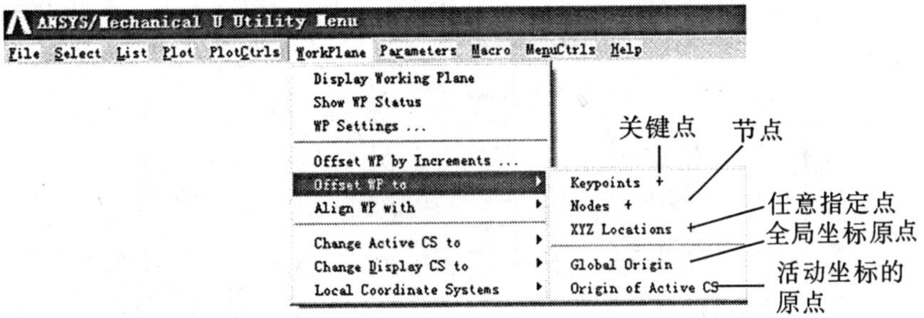

图6－21　工作平面移动到指定点的中心位置

6.2.7　ANSYS典型分析过程

ANSYS有限元分析过程主要包括三个步骤。

1.创建有限元模型——前处理

(1) 创建或输入几何模型。

(2) 定义材料属性。

(3) 定义实常数(要根据单元的几何特性来设置，有些单元没有实常数)。

(4) 定义单元类型。

(5) 划分单元。

2.施加载荷并求解——求解

(1) 施加约束条件。

(2) 施加载荷。

(3) 求解。

3.查看分析结果——后处理

(1) 查看分析结果。

(2) 检验结果的正确性。

6.2.8 ANSYS 典型分析过程实例

下面通过一个实例来熟悉 ANSYS 的分析过程。

图 6 - 22(a) 所示为一块双向承受均匀拉伸载荷的方形大平板，在其中心有一个直径为 40 mm 的小孔，试用有限元分析该板在孔边的受边状态。已知拉伸载荷(线载荷) $q = 100$ N/mm，弹性模量 $E = 2 \times 10^5$ MPa，泊松比 $\mu = 0.3$，板厚 $t = 5$ mm。根据模型问题的对称性，仅考虑其中的四分之一块板即可，其有限元分析模型如图 6 - 22(b) 所示。

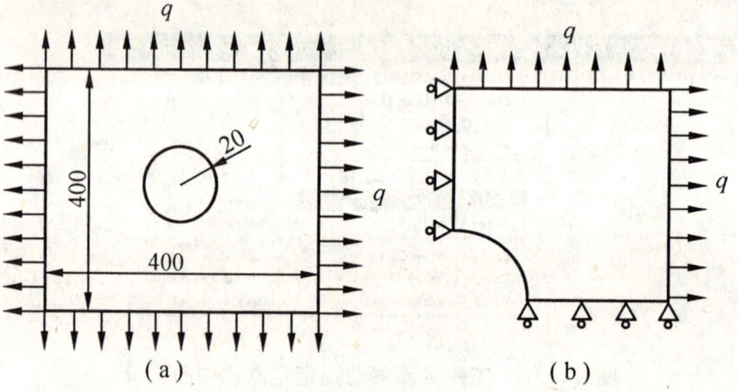

图 6 - 22 几何模型和有限元模型

(a) 承受拉伸的无限大平板；(b) 有限元分析模型

1. 启动 ANSYS

先设定工作目录名为 Plate，然后以交互模式进入 ANSYS，工作文件名设为 Plate。

2. 创建基本模型

(1) 生成一个正方形，其命令为

GUI: Main Menu > Preprocessor > Create > - area - Rectangles > By Dimension

在弹出的对话框中输入“X - coordinates”变化值为 0 到 200，“Y - coordinates”变化值为 0 到 200，如图 6 - 23 所示。单击“OK”键，将在图形输出窗口显示一个正方形。

(2) 在正方形的左下角点处生成一个直径为 40 mm 的圆，其命令为

GUI: Main Menu > Preprocessor > Create > - Areas - Circle > Solid Circle

在弹出的对话框中，“WP X”处输入“0”，“WP Y”处输入“0”，“Radius”处输入“20”，如图 6 - 24 所示。单击“OK”键，关闭其他子菜单，回到“Preprocessor”子菜单，其生成的结果如图 6 - 25 所示。

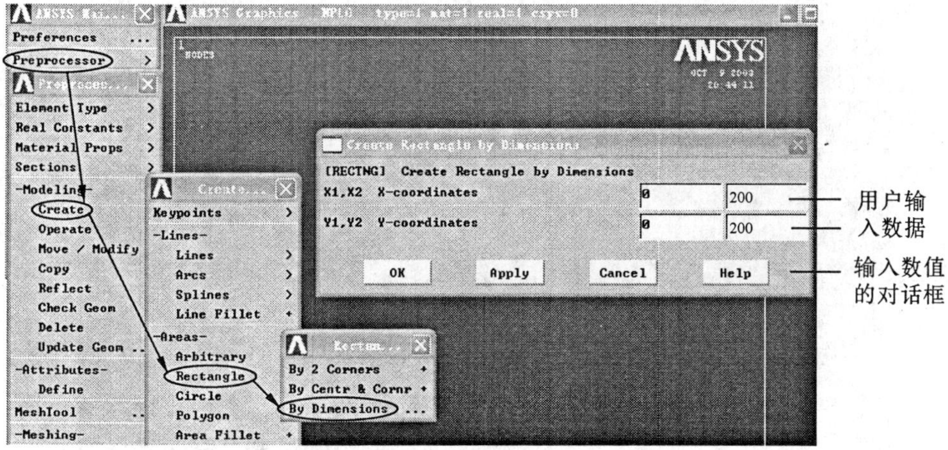

图 6 – 23　生成正方形的操作过程

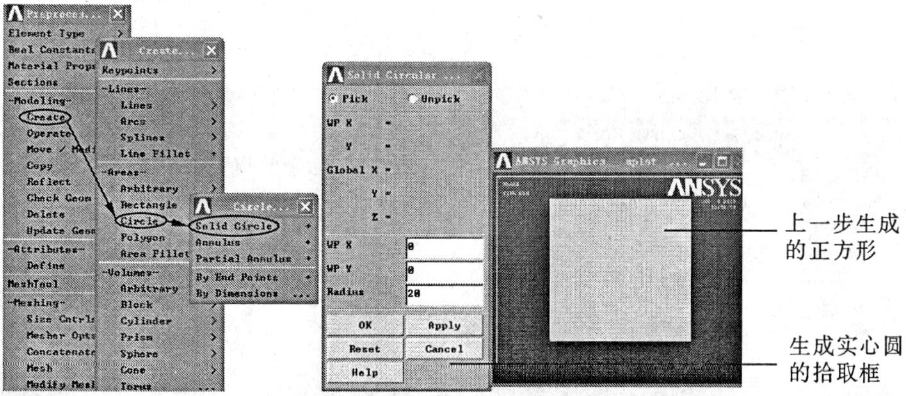

图 6 – 24　生成圆的操作过程

(3) 进行减运算，将从正方形中减去圆孔，生成图 6 – 26(b) 所示的有限元分析模型。命令为 GUI: Main Menu > Preprocessor > Operate > – Booleans – Subtract > Area

如图 6 – 26(a) 所示，先用鼠标在正方形的中心位置单击一次，正方形将变成另一种颜色，这表示正方形已被选中，单击一下拾取框上的“OK” 键，然后再用鼠标在圆的中心处单击一次，圆的颜色也会发生变化，这表示圆也被选中，再单击“OK” 键，系统将关闭拾取框，减运算也完成了，所得结果如图 6 – 26(b) 所示。

(4) 单击工具栏上“Save DB” 按钮，保存上述数据到工作文件名(Plate.db)。

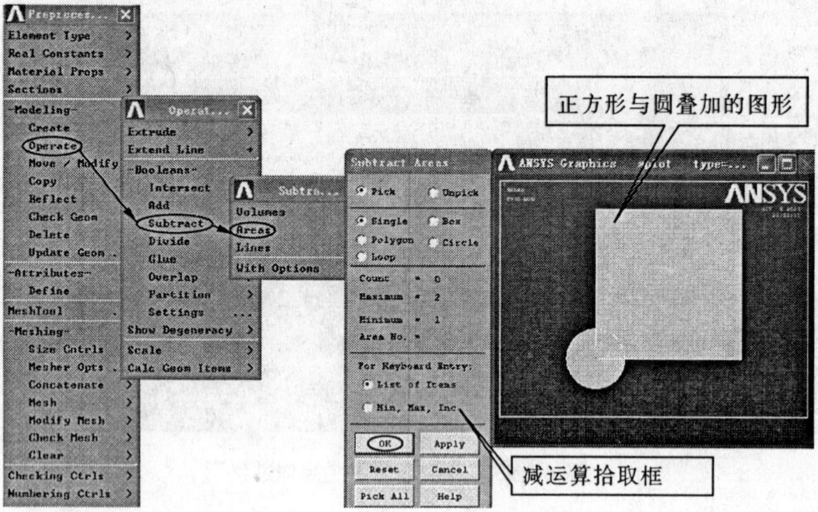

图 6－25　减运算的操作过程

(a)　　　　　　　　　　　　(b)

图 6－26　生成结果

(a) 正方形和圆的叠加；(b) 减运算进行之后

3. 定义单元类型和材料特性参数

(1) 定义单元类型

其命令为 GUI：Main Menu > Preprocessor > Element Type > Add/Edit/Delete

在随后出现的一个“Element Type”对话框中，单击“Add”按钮，又出现一个“Library of Element Type”对话框，先在“Library of Element Type”中选择“Structural”下面的“Solid”，然后在其右面的框中选择“Quad 8node 82”，即为 8 节点等参元，单击“OK”键，关闭“Library of Element Type”对话框。接着单击“Element Type”对话框中的“Close”，关闭该对话框及刚打开的子菜单，退回到前处理子菜单。其操作过程如图 6 – 27 所示。

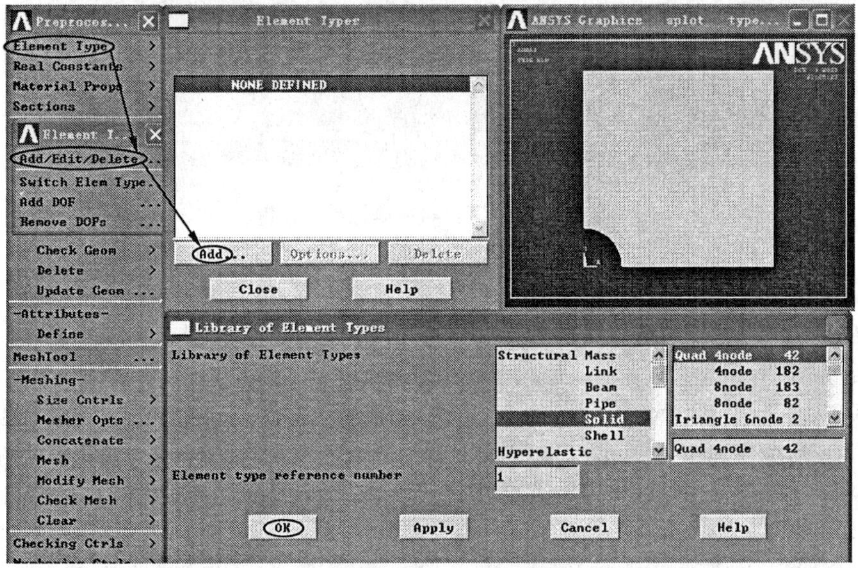

图 6 – 27　定义单元类型的操作过程

(2) 定义材料属性

其操作命令为 GUI：Main Menu > Preporocessor > Material Props > Material Models

随后出现一个“Define Material Model Behavior”的对话框。在其右面的“Material Models Available”框中双击“Structural”，再双击“Linear”，双击“Elastic”，再次双击“Isotropic”后，又弹出一个“Linear Isotropic Properties for Material Number1”对话框。在“EX”后面的输入框中，输入“2E5”，在“PRXY”后面的输入框中输入“0.3”，单击“OK”键退出该对话框。在“Define Material Models Behavior”对话框左面的“Material Models Defined”框栏内将会出现一个“Linear Isotropic”，表示材料输入已经成功。用户也可以采用双击的方式将“Linear Isotropic”的内容打开，对输入的数值进行修改。这时单击“Material Models Available”右上角的关闭按钮，关闭该对话框，退回到前处理“Preprocessor”子菜单。上述操作过程如图 6 – 28 所示。

(3) 保存数据

单击工具栏上“Save DB”按钮，将数据保存到工作文件“Plate.db”中。

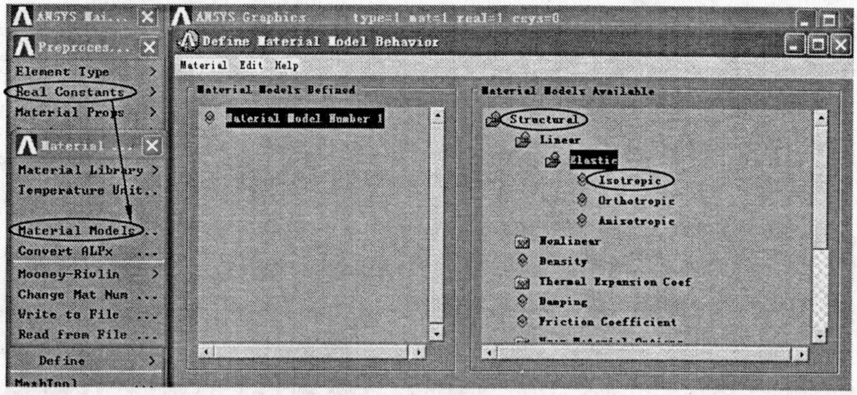

图 6－28　定义材料属性操作过程

4. 对几何模型划分有限单元

(1) 在几何模型上显示线的编号

其命令为 GUI:Utility Menu ＞ PlotCtrls ＞ Numbering

随后会出现一个“Plot Numbering Control” 对话框选择“Line numbers” 为“On”,单击对话框中的“OK” 键,关闭该对话框,这时在图形窗口的几何模型上,每条线都会显示一个编号,如图 6－29 所示。

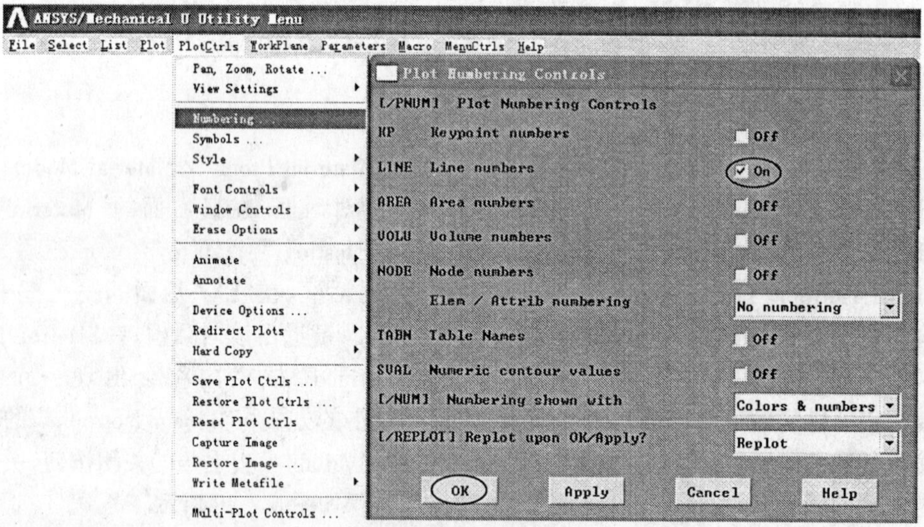

图 6－29　显示几何模型上线的编号操作过程

(2) 合并线

其命令为 GUI:Main Menu > Preporocessor > – Meshing – Concatente > Lines

在拾取框中,用鼠标选中线编号为“L2”和“L3”的线,然后单击拾取框上的“OK”键,退回到前处理“Proprecessor”状态,操作过程如图 6 – 30 所示。

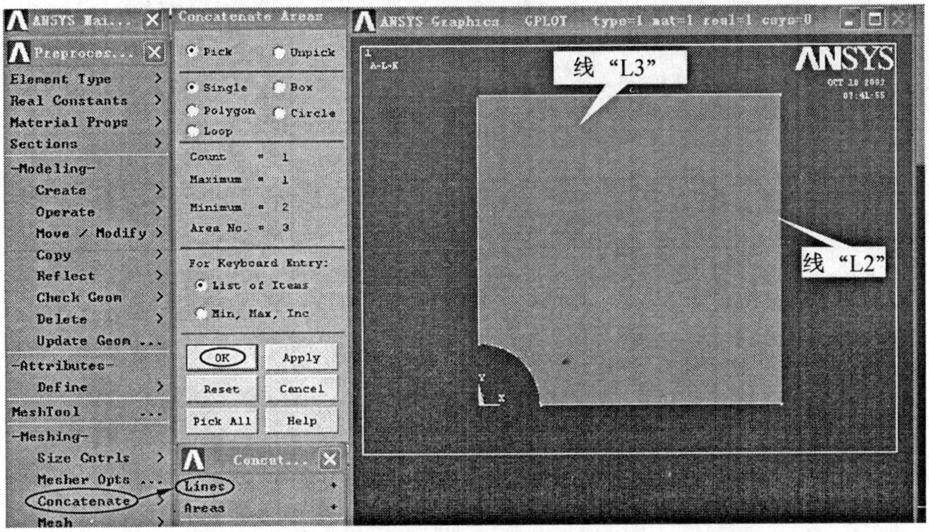

图 6 – 30　合并线的操作过程

(3) 对模型上的线(Line) 定义划分等分

其命令为 GUI:Main Menu > Preporocessor > Size Cntrls > – ManualSize –, – Line – Picked Lines

随后出现一个拾取框,用鼠标在几何模型上选中编号为“L2”,“L3”,“L9”,“L10”的线后,单击拾取框上的“OK”键,又会弹出一个“Element Size on Picked Line”对话框,在“No.of element divisions”后面的输入框中,输入“10”,然后单击该对话框上的“Apply”键;系统又回到拾取框,用鼠标选中编号为“L5”的线即圆弧段,单击拾取框中的“OK”键,弹出“Element Size on Picked Line”对话框,在“No. Of element divisions”后面的输入框中,输入“20”,然后单击该对话框的“OK”键,关闭该对话框,关闭上述已打开的子菜单,退回到前处理(Preprocessor) 状态。其操作过程如图 6 – 31 所示。

(4) 对几何模型划分单元

其命令为 GUI:Main Menu > Preprocessor > – Meshing – Mesh > – Area – Mapped > 3 or 4 Sided

随后出现一个拾取框,用鼠标选中几何模型,然后单击拾取框的“OK”键,ANSYS软件自动

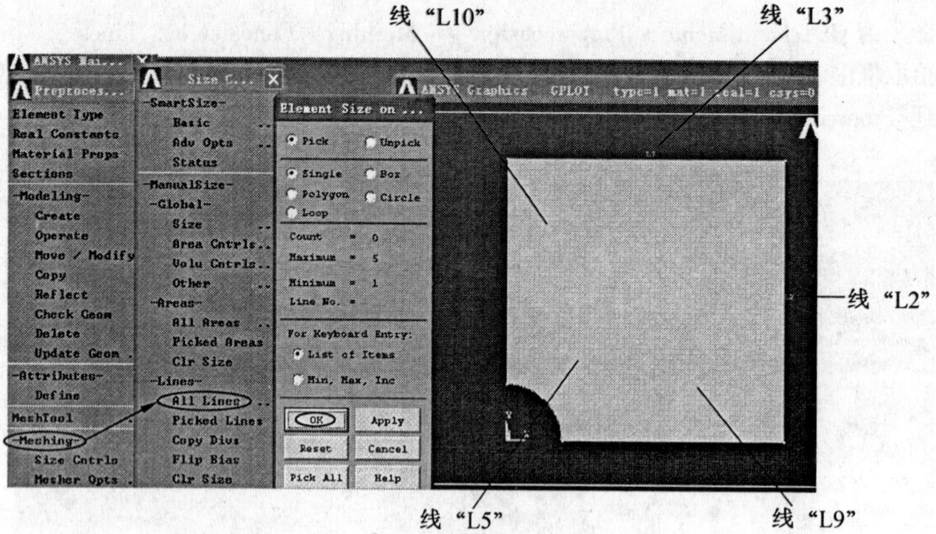

图 6 – 31　划分线上的单元等分操作过程

对几何模型进行单元网格的划分。操作过程与划分网格结果如图 6 – 32 所示。

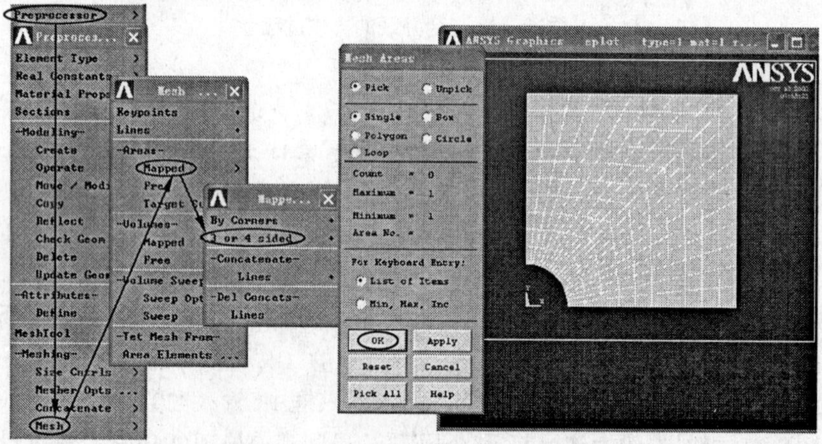

图 6 – 32　划分网格的过程与划分结果

5.(Solution) 求解 —— 施加载荷和约束条件并求解

(1) 施加约束条件

其命令为 GUI:Main Menu > Solution > – Load – Apply > – Strytural – Displacement > On

Lines

随后出现一个拾取框,用鼠标选中编号为"L9"的线,单击拾取框上的"Apply"键,系统将会弹出一个"Apply U,ROT on Lines"的对话框,在"DOFs to be constrained"项右面的框里用鼠标选中"UY"项,单击对话框的"Apply"键,又回拾取框,用鼠标选中编号为"L10"的线,单击拾取框上的"OK"键,然后在"Apply U,ROT on Lines"的对话框中,在"DOFs to be constrained"项右面的框里用鼠标选中"UX"项,单击对话框的"OK"键,退回到"Apply"子菜单。其操作过程和施加结果如图 6－33 所示。

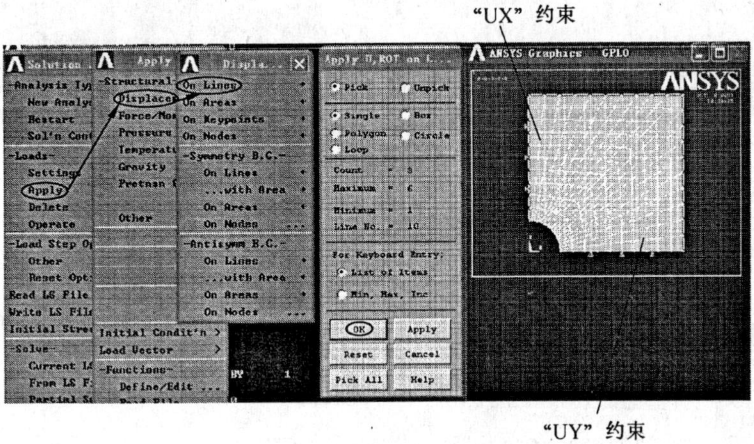

图 6－33　施加约束条件的操作过程

(2) 施加载荷

其命令为 GUI:Main Menu > Solution > – Load – Apply > – Structural – Pressure > On Lines

在随后出现的拾取框中,用鼠标选中编号为"L2","L3"的线段,单击拾取框上的"OK"键,将会弹出一个"Apply PRES on Lines"的对话框,在项"Load PRES value"后面的输入栏里输入"100",单击对话框上的"OK"键,退出子菜单到"Solution"处。上述操作过程和加载后的结果如图 6－34 所示。

(3) 求解

其命令为 GUI:Main Menu > Solution > – Solve – Current LS

随后检查信息窗口,选择 File > Close,关闭信息窗口,单击对话框上的"OK"键后,系统将开始分析计算,当在显示器左上角出现一个"Solution is done"的提示后,选择"OK"关闭提示框。操作过程如图 6－35 所示。

(4) 保存结果,按工具栏上的"Save _ DB"。

6. 后处理(General PostProc)—— 结果显示

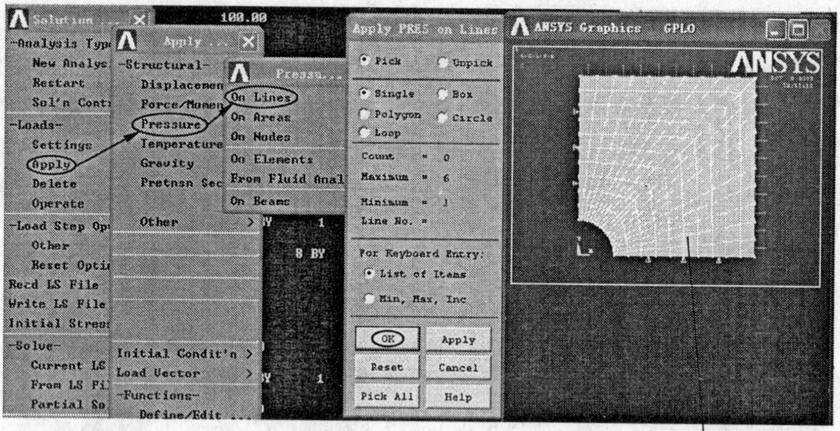

约束与载荷的施加结果

图 6 – 34　载荷施加操作过程与施加结果显示

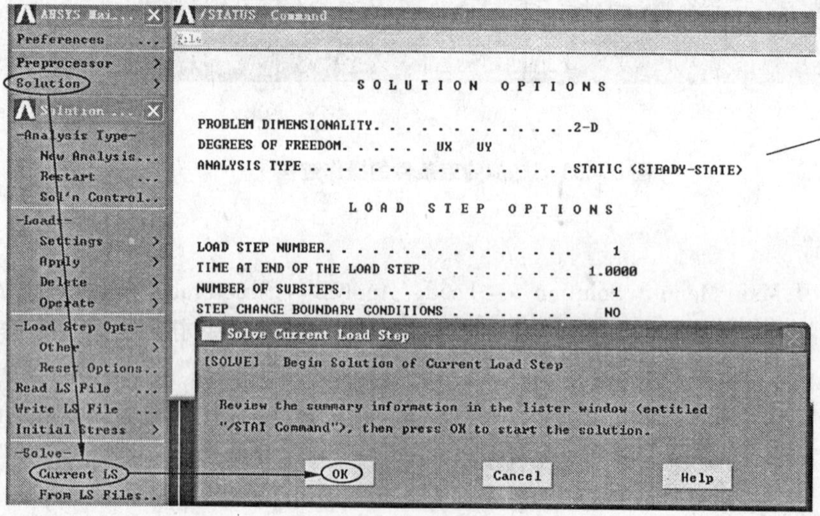

求解的信息窗口

图 6 – 35　求解操作过程

(1) 显示变形形状

其命令为 GUI:Main Menu > General Postporoc > Plot Results > Deformed shape

在对话框中的"Items to be Plotted"选项中,选择"Def + Undeformed",单击对话框上的"OK"

键,其显示结果如图 6 – 36 所示。

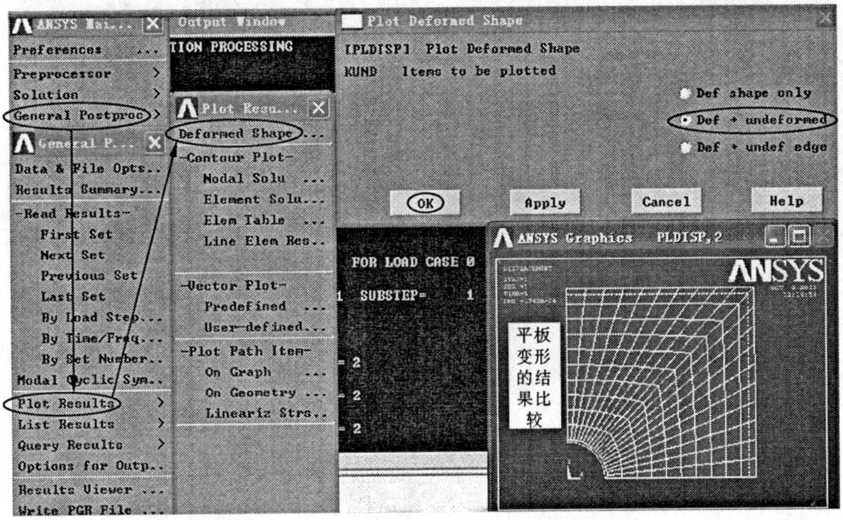

图 6 – 36　显示板的变形结果及其操作过程

(2) 显示节点的上 Von Mises 应力值

其命令为 GUI:Main Menu > General Postproc > Plot Results > – Contour Plot – Nodal Solu

在出现的“Contour Nodal Solution Data” 对话框中, 在“Item to be Contoured” 栏中选择“Stress”,在其右面的栏中,向下移动滑动条,选择“Von Mises SEQV” 后,单击该对话框上的“OK” 键,这时在图形输出窗口中显示出“Von Mises” 应力的彩色云图,其操作过程的显示结果如图 6 – 37 所示。

(3) 列表节点的结果

其命令为 GUI:Main Menu > General Postproc > List Results > Nodal Solution

随后显示一个如图 6 – 38 所示的“List Nodal Solution” 对话框,在“Item to be listed” 栏中选择“Stress”,在其右边的栏中选择“Components SCOMP”,单击对话框中的“OK” 键,这时每个单元角节点的六个应力分量将以列表的方式显示出来,如图 6 – 39 所示。单击“列表窗口上的 File > Save as” 命令,用户可将它作为一个文本文件保存。

7. 退出 ANSYS

单击工具栏上的“QUIT” 命令,在对话框中选择“Quit – No Save!”,单击“OK”,系统将退出 ANSYS。

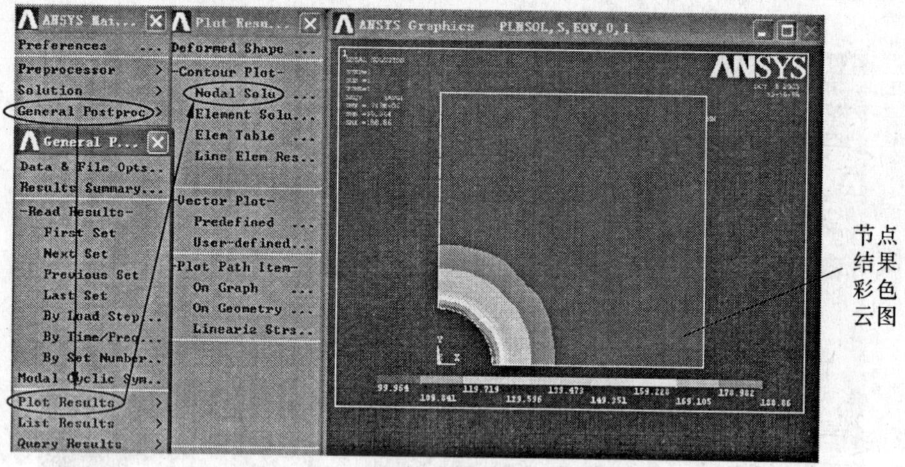

图 6－37　显示节点的操作过程及显示结果

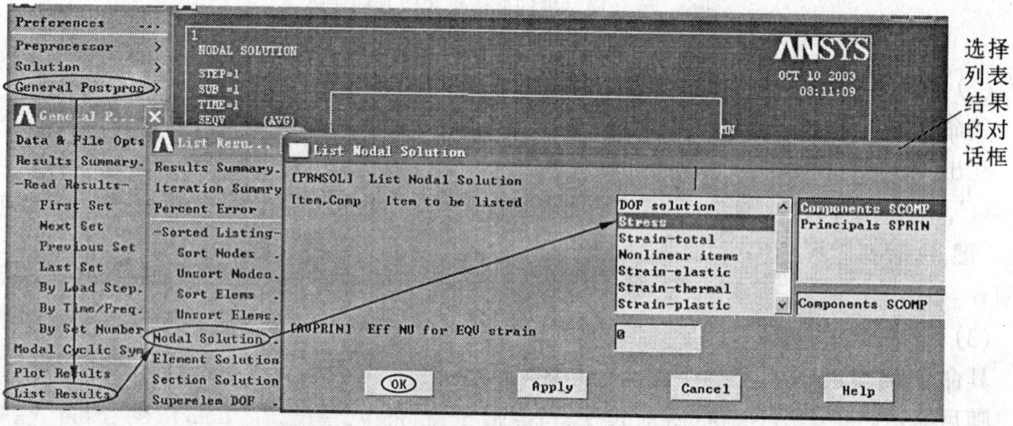

图 6－38　列表节点结果的操作过程和对话框

6.3　建立结构分析模型

6.3.1　建模方法

由节点和单元构成的有限元模型与机械结构系统的几何外形应该是基本一致的。所谓的

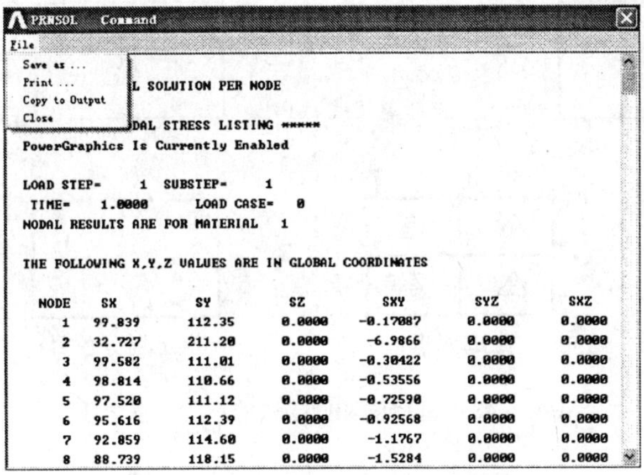

NODE	SX	SY	SZ	SXY	SYZ	SXZ
1	99.839	112.35	0.0000	-0.17087	0.0000	0.0000
2	32.727	211.20	0.0000	-6.9866	0.0000	0.0000
3	99.582	111.01	0.0000	-0.30422	0.0000	0.0000
4	98.814	110.66	0.0000	-0.53556	0.0000	0.0000
5	97.520	111.12	0.0000	-0.72590	0.0000	0.0000
6	95.616	112.39	0.0000	-0.92568	0.0000	0.0000
7	92.859	114.60	0.0000	-1.1767	0.0000	0.0000
8	88.739	118.15	0.0000	-1.5284	0.0000	0.0000

图 6－39　节点应力分量的列表结果

建模就是要去构筑和达到这个一致性的目标。

有限元模型的建立可分为直接法和间接法，间接法也称实体建模法（Solid Modeling）。

（1）直接法：直接根据机械结构的几何外形建立节点和单元。

（2）间接法（实体建模法）：通过点、线、面、体积，先建立实体模型，再进行有限元网格划分，完成有限元模型的建立。

对一个有限元模型而言，通常有成千上万个节点和单元，要对这些节点和单元定义是很困难的。而物体结构则相对比较简单，形状相对比较规则，直接创建实体模型相对容易，然后用 ANSYS 提供的分网工具创建有限元模型。

可见直接法只适应于简单的机械结构系统。而间接法适应于节点及单元数目较多的复杂几何外形机械结构系统。看一个简单的平板建模的例子，这个例子把一块平板分为 4 个单元，如图 6－40 所示。

若用直接建模法，首先建立节点 1 ～ 9，定义单元类型和材料属性后，通过连接相邻节点，生成 4 个单元。

如果用实体建模法，则采用完全不同的路子。先建立一块平面，也就是结构实体，再通过指定单元类型和材料属性的单元划分手段，将平面分为 9 个节点和 4 个单元的有限元模型。

目前实体建模法已经越来越流行，并已成为主流。本书只介绍实体建模法，需要使用直接法建模的读者，可以参考 ANSYS 帮助文件中的相关内容进行。

对任何一个实体模型而言，都是由点、线、面和体组成。点连接成线，线构成面，面构成体；或者从另一方面说：一个体包含了面，一个面包含了线，一条线包含了点，如图 6－41 所示。根据这种说法，就有两种实体建模方法：自底向上法和自顶向下法。

自底向上法是首先定义实体模型的顶点关键点（但关键点可能不只是顶点），然后利用这

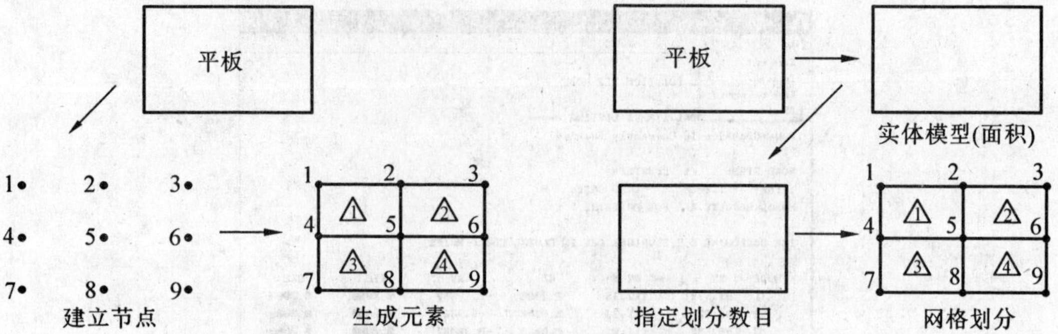

图 6－40　直接法和间接法的不同建模过程

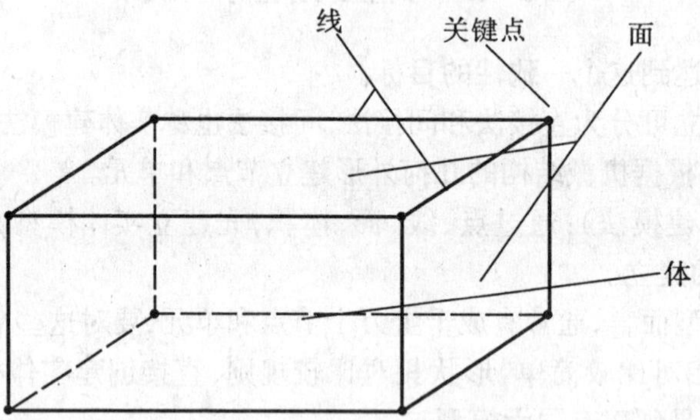

图 6－41　实体模型的图元类型

些关键点定义较高级的实体图元。关键点是在当前活动坐标系中定义的，它是自底向上法的基础，所以，这种实体模型是在当前活动坐标系上操作的。

自顶向下法是利用 ANSYS 提供的几何原型直接生成简单图元，再对其操作以创建模型。这些几何原型包括常用的规则面和体，能够满足大多数需要。当调入一个原型时，ANSYS 自动生成所有从属于该原型的低级图元，所谓从属于是指关键点、线从属于面，而关键点、线、面从属于体。由于首先建立的是较高级实体，该实体包含了较低级实体，所以称为自顶向下建模方法。这种方法创建模型通常是在工作平面内进行的。

ANSYS 中，图元级别由低到高的排列顺序：关键点 → 线 → 面 → 体 → 节点 → 单元。很多情况下，尤其是创建复杂而局部极不规则的实体模型时，常需要两种建模方法同时应用。

ANSYS 软件有一组很方便的几何作图工具，图 6－42 所示为建立几何模型的子菜单。

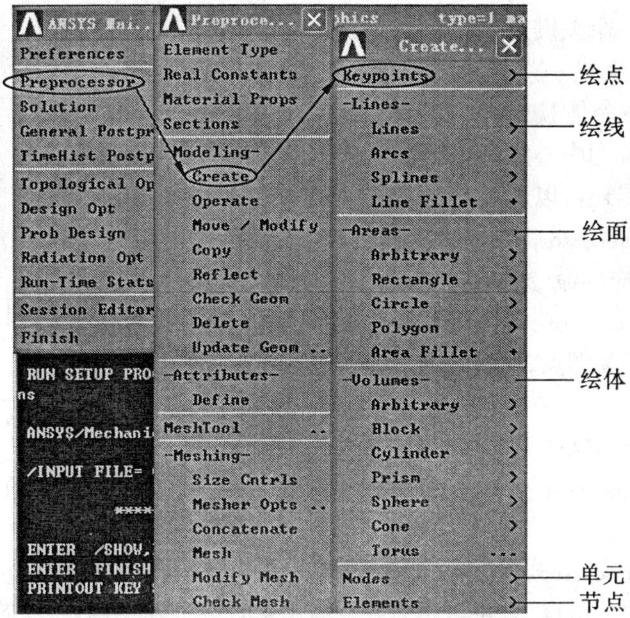

图6－42　ANSYS建模子菜单

6.3.2　自底向上建模

自底向上建模首先创建关键点，然后利用关键点连接为线、面或体。在模型中，关键点是物体的顶点，线是物体的边。以下依次介绍如何从关键点的创建到复杂几何体的形成。

1.关键点

关键点是自底向上建模的基础，代表了实际物体的顶点(但关键点不一定非得是顶点)，所有操作都是基于关键点的。但是，不必按从低到高的顺序生成图元。例如，可以直接连接关键点为面或体，也可以直接把节点定义在关键点上。

(1) 定义关键点

关键点是在当前活动坐标系内定义的，需要三个坐标值定义其在活动坐标系上的位置(如果不设置，则其默认为0)，不同活动坐标系下，使用不同坐标值，例如柱坐标系下，需要输入半径、角度和 z 向位置。

关键点可以由多种方法定义，选择Main Menu > Preprocessor > Create > Keypoints命令，其中经常使用的方法如图6－43所示。

① 直接定义一个关键点(In Active Cs或On Working Plane)，对应的命令是K。

② 在线上给定位置处定义关键点(On Line或On Line W/Ratio)，对应的命令是KL。Ratio的

默认值是0.5。

③ 在节点上定义一个关键点(On Node),对应的命令是KNODE。

④ 在关键点之间生成一个或多个关键点(KP between KPs 或 Fill between KPs),对应的命令是KBETW或KFILL。

⑤ 在若干点或位置的中心定义关键点(KP at Center),对应的命令是KCENTER。另外,关键点还可以通过复制、镜像等方式生成,主要有:

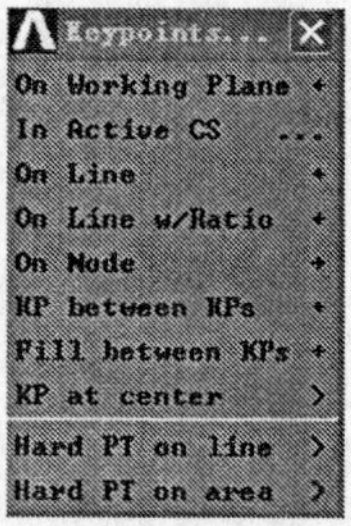

图6－43　定义关键点的几种方式

Main Menu > Preprocessor > Copy > Keypoints 命令用于通过指定偏移量来复制关键点,对应的命令是KGEN;

Main Menu > Preprocessor > Reflect > Keypoints命令用于通过对指定坐标平面的镜像来生成关键点,对应的命令是KSYMM。

(2) 关键点操作

有如下一些关键点的操作。

Main Menu > Preprocessor > Move/Modify > – Keypoints – 命令用于移动关键点,对应的命令是KMODIF和KMOVE。

Main Menu > Preprocessor > Operate > Scale > Keypoints命令用于缩放一系列关键点。这种缩放可以删除原有的关键点,也可以不删除原有关键点新创建关键点。该菜单对应的命令是KPSCALE。

Main Menu > Preprocessor > Move/Modify > Transfer Coord > Keypoints命令用于将一个坐标系下的关键点转换到另一个坐标系上,对应的命令是KTRAN。

Utility Menu > Select > Entities命令可以选取关键点,对应的命令是KSEL。

Utility Menu > List > Keypoints和Utility Menu > List > Specified Entities > Keypoints命令用于列表显示选取的关键点,对应的命令是KLIST。

Utility Menu > Plot > Keypoints命令用于图形显示关键点,对应的命令是KPLOT。如果在Utility Menu > PlotCtrls > Numbering中设置显示关键点号(命令为/PNUM,KP,1),则在显示更高级的图元如线、面、体,或者直接显示关键点时,都会显示关键点号。

Main Menu > Preprocessor > Delete > Keypoints 命令用于删除关键点,对应的命令是KDELE。

Main Menu > Preprocessor > Check Geom > KP distance命令用于计算两关键点之间的距离。它可以用来检查模型是否正确,获得复杂形体的尺寸因子,对应的命令为KDIST。

(3) 硬点

硬点是一种特殊的关键点,大多数关键点的操作都可应用到硬点上。其主要作用是施加载荷或从模型的线和面上的任意点获得数据。也就是说,硬点并不用于建立模型,只是用于定义加载或读取数据的位置。

通常情况下,应当在实体模型完成后再加入硬点,否则更新与硬点相连的任何图元都将改变硬点与线或面的连接关系。有如下两种改变。

① 如果硬点只与当前更新的图元相连，则硬点将被删除。

② 如果硬点除与当前更新的图元相连外，还与其他不更新的图元相连，则硬点将与更新图元相分离。当使用硬点时，不能使用映射方式分网。

以下是一些与硬点相关的操作：

①Main Menu > Preprocessor > Create > Keypoints > Hard PT on Line命令用于在线的适当位置处定义一个硬点，对应的命令是 HPTCREATE；

②Main Menu > Preprocessor > Create > Keypoints > Hard PT on area命令用于在面的适当位置处定义一个硬点，对应的命令是 HPTCREATE；

③Utility Menu > List > Keypoints > Hard Points 命令用于列表显示硬点，对应的命令是 KLIST；

④Utility Menu > Plot > Keypoints > Hard Points 命令用于图形显示硬点，对应的命令是 KPLOT；

⑤Main Menu > Preprocessor > Delete > Keypoints > Hard points 命令用于删除硬点，对应的命令是 HPTDELETE。

2.线

线用于表示物体的边，线也是在当前活动坐标系上定义的。在 ANSYS 中，有直线、弧线、样条曲线以及倒圆线。只有在生成线单元(如 BEAM 单元)或者需要用线来定义面时，才需要定义线。其他情况下，可以直接通过关键点生成面或者体。

(1) 直线

可以创建直线、切线和垂线。菜单路径为 Main Menu > Preprocessor > Create > Lines，在其下拉菜单中，有如下几种创建方法，如图 6 - 44 所示。

图 6 - 44　创建直线的方法

①Straight Line 和 In Active Coord：直接连接关键点创建直线。只需要选取关键点或者直接输入关键点号即可。

②Tangent to Line 和 Tan to 2 Lines：分别表示创建与一条线和两条线相切的曲线。

③Norm to Line 和 Norm to 2 Lines：分别表示创建与一条线和两条线分别垂直的法线，只有当两条线的法线存在时，这种创建才是可能的。

④At angle to line 和 Angle to 2 Lines：表示创建与已有线成一定夹角的线。

⑤Overlaid On Area：在一个面上，创建两关键点之间距离最短的线。

(2) 弧线

Main Menu > Preprocessor > Create > Arcs 命令用于通过关键点创建弧线。可以创建一段

弧,也可以创建一个圆,而不管当前的坐标系为何种坐标系。有如下几种方式。

①Through 3 KPs:通过三个关键点创建弧,这三个点构成的弧一定是其大圆部分,也就是说,弧角大于 180°。在这种方式下,首先选取弧的两个端点,然后选取弧的方向。对应的命令是 LARC。

②By End KPs & Rad:通过定义弧的两个端点、弧的半径和弯曲方向来定义弧线。对应的命令是 LARC。

③By Cent & Radius:通过弧的中心和半径来定义弧。在这种定义方式中,设置半径的点作为弧线的起点,弧线以顺时针方向旋转设置的角度,整个弧线按设置的数值分为若干段。对应的命令是 CIRCLE。

④Full Circle:创建圆。对应的命令是 CIRCLE。

(3) 样条曲线

在 ANSYS 中,样条曲线指的是通过三次样条拟合的曲线,它具有光滑的特点。定义样条曲线的菜单路径为 Main Menu > Preprocessor > Create > Splines。主要有两种定义方式:带参数的和不带参数的。

不带参数的样条曲线自动使得其经过点(包括起点和终点)处的曲率为 0,而使用带参数的样条曲线时,可以通过三个角度指定起点和终点处样条曲线的方向。

不带参数的样条曲线命令有以下几种方式。

①Spline thru Locs:通过坐标位置定义样条曲线。首先选择两个关键点作为样条曲线的端点,然后定义一系列需要定义样条曲线路径的坐标位置。对应的命令是 BSPLIN。

②Spline thru KPs:通过关键点定义样条曲线。首先选取样条曲线的两个端点,然后选取其他关键点作为样条曲线路径点。对应的命令是 BSPLIN。

③Segmented Spline:定义过关键点的分段样条曲线。其操作方法与上述相同,但是,这时定义的样条曲线是分段样条曲线,每两个关键点之间就是一条线,而上面两个操作一次只定义了一条样条曲线。对应的命令是 SPLINE。

选择 Main Menu > Preprocessor > Create > Splines > With Options 命令可以定义带参数的样条曲线。其操作方法与上述三种操作分别相同,但是,它设置了样条曲线起始和结束时的方向。

(4) 倒圆角

倒圆在工程中经常要用到,在 ANSYS 分析中,倒圆角也具有重要意义,它是避免应力集中的一种措施。创建倒圆角的菜单路径为 Main Menu > preprocessor > Create > Line Fillet。注意:只有共享关键点的两条线之间才能创建倒圆角。

(5) 线的操作

与关键点相同,线除了可以直接创建外,还可以复制、修改、删除和查看,另外,某些对面和体的操作也可能产生线。

①Main Menu > Preprocessor > Copy > Lines 命令用于线的复制。对应的命令为 LGEN。

②Main Menu > Preprocessor > Reflect > Lines 命令用于镜像线。对应的命令为 LSYMM。

③Main Menu > Preprocessor > Operate > Divide > Line… 命令用于将线分割为更小的线段。对应的命令是 LDIV。

④Main Menu > Preprocessor > Operate > Add > Lines 命令用于将线合并。对应的命令是 LCOMB。

⑤Main Menu > Preprocessor > Operate > Extend – Lines – 命令用于将线的一端延长。对应的命令是 LEXTND。

⑥Utility Menu > List > Lines 和 Picked Entities > Lines 命令用于线列表。对应的命令是 LLIST。

⑦Utility Menu > Plot > Lines 和 Picked Entities > Lines 命令用于显示线。对应的命令为 LPLOT。

⑧Utility Menu > Select > Entities 命令用于选择线。对应的命令为 LSEL。

⑨Main Menu > Preprocessor > Delete > Lines Only 命令用于只删除线，其下的关键点并不删除。对应的命令是 LDELE。

⑩Main Menu > Preprocessor > Delete > Lines and Below 命令用于删除线及其下线的关键点。对应的命令是 LDELE。

3.面

平面用来代表 2D 实体，如平板或轴对称物体。平面和曲面都可以用来代表三维实体的表面。面可以直接产生，也可以通过定义体产生。

(1) 创建面

ANSYS 提供了大量面的原型，包括矩形、圆、多边形等。这里只介绍自底向上方式创建面的方法。面的创建有两种方式：直接生成和从已有面生成。

创建面的菜单路径为 Main Menu > Preprocessor > Create > Arbitrary，其下拉菜单如图 6 – 45 所示。

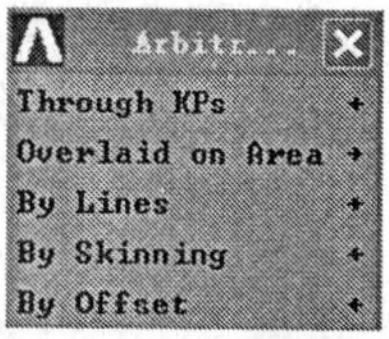

图 6 – 45　创建面的菜单

①Through KPs：通过连接关键点生成面，对应的命令是 A。

②By Lines：通过边界线生成面，对应的命令是 AL。

③By Skinning：通过引导线由蒙皮生成光滑曲面，对应的命令是 ASKIN。该命令的具体操作步骤是：首先指定一系列的引导线，ANSYS 把这些引导线作为肋条，然后用光滑曲线连接线的起点和端点。如图 6 – 46 所示是通过引导线连接 3 条曲线生成面的典型例子，每一个面最多可以定义这样的 9 条曲线。

④By Offset：通过偏移一个面生成新的面。对应的命令是 AOFFST。

⑤Overlaid On Area：复制面的一部分。对应的命令是 ASUB。

图 6－46　通过引导线生成光滑曲面

(2) 面的操作

其他生成面的操作如下。

①Main Menu > Preprocessor > Create > Area Fillet 命令用于通过对两个面倒圆角生成面。

②Main Menu > Preprocessor > Operate > Extrude/Sweep > Along Lines 命令用于通过沿一条线扫掠另一条线生成一个面。对应的命令为 ADRAG。

③Main Menu > Preprocessor > Operate > Extrude/Sweep > About Axis 命令用于沿某轴旋转一条线生成一个面。对应的命令是 AROTAT。

④Main Menu > Preprocessor > Copy > Areas 命令用于复制面。对应的命令为 AGEN。

⑤Main Menu > Preprocessor > Reflect > Areas 命令用于镜像面。对应的命令为 ARSYM。

⑥Main Menu > Preprocessor > Move/Modify > Transfer Coord > Areas 命令用于将面转移到另一个坐标系中。对应的命令为 ATRAN。

⑦Main Menu > Preprocessor > Operate > Calc Geom Items > Of Areas 命令用于计算并输出选定面的统计信息，包括面积、质心位置、转动惯量和体积等。这种计算是在全局笛卡儿坐标系下进行的，并且默认假定面有一个单位长度的厚度，除非已经对面指定了单元属性(AATT，对应的菜单路径为 Main Menu > Preprocessor > Define > All Areas 或者 Picked Areas)。这种计算的结果可以用 *GET 和 *VGET 命令来获取，以用于后续操作。对应的命令是 ASUM。

面也有查看、选择和删除等操作，与线的操作完全一样。与线和点一样，面也只有在其不从属于某个体或未划分网格时，才能被重新定义、修改和删除。

通过对面进行布尔操作，能形成复杂形体；对体进行布尔操作，也能生成面。详细内容请参见 6.4。

4.体

体用于描述三维实体。在自底向上建模方式中，对边界线或面不规则的体，通常是先建立关键点，再连接成线、面、体。事实上，体通常用自顶向下的方法创建。

使用自底向上方式创建体的方法有如下几种。

(1)Main Menu > Preprocessor > Create > Arbitrary > Through KPs 命令用于通过直接连接关键点创建体。对应的命令是 V。

(2)Main Menu > Preprocessor > Create > Arbitrary > By Areas命令用于通过几个面边界定义体。对应的命令是 VA。

(3)Main Menu > Preprocessor > Operate > Extrude/Sweep > Along Normal命令用于将面沿其垂直正方向偏移生成体。对应的命令是 VOFFST。

(4)Main Menu > Preprocessor > Operate > Extrude/Sweep > By XXZ Offset命令用于通过对面进行拉伸或者缩放生成体。对应的命令是 VEXT。

(5)Main Menu > Preprocessor > Operate > Extrude/Sweep > About Axis命令用于将面沿当前坐标系下的某个轴旋转生成体。对应的命令是 VROTAT。

(6)Main Menu > Preprocessor > Operate > Extrude/Sweep > Along Lines命令用于将面沿线扫掠生成体。对应的命令是 VDRAG。扫掠生成体的过程中，要注意两点：面应当与路径线的起点尽可能接近；生成的各扫掠面之间应当尽可能平行，否则可能发生自交叉，造成分网困难。

与面一样，体也可以进行复制、镜像或者将一种坐标系下的体转换到另一坐标系下。体也可以列表(Utility Menu > List > Volumes或 Utility Menu > List > Picked Entities > Volumes)、显示(Utility Menu > Plot > Volumes)、选择(Utility Menu > Select > Entities)和删除(Main Menu > Preprocessor > Delete > Volume Onl或 Volume and Below)。

自底向上建立的体也可以像 ANSYS 提供的体原型那样，进行布尔操作，以完成对体的进一步修改。

6.3.3 自顶向下建模

ANSYS 提供了大量的基本原型，利用这些原型，可以直接创建面、体及其下级的图元。这就避免了由关键点定义顶点，再生成线、面、体的麻烦。ANSYS 还提供了大量布尔操作和其他修改命令，以方便创建复杂形体。

开始建立的体或面称为图元。它是预先定义好的具有参数化物征的几何体，如圆、多边形和球体。二维图元包括矩形、圆、三角形和其他多边形如图 6 - 47 所示。当建立二维图元时，ANSYS 将定义一个面，并包括其下层的线和关键点。三维图元包括块体、圆柱体、棱体、球体和圆锥体如图 6 - 48 所示。当建立三维图元时，ANSYS 将定义一个体，并包括其下层的面、线和关键点。

1.二维基本图元

二维基本图元包括矩形(Rectangle)、圆和环形(Circle)、多边形(Polygon)。所有面的操作都在工作平面上进行。

(1) 矩形

①Main Menu > Preprocessor > Create > Rectangle > By 2 Corner命令用于通过在工作平面上选取两个角点来生成矩形，为了精确创建矩形，也可以在弹出选取对话框后，直接在选取框内输入角点的坐标值。对应的命令是 BLC4。

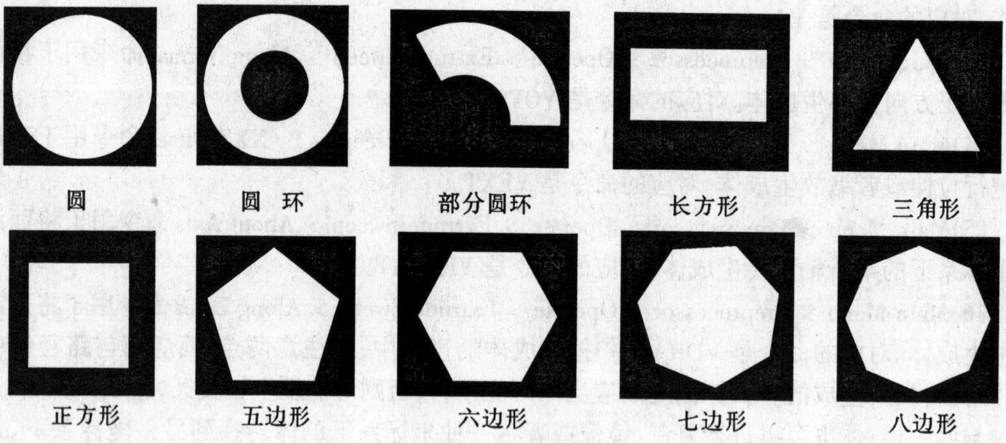

图 6 – 47　二维基本图元

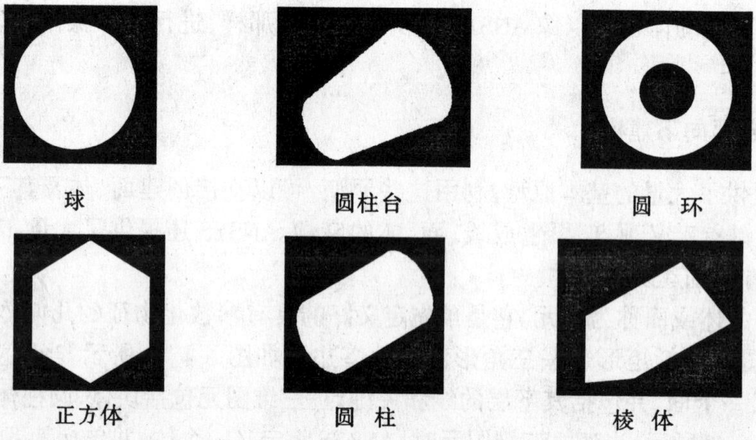

图 6 – 48　三维图元

②Main Menu > Preprocessor > Create > Rectangle > By Centr & Cornr 命令用于通过选取中心点和角点生成矩形。对应的命令是 BLC5。

③Main Menu > Preprocessor > Create > Rectangle > By Dimensions 命令用于通过直接输入矩形的坐标范围来定义。对应的命令是 RECTNG。

(2) 圆和环

①Main Menu > Preprocessor > Create > Circle > Solid Circle 命令用于通过在工作平面上

选取中心点和半径定义实心圆。对应的命令是 CYL4。

②Main Menu > Preprocessor > Create > Circle > Annulus 命令用于通过选取中心点和内外半径定义环，内外半径与选取顺序无关，大的值为外半径，小的值为内半径。对应的命令是 CYL4。

③Main Menu > Preprocessor > Create > Circle > Partial Annulus 命令用于通过选取中心点和内外半径定义部分环，它只能定义不大于 180° 的区域，内外半径和的角度都与选取顺序无关。对应的命令是 CYL4。

④Main Menu > Preprocessor > Create > Circle > By End Points 命令用于通过端点定义环形区域。对应的命令是 CYL5。

⑤Main Menu > Preprocessor > Create > Circle > By Dimensions 命令用于生成以工作平面原点为圆心的环。对应的命令是 PCIRC。

(3) 多边形

Main Menu > Preprocessor > Create > Polygon 命令用于创建多边形，主要用于创建正多边形。有如下几种创建类型和方法。

①Triagle：在工作平面的任意位置创建正三角形。

②Square：在工作平面的任意位置创建正方形。

③Pentagon：在工作平面的任意位置创建正五边形。

④Hexagon：在工作平面的任意位置创建正六边形。

⑤Septagon：在工作平面的任意位置创建正七边形。

⑥Octagon：在工作平面的任意位置创建正八边形。

⑦By Inscribed Rad：创建圆的内接多边形，需要设置多边形的边数和圆半径，这样创建的多边形中心在工作平面原点。对应的命令是 RPOLY。

⑧By Circumscr Rad：创建圆的外切多边形，需要设置多边形的边数和圆半径，这样创建的多边形中心在工作平面原点。对应的命令是 RPOLY。

⑨By Side Length：通过指定多边形的边数和边长创建多边形，其中心也在工作平面原点。

⑩By Vertices：通过依次选取顶点创建多边形，要注意在选取时的合理顺序，以避免产生自交叉。对应的命令是 RP12。

(4) 缝隙

两个相接触原型之间会产生不连续的缝隙，只有把这些原型组合起来，才能消除缝隙。否则，即使通过合理设置网格单元，使得网格看起来是连续的，也可能产生不正确结果。如图 6－49 所示，图(a) 表示要求解的模型，两个矩形单元相连接，在右矩形底部固定，最左边施加向下的力。图(b) 表示网格之间不连续，即节点并没有与节点相连。图(c) 表示由于合理选取了单元边，使得网格看上去连续了。图(d) 表示两个矩形原型没有组合起来时的求解结果，由于存在缝隙，左边矩形的应力和应变都没有传递到右侧矩形上去，网格也不连续了，这显然是不正确的。图(e) 表示组合了两个矩形后的模型。图(f) 表示组合后的计算结果，左侧矩形向下弯曲，右侧矩形向左弯曲，正与期待的情况相符。

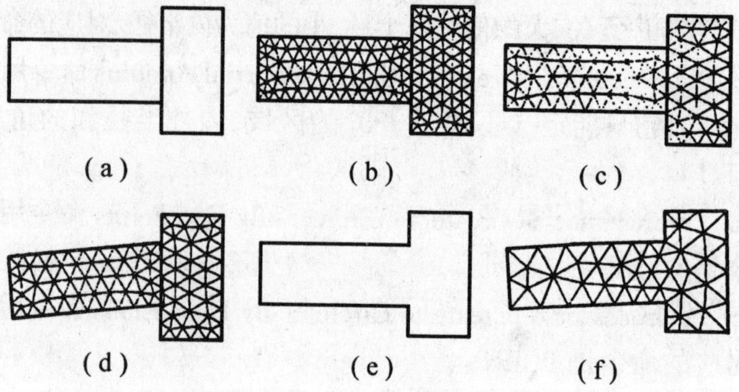

图 6－49　缝隙对求解的影响示意图

对面元而言，缝隙的消除可以通过选择 Main Menu > Preprocessor > Operate > Add > Areas 命令进行加操作，通过选择 Main Menu > Preprocessor > Operate > Glue > Areas 命令进行粘接操作，或者选择 Main Menu > Preprocessor > Numbering Ctrls > Merge Items 命令进行合并操作。

2. 三维图元

体是三维实体，必须具有一定的体积，也就是说，不能创建退化为面的体。ANSYS 提供的三维图元包括长方体、柱体、球体或球体的局部、锥体或截锥体、环或环的部分。

(1) 长方体

①Main Menu > Preprocessor > Create > Block > By 2 Corners & Z：首先在工作平面上选取两个点作为长方体的底面，然后，设置或者选取长方体的高。对应的命令是 BLC4。

②Main Menu > Preprocessor > Create > Block > By Centr，Cornr，Z：首先在工作平面上选取长方体的底面中心和角点，然后，设置或者选取长方体的高。对应的命令是 BLC5。

③Main Menu > Preprocessor > Create > Block > By Dimensions：在基于工作平面坐标系上输入长方体坐标。

(2) 柱体

柱体包括圆柱体和棱柱体。创建柱体时，通常首先创建柱体的端面，然后创建其高度。

①Main Menu > Preprocessor > Create > Cylinder > By Dimensions 命令用于以工作平面原点为圆心生成一个圆柱体，也就是说，其轴线为 z 轴。对应的命令是 CYLIND。

②Main Menu > Preprocessor > Create > Cylinder > Solid Cylinder，Hollow Cylinder，Partial Cylinder 命令用于在工作平面的任意位置生成柱体，三种方式与生成圆和圆环的方式一样，只是此时多了一个柱体高度。对应的命令是 CYL4。

③Main Menu > Preprocessor > Create > Cylinder > By End Pts & Z 命令用于通过定义端点

和高度生成圆柱体。对应的命令是 CYL5。

④Main Menu > Preprocessor > Create > Prism 命令用于生成正多棱柱体，首先在工作平面上定义正多边形，这与生成正多边形的操作一样，然后，设置棱柱体的高度。对应的命令分别为 RPRISM 和 RPR4。

(3) 球体和球壳

①Main Menu > Preprocessor > Create > Sphere > Solid Sphere 命令用于生成实心球体，只需要定义球心位置(必须在工作平面上) 和球体半径即可。对应的命令是 SPH4。

②Main Menu > Preprocessor > Create > Sphere > Hollow Sphere 命令用于生成空心球体即球壳，只需要定义球心位置(必须在工作平面上) 和球壳内外半径即可。对应的命令是 SPH4。

③Main Menu > Preprocessor > Create > Sphere > By End Points 命令用于通过在工作平面上选取两个点，作为球体的大圆来生成球体。对应的命令是 SPH5。

④Main Menu > Preprocessor > Create > Sphere > By Dimension 命令用于通过输入内外半径、起始角度和终点角度来生成圆心在工作平面原点的部分球壳。对应的命令是 SPHERE。

(4) 锥体和环体

①Main Menu > Preprocessor > Create > Cone > By Picking 命令用于通过选取方式生成锥体，需要锥体底面中心位置，选取上下底面的半径，选取或设置锥体的高度。对应的命令是 CON4。

②Main Menu > Preprocessor > Create > Cone > By Dimension 命令用于以工作平面的原点为中心生成锥体。对应的命令是 CONE。CONE 定义对话框如图 6 - 50 所示。

a.RBOT 为锥体底部半径，RTOP 为顶部半径，如果不设置，则半径为 0，表示这是一个锥体；如果设置了值，表示其为截锥体；如果 RTOP = RBOT，创建的将是一个圆柱体。

b.Z1 和 Z2 是坐标值，该坐标值是相对于工作平面的，无论如何设置，小值对应于底部半径，大值对应于顶部半径。

c.THETA1 和 THETA2 对应于部分锥体的起始位置和终点位置。该角度以工作平面的 x 向为基准。

③Main Menu > Preprocessor > Create > Torus 命令用于生成环体，需要定义环体的内外半径和主半径，这样生成的环体，其主半径位于坐标平面上。所以，还可以指定从坐标平面 x 轴顺时针旋转的环体的起始和终止位置，以生成部分环体。

与面原型一样，两个相接触的体原型之间存在不连续的缝隙，当其为一个整体时，必须消除该缝隙。

3.质量和惯量计算

在 ANSYS 中，计算与几何形状相关的物体特性是有意义的，这些特性依据所计算的图元类型不同而有所不同。主要包括：

(1) 对与选定关键点相关的质心位置、转动惯量等，使用 Main Menu > Preprocessor > Operate > Calc Geom Items > Of Keypoints 命令；

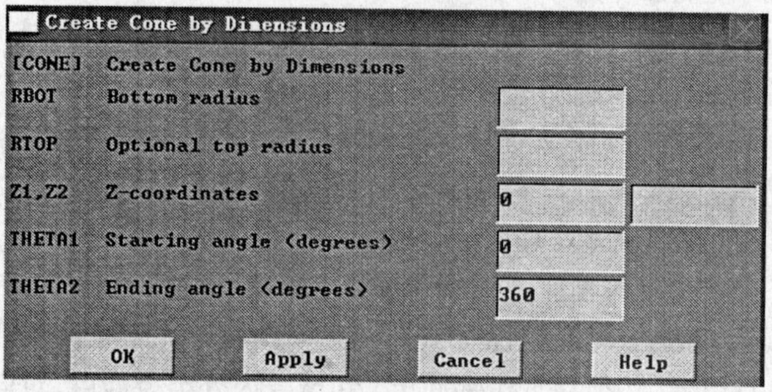

图 6－50　创建锥体对话框

(2) 对与选定线相关的特性，如长度、质心位置、转动惯量等，使用 Main Menu > Preprocessor > Operate > Calc Geom Items > Of Lines 命令；

(3) 对与选定面相关的特性，如面积、质心位置、转动惯量等，使用 Main Menu > Preprocessor > Operate > Calc Geom Items > Of Areas 命令；

(4) 对与体相关的特性，如体积、质心位置、转动惯量等，使用 Main Menu > Preprocessor > Operate > Calc Geom Items > Of Volumes 命令；

(5) 同时计算上面提到的点、线、面体的所有几何项，使用 Main Menu > Preprocessor > Operate > Calc Geom Items > Of Geometry 命令。注意，对非常细的面和非常薄的体(其最大边长与最小边长的比小于 0.01)，面与体的相关计算命令可能不会得出结果，这时，需要拆分该图元，以使其最大边长与最小边长之比大于 0.05。

6.4　用布尔运算处理实体模型

在布尔代数中，对一组数据可用诸如交、并、减等逻辑运算处理。ANSYS 程序中允许用户对实体模型进行同样的布尔运算，这样修改实体模型就更加容易了。

几乎可以对任何实体模型进行布尔运算操作，无论是自顶向下还是自底向上构造的实体模型。例外的是通过连接生成的图元对布尔运算无效，对退化的图元也不能进行某些布尔运算。完成布尔运算之后，紧接着就是实体模型的加载和单元属性的定义。如果用布尔运算修改了已有的模型，应该注意的是重新进行单元属性和加载的定义。

6.4.1　布尔运算的设置

设置布尔运算的方法如下。

命令：BOPTN

GUI:Main Menu > Preprocessor > Operate > Settings

这些设置包括两方面。

1.是否保留原始图元

对两个或多个图元进行布尔运算时，需要用户确定是否保留原始图元可以用 BOPTN, Lab, Value 命令来控制是否保留原始图元。一般来说对依附于高级图元的低级图元进行布尔运算是允许的。不能对已划分网格的图元进行布尔操作。必须在执行布尔操作前将网格从实体中消除。

2.其他有用的 BOPTN 设置

BOPTN 命令的 NWARN 项允许用户控制警告信息。值“0”将使布尔运算无效时显示警告信息。值“1”将消除布尔运算无效的所有警告或错误信息，值“-1”将显示布尔运算无效时的错误信息。版本标记用来控制采用何种版本的 ANSYS 程序对由布尔操作产生的图元进行编号。

6.4.2　交运算

交运算的结果是由每个初始图元的共同部分形成一个新图元。也就是说，交表示两个或多个图元的重复区域。这个新的图元可能与原始的图元有相同的维数，也可能低于原始图元的维数。例如两条线的交可能只是一个关键点（或关键点的集合），也可能是一条线（或线的集合）。

1.生成线的交(图 6-51)

命令:LINL

GUI:Main Menu > Preprocessor > Operate > Intersect > -Common-Lines

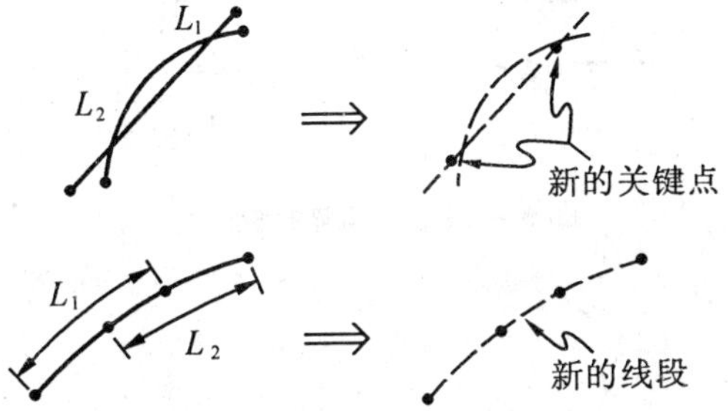

图 6-51　线与线相交

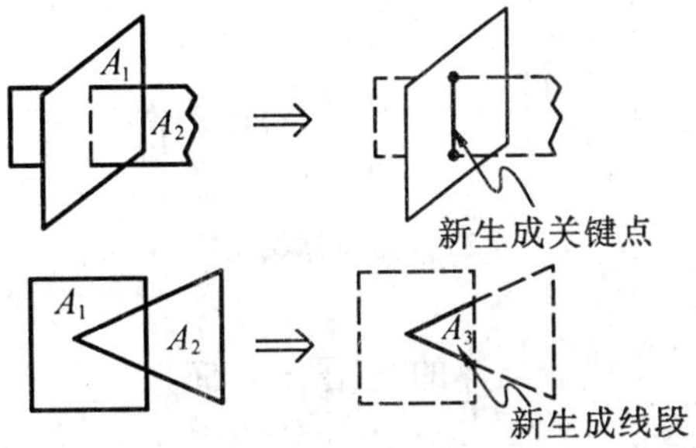

图 6-52　面与面相交

2.生成面的交(图 6-52)

命令:AINA

GUI:Main Menu > Preprocessor > Operate > Intersect > -Common-Areas

3.生成体的交(图 6-53)

命令:VINV

GUI: Main Menu > Preprocessor > Operate > Intersect > – Common – Volumes

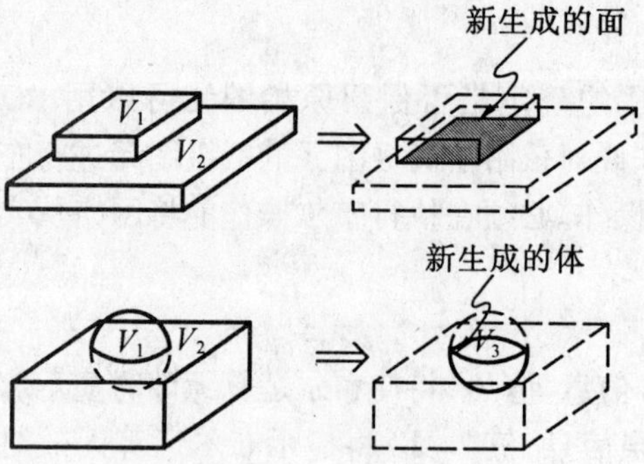

图 6 – 53　体与体相交

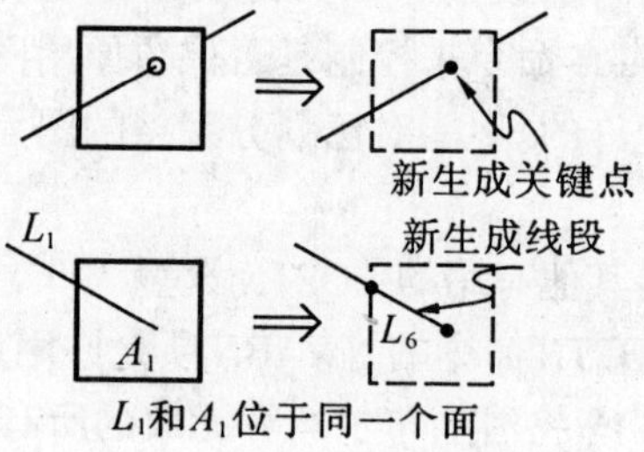

图 6 – 54　线与面相交

4.生成线与面的交(图 6 – 54)

命令:LINA

GUI: Main Menu > Preprocessor > Operate > Intersect > Line with Area

5.生成面与体的交(图 6 – 55)

命令:AINV

GUI: Main Menu > Preprocessor > Operate > Intersect > Area with Volume

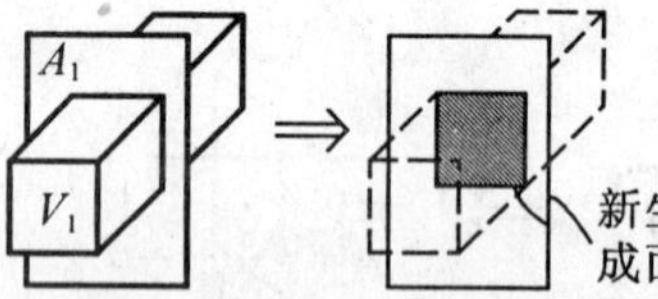

图 6 – 55　面与体相交

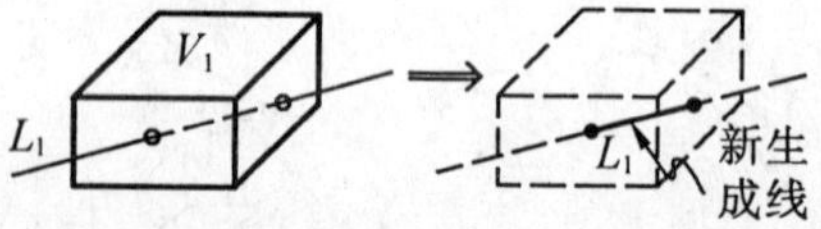

图 6 – 56　线与体相交

6.生成线与体的交(图 6 – 56)

命令:LINV

GUI: Main Menu > Preprocessor > Operate > Intersect > Line with Volume

6.4.3　加运算

加运算的结果是得到一个包含各个原始图元所有部分的新图元(这种运算也称为并、连接或和)。这样形成的新图元是一个单一的整体,没有接缝(实际上,加运算形成的图元在网格划分时常不如搭接形成的图元)。在 ANSYS 程序中只能对三维实体或二维共面的面进行加操作。面相加可以包含面内的孔,即内环。

1.将两个面相加生成一个面(图6－57)

命令:AADD

GUI:Main Menu > Preprocessor > Operate > Add > Aras

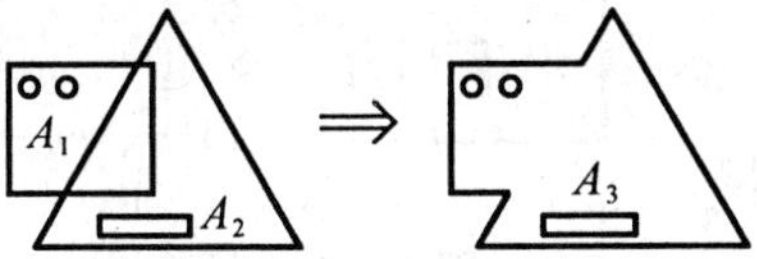

图6－57 面的加运算

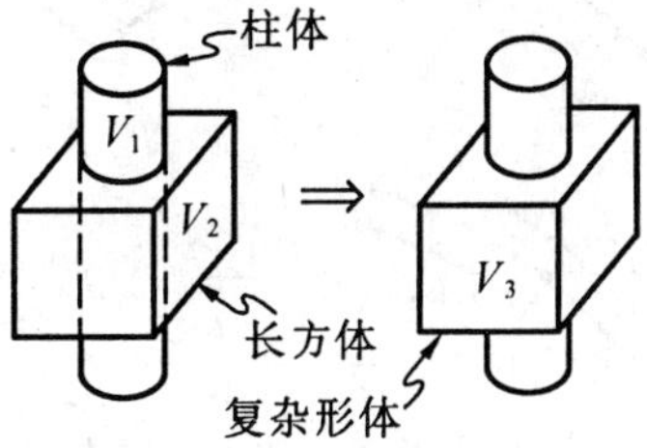

图6－58 体的加运算

2.将两个体相加生成一个体(图6－58)

命令:VADD

GUI:Main Menu > Preprocessor > Operate > Add > Volumes

6.4.4 减运算

如果从某个图元(E1) 减去另一个图元(E2),其结果可能有两种情况:一是生成一个新图元 E3(E1 － E2 > = E3),E3 与 E1 有同样的维数,且与 E2 无搭接部分;另一种情况是 E1 与 E2 的搭接部分是个低维的实体。这时结果将 E1 分成两个或多个新的实体(EI － E2 > = E3,E4)。

1.线减去线(图6－59)

命令:LSBL

GUI:Main Menu > Preprocessor > Operate > Subtract > Lines

Main Menu > Preprocessor > Operate > Subtract > With Options > Lines

Main Menu > Preprocessor > Operate > Divide > Line by Line

Main Menu > Preprocessor > Operate > Divide > With Options > Line by Line

2.面减去面(图6－60)

命令:ASBA

GUI:Main Menu > Preprocessor > Operate > Subtract > Areas

Main Menu > Preprocessor > Operate > Subtract > With Options > Areas

Main Menu > Preprocessor > Operate > Divide > Area by Area

Main Menu > Preprocessor > Operate > Divide > With Options > Area by Area

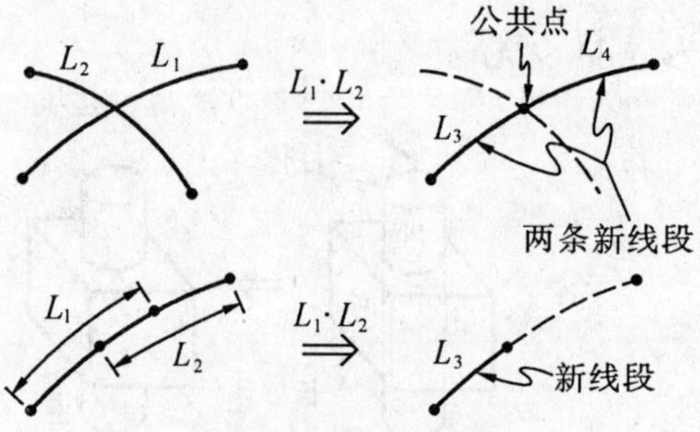

图 6 – 59　线线相减

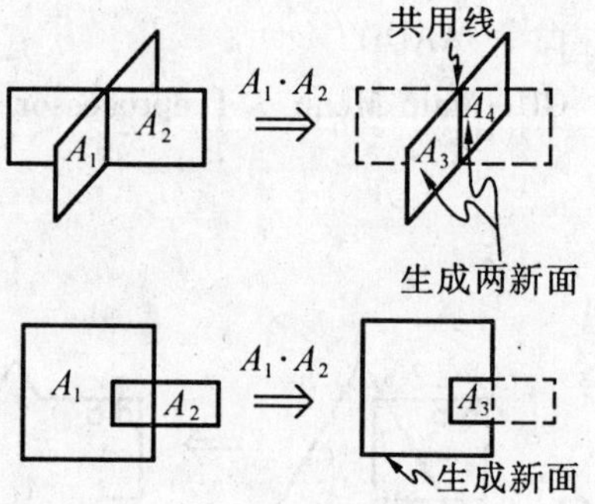

图 6 – 60　面面相减

3. 体减去体(图 6 – 61)

命令:VSBV

GUI:Main Menu > Preprocessor > Operate > Subtract > Volumes

Main Menu > Preprocessor > Operate > Subtract > With Options > Volumes

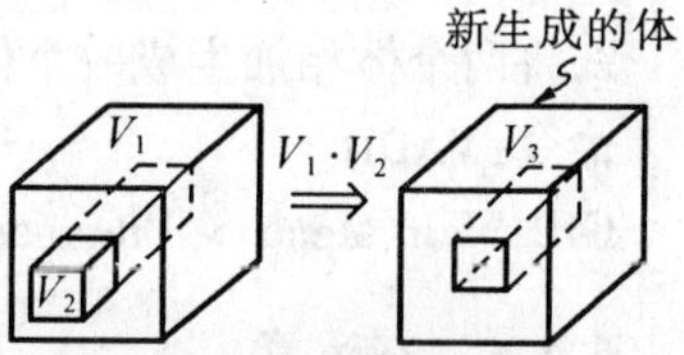

图 6 – 61　体体相减

4. 线减去面(图 6 – 62)

命令:LSBA

GUI:Main Menu > Preprocessor > Operate > Divide > Line by Area

Main Menu > Preprocessor > Operate > Divide > With Options > Line by Are

5. 线减去体(图 6 – 63)

命令:LSBV

GUI:Main Menu > Preprocessor > Operate > Divide > Line by Volume

Main Menu > Preprocessor > Operate > Divide > With Options > Line by Volume

6. 面减去体(图 6 – 64)

命令:ASBV

GUI:Main Menu > Preprocessor > Operate > Divide > Area by Volume

Main Menu > Preprocessor > Operate > Divide > With Options > Area by Volume

7. 面减去线(图 6 – 65)

命令:ASBL

GUI:Main Menu > Preprocessor > Operate > Divide > Area by Line

Main Menu > Preprocessor > Operate > Divide > With Options > Area by Line

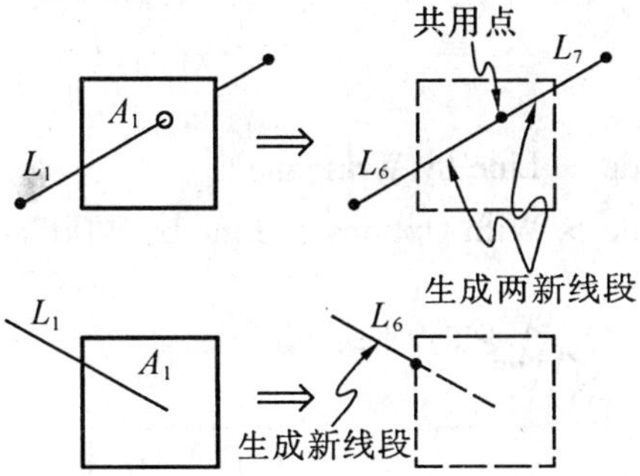

图6-62 线中减去面

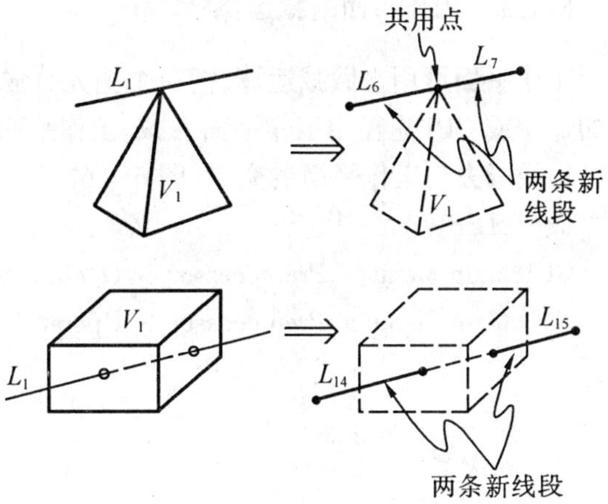

图6-63 线中减去体

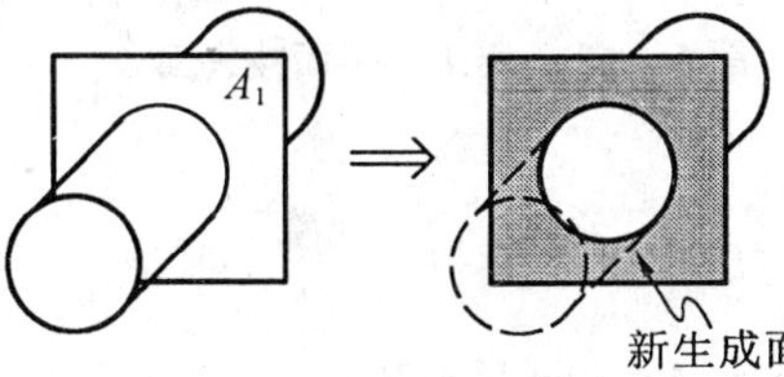

图6-64 面中减去体

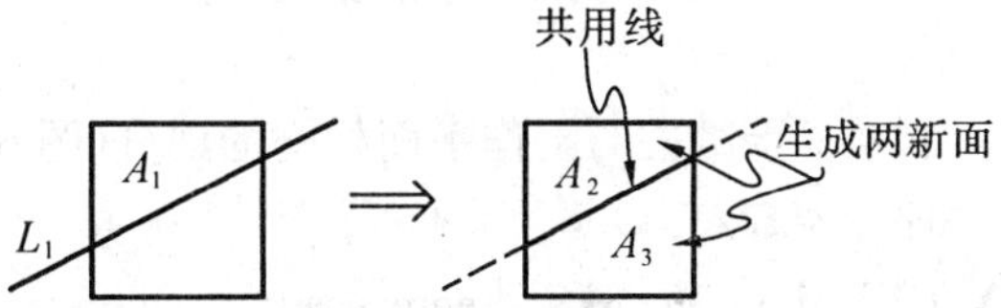

图6-65 面中减去线

8.从体中减去面(图6-66)

命令:VSBA

GUI: Main Menu > Preprocessor > Operate > Divide > Volume by Area

Main Menu > Preprocessor > Operate > Divide > With Options > Volume by Area

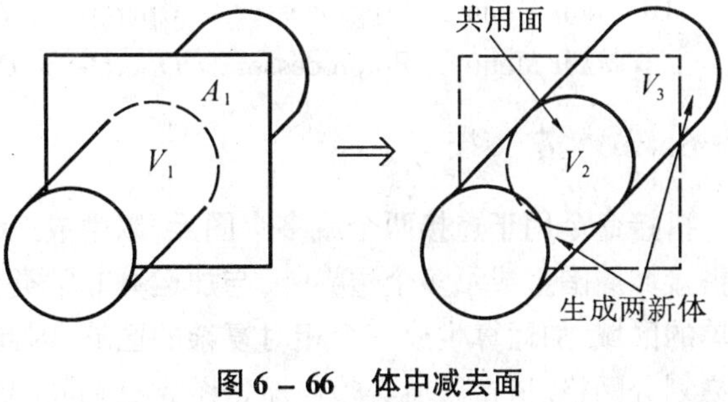

图6-66 体中减去面

6.4.5 工作平面的减运算

工作平面可用来做减运算,把一个图元分成两个或更多的图元。可以将线、面或体利用以下的命令或 GUI 途径用工作平面去减。工作平面常用来去切已有未划分映射网格的模型。

1.线减去与工作平面的交点(图 6 – 67)

命令:LSBW

GUI:Main Menu > Preprocessor > Operate > Divide > Line by WrkPlane

Main Menu > Preprocessor > Operate > Divide > With Options > Line by WrkPlane

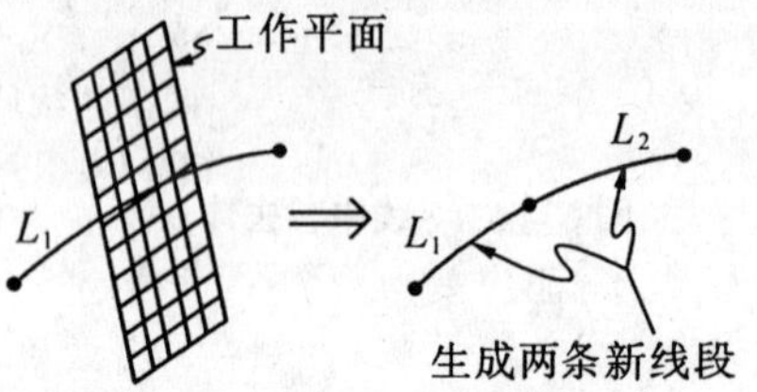

图 6 – 67 用工作平面减去线

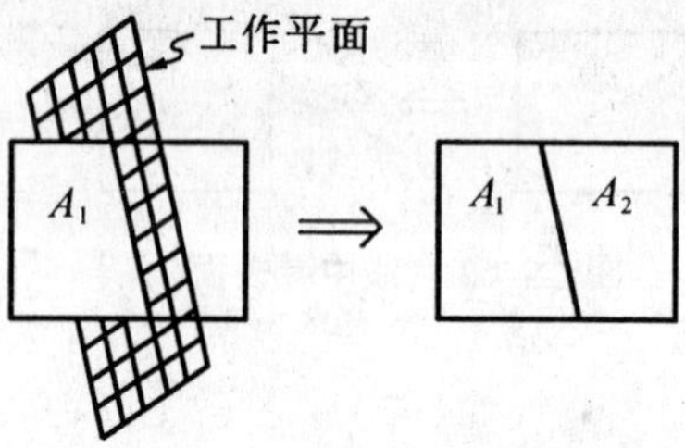

图 6 – 68 用工作平面减去面

2.从面上减去与工作平面相交的部分(图 6 – 68)

命令:ASBW

GUI:Main Menu > Preprocessor > Operate > Divide > Area by WrkPlane

Main Menu > Preprocessor > Operate > Divide > With Options > Area by WrkPlane

3.从体上减去与工作平面相交的部分(图 6 – 69)

命令:VSBW

GUI:Main Menu > Preprocessor > Operate > Volu by WrkPlane

Main Menu > Preprocessor > Operate > Divide > With Options > Volu by WrkPlane

6.4.6 搭 接

搭接命令用于连接两个或多个图元,以生成三个或更多个新的图元的集合。搭接命令除了在搭接域周围生成了多个边界外,与加运算非常类似。也就是说,搭接操作生成的是多个相对简单的区域,加运算生成一个相对复杂的区域。因此,搭接生成的图元比加运算生成的图元更容易划分网格。搭接区域必须与原始图元有相同的维数。

1.搭接线(图 6 – 70)

命令:LOVLAP

GUI:Main Menu > Preprocessor > Operate > Overlap > Lines

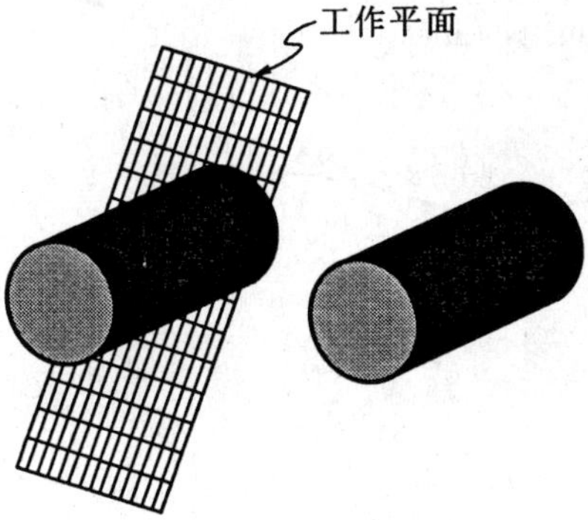

图 6－69　用工作平面减去体

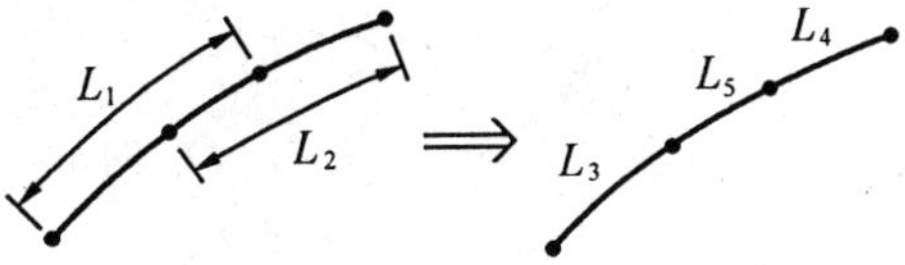

图 6－70　线与线搭接

2.搭接面(图 6－71)

命令:AOVLAP

GUI:Main Menu > Preprocessor > Operate > Overlap > Areas

3.搭接体(图 6－72)

命令:VOVLAP

GUI:Main Menu > Preprocessor > Operate > Overlap > Volumes

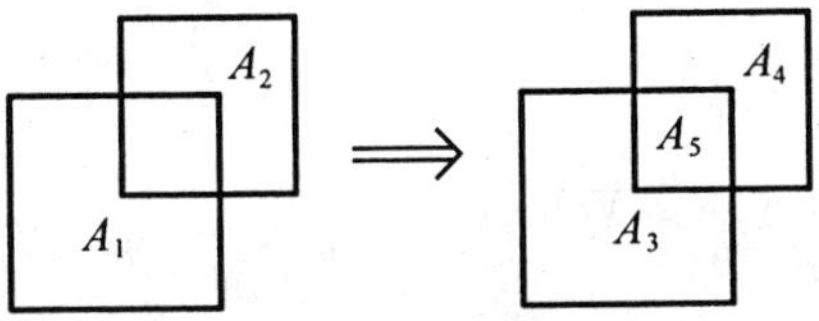

图 6－71　面与面搭接

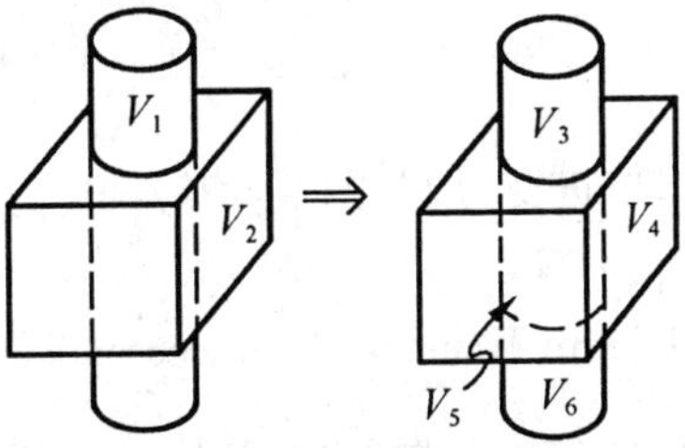

图 6－72　体与体搭接

6.4.7　分　割

分割命令用于连接两个或多个图元,以生成三个或更多新图元的集合。如果搭接区域与原始图元有相同的维数,那么分割结果与搭接结果相同。但是与搭接操作不同的是,没有参加搭接的输入图元将不被删去。

布尔分割命令如下。

1.对线进行分割(图 6－73)

命令:LPTN

GUI:Main Menu > Preprocessor > Operate > Partition > Lines

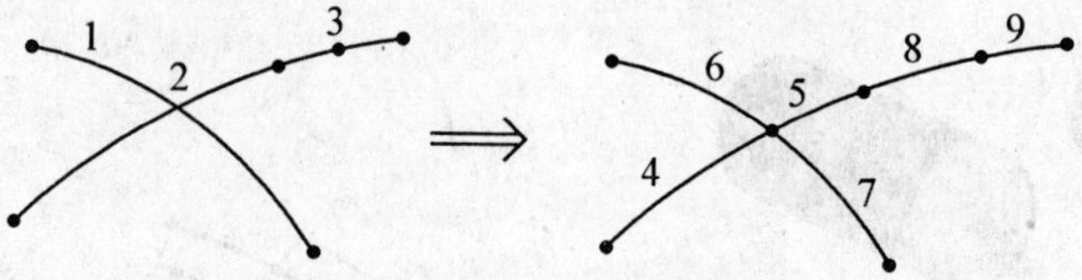

图 6-73　线分割

2.对面进行分割(图 6-74)

命令:APTN

GUI:Main Menu > Preprocessor > Operate > Partition > Areas

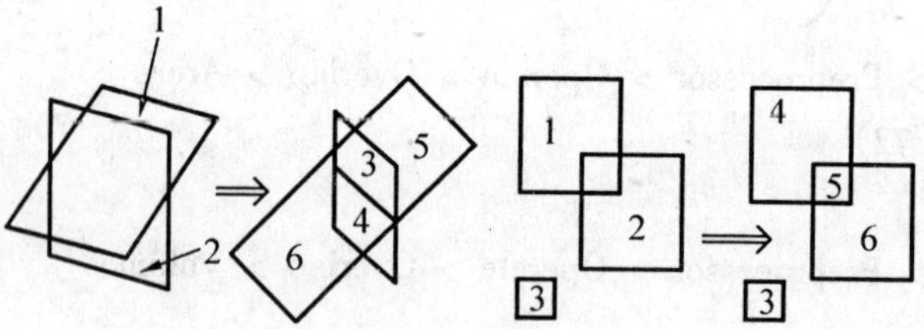

图 6-74　面分割

3.对体进行分割(图 6-75)

命令:VPTN

GUI:Main Menu > Preprocessor > Operate > Partition > Volumes

6.4.8　粘　接(或合并)

粘接命令与搭接命令类似,只是图元之间仅在公共边界处相关,且公共边界的维数低于原始图元一维。这些图元之间仍然相互独立,只是在边界上搭接。

1.通过粘接线生成新线(图 6-76)

命令:LGLUE

GUI:Main Menu > Preprocessor > Operate > Glue > Lines

2.通过粘接面生成新的面(图 6-77)

命令:AGLUE

GUI:Main Menu > Preprocessor > Operate > Glue > Areas

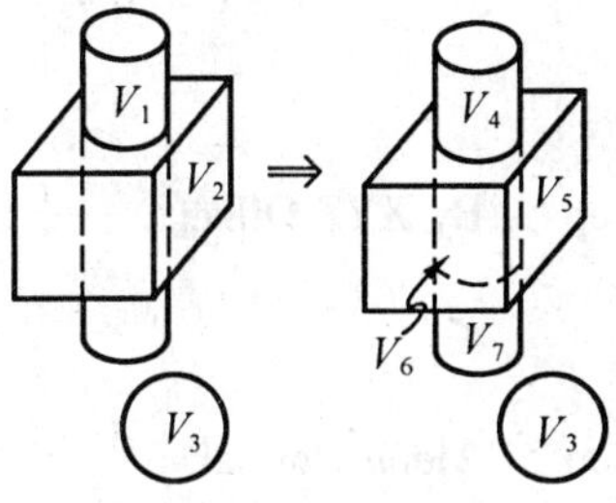

图 6－75　体分割

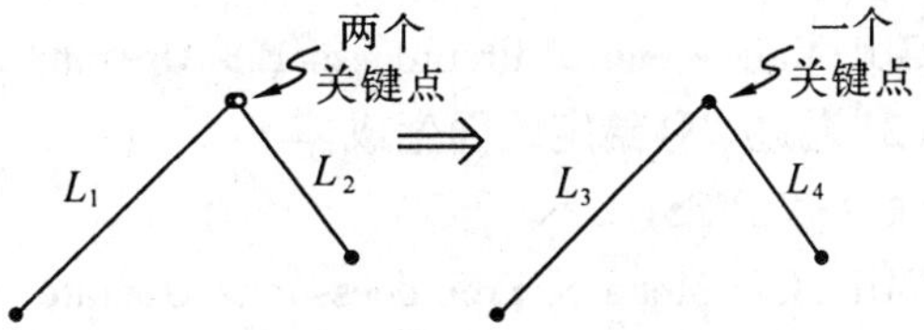

图 6－76　线与线的粘接

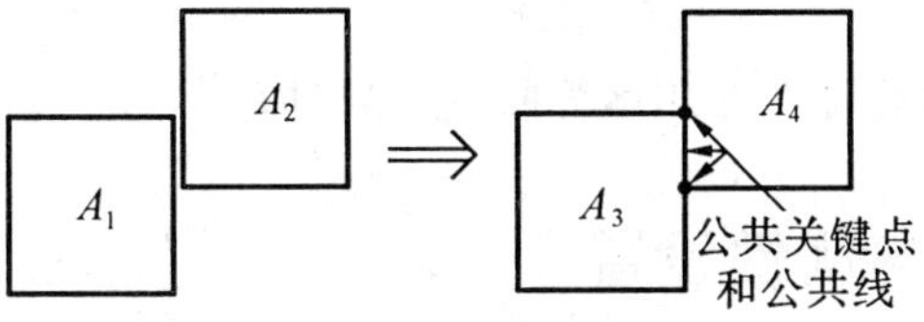

图 6－77　面与面的粘接

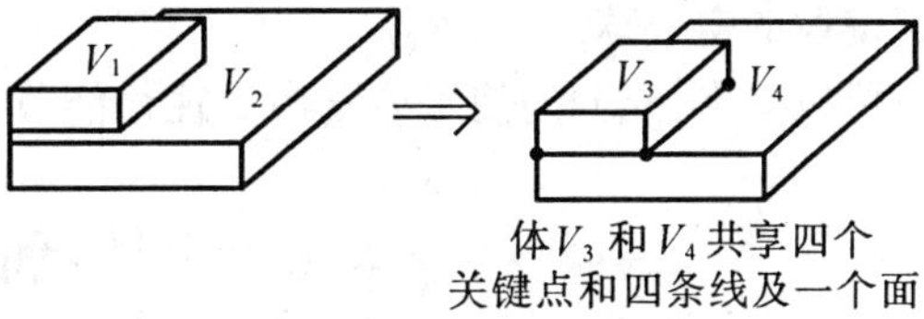

图 6－78　体与体的粘接

3.通过粘接体生成新的体(图 6－78)

命令:VGIUE

GUI:Main Menu > Preprocessor > Operate > Glue > Volumes

6.4.9　布尔运算的替代

布尔运算有时比较费时,有些情况下,可用一些其他命令来代替布尔运算。下面列出一些可以替代布尔运算的操作。

1.拖拉和旋转

用 VDRAG 和 VROTAT 命令定义棱柱体或圆柱体,与用布尔运算生成实体同样方便,但更加高效,例如中间钻了孔的长方体。

(1) 将面沿一条路径拖拉生成体

命令:VDRAG

GUI:Main Menu > Preprocessor > Operate > Extrude/Sweep > Along Lines

(2) 将面绕轴旋转生成圆柱体

命令:VROTAT

GUI:Main Menu > Preprocessor > Operate > Extrude/Sweep > About Axis

2.延伸和偏移

利用 VEXT 和 VOFFST 命令可将二维横截面偏移或延伸成为三维体。

(1) 通过延伸面生成另外的体

命令:VEXT

GUI:Main Menu > Preprocessor > Operate > Extrude/Sweep > By XYZ Offset

(2) 通过偏移给定的面生成体

命令:VOFFST

GUI:Main Menu > Preprocessor > Operate > Extrude/Sweep > Along Normal

3.体素命令的实用选项

对于很多体素命令而言,仅用一条命令即可生成一个相对复杂的形体。例如,用一条 SPHERE 命令(Main Menu > Preprocessor > Create > Sphere > By Dimensions),就可以生成一个指定壁厚的空心球。

可以看出,充分的使用体素命令往往能节省执行几个布尔运算所花费的时间。

6.5 网格划分与属性设置

实体模型建立之后,对其进行网格划分,即可建立有限元模型。对实体模型进行网格划分包括以下三个步骤。

1.定义单元属性

单元属性包括单元类型(element type)、定义实常数(real constants)、定义材料特性(material props)。

2.定义网格生成控制(即设定网格建立所需的参数)

主要用于定义对象边界(即线段)元素的大小与数目,这一步非常重要,它将直接影响分析时的正确性和经济性。一般来说,网格越细得到的结果越好,但网格太细会占用大量的分析时间,造成资源浪费,同时,太细的网格在复杂的结构中,常会造成划分不同网格时的连接困难,这一点需要特别注意。

3.生成网格

完成以上两个步骤就可以进行网格划分,产生网格,建立有限元模型。如果不满意网格划分的结果,可以清除已经生成的网格,并重新进行以上两个步骤,直到满意为止。

进入单元网格划分与材料属性设置的操作命令为

GUI:Main Menu > Preprocessor

执行该命令后,即进入到系统的前处理器,其子菜单如图 6 – 79 所示。

6.5.1 设置单元类型与实常数

1.确定单元类型

确定单元类型是很重要的。在结构静力分析中要用到的典型单元类型有:线单元、壳单元、实体单元(包括2D和3D单元)等。

从单元类别上讲,ANSYS提供了许多不同类别的单元。经常采用的单元有七种。

(1) 线单元

① 梁单元:用于螺栓、薄壁管件、C形截面构件、角钢或细长薄膜构件等模型。梁单元的截面形状如图6－80所示。

② 杆单元:用于弹簧、螺杆预应力螺杆和薄膜桁架等模型。

③ 弹簧单元:用于弹簧、螺杆,或细长构件,或通过刚度等效替代复杂结构等模型。

(2) 壳单元

壳单元用于薄板或曲面模型。壳单元分析应用的基本原则是每块面板的主尺寸不低于其厚度的10倍。

(3) 二维实体单元

二维实体单元必须在全局直角坐标 $x-y$ 平面内建模,用于模拟实体的截面,所有的载荷均作用在 $x-y$ 平面内,并且其响应(位移)也在 $x-y$ 平面内。单元的特性如下。

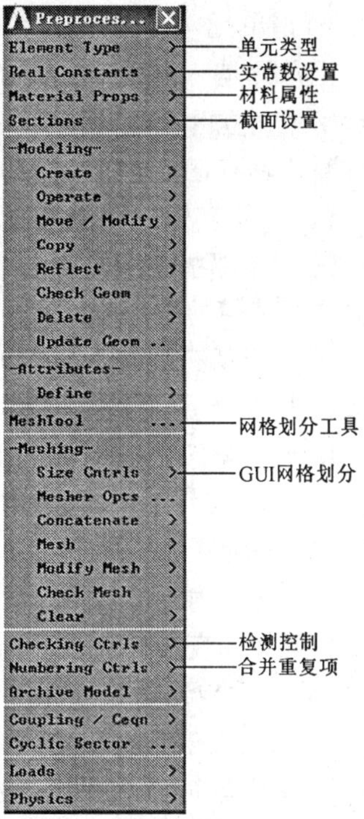

图6－79　前处理子菜单

① 平面应力

平面应力假定沿 z 方向的应力等于零(当 z 方向上的尺寸远远小于 x 和 y 方向上的尺寸才有效,沿 z 方向的应变不等于零,沿 z 方向允许选择厚度),平面应力分析是用来分析诸如承受面内载荷的平板等结构。

图6－80　梁单元截面形状

② 平面应变

平面应变假定沿 z 方向的应变等于零(当 z 方向上的尺寸远远大于 x 和 y 方向上的尺寸才有效,沿 z 方向的应力不等于零),平面应变分析适用于分析等截面细长结构,诸如结构梁。

③ 轴对称

轴对称假定三维实体模型及其载荷是由二维横截面绕 y 轴旋转360°形成的(对称轴必须和整体 y 轴重合,不允许有负的 x 坐标。y 方向是轴向,x 方向是径向,z 方向是周向。周向位移是零,周向应力和应变十分明显)。轴对称分析用于压力容器、直管道、杆等结构。

④ 谐单元

谐单元是一种特殊情形的轴对称,因为载荷不是轴对称的。将轴对称结构承受的非对称载荷分解成傅立叶级数,傅立叶级数的每一部分独立进行求解,然后再合并到一起。这种简化处理本身不具有任何近似。谐单元分析用于非对称的载荷结构,如承受力矩的杆件。

(4) 三维实体单元

① 用于那些由于几何形状、材料、载荷或分析要求考虑细节等原因造成无法采用更简单单元进行建模的结构。

② 用于从三维 CAD 系统转化过来的几何模型,把它转化为二维或壳体需要花费大量的时间和精力。

单元包含有阶数。单元的阶数是指单元函数的多项式阶数。形函数总是根据给定的单元特性来设定的。每一个单元形函数反映单元真实特性的程度,直接影响求解精度。

(5) 线性单元(一次单元)

线性单元内的位移按线性变化,故在大多数情况下,单个单元上的应力是不变的。线性单元对单元扭曲变形很敏感。为了保证求解精度,在应力梯度较大的地方应该划分大量的单元。

(6) 二次单元

二次单元内的位移是二次变化的,故单个单元上的应力状态是线性变化的。二次单元在描述曲线边界或曲面时,要比线性单元更精确,而对单元扭曲变形不敏感。通常情况下,它与线性单元相比,采用的单元个数和自由度个数较少,而得到的结果精度较高。要得到高精度的应力,可采用二次单元。

(7)P - 单元

P - 单元内的位移是从二阶到八阶变化的,而且具有求解收敛自动控制功能。

每种单元的用法在 ANSYS 的帮助文档中都有详细的说明,可用 HELP 命令查看。如果能够熟练掌握各种单元的特性和适用范围,对提高分析效率将非常有用。单击工具栏中的 E - CAE 按钮, 进入 ANSYS 的帮助窗口。从目录中选择 ANSYS Element Reference/Element Characteristics/Pictorial Summary,将看到所有单元的缩略图,如图 6 - 81 所示。

图中简要的显示出单元的适用范围、名称以及单元自由度。若需要具体查看这个单元的使用方法和其他内容介绍时,单击列表中该单元的缩略图即可。

进入设置单元类型的操作命令为 GUI:Main Menu > Preprocessor > Element Type

进入上述子菜单后,可用以下的命令对单元类型进行操作。

Add/Edit/Delete:添加、编辑及删除单元类型。

Switch Elem Type:根据分析的类型将单元类型转换到其相对应的单元。

Add DOF:向当前的自由度集里添加自由度。

2.Real Conetants 实常数的设置

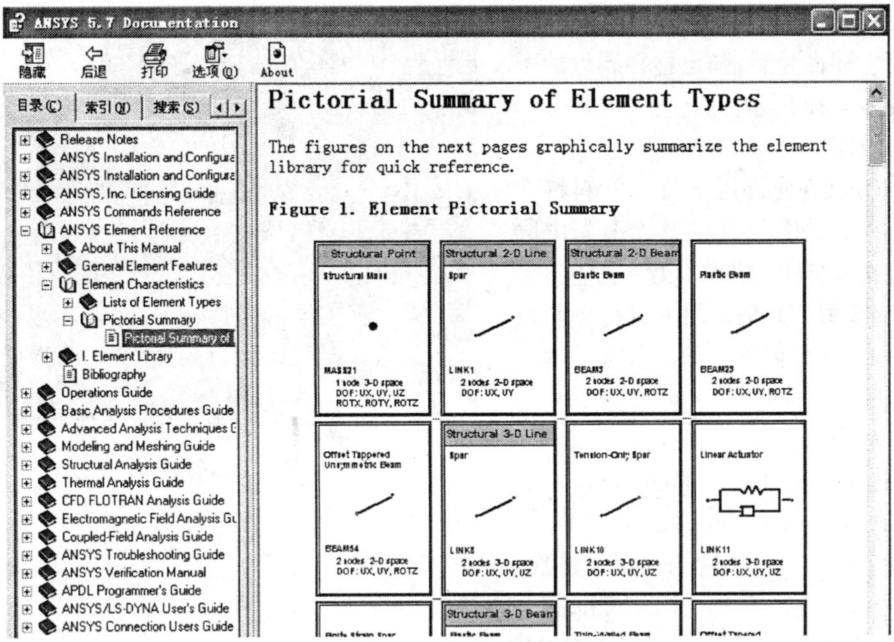

图 6－81　帮助中各种单元的缩略图

当用户选择一种单元进行实常数设置时，应了解该单元是否具有实常数，因为并不是每类单元都有实常数。用下面的命令可以为所定义的单元添加、编辑或删除实常数。

GUI：Main Menu ＞ Preprocessor ＞ Real Conetants ＞ Add/Edit/Delete

6.5.2　材料属性设置

材料属性是与几何模型无关的本构关系，如弹性模量、泊松比、密度等。虽然材料属性并不与单元类型联系在一起，但在计算单元矩阵时，绝大多数单元需要定义材料属性，ANSYS 将材料属性分为

(1) 线性或非线性；

(2) 各向同性、正交异性或非弹性；

(3) 不随温度变化或随温度变化。

在 ANSYS 中，每一组材料属性都有一个材料参考号，与材料特性组对应的材料参考号称为材料表。在每一个分析中，可能有多个材料特性组，即模型中可能要用到多种材料。ANSYS 用惟一的参考号来识别每个材料特性组。

材料属性设置的命令为

GUI:Main Menu > Preprocessor > Material Props

执行上述命令后，弹出材料属性的子菜单如图 6 – 82 所示。

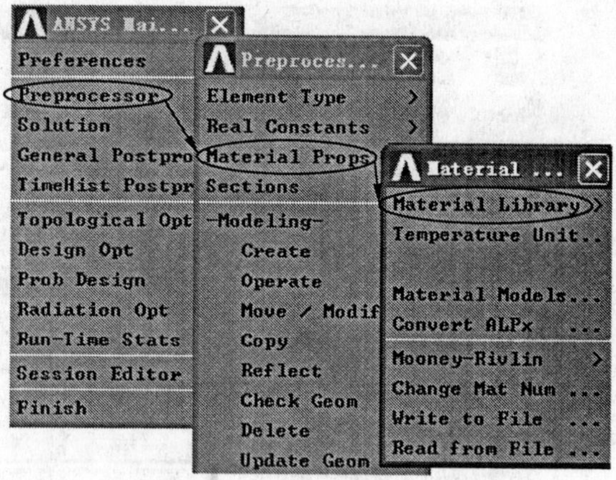

图 6 – 82　设置材料属性子菜单

1.材料库

ANSYS 软件允许用户将一材料特性存入材料库文件中，然后在多个分析中取出该设置重复使用，材料库文件也能够使多个 ANSYS 用户共享常用的材料特性数据。下面将描述如何创建和读取材料库文件。

操作命令为

GUI:Main Menu > Preprocessor > Material Props > Material Library

执行上述命令后出现的子菜单如图 6 – 83 所示。

图 6 – 83　材料库子菜单

(1)Library Path 文件库路径

命令:/MPLIB

GUI:Main Menu > Preprocessor > Material Props > Material Library > Library Path

执行上述命令后，在弹出对话框的输入栏中输入材料文件的路径和材料写文件的路径后，单击 OK 键，完成该命令的设置。

(2)Lib Path Status 显示当前材料库文件读写的路径

命令:/ MPLIB

GUI:Main Menu > Preprocessor > Material Props > Material Library > Lib Path Status

(3)Import Library 从当前材料库中读出材料库文件

命令:MPREAD

GUI:Main Menu > Preprocessor > Material Props > Material Library > Import Library

Main Menu > Solution > Other > Change Mat Props > Material Library > Import Library

执行上述命令后，弹出一个如图 6 – 84 所示的对话框，要求用户首先选择 ANSYS 要使用的单位制，完成设置后，单击"OK"键，弹出如图 6 – 85 所示的对话框，在"Material library file"的选择栏中选择一个材料号文件，单击"OK"键，又弹出一个显示出当前读入材料的相关属性的对话框，关闭该信息框，完成材料库文件的读入操作。

对话框图 6 – 84 中各选项的意义如下：

①SI:国际单位制；

②CGS:CGS单位制,即厘米、克、秒单位制;
③BFT:使用英尺的英制单位制;
④BIN:使用英寸的英制单位制;
⑤USER:用户指定的单位制(默认方式)。

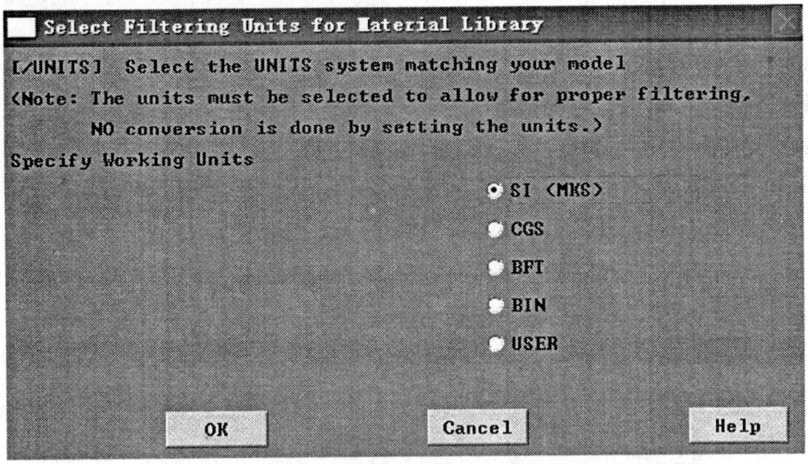

图6-84　为读取材料库文件设置使用单位

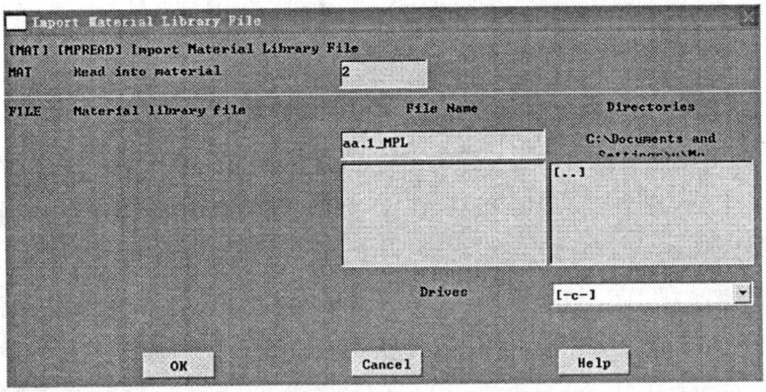

图6-85　读入材料库文件对话框

对话框图6-85中各选项的意义如下:
Read into material:指定一个新的材料参考号或一个将要覆盖已存在的材料号;
Material library file:指定一个与设置单位制相一致的材料库文件。
(4)Export Library将数据库中的材料线性或非线性属性写入到一个文件中

命令:MPWRITE

GUI:Main Menu > Preprocessor > Material Props > Material Library > Export Library

Main Menu > Solution > Other > Change Mat Props > Material Library > Export Library

执行上述命令后,弹出一个对话框,在“Material library file”右面的输入栏中输入一个字符串(不能超过32个字符,默认值是当前工作文件名),在“Existing material to export”中输入一个材料参考号,单击“OK”键,则完成该命令的操作。

(5)Select Units 指定数据的使用单位制

命令:/UNITS

2.Material Models 定义材料模型、材料属性和模型组合

GUI:Main Menu > Preprocessor > Material Props > Material Models

执行上述命令后,弹出如图6-86所示的对话框,通过该对话框,用户能够定义在模型中所需要的所有材料的属性,设置完成后,单击“Material > Exit”,结束材料属性的定义。

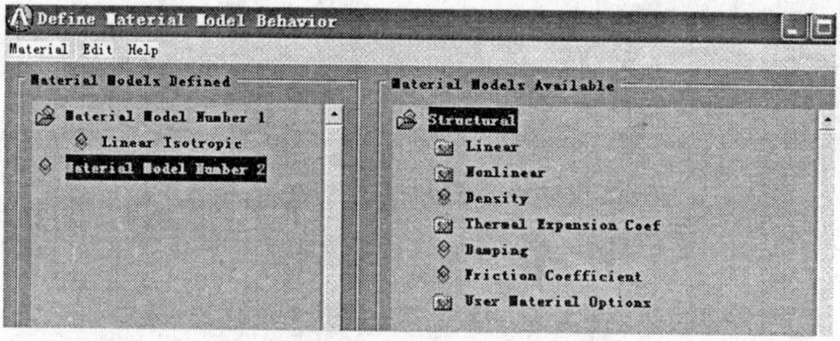

图6-86　材料属性定义对话框

在图6-86对话框的Material下拉菜单中,单击New Model用户可在对话栏中定义材料模型的惟一ID号。在Edit下拉菜单中,允许用户复制和删除材料模型,它有两个选项:

(1)Copy:选择该选项后,在弹出的对话框中,用户可在“From Material number”中选择一个将要复制的材料ID号,在“To Material number”指定一个新的材料编号,单击“OK”键后,复制ID号材料到新指定的材料编号中;

(2)Delete:在“Material Model Define”窗口中选择将要删除的材料号,然后单击该命令,则系统将删除所选择的材料。

在“Materail Model define”窗口中,列出了用户在“Material Model Available”窗口中指定的每一个材料模型编号。当用户双击每个材料属性前面的小图标,则该材料的属性就会显示出来,用户可以对这些数据进行编辑或修改。

在“Material Models Available”窗口中列出材料的分类,如结构、热分析、电磁等。双击材料的分类,用户可以看该类型下的子类,再双击子类,直到出现该子类所包含的材料项,用户可以

选择一种与分析类型相适应的材料类型，在确定好所选择项后，双击该项，弹出要求输入弹性模量和泊松比的对话框，在输入完所要求的数据后，单击对话框中的"OK"，则材料类型号将现在"Material Models Defined" 的窗口中。

3. Change Mat Num 改变所指定单元的材料号属性

命令：MPCHG

GUI：Main Menu > Preprocessor > Loads > Other > Change Mat Props > Change Mat Num

Main Menu > Preprocessor > Material Props > Change Mat Num

Main Menu > Solution > Other > Change Mat Props > Change Mat Num

执行上述命令后，在弹出的对话框中，在"New material number" 栏中输入材料的参考号，在"Element no. to be modified" 栏中输入单元的编号，单击"OK" 键，则对指定单元的材料属性进行了更改。

New material number：为所选单元指定一个材料参考号，这个号必须是执行命令"Main menu > Preprocessor > Material Prop > Material Model" 后，在相关对话框中由用户设置。

Element no. to be modified：指定将要更改材料属性的单元编号。如果输入"A11"，则表示选择所有的单元。注意，改变所指定单元的材料参考号，在求解器中的载荷步之间，不能进行从线性到非线性或一种非线性到另一种非线性的材料属性更改。

4. Write to file 将数据库中材料的线性或非线性属性写入到一个文件中

命令：MPWRITE

GUI：Main Menu > Preprocessor > Material Props > Write to File

Main Menu > Solution > Other > Change Mat Props > Write to File

5. Read from File 从当前材料库中读出材料库文件到数据库

命令：MPREAD

GUI：Main Menu > Preprocessor > Material Props > Read from File

Main Menu > Solution > Other > Change Mat Props > Read form File

6.5.3　网格控制

使用网格控制能够帮助控制单元形状、网格密度、中节点位置、局部网格等，以使网格最适合用户的需要。也就是说，在模型的准确性和耗费计算机资源上恰当折中。通常，这是一项复杂而且很依赖于经验的工作。ANSYS 提供了多种网格划分方式，简单的分网工具将常用网格控制集成在一起，使网格划分起来很方便；复杂的网格控制功能则能满足各式各样的分析要求。

1. 分网工具

选择 Main Menu > Preprocessor > MeshTool 命令，弹出分网工具对话框。该对话框能够完成大部分网格控制和分网操作。但是，如果要用到更高级的网格控制和操作，则需要使用 – Meshing – 菜单下的选项。

分网工具提供的功能如图 6－87 所示。下面介绍这些功能，以满足简单的分网操作。

(1) 单元属性设置

Element Attributes 用于设置将要分网部分的属性，包括单元类型、实常数、材料属性和单元坐标系。先从下拉列表框中选择想要设置的实体，包括 Global(全部)，Volumes(体)，Areas(面)，Lines(线) 和 KeyPoints(关键点)。单击 Set 按钮，在弹出选取对话框后，从图形窗口中选取想要设置属性的部分，然后在选取对话框上单击 OK 按钮，再从弹出对话框中选择单元属性。

(2) 智能分网控制

Smart Size 控制智能分网。首先选中 Smart Size 复选框，然后拖动其下的滑动条到想要的网格精度，其中默认精度为 6(1 为最精细网格，10 为最粗糙网格)。智能网格控制只适用于自由网格，不适用于映射网格。

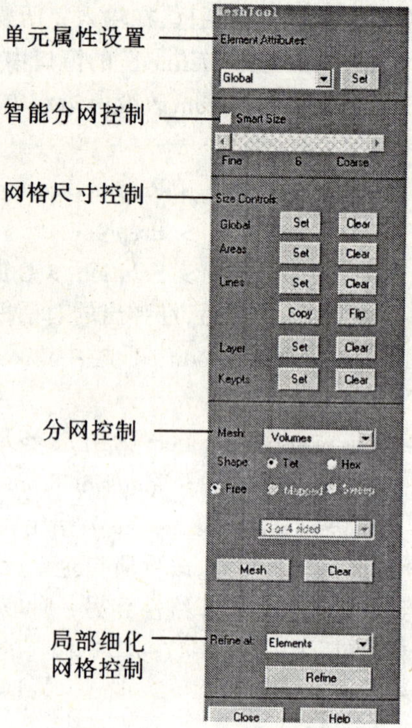

图 6－87　网格划分控制对话框

智能网格控制使得生成合理的自由网格成为可能，这是由其算法决定的。Smart Size 首先根据指定的精度，对将划分网格的面或体的所有线估算单元边长，然后对面或体中弯曲和临界区域的线进行细化，这能使得网格的粗细比例恰当。

(3) 网格尺寸控制

Size Controls 控制网格尺寸。用来设置(Set) 和消除(Clear) 不同实体图元上的单元尺寸设置。

Global 控制所有图元类型上的单元边长或每条线上的单元数。

Areas 设置指定面上的单元边长。

在 Lines 选项中，Set 按钮用来设置选定线上的单元边长或线上的单元数，如图 6－88 所示。这里将以该对话框来说明所有尺寸设置选项。

①SIZE 是单元边长，设置了单元边长，则线上的单元数为线的长度 / 单元边长，如果该除式所得结果不是整数，则截断取整后加 1。

②NDIV 是线上的单元数，它指的是单元的边数。

③KYNDIV 用于设置单元的边长或者单元数是否可调。通常情况下，ANSYS 为了尽可能生成同一种形式的单元(如都为三角形或四边形)，需要调整单元边长，以使生成的单元具有良好

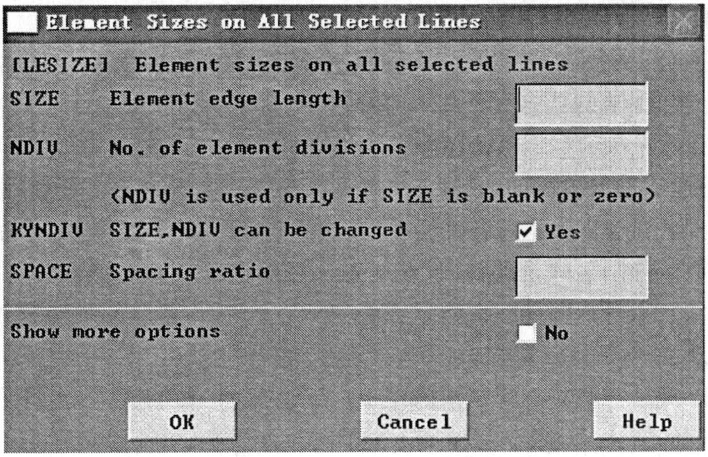

图 6－88　线上的尺寸设置

形状。但为了精度控制单元数，也可以不让 ANSYS 调整用户的设置。

④SPACE 用于控制单元的间距比(Spacing Rate)，也就是线上单元的边长变化，对从点 I 到点 J 的线，如果该比率为 10，则点 J 附近的单元边长就是点 I 附近单元边长的 10 倍。该功能很多时候都有用，比如在管流中，要求边界层的网格很密，而中心附近的网格则无此要求，这时，用线的间距比就很容易做到。

⑤ANGSIZ 设置弧线上每个单元的角度。只有在 NDIV 和 SIZE 都为空时才起作用，如果是对直线，则无论设置其值为何，直线上都只有一个单元。

Line 选项后的 Clear 按钮清除线上的单元设置；Copy 按钮用来把一条线上的单元设置复制到另外的线上；Flip 按钮用来翻转线上的间距比。

Layer 用于控制线上的层网格密度，但线上层网格的设置并不影响线的分割和间距比。Keypts 用于设置和清除关键点附近的单元边长。

(4) 分网控制

在分网工具对话框中有四个选项。

①Mesh—— 用于控制对实体分网，可以对体、面、线和关键点分网，但具体能对何种实体分网，依赖于单元类型，例如，如果只有二维单元，就不能对线分网。

②Shape—— 用于控制单元形状。对面单元而言，有三角形和四边形；对体单元而言，有四面体和六面体，但实际中，可能还存在退化的六面体，即楔形单元。

对线和关键点而言，单元形状控制不起作用。还有很多单元，尽管可以选择形状，但该选项事实上不起作用。如单元 PLANE2，这是一个三角形平面单元，它本身已确定了单元形状。

如果打算划分网格的单元类型可以采用不止一种形状，那么应当设置单元形状为最小的一种。如对同一单元类型，可能采用四边形和三角形，则应当设置其形状为三角形。但是对同一单元类型，最好不要混用两种形状。

③Mesher——分网器控制使用自由网格、映射网格或扫掠网格。自由网格对单元形状无限制，也没有特定的准则；映射网格则不同，它要求单元形状一致，如映射面网格只包含四边形单元或者只包含三角形单元，映射体网格只包含六面体单元。而且映射网格的行和列排列都很规则。四面体单元只能形成自由网格，六面体网格可以形成映射网格和扫掠网格。对面映射网格，如果是三或四变形，则选择 3 or 4 sided 选择；如果是其他形状，则需要选择 Pick Corners 选项，这就要求在分网时选择映射网格的方向。同样，在体分网中，采用六面体扫掠网格时，也需要设置扫掠的起点和终点。当然，如果程序自动设置的起点和终点满足要求的话，就不必人工设置了。

④Mesh 和 Clear—— 用于分网和清除网格。单击这个按钮后，将弹出选取对话框，选取要分网或要清除网格的图元，单击对话框上的"OK" 按钮，程序就开始执行。

(5) 网格细化

Refine 用于细化网格。首先选择要细化的图元类型，可以在节点、单元或者实体模型上细化，然后，单击 Refine 按钮，在弹出的选取菜单中，选取要细化的图元，单击"OK" 按钮后，在弹出的对话框中，选取细化级别，其中 1 级细化程度最低，5 级细化程度最高。网格细化的部位通常是那些关键部位或感兴趣的部位，如应力集中区。在其他一些场合，可以用网格细化来验证网格尺寸是否足够。

2.尺寸控制

单元尺寸控制是网格划分过程中最重要的一步。它是计算准确度和计算效率折中的关键。ANSYS 可以根据经验设置自己的单元尺寸，也可以帮助毫无经验的新手完成尺寸设置。概要地说，ANSYS 提供的尺寸控制有两种：Smartsizing 智能尺寸和局部网格控制。另外，还有内部网格设置和连接等。

选择 Main Menu > Preprocessor > Size Cntrls 命令进入单元尺寸控制选项。

(1)Smartsizing 控制

智能单元尺寸(Smartsizing) 是自由网格划分操作生成初始单元大小的网格划分控制。它由 ANSYS 内部设置，其优点是根据模型形状，选择合适的单元相对大小。在直线处单元尺寸较大，在弯曲和尖锐处单元尺寸相对较小。

正如前面讲到的，最简单的情况是只需要设置分网级别(1 ~ 10 级)，就可以控制网格划分的粗细了。在该菜单下也有类似的控制，称为智能分网的基本控制，菜单路径为 Main Menu > Preprocessor > Size Cntrls > Basic。

但是 Smartsizing 还提供了更多的高级选项。选择 Main Menu > Preprocessor > Size Cntrls > Adv opts 命令，弹出一个高级选项对话框，如图 6 - 89 所示。

①SIZE：用于控制全局单元尺寸，并不是所有单元都以该尺寸为边长，它只是一个基准尺

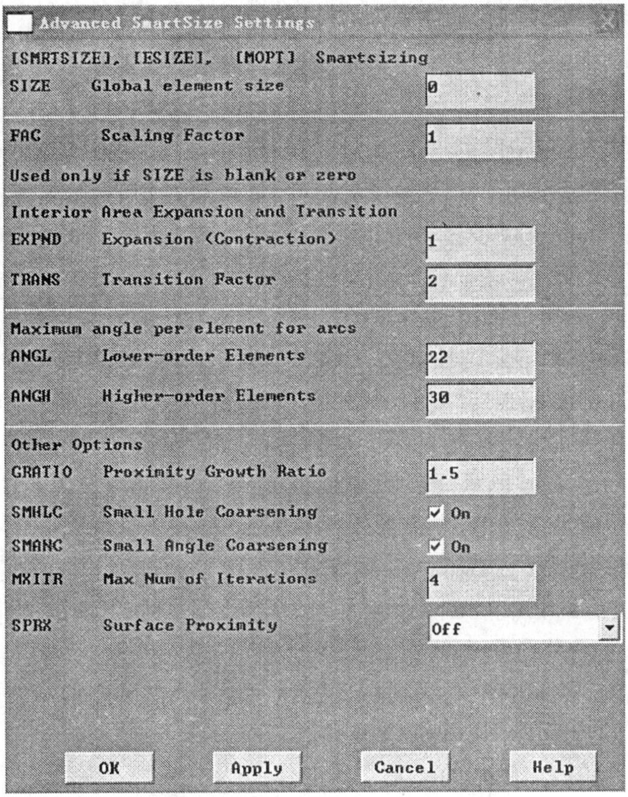

图 6–89　智能分网控制选项

寸，尤其是当设置了内部网格扩展和过渡时。

②FAC:用来计算网格尺寸的缩放因子。其值在 0.2 ~ 5.0 之间，值越小，网格划分越精细。

③EXPND 和 TRANS:扩展和过渡。这是内部网格控制选项，有关这方面内容参见内部网格控制。

④ANGL 和 ANGH:用于设置低阶和高阶单元的最大张角。在分网级别为 6 时，低阶单元张角的默认值为 22.5°，高阶单元张角的默认值为 30°，但在孔或倒角处，该设置有可能被突破。

⑤GRATIO:在网格检查中可使用的增长比。值的范围在 1.2 ~ 5.0 之间。

⑥SMHLC:小孔粗糙化开关。关闭时，Smartsizing 自动在小孔处细化网格；而打开时，将抑制其细化。

⑦SMANC:小角度粗糙化开关。关闭时，Smartsizing 将在尖锐角度（通常为零点几度）附近细化网格；打开时，则抑制其细化。

⑧MXITR:最大尺寸迭代次数，它指的是分网过程中的内部迭代。通常保留其默认值为 4

就可以了。

⑨SPRX:表面近似细化开关,只在壳单元中使用。默认为关闭。为 On Option 1 时,表面细化打开,并修改所有的壳单元;为 On Option 2 时,表面细化打开,但并不修改壳单元。

(2) 局部单元控制

当默认单元尺寸和 Smartsizing 设置的单元尺寸不满足要求时,就需要使用局部单元控制。它可以精细地设置实体模型每一个图元单元尺寸,如可以控制关键点、线、面或层的单元尺寸。

在 Main Menu > Preprocessor > Size Cntrls 菜单中,有如下一些设置和清除单元尺寸的命令。

① 面(– Areas –) 上的单元边长,对应的命令是 AESIZE。

② 线(– Lines –) 上的单元边长或线上的单元数、线上的间距比或者线上单元的角度设置。线设置的复制(Copy Divs) 或者线间距比的反转(Flip Bias),对应的命令是 LESIZE。

③ 关键点(– Keypoints –) 附近的单元边长,对应的命令是 KESIZE。

④ 层(– Layer –) 上设置的单元尺寸,对应的命令是 LESIZE。

⑤Clr Size 命令用于清除点、线、面、层上的单元尺寸。

当对模型同时有多个尺寸控制时(如既定义了面的单元尺寸,又定义了线上的单元尺寸),ANSYS 按如下顺序决定到底采用哪一个定义。用户有必要记住下面的顺序,并小心使用。其决定顺序如下。

①LESIZE 对线的分割具有最高级别。AESIZE 对面的分割具有最高级别。当同时定义了二者时,LESIZE 在面的边上起作用,AESIZE 在面内起作用。

②KESIZE 定义的关键点附近的单元尺寸。

③ 如果线和关键点上都没有定义单元尺寸,则用 ESIZE 定义的尺寸将对全局起控制作用。

④ 如果上述都没有定义,则 DESIZE 或者 SMARTSIZE 定义的尺寸将起作用。

(3) 内部网格控制

一般说来,网格划分在实体上进行,考虑实体是由点、线、面、体构成,所以,划分的尺寸一般是在实体边界上进行的。因为在实体内部没有可以引导网格划分的图元。但是内部尺寸控制有时的确是必要的。

ANSYS 提供了在面内和体内区域划分网格操作,命令为 MOPT。例如对面而言,选择 Main Menu > Preprocessor > – Meshing – Size Cntrls > – Global – Area Cntrls 命令,弹出全局单元尺寸控制对话框,如图 6 – 90 所示。

①EXPND 用于把一个面边界按照设置的单元尺寸分网,而在面内部划分得相对粗糙或者相对较细。如图 6 – 91 所示,这是一个简单的内部网格控制示例。被分网的只是一个圆,其直径为 0.9。左图是没有使用内部网格控制的分网方式,共 50 个单元。中图是网格扩展(EXPND) 设置为 4 时的情况,也为 50 个单元,尽管此时中间单元变得很粗糙,但边界上已相对精细了。当对圆内部要求低而边界要求高时,这正符合要求。

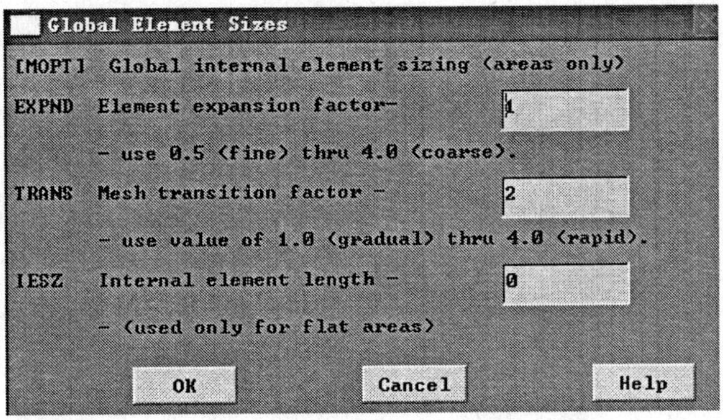

图 6 – 90　全局单元尺寸控制

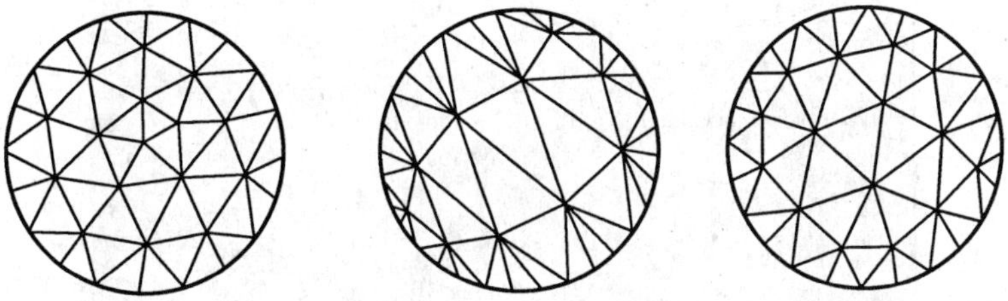

图 6 – 91　内部网格控制示例

对四面体网格来说，也存在类似的网格扩展控制，其菜单路径为 Main Menu > Preprocessor > – Meshing – Size Cntrls > – Global – Volu Cntrls。

② 尽管中图较左图满足了边界上更精细且不增多单元数的要求，但边界网格和内部网格之间的变化过大。为了使网格扩展更为平缓，使用对话框中的 TRANS 选项。它能够使网格从边界的小单元逐步过渡到中心的大单元。其中 1.0 是逐步过渡，4.0 是快速过渡。这里设置过渡值为 1.3。结果如图 6 – 91 右图所示，单元数也为 50，但边界网格较左图边界网格更小，过渡到中间较大网格的过程也较平缓。

3. 分网器选项

分网器(Mesher) 用于设置分网选项。

选择 Main Menu > Preprocessor > Mesher Opts 命令，弹出如图 6 – 92 所示的对话框。在该对话框中，可以选择分网器(MOPT)、网格类型(MSHKEY)、中节点位置(MSHMID)、三角形映射网格方向(MSHPATTERN)，用户可以通过简单的实践理解其内容。

(1) 选择分网器

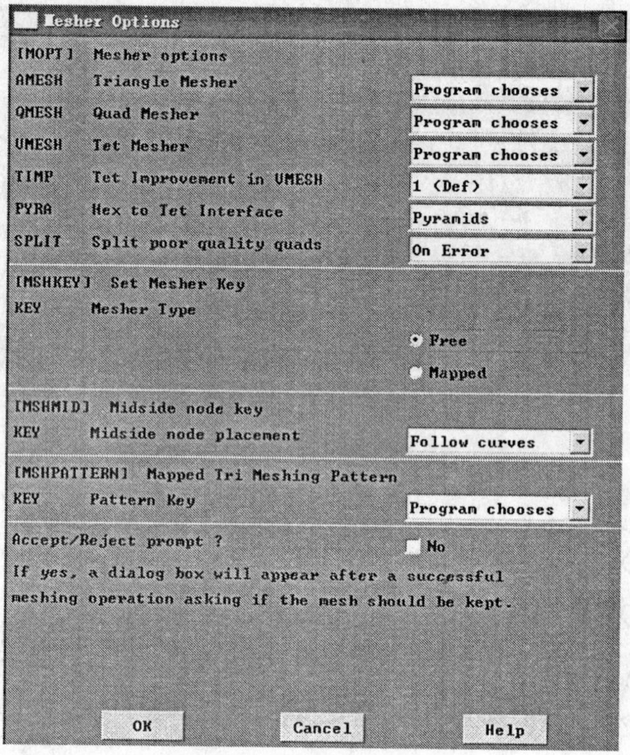

图 6－92　分网器选项对话框

对三角形、四边形和四面体单元，可以选择使用分网器。

所谓分网器，是 ANSYS 内部用来划分网格的算法。对一般用户来说，可以不必了解这方面的内容。ANSYS 总是自动选择合适的分网器对模型分网(Program Choose)，当采用默认设置时，ANSYS 在一种分网器分网失败时，会自动转化到另一种分网器。

(2) 网格类型

MSHKEY 选项用于决定使用自由网格还是映射网格。

(3) 中间节点位置

对二次单元，可以控制中间点的位置。在 MSHMID 选项组中，下拉列表框中包括了中间节点的三个位置。

①Follow curves：中间节点沿着边界线或面的弯曲方向。这使得有限元模型能够更好的模拟实体模型。

②Force Straight：强制单元的中间节点使单元边成为直的。也就是说，用直线段代替曲线边界。

③No midside nodes:没有中间节点。使二次单元事实上变成线性单元。注意该选项将增加单元的刚性。

(4) 三角形网格方向

对三角形映射网格而言,有三种网格生成方向。

①Program Choose:程序选择。ANSYS 在分网时,尽量使得每个单元的最小角度最大。

②Split in dir 1:在节点 I 单向分割。

③Split in dir 2:在节点 J 单向分割。

6.5.4　实体模型网格化

定义完单元属性和网格控制后,就可以对实体模型分网了,这是一个把实体模型转化为有限元模型的步骤。

实体模型网格化的菜单路径为 Main Menu > Preprocessor > Mesh,对应的命令为 xMESH,其中,x 代表了要划分网格的实体类型,可用 k,l,m,v 分别表示关键点、线、面和体。

1.关键点网格划分

对关键点划分网格非常简单,在设置好单元属性后,选择 Main menu > Preprocessor > Mesh > Keypoints 命令,然后在图形窗口中选取想要分网的关键点即可。

显然,每个关键点上只有一个节点和一个单元。适用于关键点分网的单元类型并不多,MASS21 是有质量和转动惯量自由度的质点,MASS166 是显式的结构质量单元,MASS71 是热质量单元。

2.线网格划分

ANSYS 结构分析中,线通常代表了杆件结构,包括梁、拱、桁架、刚架和杆等。要对线划分网格,首先必须定义好线单元,包括单元类型、实常数、材料属性和截面形状。然后设置好分网控制。

线网格划分有两种类型:直接划分网格和根据方向关键点划分网格。其区别在于:直接划分网格与线的截面形状和方向无关;根据方向关键点划分则与截面形状有关。事实上,方向关键点正是线单元的属性,而非划分时的选项。

方向关键点并非分网选项,而是杆结构模型的本身属性,所以其并非可有可无的,例如对三维梁单元(以工字梁为例),通常在如图 6－93 左图所示的方向施加载荷,如果不设置方向关键点,由于在模型上它只是一维的,所以可能施加到右图的方向,显然与实际不符,不是期望的加载方式。通过如下方式设置方向关键点。

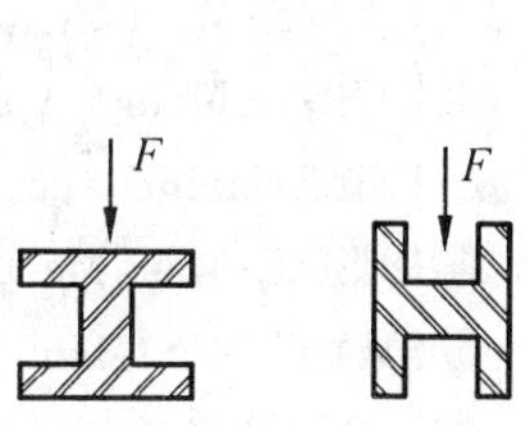

图 6－93　不同梁方向影响的结果

(1) 选择 Main Menu > Preprocessor > － Attribute － Define > All Lines 成 Picked Lines 命令,弹出线属性(Line Attribute)对话框,注意到该对话框底部有 Pick

Orientation Keypoint(s),可以点选其后的选择框使其打开或者关闭。选择好单元属性后,单击OK按钮。如果方向关键点选项为No,则完成线单元的设置;如果为Yes,则还需要进一步选择方向关键点。

(2) 所谓方向关键点,就是确定梁单元方向的点。这些点内含于梁模型(线)。有如下一些梁单元可以应用方向关键点:BEAM4,BEAM24,BEAM44,BEAM161,BEAM188和BEAM189。其中,有的单元必需定义方向关键点,如BEAM24,BEAM161,BEAM188和BEAM189。其他单元的方向关键点则是可选的,但会影响结果。

(3) 可以定义一个或两个方向关键点,当定义一个方向关键点时,ANSYS自动认为第二个关键点与第一个重合。ANSYS按如下方式利用方向关键点分网:假设线的关键点为KP1和KP2,方向关键点为KB和KE,则ANSYS首先定义两个端点方向矢量P1B(从点KP1指向KB)和EP2(从点KE指向KP2)。定义好端点方向矢量后,对线内每个单元的方向矢量,以端点方向矢量为基础进行线性插值。在分网过程中,每个单元截面的方向依据该单元的方向矢量布局。

(4) 正是由于上述过程,方向关键点的移动和删除将影响网格划分。同样,线的移动也将影响它与方向关键点之间的联系矢量。对二维梁单元,由于其截面是完全对称的,方向关键点没有意义。

3.面网格划分

对面网格而言,有自由网格和映射网格之分。自由网格可以由三角形组成,也可以由四边形组成,或者是两者的组合。但是,映射网格只能由一种网格形状组成。对某些单元(如PLANE2),它本身只支持一种形状,所以设置何种网格形状并无意义。对于支持两种形状的单元,默认地会生成混合单元,如果不设置,将以四边形占多数。也可以通过MSHAPE和MSHKEY命令来要求单元全部为四边形或者三角形。

(1) 自由网格

自由网格划分的单元尺寸依赖于DESIZE,ESIZE,KESIZE,AESIZE和LESIZE的当前设置。如果Smartsizing打开,则单元尺寸将由SMARTSIZE,ESIZE,KESIZE,AESIZE和LESIZE共同决定(自由网格划分使用Smartsizing更好一些)。上述命令对应的菜单路径为

①LESIZE:Main Menu > Preprocessor > Size Cntrls > All Lines或Picked Lines

②KESIZE:Main Menu > Preprocessor > Size Cntrls > All KPs或Picked KPs

③ESIZE:Main Menu > Preprocessor > Size Cntrls > Size

④DESIZE:Main Menu > Preprocessor > Size Cntrls > Other

⑤SMARTSIZE:Main Menu > Preprocessor > Size Cntrls > Adv Opts

(2) 映射网格

映射网格比自由网格更规则,但对模型的要求更高,其区别见图6-94。有些极不规则的模型生成的映射网格可能很差。面映射分网的菜单路径是Main Menu > Preprocessor > Mesh > - Areas - Mapped > By Corners或Main Menu > Preprocessor > Mesh > - Areas - Mapped >

By Corners > 3 or 4 Sided。

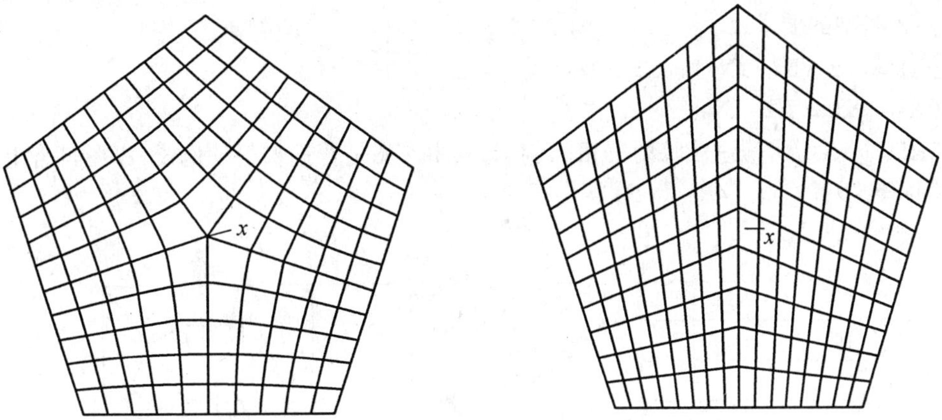

图6-94　自由网格划分和映射网格划分区别

对面映射而言,必须满足以下一些要求。

① 如果面为奇数条边,则其每边上的分割数应为偶数。当不是偶数时,ANSYS会自动调整。可以在 Main Menu > Preprocessor > Size Cntrls > All Lines 或 Picked Lines 中通过设置 KYNDIV 为 No 来禁止这种调整,如果禁止了,则必须小心设置。

② 面的对边必须划分为相同数目的单元,或其划分与一个过渡形网格的划分相匹配。详细内容请参见过渡映射网格。

③ 对多于3条边或4条边的面,可以通过连接(LCCAT)或合并(LCOMB)来使得面的总边数变为4或3。连接或删除线连接的菜单路径为 Main Menu > Preprecessor > Mesh > Areas - Mapped > Concatenate 或 Del Concats - Lines,或者选择 Main Menu > Preprecessor > Mesh > Concatenate > Lines 或 Del Concats - Lines 命令。合并线的菜单路径为 Main Menu > PreProcessor > Operate > Add > Lines。但是一种更方便的方法是在不规则线上直接生成映射网格,其菜单路径为 Main Menu > Preprocessor > Mesh > Areas - Mapped > By Corners,在这种方法下,首先选择要映射分网的面,然后选择映射的起始位置(由3个或4个关键点决定)。但是,该方法不能对用 IGES 默认功能输入的模型分网。

映射单元可以是四边形,也可以是三角形。当为三角形时,可以指定三角形单元的生成方向。其菜单路径为 Main Menu > Preprocessor > Mesher Opts。

(3) 过渡映射网格

正如"映射"这个词的含义所指示的那样,它是一种复制。这种复制能够产生规则的网格,但有时,可能希望有的区域网格密,而有的区域疏。这可以通过映射网格的过渡来实现。

所谓映射网格的过渡，是指通过指定面的对边分割数，以生成不同大小单元的方法。

过渡网格只对四边形单元有效，对多边形单元，可以通过对线的合并或者通过对线的连接使其变为四边形。过渡映射除了要求必须是四边形外，还要求这四条边的线分割数满足一定要求，有两种类型的要求：

①N1 = N3，(N2 - N4)mod2 = 0；

②N1 - N3 = N2 - N4。

如图 6 - 95 所示是过渡映射网格的例子，其中左图是普通映射的例子，中图符合上述条件②，右图符合条件 ①。

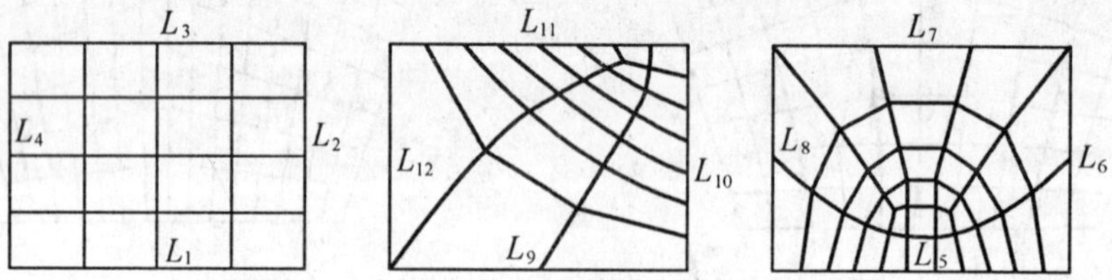

图 6 - 95　过渡映射网格

可以看出，中图关心右上角，右图关心下底边中部时，用过渡映射网格比用普通映射网格效果要好得多。当然也可以用三角形单元完成过渡映射网格划分。

4.体网格划分

体网格有三种划分方式：直接生成、扫掠生成和面单元生成。

(1) 直接生成

与面网格划分一样，体网格的直接生成也有自由网格和映射网格之分。

在体网格中，自由网格通常只用四面体网格，作为过渡的金字塔网格也可以加入到四面体网格中。因此，当要使体生成自由网格时，所选单元一定是四面体单元或者支持四面体的单元。

要划分自由体网格，所用的菜单路径为 Main Menu > Preprocessor > Mesh > - Volumes - Free，在完成体单元设置、体网格控制后，划分自由网格很简单。

体的映射网格通常用六面体生成，要将体全部划分为六面体单元，必须满足：

① 体为六面、五面或四面；

② 体的对边上必须划分相同的单元数，或者符合过渡网格形式的六面体单元数；

③ 如果体是四面，则三角形面上的单元分割数必须是偶数。

不像面单元划分，体划分不存在通过角来设置映射的选择。所以，对形状复杂的体，必须通过面的合并或面的连接，使体只有四到六个面。如果面有边界线，连接面之后，还必须连接线。如果两个连接面都是由四条边组成，则程序会自动完成线的连接。

面的合并命令为 AADD，菜单路径为 Main Menu > Preprocessor > Operate > Add > Areas。

面的连接命令为ACCAT,菜单路径为Main Menu > Preprocessor > Concatenante > Areas或者Main Menu > Preprocessor > Mesh > – Volumes – Mapped > – Concatenante – Areas。

如果面不是四边形的,则面连接之后还必须进行线的连接,才能进行体映射网格划分。与面的过渡映射网格一样,也可以通过指定体的对边分割数来生成过渡映射体网格,其单元只能为六面体单元,而要分成过渡映射网格的体只能是有六个面的体。如果不是六个面,可以通过连接或者面合并使其为六个面。

对实际的复杂形体,其几何形状通常都是不满足上述要求的,为了能够对其用映射网格分网,可以对其各个部分单独分网,再将其用耦合或约束方程连接起来。

(2) 扫掠生成

在进行体的网格划分时,还有一种很特别的也很有效的扫掠(Sweep) 生成方式。这种网格划分方式与映射网格类似,却又有所不同,并且具有较映射网格更广泛的适应性和用途,特别对于管道、梁等模型,扫掠网格划分非常常用。

与三维扫掠建模的方式类似,它要求被划分网格的体具有某一个方向上相同或相似的截面,通过截面上平面网格沿该方向的延伸完成对体的网格划分,如图 6 – 96 所示。

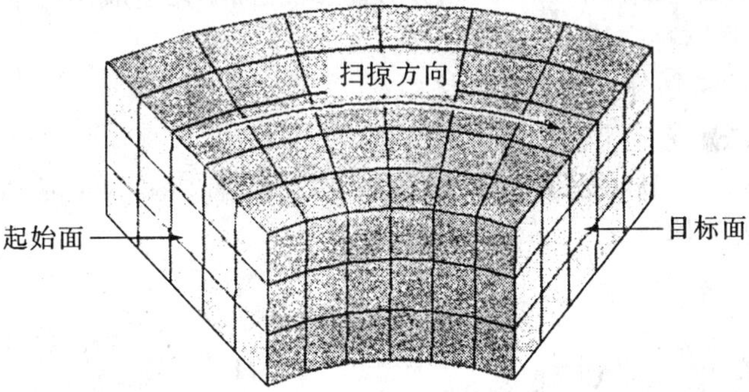

图 6 – 96　扫掠网格的形成

通过选择主菜单中的 Preprocessor | Meshing | Mesh | Volume Sweep | Sweep Opts命令,弹出扫掠网格选项设置对话框,选择第一项,则在完成扫掠网格划分后,删除起始面和目标面上的平面网格。选择第二项,则在某些无法扫掠完成网格划分的特殊位置,通过使用四边形网格填充的方式进行弥补。选择第三项,则由 ANSYS 自动选择起始面、目标面和扫掠方向,并自动设置扫掠网格在扫掠方向上的尺寸。

对于需要在两个方向上进行扫掠网格划分的几何模型,可以将其在适当的位置剖分为两个体,分别进行划分,如图 6 – 97 所示。

特别需要提出的是,对于不规则截面的回转体,必须使用指定起始面和目标面的方式才能完成扫掠网格划分,并且必须指定沿轴向的截面为起始面和目标面,如图6 – 98所示。从图中可以看

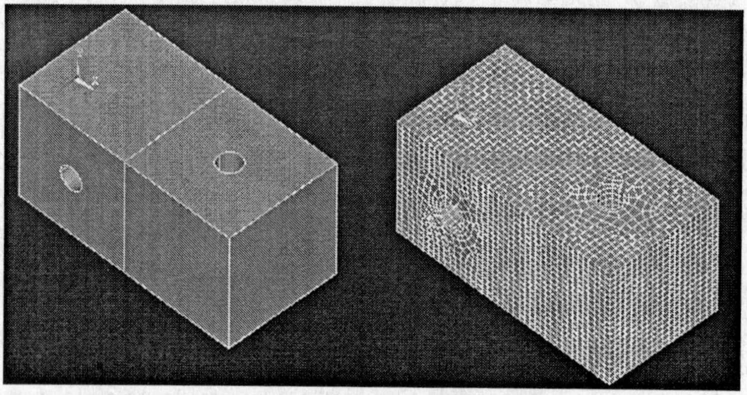

图 6－97　需要在两个方向扫掠划分网格的几何模型

到起始面和目标面上的网格不很规则，可以通过指定网格尺寸进行调整，如图 6－99 所示。

(3) 面单元生成

体是由多个外表面包围而成的，可以利用这些外表面单元生成体网格。当遇到某些面难以划分网格时，通常采用这种方法，其步骤：

① 对可以进行网格划分的面划分网格；

② 用直接生成法定义剩下的面单元；

③ 选择 Main Menu > Preprocessor > Mesh > – Tet Mesh From – Area Elements 命令，对这些面单元生成节点和四面体单元。

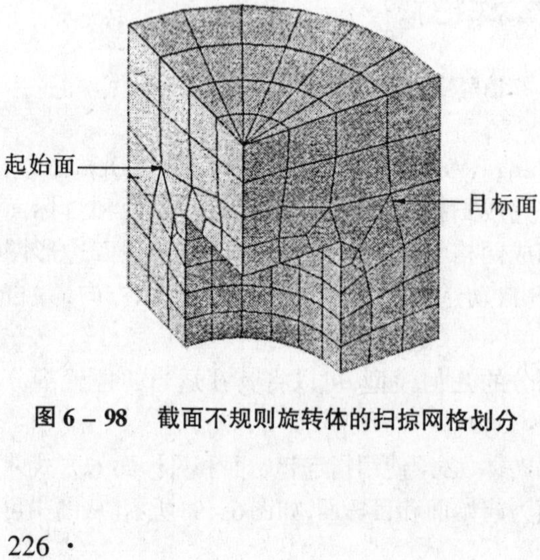

图 6－98　截面不规则旋转体的扫掠网格划分

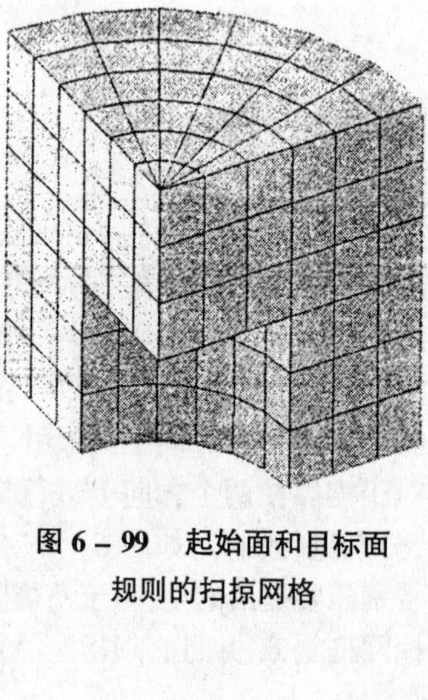

图 6－99　起始面和目标面规则的扫掠网格

6.6　网格修改与检查

6.6.1　网格修改

在网格划分过程中，不管事先计划得多好，随时都可能犯错误。可能是尺寸设置上的问题，可能是输入或者选取上的错误，也可能是没有想到的细节。最重要的是，修改网格的方法有多种，下面介绍三种常用方法。

1.重新划分网格

当网格不满足要求时，可以通过重新设置网格控制选项，甚至重新设置单元属性来重新分网。这种方法易于理解但过于烦琐，尤其是对复杂网格而言。在通过命令模式重新分网或者删除单元属性前，应该清除已划分的网格。但在菜单模式下重新分网时，可以不清除已有网格，但程序会提示是否清除已有网格。

清除网格的菜单路径为 Main Menu > Preprocessor > Clear，可以清除关键点、线、面和体上的网格。

另外，在网格划分前可以激活 Main Menu > Preprocessor > Mesher Opts 中的 Accepte/Reject Prompt?，选择 Yes 表示在每个分网操作完成之前都给予提示，要在确认之后才把该网格应用到模型上，否则拒绝该分网方式。

2.网格细化

网格细化是网格修改的重要环节，也可以说，它事实上是分网过程，而不是网格修改过程，因为许多细化都是事先计划好的。也可能是由于求解之后，对某些部分感兴趣，而需要了解其更精确的解。网格细化的操作步骤如下。

(1) 选择 Main Menu > Preprocessor > Modify Mesh > – Refine At – 命令，选取需要细化的图元，可以在节点、单元、关键点、线和面附近细化，也可以对所有部分进行细化。

(2) 设置细化级别。ANSYS 提供了 5 级细化，其中，1 级细化的单元边长约是原单元边长的 1/2，2 级细化约是原单元边长的 1/3，3 级细化约是 1/4，4 级细化约是 1/8，5 级细化约是 1/9。

(3) 指定细化高级选项。高选项可能需要，也可能不需要，依赖于用户的细化要求。当在选取菜单中单击 OK 按钮后，弹出网格细化对话框(Refine Mesh at)中，将 Advanced Options 设置为 Yes 后，单击该对话框的 OK 按钮，将弹出设置高级选项，如图 6 – 100 所示。其中，DEPTH 是细化深度，也就是所选定图元以外要进行细化的单元数，例如当对节点或关键点进行细化时，如果深度为 0，表示只对与节点或关键点直接相连的单元才进行细化；当深度为 1，表示与节点或关键点不直接相连的周围单元都要进行细化。DEPTH 对细化的影响如图 6 – 101 所示，其中黑点表示选取的要细化的节点。左图是深度为 0 的情况，只有与节点相连的单元(阴影区)边被细化了，同时，由于使用的细化级别为 1，每个与节点相连的单元边被分成了两段，所以原来的4 个

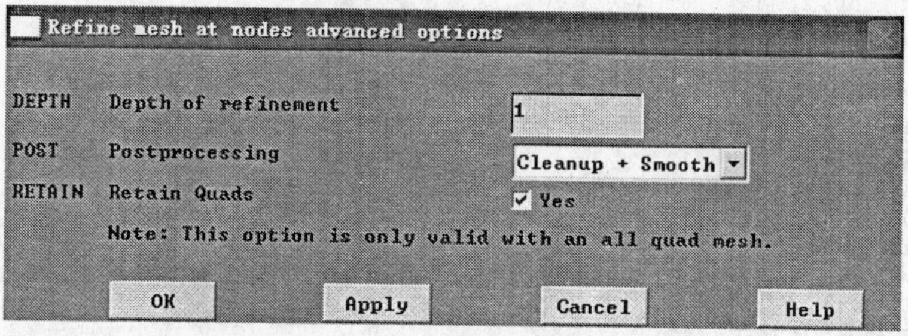

图 6 – 100　网格细化高级选项

单元被分为了12个单元。右图是深度为1的情形(默认情形),与节点不直接相连的周围1个单元(包括与节点直接相连的单元,图中阴影区)的边被细化了。

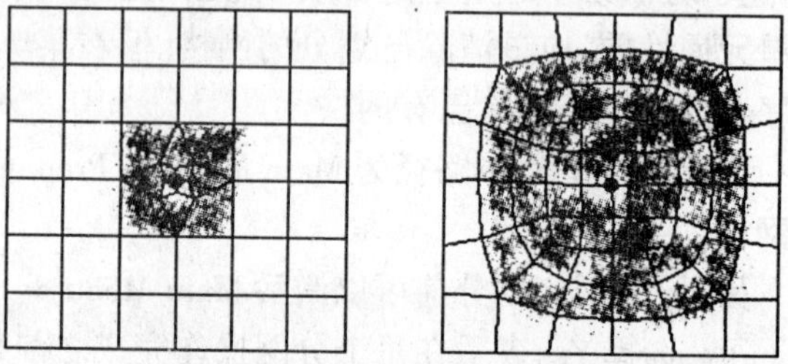

图 6 – 101　细化深度的影响

POST指定细化后的进一步操作。表示细化后 ANSYS 的处理方式,包括如下三种类型:

(1)Cleanup & Smooth:清理和平滑化;

(2)Smooth:只做平滑化工作;

(3)Off:既不平滑化,也不清理。

所谓平滑化,指 ANSYS 通过调整节点位置改善单元形状,当关闭该选项时,节点位置(包括细化分割后的节点)将保持不变。所谓清理,指对形状不好的单元做进一步处理,例如对四边形网格而言,清理工作会试图删除三角形单元,但对那些形状不好的四边形单元,ANSYS 自动把它分裂为三角形单元,除非指定不要这种分裂,如图6 – 102所示,左图和右图 POST = Off,可以看出所有节点都没有调整,中图的 POST = Smooth,没有清理,只有平滑化,则节点略有调整,与图 6 – 101 比较,可以看出,图 6 – 102 的网格质量不佳。

RETAIN 选项只对四边形网格有效,指细化后是否仍保持为四边形单元。因为四边形单元比三角形单元有更多限制,所以当打开 RETAIN 后,要使单元全为四边形,则可能不会得到良好的单元形状。图 6 – 102 中,左图和中图的 RETAIN = Off,出现了一些三角形单元;右图 RETAIN = On,尽管没有三角形单元,但网格质量显然不高。有些时候,不希望出现三角形单元,把 RETAIN 设置为 Yes 可以达到这一要求。为了获得质量较好的四边形网格,需要增大细化深度 DEPTH,使用清理和平滑化选项(Clean & Smooth)。

网格平滑化和清理过程中,节点的移动遵循以下原则:

(1) 如果节点属于关键点,则其不移动;

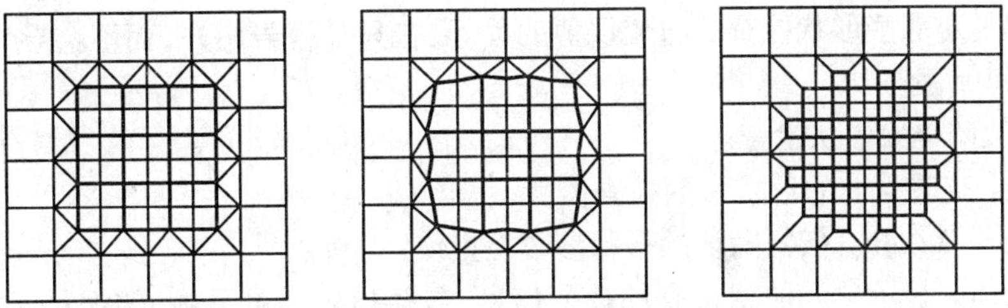

图 6－102　平滑化和四边形保持对细化的影响

(2) 如果节点属于线，则其只能在线上移动；

(3) 如果节点属于面，则只能在当前面上移动；

(4) 如果用模型检查操作，把网格从实体模型中分离出来，则平滑化操作不会进行。

毫无疑问，局部网格细化是获得满意解的重要手段，许多时候，只需要进行相对粗略的分网，然后对关心区域细化就可以了。

3. 四面体单元的修改

Main Menu > Preprocessor > Modify Mesh > Improve Tets 命令用于改善四面体网格。

Main Menu > Preprocessor > Modify Mesh > Change Tets 命令用于把四面体网格转换为金字塔网格。

ANSYS 改善四面体网格的总目标是：

(1) 减少形状不好的四面体单元的数量；

(2) 尽量在满足用户设置情况下，减少总的单元数。

6.6.2　网格检查

是否设置了合理的单元尺寸取决于用户的经验和计算机的水平。但不只是单元尺寸决定网格质量，单元形状也同样对分析产生影响。严重时，坏的单元形状可能导致计算非正常结束。遗憾的是，单元形状的合理与否也只能通过经验来判断。尽管这样，ANSYS 还是尽力提供了一些形状检查手段，来帮助判断网格质量。

1. 设置形状检查选项

ANSYS 允许设置不同的形状检查级别，其菜单路径为 Main Menu > Preprocessor > Checking Ctrls > Shape Checking。在弹出的对话框的 SHPP 下拉列表框中，包括以下一些检查选项。

(1) On w/Error msg：激活单元形状检查，对任何新创建的单元，都将用当前设置的形状检查参数对其检查。如果超过警告值，则发出警告；如果超出错误值，则发出错误信息。警告并不影响分网，但错误将使当前分网失败，或者使单元的创建和保存失败。

(2)On w/Warning msg:激活单元形状检查,一旦单元形状超过了警告值或者错误值,都将发出信息。但是对那些形状检查超过错误值的单元,它只是警告用户,而不会导致分网失败或者单元创建和保存失败。

(3)Off:关闭单元形状检查。

(4)Status:查看当前的形状参数检查值。

(5)Restore Defaults:恢复默认的形状参数检查值。

(6)Summary:显示单元形状检查的摘要信息,包括检查的单元数、错误单元数、警告单元数。

Main Menu > Preprocessor > Checking Ctrls > Toggle Checks 命令用于打开或关闭某些形状检查。但是,如果在 Shape Checking 中设置 SHPP 为 Off,则该菜单函数将是不可用的。可以用该对话框设置对某些项打开或者关闭形状检查,但是,如果要对所有项都关闭,则设置 SHPP 为 Off 更有效和方便。选择该命令弹出的对话框如图 6 – 103 所示。

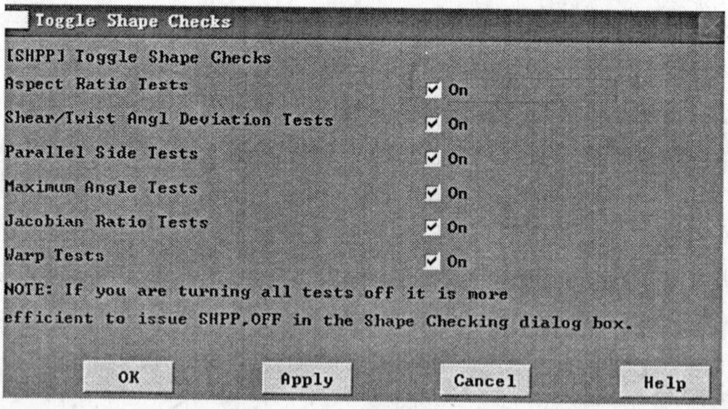

图 6 – 103　形状检查开关

ANSYS 的形状检查是自动进行的,除非关闭了它,或者关闭了要检查的项目。默认情况下,出现下列情况时,ANSYS 都会自动进行形状检查:

(1) 当创建或生成单元时;

(2) 改变单元类型或其基本选项时;

(3) 改变单元的类型号时;

(4) 改变 SHELL63 的大变形指令时,其菜单路径为 Main Menu > Solution > Sol'n Controls > basic;

(5) 定义或改变壳单元的厚度,定义者改变壳单元的实常数时。

2.设置形状限制参数

ANSYS 对下列几项内容进行检查(可以通过上述 Status 进行查看,也可以通过将形状检查控制对话框中的 Change Setting 设置为 Yes 后,再进行修改和查看),如图 6 – 104。

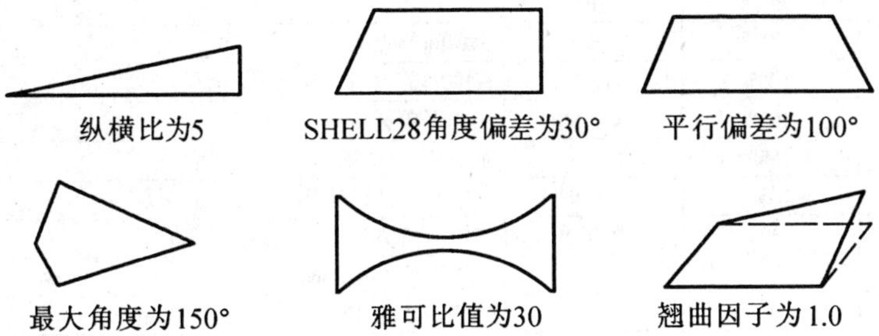

图 6 – 104　单元形状参数示意图

(1)Aspect ratio 纵横比

除了 Emag 和 FLORTRAN 单元,所有单元都计算纵横比。除非单元的纵横比大到影响舍入误差(大于 1 000)时,纵横比通常不影响计算精度,舍入误差与所用计算机有关。一般情况下,单元的纵横比不要大于 100,极端情况下不要大于 1 000。但是在某些情况下,确实需要大的纵横比,这时,需要在纵横比和分析精度之间折中,例如在壳单元和薄的包覆层中,在热表面应力分析和流体边界层分析中,可能都需要在梯度变化大的方向采用很细的网格,在梯度变化小的方向采用粗糙网格。

(2)Shear/Twist Angl Deviation 角度偏离

只对 SHELL28 单元有效。SHELL28 单元假设是一个矩形单元,但是,在分网过程中,其单元会发生扭曲。ANSYS 对每个角节点计算其相对直角扭曲的角度,最大值即为角度偏离。

(3)Parallel Side 平行偏离

除了 Emag 和 FLORTRAN 外,对所有二维四边形单元和三维有四边形表面或横截面的单元都进行平行偏离检查。平行偏离计算相对边上的最大角度值。

(4)Maximum Angle 最大角度

除了 Emag 和 FLOTRAN 外的所有单元都计算最大角度,它是指单元两条相邻边的夹角。当角度很大(接近 180°)时,可能影响到单元性能。

(5)Jacobian Ratio 雅可比值

除了线性三角形单元和线性四面体单元,或者有完美中间节点的三角形单元和四面体单元外,所有单元都计算雅可比值。大的比值意味着实际物理模型空间到有限元空间的映射可能无法实现。

(6)Warp 翘曲因子

它只对一些四边形壳单元、六面体、楔形单元和金字塔单元中的四边形截面进行计算。一个高的翘曲因子通常意味着单元没有很好地生成,或者是网格缺陷。

表 6-1 单元形状参数限制值

项目	默认警告值	默认错误值	说明
纵横比	20	1 000 000	
角度偏离	5°	10°	
平行偏离	70°	150°	无中间节点时
	100°	170°	有中间节点时
最大角度	165°	179.9°	三角形单元或面
	155°	179.9°	无中节点的四边形单元或面
	165°	179.9°	有中节点的四边形单元或面
雅可比值	30	1 000	使用一阶方法 H-method 的单元
	30	40	使用高阶 P-method 方法的单元
弯曲因子	1	5	SHELL43，SHELL143，SHELL163，SHELL181
	0.1	1	INFIN47，INTER115，SHELL57，SHELL63，SHELL28
	4E-5	0.04	SHELL43，SHELL63（KYOPT1 = 1 时）
	0.2	0.4	三维实体单元

通常程序的形状参数默认设置不需要更改。如果能确保单元在比该设置下更差的形状也能计算，又不想关闭形状检查，则可以设置参数值为更高。通常不需要设置其为更低。

3.确定网格质量

网格质量包含了两方面的内容：单元形状质量和网格连通性。前者是单个单元的检查，后者是对整个网格的检查。

ANSYS 自动依据当前形状检查设置检查单元及整个网格，一旦发现超过警告极限值或错误极限值时，它都会发出警告或者出错信息。发出出错信息时，表示分网或者单元的创建和保存失败，这时需要重新分网；但当发出警告信息时，尽管分网完成，但一定不要忽略该警告信息。要明确该超过警告极限的单元形状是否可以接受，当无法明确时，可以先计算，然后比较结果。

Main Menu > Preprocessor > Check Mesh > Plot Bad Elem 命令用于在图形窗口上显示形状不好的单元，用户要确定坏单元是否在分析的关注区域或者临界区域。ANSYS 将以绿色表示良好的单元，以黄色表示超过警告值的单元，以红色表示超过错误值的单元。

Main Menu > Preprocessor > Check Mesh > Sel Bad Elem 命令用于选取坏单元，然后再对这些单元进行处理。

一般说来，结构应力分析中的坏单元可能比其他学科中的坏单元有更大影响，结构动力分析也对单元形状要求严格。相对来说，二次单元不如线性单元对形状要求严格，这是由于二次单元本身就支持较大形变。

6.6.3 编号控制

编号控制对于将模型的各个独立部分组合起来是相当有用并且也是很有必要。编号控制的操作命令为 Main Menu > Preprocessor > Numbering Ctrls 执行该命令后其子菜单如图 6 – 105 所示。

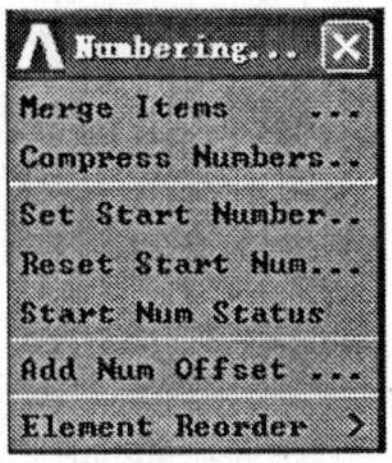

图 6 – 105　编号控制子菜单

1. Merge ltems 合并重复项

命令:NUMMRG

GUI:Main Menu > Preprocessor > Nubering Ctrls > Merge Items

执行上述命令后在“Type of item to be merge”中选择要合并的节点、单元、关键点等相关项，在 Merge items or select 中选择 Merge items(合并一致性项)或 Select w/o merge(选择一致性项但不合并)，在 Retain lowest/highest(保留低编号项还是要编号项)选项中默认设置是保留低编号项。

2. Compress Numbers 编号压缩

在构造模型时，由于删除、清除、合并或其他操作可能在编号中生成许多的空号。这些空号对于某些项(如单元号)可能仍为空的，但对于其他的项(如关键点号)则可能变为非空。为保持数据存储空间(删除空号)和保持期望的编号顺序，则可以采用压缩编号的方式。

命令:NUMCMP

GUI:Main Menu > Preprocessor > numbering Ctrls > Compress Numbers

执行上述命令后，在“Item to be compressed”后面的下拉列表栏中选择要压缩的项，单击“OK”键或“Apply”，完成对所选择项的编号压缩操作。其中下拉列表栏中的项主要包括:Nodes(节点)，Elements(单元)，Keyponts(关键点)，Lines(线)，Areas(面)，Volumes(体)，Material Props(材料编号)，Element types(单元编号)，Real constants(实常数)，Coupled sets(耦合自由度集)，Constraint equations(约束方程)和 All(所有项)。

3. Set Start Number 设置起始编号

命令:NUMSTR

GUI:Main Menu > Preprocessor > Numbering Ctrls > Set Start Number

执行上述命令后，在对话框中可以指定节点、单元、关键点、线和面的起始编号。其中，对节点指定起始编号，默认值是模型中已有节点的最大编号再加 1，用户指定的值不能小于默认值。对单元指定起始编号，默认值是模型中已有单元的最大编号再加 1，用户指定的值不能小于默认值。

4. Reset Start Num 重新设置开始号

命令:NUMSTR

GUI:Main Menu > Preprocessor > Numbering Ctrls > Reset Start Num

执行上述命令后，在弹出的信息提示框中，单击“OK”键后，将所有项的起始编号恢复到其默认设置。

5. Start Num Status 起始编号状态

命令:NUMSTR

GUI:Main Menu > Preprocessor > Numbering Ctrls > Start Num Status

执行上述命令后,可浏览所有项的默认设置情况,然后单击“File > Close”关闭信息窗口。

6.Add Num Offset 编号偏量

命令:NUMOFF

GUI:Main Menu > Preprocessor > Numbering Ctrls > Add Num Offset

执行上述命令后,在“Type of items to be offset”后面的下拉列表栏中选择一个选项,然后在“Offset value”后面的输入栏中输入一个给定值(不能为负值),单击“OK”键或“Apply”,完成所选择项的操作过程。

7.Element Reordor 单元重排序

在直接进入波前法求解之前,ANSYS 软件会自动对单元重新排序以减少最大的波前数,这种操作对前、后处理程序中数据库的单元编号没有影响,可以预见绝大多数用户都会允许程序自动对单元重新排序,如果不需要程序自动执行重新排序,可用下列的命令或 GUI 方式重新建立原单元的排序:Main Menu > Preprocessor > Numbering Ctrls > Element Reorder。

6.7 加载与求解

加载和求解过程是 ANSYS 有限元分析中一个非常重要的部分,它主要包括确定分析类型和分析选项、施加载荷、确定载荷步选项、选择求解的方式和开始求解分析运算。

在 ANSYS 中进入加载和求解过程,可采用下列命令。

命令:/SOLU

GUI:Main Menu > Solution

图 6 - 106 显示了加载和求解的子菜单,其各部分的意义将在下面进行讨论。

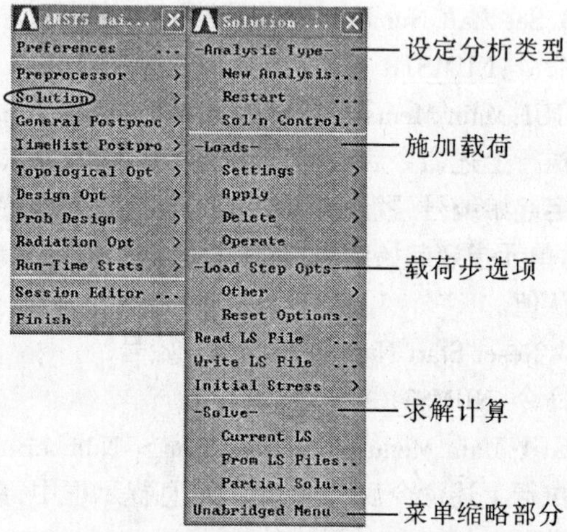

图 6 - 106 加载与求解的子菜单

6.7.1 设定分析类型

在开始进行求解分析之前,用户必须根据载荷条件和要计算的响应指定一种分析类型。在 ANSYS 软件中,可以进行下列类型的分析:静态分析、瞬态分析、谐分析、模态分析、谱分析、屈曲分析和子结构分析等。进入分析类型的命令为

命令:ANTYPE

GUI:Main Menu > Preprocessor > Loads

> New Analysis

Main Menu > Solution > New Analysis

6.7.2　施加载荷和边界条件

有限元分析的主要目的是检查结构或构件在一定载荷条件下的响应。因此，在分析中指定合理的载荷是关键的一步。在 ANSYS 中，可以用各种方式对模型加载。在 ANSYS 中，“loads”包括边界条件和外部或内部作用力函数，共有六大类。

(1)DOF Constraint(自由度约束)：用户指定某个自由度为已知值。在结构分析中约束是位移，热分析中约束是温度和热流量等。

(2)Force(力)：作用在模型上的集中载荷，如结构分析中的力和力矩，热分析中的热流率。

(3)Surface(表面截荷)：作用在某个表面上的分布载荷，如结构分析中的压力，热分析中的对流和热流量。

(4)Boad Load(体载荷)：作用在体积或场域内，如结构分析中的温度、热分析中的热生成率。

(5)Inertia Loads(惯性载荷)：结构质量或惯性引起的载荷，如重力加速度和角加速度等。

(6)Couple Loads(耦合载荷)：它是一个特殊的情况，从一种分析得到的结果作为另一种分析的载荷，如热分析中的节点温度可作为结构分析中的体载荷加到每一个节点上。

1. Displacement 位移

将自由度约束定义在实体或有限元模型上。

GUI：Main Menu > Preprocessor > Loads > Apply > Displacement

施加位移约束的子菜单如图 6-107 所示。它可以将位移定义在实体模型的点、线、面或有限元节点上，同时也可以在线、面或有限元节点上施加对称或反对称边界条件。

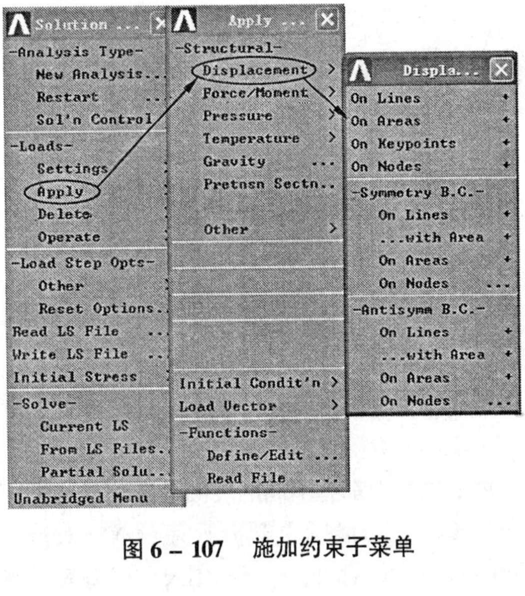

图 6-107　施加约束子菜单

施加位移约束之后，可能发现某些约束需要做某种程度的修改，可采用以下的一些方法。

(1) 删除约束

当发现误加了某个约束，而在该处的确不应该有约束时，就应当删除。其操作命令为

Main Menu > Solution > Delete

(2) 重设约束

当发现误加了某个约束，在该处又的确需要约束，可以先删除约束再重新加载，也可以直

接加载,ANSYS 有三种处理方式:

① 替代(Replace existing):新加的约束值成为最终值;

② 累加(Add to existing):最终值等于新的约束值加原来的约束值;

③ 忽略(Be ignored):如果不删除原有约束,新约束将无法施加。

(3) 缩放约束值

有时用缩放操作很方便,特别是要成比例地修改一组自由度约束时,但是缩放只能在节点上进行。其操作命令为

Main Menu > Solution > Operate > Scale FE Loads-Constraints

2.Force/Moment 力 / 力矩

将集中载荷施加在关键点或节点上。

GUI:Main Menu > Solution > Load-Apply > Structural-Force/Moment

执行该命令后,其子菜单的对话框如图 6 – 108 所示。用户可以将集中载荷施加于节点或关键点上。同样用户对集中载荷也可以进行删除、重设和缩放,操作同上。

3.Pressure 面力

将表面压力载荷施加到所选择的线或面上。

GUI:Main Menu > Solution > -Load-Apply > -Structural-Pressure

执行上述命令后,弹出如图 6 – 109 所示的子菜单。

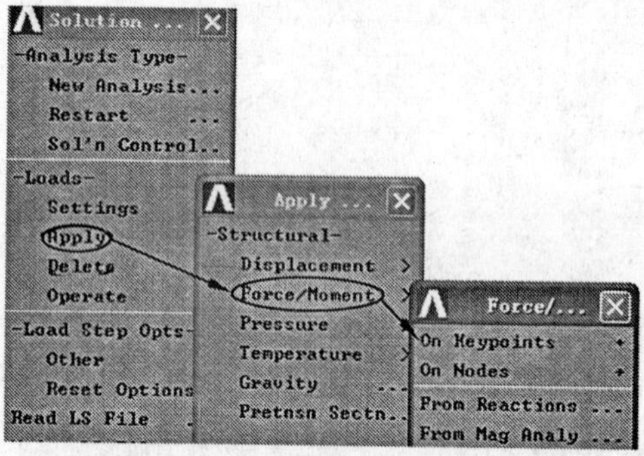

图 6 – 108　施加集中载荷子菜单

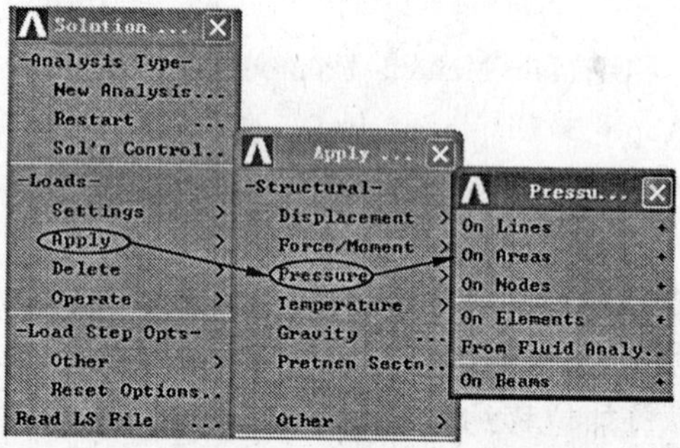

图 6 – 109　施加压力的子菜单

每个学科中都有不同的表面载荷,ANSYS 对不同学科的面载荷也采用不同的标识,如结构分析有 PRES(压力载荷),热分析有 CONV(对流),HFLUX(热流量),INF(无限远面),所有学科都有 SELV(超单元载荷向量) 等。用户可以将表面载荷施加在线和面上,也可以在节点和单元上。

6.7.3　载荷运算操作

用户可以通过下面的命令对载荷进行缩放和转换。

GUI: Main Menu > Solution > Operate

操作子菜单如图 6 – 110 所示。

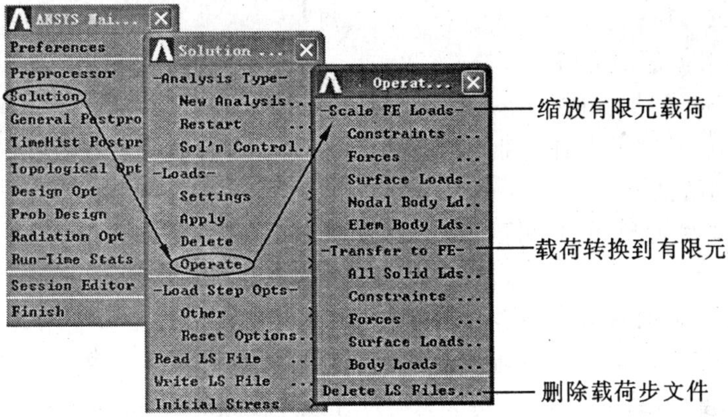

图 6 – 110　运算操作子菜单

1. Scale FE Loads 缩放有限元载荷

执行此项命令，用户可以选择要缩放约束或载荷的方向和缩放系数。但实体边界上的约束和载荷不能进行缩放。

2. Transfer to FE 载荷向有限元模型转换

执行此项命令，可将所有的实体模型载荷和约束转换到有限元模型上。

3. Delete LS Files 删除载荷步文件

执行此命令，并输入指定要删除载荷步的起始位置即可删除载荷步文件。

6.7.4　求　解

ANSYS 读取有限元模型及其上的载荷信息来建立联立方程，然后使用不同的求解器，求解出结果。结果包含两类：一类是基本解，即节点的自由度解；一类是导出解，对单元而言其导出解通常是在单元积分点上的值。

ANSYS 提供了五种求解器，尽管许多情况下，用户不用管采用何种求解器，但理解求解器及其优缺点很有好处，尤其是进行一个大型分析时。

ANSYS 的求解器包括波前求解器、雅可比共轭梯度求解器、稀疏矩阵直接求解器、预置条件共轭梯度求解器、不完全乔勒斯基共轭梯度求解器。其中前两种为直接求解器，适用于自由度在 5 万或 50 万以内的较小模型，后三种为迭代求解器，能够处理自由度在 5 万到 100 万以上的大模型。ANSYS 根据求解过程的不同，将求解分为以下几种类型：

（1）Static 静态分析；

(2)Model 模态分析；

(3)Harmonic 谐波分析；

(4)Transient 瞬态分析；

(5)Spectrum 谱分析；

(6)Eigen Buckling 屈曲分析；

(7)Subtructuring 子结构分析。

下述条件会引起求解过程出现奇异性。

(1) 约束条件不足。

(2) 模型中有非线性单元,如间隙元、滑动元、铰链元、缆束元等,结构的一部分可能已经塌陷或分散了。

(3) 材料特性为负,如在瞬态热分析中规定的密度或温度。

(4) 连接点无约束,单元排列可能会引起奇异性,例如两个水平梁单元在连接点的垂直方向存在无约束自由度,在线性分析中,将会忽略加在该连接点的垂直载荷。另外,考虑一个与梁单元或管单元垂直相连的无板面内的旋转刚度的壳单元,在连接点处不存在板面内的旋转刚度。在线性分析中,将会忽略加在该点处的板面内力矩。

(5) 屈曲。当应力刚化效果为负(压缩)时,结构受载后变弱。若结构变弱到刚度减小到零或为负值,就会出现奇异解,且结构已经屈曲,会打印出“主元值为负”的信息。

(6) 零刚度矩阵(在行或列上)。如果刚度的确为零,线性或非线性分析都会忽略所加的载荷。

6.8 通用后处理

后处理也就是查看分析结果。通常用于判断网格是否精确,用于获得物体对载荷的响应、指导设计等。

在 ANSYS 中,有两个后处理器:通用后处理器 POST1 和时间历程后处理器 POST26。通用后处理器查看整个模型在某一载荷步或子步的值,也就是说,它显示的是某一时间点或频率点上的值。而时间历程后处理器则查看某一空间点上的值随时间的变化情况。如果要查看整个模型在整个时间上的值,则需要用到动画显示技术。

典型的后处理过程:

(1) 设置要读入的内容,然后读结果文件到数据库中;

(2) 设置绘图或者列表选项,然后绘图列表;

(3) 对结果进行判断或者输出。

6.8.1　结果数据

ANSYS 针对不同学科，使用不同的结果文件扩展名，结果文件都以二进制格式存放。结果文件扩展名如表 6 – 2 所示。

表 6 – 2　不同分析学科中的结果文件

分析类型	文件扩展名	说　　明
结构分析	RST	耦合场分析也用该扩展名
热分析	RTH	
FLOTRAN 流场分析	RFL	管壁分析还能产生 RSW 的文本文件
其他流场分析	RST 或 RTH	只要存在结构自由度，就为 RST
磁场分析	RMG	

后处理中，可以读入当前文件名的结果文件，也可以读入其他结果文件。菜单路径为 Main Menu > general Postproc > Data&File Opts 和 Main Menu > TimeHist Postpro > Settings > File。

还可以选择要读放的数据，如节点解和单元解。通常在不是很肯定的情况下，读入所有数据(默认选项) 是最简单的方法。尽管只读入想要的数据能提高程序处理的效率，提高后处理速度，但是并不是所有求解数据都能被后处理读入，有些数据在求解中存在，却并没有读入到后处理中，这要通过 OUTRES 命令进行设置，对应的菜单路径为 Main Menu > Solution > Sol’n Controls > basic。

从位置上说，求解阶段计算出两种结构数据形式。

(1) 基本数据包括了每个节点处的各自由度数据和节点解数据，如节点的位移、温度等。但通常就指节点解数据。

(2) 导出数据指那些从基本数据中计算出的数据，如应力、应变和热流等。它们是针对每个单元计算的，通常是指以下位置的值：单元节点、积分点、单元质心处。导出数据包含了单元解数据，但在不严格区分的情况下，就指单元解数据。

导出节点数据对实体和壳单元有效，但 SHELL51 和 SHELL61 单元除外。可用的节点导出数据包括应力、应变、热流梯度、热流率、压力梯度、电场、电流密度、磁场强度、磁场密度和磁力等。

对结构非线性分析而言，节点导出数据还包括等效应力、应力比、流体静压力和集中等效塑性应变等。不同学科的基本数据及导出数据如表 6 – 3 所示。

表 6－3　不同学科的基本数据及导出数据

分析类型	基本数据	导出数据
结构分析	位　移	应力、应变、反作用力等
热分析	温　度	热流量、热流梯度等
流场分析	速度、压强	压强梯度、质量流率等
电场分析	标量电势	电场、电流密度等
磁场分析	磁　势	磁通量、磁流密度

所谓后处理，就是对这些已经计算出来的数据进行列表、显示、运算等操作。本章只介绍通用后处理，进入通用处理的菜单路径是 Main Menu > General Postproc。对应的命令是 /POST1。该命令的子菜单如图 6－111 所示。

1.导出数据的计算

基本数据是程序通过求解刚度方程直接计算出来的，这在前面已经有所阐述；导出数据则是在基本数据基础上计算出来的。下面以节点为例来说明它们是如何计算出来的。

通常导出数据都是在基本数据基础上取平均。例如一个节点上的导出数据由与该节点相连的单元数据取平均值计算，

$$\sigma_{ik} = \frac{\sum_{j=1}^{N} \sigma_{ijk}}{N_k}$$

其中，N_k 是与节点 k 相连的单元数；σ_{ik} 是节点 k 的 i 分量平均值；σ_{ijk} 是单元 j 在节点 k 上的导出数据。所以节点 k 的导出数据就是与之相连的单元在节点上取几何平均。

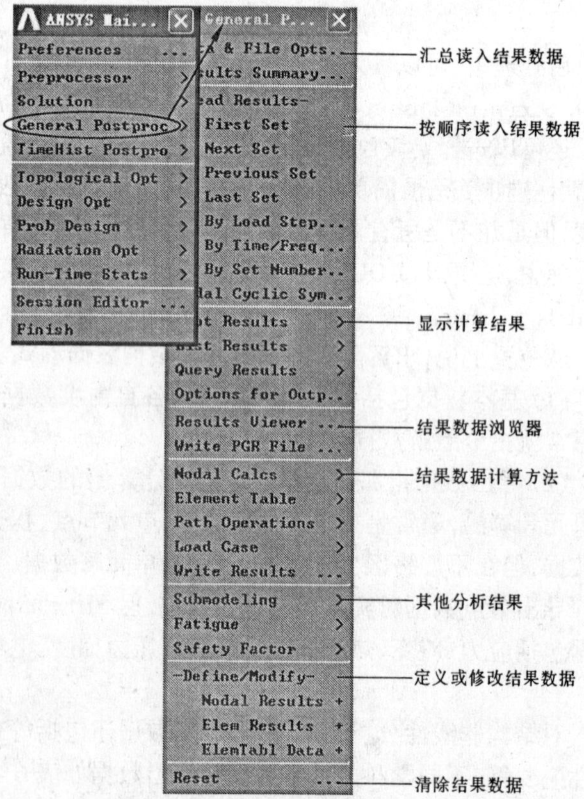

图 6－111　通用后处理器子菜单

对节点上的主张量数据（如主应力和主应变）或者矢量的模有两种计算方法：一种是先用单元计算张量（矢量）各个分量在节点上的平均，然后对

其求主张量数据或者求模；另一种则相反，它首先计算各个单元上的主张量值或者在单元上首先求矢量模，然后再在节点上取平均。

这个选择通常用来计算主应力、主应变、等效泊松比，以及矢量的选择、排序和输出。通常使用第一种方法，这也是程序的默认方法。对应的命令是 AVPRIN。在很多菜单中都有该命令的设置，如 Main Menu > General Postproc > Element Table > Define Table 和 Main Menu > General Postproc > Plot Results > Element Solu。

2.读取结果数据

无论在何种后处理器中，第一步都要把结果文件读入到数据库。要注意的是，读入数据库的结果数据应当与数据库的模型数据(节点和单元数据)相匹配，否则后处理不可能进行。

Main Menu > General Postproc > Read Results命令用于从结果文件中读整个模型或某个子集的数据到数据库中，可以替换掉以前保存在数据库中的任何结果数据，也可以添加数据到结果部分。对应的命令是SET，SUBSET和APPEND。SET读入整个子步的数据，SUBSET和APPEND只读入模型的某一部分结果到数据库中。该菜单中包括以下一些命令。

(1)First Set：读第一子步的数据，对应的命令为 SET，FIRST。只能对整个模型的数据重新读入到数据库中。

(2)Next Set：读下一子步的数据，对应的命令为 SET，NEXT。

(3)Previous Set：读前一子步的数据，对应的命令为 SET，PREVIOS。

(4)Last Set：读最后一子步的数据，对应的命令为 SET，LAST。

(5)By Load Step：通过载荷步和子步来读取数据。

(6)By Time/Freq：通过设置时间或频率点来读取结果到数据库中。可以设置是在某个固定时间或者某个可调时间的数据，当所设置的时间不是计算时间序列上的值时，如果使用固定时间，则读取的是程序通过线性插值得到的数据；如果使用可调时间，则程序读取的是与该时间点最接近的时间步上的值。对非线性分析来说，最好不要用固定时间点读取数据，因为线性插值可能使显示结果有较大误差。

(7)By Number：通过数据组号来读取数据。所谓数据组号，就是程序在分析过程中对载荷步和子步的编号。在求解过程中，尤其是 FLOTRAN 分析中，如果使用重启动分析或者多次分析，则可能存在多个载荷步号和子步号相同的情况，这时就不能通过载荷步号和子步号来确定要读取的数据，而要通过数据组号来读取。可以选择 Maim Menu > General Postproc > Result Summary 命令来查看每个数据组号对应的时间、载荷步和子步号。

(8)Modal Cyclic Sym：读取模态循环对称分析的结果数据。

6.8.2 单元表

ANSYS 后处理中，尽管可以把所有数据都读入到数据库中，但并不能直接处理某些数据，为了对这些数据进行处理(数学运算和显示、列表等)，需要把它们先读入到单元表中。

单元表相当于一个电子表格，每一行代表了一个单元，每一列代表了该单元的项目数据，如单元体积、重心、平均应力等，例如在结构分析中，单元能量不能直接显示或列表，应首先把它读入到单元表中，该表中按单元顺序列出了其上的能量值。

单元表有两个功能：访问其他方法无法访问的数据和作为数学运算的数据源。用下面的命令创建单元表：Mai Menu > General Postproc > Element Table > Define Table。

ANSYS 把能够输出到单元表中的数据分为两类：用成分名识别和用序号识别。前者只需要 Item 或 Comp 项识别，而后者需要通过成分名和序号来识别。

所谓成分，是指一个项目的组成部分。通过成分名创建单元表只需要选取项目和成分就可以了。在命令模式下，只需要输入“ETABLE，Par，Item，Comp”命令就可以得到数据。这种获取依赖于每种单元能够输出什么样的项目和成分。

对于那些不能直接通过成分名赋予单元表的，可以通过顺序号方法读入到单元表中，使其成为单元表的一列，然后就可以进行显示列表等操作了。绘制、列出及删除单元表数据的命令如下

Main Menu > General Postproc > Element Table > Plot Elem Table

Main Menu > General Postproc > Element Table > List Elem Table

Main Menu > General Postproc > Element Table > Erase Table

为了对单元表数据进行更多的运算操作，可以把单元表列向量保存到数组参量中，再对参量进行操作。其菜单路径为 Utility Menu > Parameters > Get Array Data，在弹出的对话框内的左列表框中选择 Results Data 选项，在右列表框中选择 Elem table data 选项，对应的命令是 *VGET。如图 6－111 所示，首先定义一个二维数组 SARR，并把单元应力 SX，SY，SZ 复制到单元中，然后在第 1 列保存 X 向应力（图 6－112 中即为保存 X 向应力），在第 2 列保存 Y 向应力，在第 3 列保存 Z 向应力。

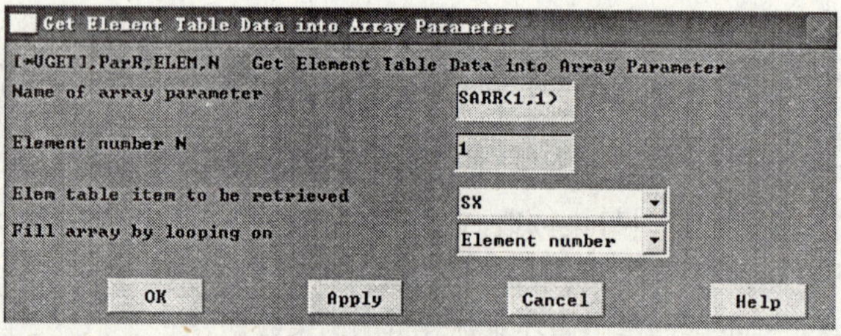

图 6－112　单元表数据赋给数组

6.8.3 载荷组

典型的后处理过程中，读取一数据集（如载荷步1的数据）到数据库中，然后进行显示、列表和计算等操作。每次读取新数据集时，POST1将清除数据库的结果部分，并导入新的结果数据。如果想在两个数据集之间进行操作（如比较并保存两个数据集之间的最大值），就需要创建载荷组。载荷组对不同载荷步和子步之间的操作特别有意义。

从运算角度上来说，单元表（及其对应的矢量数组）是对某一项数据（如位移）进行定义然后运算，而载荷组则是对所有可求和数据进行运算。要对单个单元数据进行操作，只需要定义标量参量就可以了。

ANSYS允许定义多达99个载荷组，但在数据库中，一次只能保存一个载荷组。为了将多个载荷组保存到一个数据库中，需要用到组合并，也就是说，把不同的结果数据集合并到一个数据集中，这将更新数据库。ANSYS认为当前的内容仍只是一个载荷集。

典型的载荷组操作步骤如下：

(1) 选择 Main Menu > General Postproc > Load Case > Create Load Case 命令，创建载荷组，对应的命令是 LCDEF 和 LCFILE；

(2) 选择 Main Menu > General Postproc > Load Case > Read Load Case 命令，读取载荷组到数据库中，对应的命令是 LCASE；

(3) 选择 Main Menu > General Postproc > Load Case > -Calc Operations- 命令，设置载荷组选项或对载荷组进行操作，对应的命令为 LCOPER 等。

创建载荷组相当于创建一个指向结果文件中某个子步（属于某个载荷步的）的指针。在当前数据库中，调用该指针相当于调用指向的载荷子步数据。可以从结果文件中创建载荷组，也可以从载荷组文件中创建新的载荷组，只需在弹出的对话框中选择 Result file 和 Load case file 即可。

读载荷组是把载荷组指针指向的子步数据读入到数据库中。在弹出的对话框中，设置想要读入数据库的载荷组号就可以了。这相当于把载荷指针指定的子步数据读入到数据库。在读入之前，ANSYS程序首先清空数据库的结果内容部分，对应的命令是 LCASE。

1.数据类型

ANSYS区分的数据类型包括可求和的、不可求和的和常量。

默认情况下，当在 POST1 中进行载荷组操作时，ANSYS程序只对那些可线性叠加的数据，如位移和应力分量进行操作。而其他一些数据，如塑性应变和单元体积是不能合成的，因为这种合成操作没有意义。

可求和数据能够参与数据操作。所有基本数据都是可求和的，导出数据中的分应力、弹性应变、热流梯度和流率、磁流密度等也是可求和的。

有时对可求和数据进行操作能导致有用结果，例如把两个载荷组中的节点温度加起来，对线性、纯传导的例子来说是有意义的;但是当涉及到对流时,温度叠加就没有意义了。

不可求和数据是指那些不满足线性叠加的数据,如非线性数据(塑性应变、流体静力学压强等)、热应变、磁力等。当对这些数据进行操作时,其值被设置为0,但可以在对数据进行操作之前,使用LCSUM,ALL命令强制对所有数据求和,它就不会使结果为0,不过要清楚这种合成的意义。

常数据是指那些不具有求和意义的数据,如单元体积和单元质心坐标。当进行数据组操作时,这些值保持不变。

2.操作设置

在进行操作前,了解操作设置是有必要的,尽管最通常的情况是使用默认设置。ANSYS对载荷组的设置选项包括以下一些内容。

(1)LCSUM命令用于设置是否只对可求和数据进行操作(默认情况为是),如果设置LCSUM和ALL,则对所有数据进行操作。该命令应当在所有载荷组操作之前进行,它没有对应的菜单路径,必须从命令输入窗口输入。

(2)Main Menu > General Postproc > Load Case > Sele Load Cases命令用于选定载荷组。可以选择、重新选择、追加选择、反向选择、全选或者不选载荷组,还可以设置载荷组的选择范围和增量。只有在选定的载荷组内操作才有效,而且通过选定载荷组,可以方便后续操作。如果求数据库与载荷组1,2,3,4,5的和,则可以先选定它们,然后用LCOPER,ADD,ALL命令即可。对应的命令是LCSEL。

(3)Main Menu > General Postproc > Load Case > Absolut Value命令用于设置是否使用绝对值。可以对某个载荷组使用绝对值,也可以对所有选定的载荷组使用绝对值。对应的命令是LCABS。

(4)Main Menu > General Postproc > Load Case > Scale Factor命令用于定义缩放因子。可以对某个载荷组使用缩放因子,也可以对所有载荷组使用,然后在弹出的对话框的FACT文本框中输入缩放因子,如果输入“0”或者为空时,程序自动使该因子为1,所以要想使得缩放因子为0,应当输入一个极小数值,而不是“0”。

(5)Main Menu > General Postproc > Load Case > Stress Option命令用于设置后续操作中单元应力的求和方式。有两种方式,在弹出的对话框的下拉列表框中选择Comb Components选项时,只对单元的应力分量进行求和,其他应力(如主应力、等效应力和应力强度)都不求和。而选择Comb Principals选项时,则对单元主应力、等效应力和应力强度进行操作,应力分量则是不可用的。当想对主应力或等效应力进行操作时,就应当选用后者。

3.载荷组操作

载荷组操作的命令是LCOPER,Oper1,LCASE1,Oper2,LCASE2。其中LCASE1可以是一个载荷组号,也可以是标号ALL。当为ALL时,则对所有当前选定的载荷组重复进行操作。其中有如下一些操作[为了进行说明,假设当前数据库为载荷步10,子步1的数据(用SET命令设置);

已创建了载荷组1为载荷步20,子步1;已创建载荷组2为载荷步30,子步1;且假设在节点5处,温度分别为600,400,300]。

(1)Main Menu > General Postproc > Load Case > Add:求和。把载荷组的数据加到数据库中,例如LCOPER,ADD,1,则数据库中节点5处的温度为600 + 400 = 1 000,其他节点的可求和数据也进行类似运算,可以用任何处理操作显示或者列表。

(2)Main Menu > General Postproc > Load Case > Subtract:减。把数据库中的可求和数据减去载荷组的相应数据。例如 LCOPER,SUB,1,则数据库中节点 5 的值为 600 - 400 = 200。

(3)Main Menu > General Postproc > Load Case > Square:求平方,对数据库内的数据求平方,这与载荷组 1 和 2 都没有关系。例如 LCOPER,SQUA,则节点 5 的数据为 600 × 600 = 360 000。

(4)Main Menu > General Postproc > Load Case > Square Root:对数据库内的数据求平方根。例如 LCOPER,SQRT,则节点 5 的数据为 $\sqrt{600} = 24.5$。

(5)Main Menu > General Postproc > Load Case > SRSS:对载荷组与数据库的平方和取平方根。例如 LCOPER,SRCC,则节点 5 的结果为 $\sqrt{600^2 + 400^2} = 721.11$。

(6)Main Menu > General Postproc > Load Case > Min & Max:比较载荷组和数据库内数据的最小或最大值,并把结果保存到数据库中。在弹出的对话框中,可以选取是比较最小还是最大值,直接比较还是比较其绝对值,例如 LCOPER,MIN,1,则节点 5 的数据为 400。

(7)Main Menu > General Postproc > Load Case > Line Elem Stress:重新计算线单元的主应力。默认情况下,对结构线单元、载荷组操作后,数据库中的主应力不会自动更新,需要用该命令来重新计算主应力,对应的命令为 LCOPER,LPRIN。但是当设置了 SUMTYPE,PRIN 时,则操作本身就是针对应力的,不过此时将得不到应力分量的值。

(8)Main Menu > General Postproc > Load Case > Zero Load Case:清零。对数据库内的数据置零。对应的命令是 LCOPER,ZERO。

6.8.4　图形显示结果

一旦数据已从结果文件中读入到数据库中,或者通过单元表或载荷组操作生成了新的结果数据,都可以对其进行列表或图形显示。

首先介绍图形显示。在 POST1 中,可以显示六种形式的图形。

1.变形显示

Main Menu > General Postproc > Plot Results > Deformed Shape 命令用于显示一定载荷下结构的变形。可以只显示变形(Def shape only)、同时显示变形和未变形(Def + undeformed)、同时显示变形和未变形边界(Def + undef edge)。对应的命令是 PLDISP,KUND,其中 KUND 控制如何显示未变形区。通常情况下,显示变形和未变形边界是不错的选择。

因为相对结构尺寸来说,变形通常不大,为了能够清楚地看到变形结果,需要用 Utility >

Menu > PlotCtrls > Style > Displacement Scaling 命令来设置变形位移的比例。默认情况下，程序自动计算，以使变形能够清楚显示出来。对应的命令是 /DSCALE。

2.等值线图

等值线图显示结果项(如应力、温度等)在模型上的变化，等值线图是 ANSYS 后处理中最经常使用的图形显示。可以显示模型的一部分，也可以在整个模型上显示，这取决于读入到数据库中的数据。

等值线显示的菜单路径为 Main Menu > General Postproc > Plot Resuls > Nodal Solu，该命令显示节点上的基本或导出数据。对导出数据，由于单元和单元之间的不连续性，所以在节点处取平均值，输出控制、选项控制对哪些值取平均以及平均方式。对应的命令是 PLNSOL。

Main Menu > General Postproc > Plot Resuls > Element Solu 命令用于绘制单元解的等值线图。对应的命令为 PLESOL。

Main Menu > General Postproc > Plot Resuls > Elem Table 命令用于显示单元表中数据的等值线图，对应的命令为 PLETAB, Itlab, Avglab。其中，Itlab 是在单元表中定义标号；Avglab 决定是否对公用节点上的单元数据项目取平均。

Main Menu > General Postproc > Plot Resuls > Line Elem Res 命令用于显示线单元的等值线，也要求把数据存入单元表中，通常用于显示剪切或者力矩图。对应的命令为 PLLS。它只能在单元的 *I*, *J* 节点处的数值间画一直线，而不管结果沿单元长度如何变化。可用负的比例因子将图形倒过来。

执行上述命令后，会出现图 6－113 所示对话框。在此对话框中选择要显示的数据、显示形状、比例缩放因子、单元边界显示、节点结果插值的方式等，设置完后单击对话框上的“OK”键，

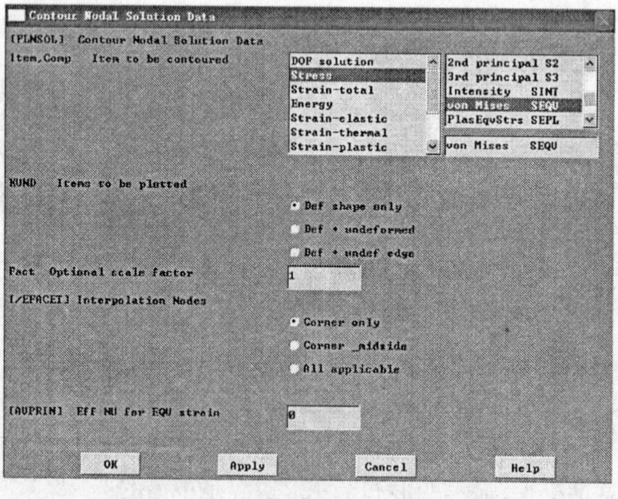

图 6－113　节点的结果图形显示对话框

则出现结果的彩色云图。对话框中各参数的意义如下。

(1)Item to be contoured:选择节点要显示的结果,例如要得到节点的等值线应力分布云图,可以选择 Stress 及 Von mises 选项。

(2)Item to be plotted:节点显示形状,即在显示应力分布的同时,也显示模型在受力变形后的形状方式。

(3)Optional scale factor:选项缩放系数,默认值为 1,仅适用于 2D 显示,负的系数可以转换显示。

(4)Interpolation Nodes:当 Power Graphics 打开时才有效,表示对于每一个单元边界的面的数目。

①Corner only:表示每一个单元边界的面的数目为 1(对 h 单元是默认值)。

②Corner _ midside:表示每一个单元边界的面的数目为 2(对 P 单元是默认值)。

③All applicable:表示每一个单元边界的面的数目为 4。

(5)Eff NU for EQU strain:选择主量和应力向量的计算方法,它有下列两个选项。

①0:先平均单元公共节点上的分量值,再利用平均值来计算主量和应力向量的和(默认设置)。

②1:在每个单元基上计算主量和应力向量的和,再平均计算单元上公共节点的值。

3.矢量图

矢量图用箭头显示矢量大小和方向的变化。典型的矢量有位移、转角、主应力、热通量、流体速度等。

Main Menu > General Postproc > Plot Results > Predefined 命令用于绘制一个程序定义的矢量图。

Main Menu > General Postproc > Plot Results > User-defined 命令用于绘制一个用户定义矢量的矢量图。

4.轨线图

所谓轨线图是指结果沿着一条任意定义的轨线上项目值的变化,也就是说,它通过一条轨线(代表了节点或者单元),在数据库中提取这条轨线上项目的数据,然后进行列表或者图形显示。项目可以是任何节点数据、单元数据或者单元表数据。轨线图在很多情况下都有意义。

(1) 沿轨线执行代数运算或者微积分操作。

(2) 以曲线图或列表方式观察结果项沿轨线的变化情况。反映一个量随另一个量的变化时,曲线图是最直观的方式之一。

轨线操作有以下三个步骤。

(1) 选择 Main Menu > General Postproc > Path Operations > Define Path 和 Modify Path 命令定义轨线。定义轨线的属性和设置轨线上的点。对应的命令是 PATH 和 PPATH。

(2) 选择 Main Menu > General Postproc > Path Operations > Map onto Path 命令,把想要的

结果项目映射到轨线上。对应的命令是 PDEF。

(3) 选择 Main Menu > General Postproc > Path Operations > Plot Path Items 命令,用曲线图显示结果。对应的命令是 PLPATH 和 PLPAGM,也可以列表显示,还可以进行更多的数学运算。

6.8.5 列表操作

列表操作包括两个内容:列表显示和排序。

列表显示有助于查看准确的结果数据,还可以通过对列表进行排序,以方便读取数据;列表的另一用途是有助于存档,如报告等。对节点结果数据、单元解数据、截面和层数据、反作用力数据、节点载荷、单元表数据等都可以进行列表操作。

1.列表显示

列表显示是列表中最重要的操作。列表显示的操作很简单,以下简略介绍。

(1) 节点和单元解列表

Main Meun > General Postproc > List Results > Nodal Solution 命令用于列出节点解数据,包括基本解及节点上的导出解。对应的命令是 PRNSOL。

Main Menu > General Postproc > List Results > Element Solution 命令用于列出单元解数据。对应的命令是 PRESOL。

对节点和单元解列表有以下几点注意事项。

① 不是所有的结果数据都可以通过节点和单元解列表显示,尽管它们的确是节点或者单元上的数据。

② 对节点较多的模型,首先选定好想要列表的节点再列表显示,否则可能数据很多、很杂。

③ 列表数据如果是矢量或有多个分量,则其以固定顺序列表。例如 PRNSOL,S 命令的顺序是从左到右为 SX,SY,SZ,SXY,SYZ,SXZ,而不管其值是否全为 0。

④ 对矢量数据,除非用 RSYS 指定了结果坐标系,则其总是输出全局笛卡儿坐标系下的值。RSYS 对应的菜单路径为 Main Menu > General Postproc > Options for Outp。事实上,列表输出的数据很多都受到该菜单影响,如输出的力是合力还是静力。

⑤ 要获得线单元的求解输出,在 PRNSOL 命令中指定项目 Item 为 ELEM,程序将列出所有可列的单元结果。

⑥ 有些项目不能在增强图形模式下列表,只能在全模式下列表。如塑性应变分量、蠕变分量、流体流量等。设置采用何种显示模式的菜单路径为 Toolbar > POWRGRPH,对应的命令是 /GRAPHICS。

⑦ 列表显示能显示出最大值、最小值及其位置,所以是很有用的。

(2) 载荷列表

载荷列表包括反作用载荷、施加的载荷以及选定节点上的力和力矩,或者这些力和力矩之和。

Main Menu > General Postproc > List Results > Reaction Solu 命令用于列出反作用载荷。对

应的命令是 PRRSOL,Lab。它列出选定节点集合中有约束处的反作用载荷。FORCE 命令指示列出反作用力的那一个分量:合力、静力、阻尼力还是惯性力,FORCE 对应的菜单路径是 Main Menu > General Postproc > Options for Outp。

Main Menu > General Postproc > List Results > Nodal Loads 命令用于列出选定节点集合上总的单元节载荷,包括由于约束引起的载荷和直接施加在节点上的载荷(施加在单元或者实体模型上的载荷在求解前也被转化到节点上,所以也将列出)。对应的命令是 PRNLD,Lab,TOL。

Main Menu > General Postproc > Nodal Calcs > Total Force Sum 命令用于计算和列表显示选定节点集的力与力矩的总和,其求和表示了节点集外部分的力矩贡献。对应的命令是 FSUM。选定一个节点集后运行该命令,所得结果相当于计算了作用于这些节点上的总力。但是与表面载荷相连的节点力、由于耦合或者约束方程产生的力都将被忽略。

Main Menu > General Postproc > Nodal Calcs > Sum @ Each Node 命令用于计算并列出单元上每个节点的节点力和力矩。这种计算把未选择单元看做是外载荷或者约束得到的。对应的命令是 NFORCE。如果选定所有单元,则除了有约束和载荷的地方,其他每个节点上的总力和总力矩应当为零;如果选定部分单元,则那些选定区域内部处的总力和总力矩(除了约束和加载处)应当为零。在边界上的力和力矩,反映了其他与该节点相连但未被选定单元对该节点的贡献。

Main Menu > General Postproc > Nodal Calcs > At Node 或 At XYZ Loc 命令用来定义计算力矩的原点。默认情况下是在全局坐标系原点。对应的命令是 SPOINT。

Main Menu > General Postproc > Nodal Calcs > Surface Integral 命令用于把选定表面上的结果综合起来。对应的命令是 INTSRF。当然,首先必须要用 NSEL 命令(Utility Menu > Select > Entities)在表面上选定要综合的节点。

(3) 其他列表操作

ANSYS 提供了丰富的列表命令,使用起来都非常简单。

Main Menu > General Postproc > List Results > Elem Table Data 命令用于列出保存在单元表中的数据。对应的命令是 PRETAB。

Main Menu > General Postproc > Element Table > Sum of Each Item 命令用于列出单元表中每一列的和。对应的命令是 SSUM。

Main Menu > General Postproc > List Results > Vector Data 命令用于列出所有选定单元中指定矢量的大小及其方向余弦。对应的命令为 PRVECT,例如 PRVECT,U 命令可列出所选节点上的位移矢量,包括其位移的大小及方向余弦。

Main Menu > General Postproc > List Result > Path Items 命令用于计算并列出在预定义轨线上指定项目的数据,必须首先定义一条轨线,并把结果数据映射到轨线上。对应的命令为 PRPATH。

Main Menu > General Postproc > List Results > Linearized Strs 命令用于计算,并列出沿着指定轨线线性变化的应力。对应的命令是 PRSECT。

Main Menu > General Postproc > List Results > Percent Error命令用于列出所有选定单元的百分比误差(以能量方式表示)。对应的命令是 PRERR。

Main Menu > General Postproc > List Results > Iteration Summry 命令用于列出迭代概要信息。对应的命令是 PRITER。

2.排序

默认情况下,所有列表以节点号或单元号的升序排列,但有些情况下,用其他量排序也许更便于查看结果。另外,为了获得最大值或最小值,也需要首先对列表进行排序。

Main Menu > General Postproc > List Results > Sort Nodes 命令通过指定以某个数据项的顺序来对节点的排序。对应的命令是 NSORT。

Main Menu > General Postproc > List Results > Sort Elems 命令通过指定以某个项目的顺序来对单元排序。对应的命令是 ESORT。

Main Menu > General Postproc > List Results > Unsort Nodes 或 Unsort Elems 命令用于恢复以节点或单元的升序排列。

6.8.6 结果查询

当想知道少量的节点或者单元数据,或者想把节点或单元数据写到模型上时,就需要用到结果查询器。这种查询只能在图形用户界面下才能进行,并且没有对应的命令。

Main Menu > General Postproc > Query Results > Nodal Solu 命令用于查询节点解数据。

Main Menu > General Postproc > Query Results > Element Solu 命令用于查询单元解数据。

选择上述两个命令后,弹出对话框,在其中选择想查询的项目,如位移、应力等,单击“OK”按钮后,弹出如图 6 – 114 所示的结果查询器。图中,该查询器上部的 Pick 和 Unpick 单选按钮,显示当前的选取状态,可以直接在该对话框上设置,也可以在图形窗口上单击鼠标右键。图形窗口上的光标为向上箭头时,表示处于选取状态;光标为向下箭头时,表示处于撤消选取状态。

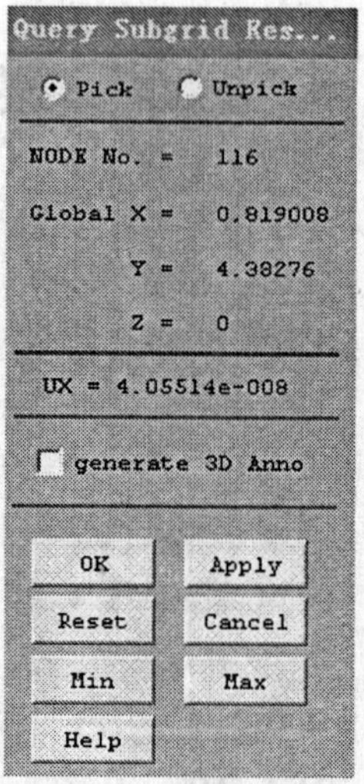

图 6 – 114　结果查询器

该对话框中还显示当前选取点的网格号(GRID No.)以及在全局笛卡儿坐标系下的坐标位置(Global X,Y,Z)。

UY 表示当前要查询的项目,其后将随着选取点不同,显示不同值,同时在图形窗口也将显示该值。

Generate 3D Anno 复选框表示生成三维注释。这种注释不会随着以后的操作而改变,同时这种注释由于是三维的,所以也不会因为视角变化而改变。

Min 按钮和 Max 按钮显示整个模型要查询项的最小值和最大值,对当前的查询来说,为 UY 的最小值或最大值。单击该按钮后,将在模型和结果查询器上同时显示最小值和最大值及其对应的位置。以下是使用结果查询器的几点建议。

(1) 在矢量模式下使用结果查询器。尽管在光栅模式下，仍然能够用该查询器，但矢量模式下查看数据更清晰。打开矢量模式的菜单路径为 Utility menu > PlotCtrls > Device Options。

(2) 经常单击 Reset 按钮清除图形上的结果数据。

(3) 若要查看多个点的数据，可按下鼠标左键不放，在模型上拖动，在查询器上观察结果，而在图形窗口上不会生成显示数据。这可以避免过多数据导致的显示混乱。

(4)Min 按钮和 Max 按钮通常是有用的。

(5) 执行重新绘图 /Replot 命令或其他绘制窗口操作时，模型上显示的查询结果会消失，除非使用三维注释功能。

6.8.7　误差估计

尽管不能通过 POST1 后处理操作直接得到分析是否正确，事实上，要判断一个分析是否正确几乎完全依赖于 ANSYS 以外的知识，但 ANSYS 还是尽力提供了一个工具:误差估计技术。

1.误差估计原理

误差估计基于能量分布，考虑的是由于离散化导致的能量百分比误差，它主要考虑了单元网格的尺寸精度。但该技术只能用于线性结构分析或线性 / 非线性热分析，且必须使用实体单元或壳单元。

能量误差相当于应变能。结构能量误差(SERR) 是单元与单元间应力不连续性的量度，热能量误差(TERR) 是单元间热流量不连续性的量度。

要显示误差估计，菜单路径为 Main Menu > General Postproc > List Results > Percent Error，对应的命令是 PRERR。

例如对某个分析而言，执行 PRERR 命令，将弹出一个文本框，其内容为

STRUCTURAL PERCENTAGE ERROR IN ENERGY NORM(SEPC) = 27.742

这是一个以能量项显示的结构百分比误差，那么误差值的意义是什么呢?

在 ANSYS 中，对多数结构分析而言，都有连续性假设。也就是说，结构系统是连续的。这样，实际物理模型离散为有限元模型，并求解后，单元与单元通常仍能保持位移上的连续性，但是单元的应力场却不能保证为连续的。

为了获得更多的可接受的应力，在单元节点处，对应力进行了平均化处理。由于一个节点属于多个单元(比如说 4 个)，则该节点应当有 5 个应力:4 个是各个单元上的单元节点应力，第 5 个则是这些应力的平均。对单元来说，也有同样的情况，一个单元本身已有其节点上的应力值，但由于节点平均效应，该单元的节点又有了平均应力值，于是对单元 i 上的节点 n，其应力差为

$$\Delta\sigma_n^i = \sigma_n^a - \sigma_n^i$$

方程右边第一项表示节点上的平均应力，第二项表示单元的节点应力，它们表示的都是应力矢

量，于是对单元 i，其能量误差为

$$e_i = \frac{1}{2}\int_V \Delta\sigma[D]^{-1}\Delta\sigma \mathrm{d}V$$

整个模型的能量误差则为

$$e = \sum e_i$$

以应变能为基础，对其取标准化，即可得到百分比误差 E，

$$E = 100^* \left(\frac{e}{U+e}\right)^{\frac{1}{2}}$$

式中 U 为模型的应变能，它是单元应变能的总和。在 PRERR 的输出文本窗口中，显示的数字 27.742，就是这样计算出来的。

上述叙述中涉及到的许多值都可以从单元表中获得，或者把它们输入到某个参量中。

选择 Main Menu > General Postproc > Element Table > Define Table 命令，在弹出的对话框中单击 Add 按钮，在 Item，Comp 选项左列表框中选择 Error estimation 选项，在右列表框中选择 StruErrEnrg SERR 选项，就可以得到每个单元的能量误差。对应的命令是 ETABLE，，SERR，如图 6－115 所示。

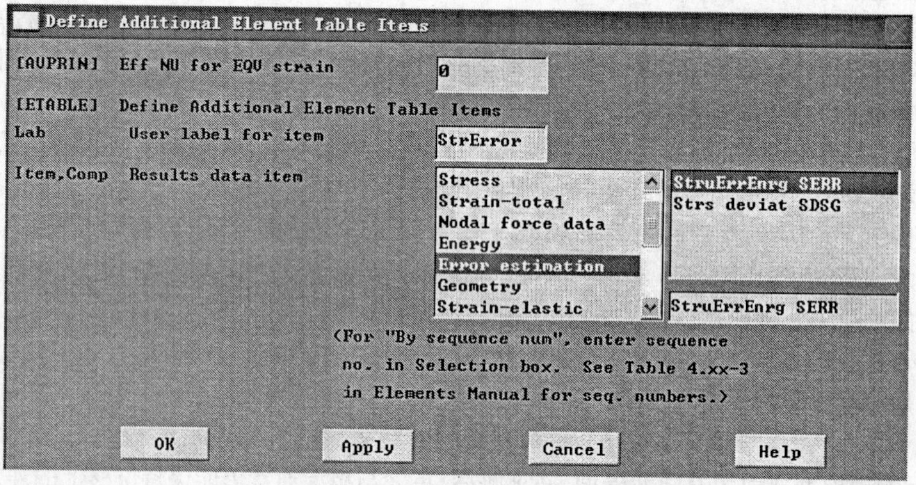

图 6－115　把结构能量误差读入到单元表中

如果要获得单元应变能，则应在 Item，Comp 选项的左列表框中选择 Energy 选项，在右列表框中选择 Strain enrg SENE 选项，就可以得到每个单元的应变能了。对应的命令是 ETABLE，SENE。

选择 Main Menu > General Postproc > Element Table > Define Table 命令，在弹出的对话框中单击 Add 按钮，在 Item，Comp 选项的左列表框中选择 Geometry 选项，在右列表框中选择 Elem volume VOLU 选项,就可以得到每个单元的体积。对应的命令是 ETABLE,,VOLU。

获得结构总应变能的命令是 *GET,Par,PRERR,,SENSM

获得总能量误差的命令是 *GET,Par,PRERR,,SERSM

获得百分比能量误差的命令是 *GET,Par,PRERR,,SEPC

对热自由度,ANSYS 内部的能量误差计算与此相似,操作也与此相似。例如

获得总热能的命令是 *GET,Par,PRERR,,TENSM

获得百分比能量误差的命令是 *GET,Par,PRERR,,TEPC

2.误差估计注意事项

关于误差估计,有如下一些注意事项。

(1) 在使用误差估计之前,一定要关闭增强图形显示模式。关闭增强图形显示模式的菜单路径为 Toolbar > POWRGRPH,在弹出的对话框中选择 OFF。

(2) 误差估计基于参考温度下的刚性和导热率,因此当材料属性随温度变化时,能量误差可能并不准确。

(3) 为了决定网格的哪些部位需要加细,只需要绘出结构误差 SEPC 或者热误差 TEPC 的等值线图,然后把高误差区的位置加细。另外,ANSYS 还提供了自适应网格,来自动加细网格。

当对问题确认时,可以通过抑制误差估计来明显提高计算速度,特别是对热分析而言,抑制误差估计可以明显提高速度。当打开增强图形显示模式时,没有误差估计;但当其为关闭状态时,默认情况下误差估计是打开的,可以用 ERNORM,OFF 命令(Main Menu > General Postproc > Options for Outp 或者 Utility Menu > List > Results > Option)来关闭它。

6.9　分析实例

要在短时间内全面掌握 ANSYS 是非常困难的。事实上也没有必要全面掌握它,重要的是学会如何在所研究的领域中应用 ANSYS,让它为分析和设计服务。下面给出一些应用实例,以便更好地掌握 ANSYS 的使用。

6.9.1　实例 1

对于一根如图 6－116 所示的悬臂方梁,其一端固定,我们希望通过计算分析了解其在自重的影响下的变形情况。

梁的材料为钢,给定的材料参数如下:

弹性模量　$E = 200$ MPa;

密度　$p = 7\ 850\ \mathrm{kg/m^3}$;

泊松比　$\mu = 0.3$。

进入 ANSYS 后,首先为分析文件设定标题。单击菜单命令中的 File/Change Title 命令,在命

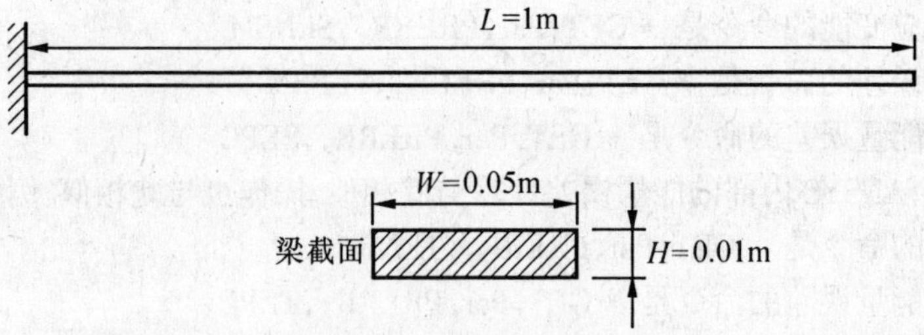

图 6－116　梁分析示意图

令栏中输入 Beam，然后进行几何建模。利用 Main Menu ＞ Preprocessor ＞ Modeling Creat ＞ Keypoints ＞ In Active CS 命令，依次建立(0,0)，(1,0)，(0,0.2) 三个关键点，前两个关键点用来创建一条直线，而第三个关键点作为参考点在定义梁截面的时候需用此点来定义梁的方向。

选择主菜单的 Preprocessor ＞ Modeling Creat ＞ Linas ＞ Straight lines 命令，依次选择 1,2 两个关键点，则生成一条直线。接下来定义单元类型，使用最常用的梁单元 BEAM188，选择主菜单中 Preprocessor ＞ Element Type ＞ Add/Edit/Delete 命令，在弹出的对话框中单击 Add 按钮，添加单元，选择 Beam 组中的 3D 2 node188 选项，即选择了 BEAM188 单元，单击"OK" 按钮，关闭定义窗口。选择 Preprocessor ＞ Sections ＞ Beam Common Sectns 命令，弹出设置梁单元截面的对话框，输入梁截面的宽和高分别为 B ＝ 0.05，H ＝ 0.01，单击"OK" 按钮，完成梁截面输入。选择 Preprocessor ＞ Material Props ＞ Material Models 命令，弹出设置材料属性的对话框，双击 Structural ＞ Linear ＞ Elastic ＞ Isotropic 弹出设置弹性模量和泊松比的对话框，输入 Ex 为 200e9，PRXY 为 0.3，单击"OK" 按钮。双击 Structural ＞ Density，在弹出的对话框中输入材料密度为 7 850，单击"OK" 按钮，完成材料属性设定，关闭该对话框。

下面定义网格尺寸，指定线属性，划分网格。

选择主菜单中的 Preprocessor ＞ Meshing Size Cntrls ＞ Manual Size ＞ Lines All Lines 命令，在弹出对话框的 No.of element divisions 栏中输入 20，表示将直线分为 20 个单元，单击"OK" 按钮，完成尺寸设定。

选择主菜单中的 Preprocessor ＞ Attributes Define ＞ All lines 命令，弹出设置线属性的对话框，选定材料和单元，并设置 Pick Orientation Keypoints 选项为"Yes"，单击"OK" 按钮，弹出拾取对话框，用鼠标拾取位于线上方的关键点 3，单击"OK"，完成设置。选择图形拾取对话框，拾取创建的线，单击"OK" 完成网格划分工作。

选择应用菜单中的 Plot Corls ＞ Style ＞ Size and Shape 命令，弹出设置对话框，设置对话框中的 /ESHAPE 选项为 ON，单击"OK"，完成设置。此时在图形显示区中可以看到，所创建的梁不再是一条直线，而是一个三维的反映真实大小形状的梁，选择应用菜单中的 Plot Ctrls ＞ Pan，

Zoom,Rotate > ISO 命令,转换视角后,可以看得更清楚,如图 6 - 117 所示。

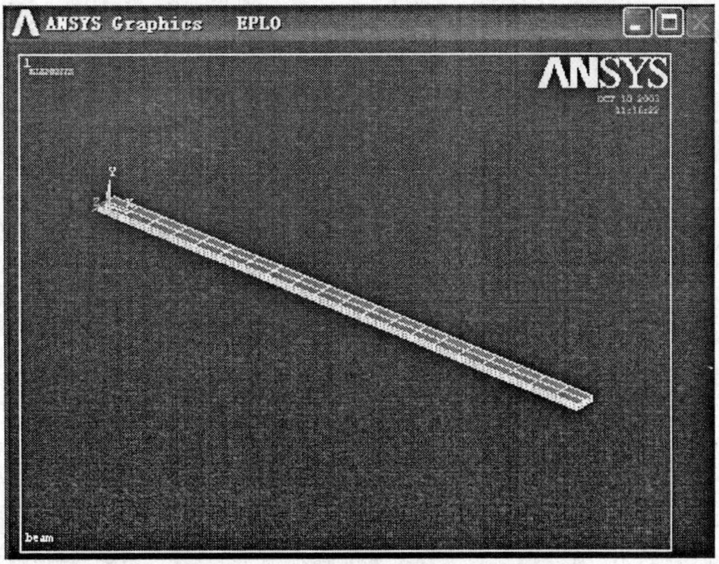

图 6 - 117　显示梁的真实形状

施加固定约束。简支梁一端固定,可以通过位移约束来模拟。

选择应用菜单中的 Plot > Line 命令,恢复以显示线条的方式显示梁。选择主菜单中的 Solution > Loads Apply > Structural Displacenment > On Keypoints 命令,弹出拾取对话框。在图形显示区中,用鼠标拾取位于原点的坐标后,单击对话框中的“OK” 按钮,弹出设置对话框。在这个对话框中设置约束自由度一栏为“All DOF”,在位移值 VALUE 一栏输入“0”,在单击对话框中的“OK”按钮后,在图形窗口中以 x 方向和 y 方向的三角形标志显示出所施加的固支约束。

施加重力载荷。选择主菜单中的 Solution > Load Apply > Gravity 命令,在弹出对话框的 ACELY 一栏中输入 9.8,单击“OK” 按钮,完成载荷输入。

由于是线性问题,并且问题很简单,可以直接选择主菜单中的 Solution > Solve Current LS 命令进行求解,当弹出 Solution is Done 的窗口,则求解完成。

选择主菜单中 General Postproc > Plot Results > Deformed Shape 命令查看变形结果,在弹出的对话框中,选中 Def + Undef Edge,单击“OK” 按钮,则出现图 6 – 118 所示的变形结果图,从中可以看出,最大位移出现在右端,下垂了0.005 771 米。

6.9.2　实例 2

一油船船底的板梁组合结构如图 6 – 119 所示。结构的四周为刚性固定,纵向构件的截面

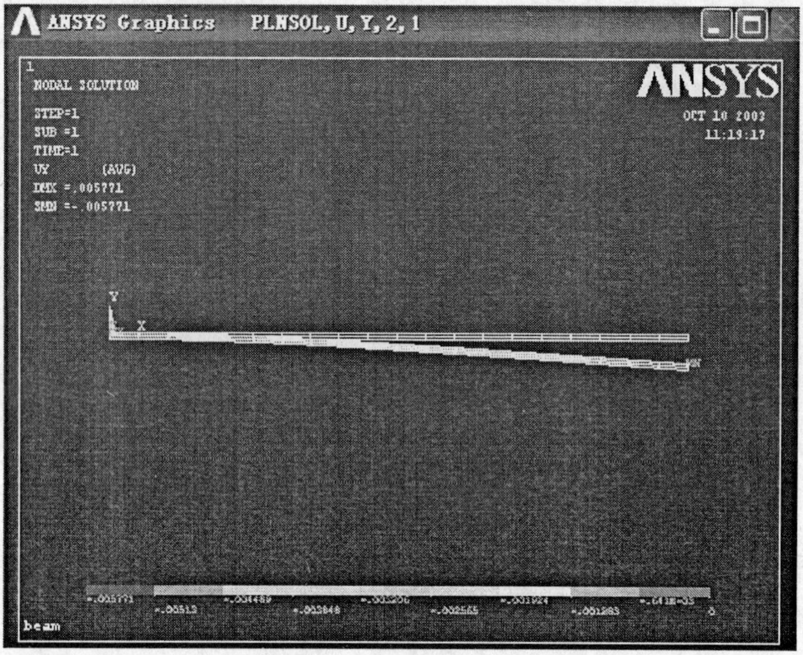

图 6－118　求解的变形结果

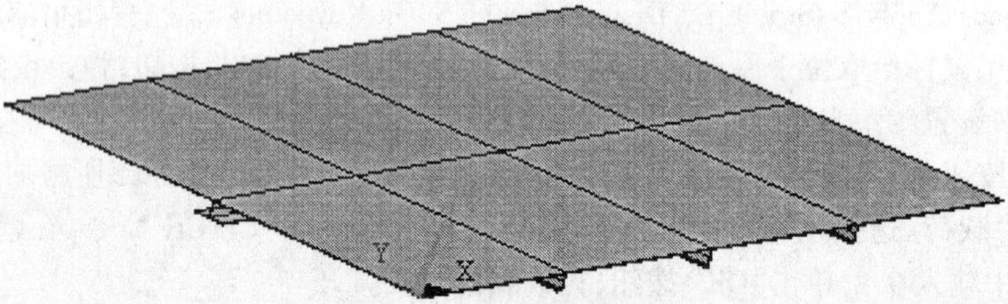

图 6－119　板梁组合结构

为⊥形，尺寸为$\frac{10\times400}{10\times200}$，它距周界的距离为 3 m，横向构件的截面为 L 形，尺寸为$\frac{10\times200}{10\times100}$，横向构件的间距为 3 m。在横向构件上受到均布载荷的作用，其大小为 1 000 kg/m^2，分析此结构的变形和应力。

采用自顶向下的建模方法，选择 Main Menu > Preprocessor > Crest > Areas > Rectangle 命令，分别输入板长边和短边方向的坐标生成平面，然后利用 Main Menu > Preprocessor > Creat

> Keypoints > Fill between Kps 命令，分别生成长边上的三个等分点，利用 Main Menu > Preprocessor > Creat > Keypoints > KP befween Kps 命令，生成短边上的等分点。接着，利用 Main Menu > Preprocessor > Creat > Lines > Overlaid on Area 命令，分别生成纵、横构件的几何线。

在划分网格之前，需先设置单元的类型和材料属性等。对本例而言，选择 shell 63 和 Beam 188 单元，材料按低碳钢处理，即弹性模量为 2×10^{10} kg/m^2，泊松比为 0.3。

由于梁是有方向性的，因此需定义几个方向点的坐标，在每个几何线上，需生成 z 方向上的一个点，如本例需建立以下几点(3,0,1)，(6,0,1)，(9,0,1)，(0,3,1)。接下来定义梁截面，选择 Main Menu > Preprocessor > Sections > Beam > Common Sectns 命令，弹出一个梁截面参数输入对话框，如图 6 – 120 所示。其中在 Sub-Type 栏内可选择截面形状，Offset 是梁的偏心值。若有多种截面形状或多种规格尺寸，可给出多个梁截面的定义，每个截面指定一个 ID 号。在划分梁单元之前，需选择 Main Menu > Preprocessor > Meshing > Mesh Attributes 命令，对线或面定义其单元属性，然后就可以根据定义的单元数目和尺寸划分单元了。

划分完梁单元后，若要查看梁单元的方向和偏心位置，可利用工具菜单下的 Plotcerls > Style > Size and Shape 命令，将 Display of element shapes based on read constant descriptions 选项打开，就可在图形显示窗口下看到梁截面上形状和位置。

有限元分析的目的是确定结构物对载荷的响应，正确地分析和简化载荷，并正确施加载荷是有限元分析很重要的一步。本例中，均布载荷作用在横向构件上，因此利用 Main Menu > Solution > Define Loads > Apply > Structural > On Beams 命令，将载荷施加到梁单元上。

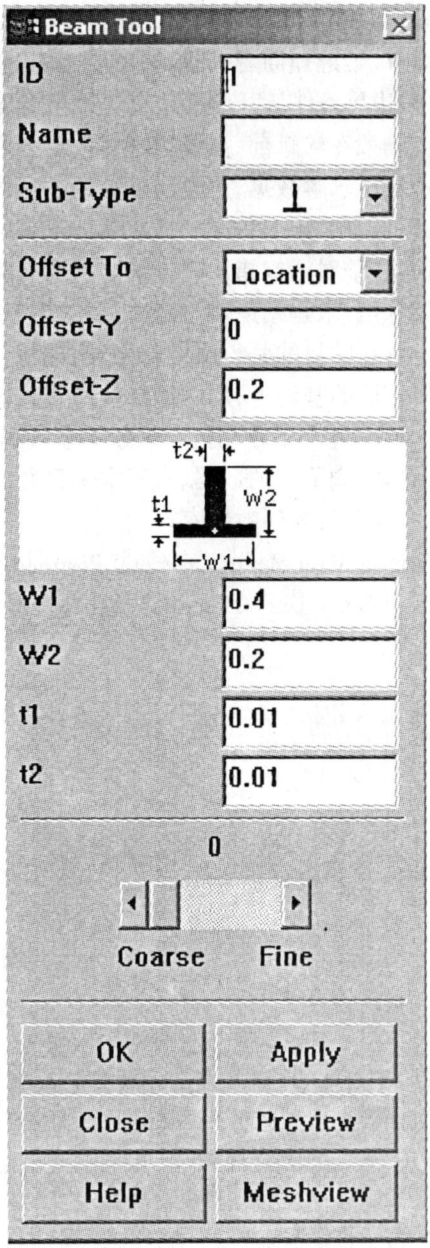

图 6 – 120　定义梁截面参数对话框

在求解之前,还需定义边界条件,由于结构四周是刚性固定,因此可以选择 Main Menu > Solution > Define Loads > Apply > Strucfural Displacement > On lines 或 On Nodes 命令定义边界条件。若选择前者,还需用命令 Main Menu > Solution > Define Loads > Operate > Transfer to FE 将边界条件从几何模型上转换到有限元模型上。

一般在求解前,需设置求解类型、截荷步选项,然后选择是从当前载荷步还是从载荷步文件中读取求解数据,是全局求解还是局部求解。由于本例为简单的静态分析,使用当前载荷步求解,选择 Main Menu > Solution > Solve > Current LS 命令即可,程序将弹出求解对话框和摘要信息,该对话框指示查看摘要信息,如果确认信息无误,则在对话框上单击"OK" 按钮,程序开始求解,求解结束后,弹出一个求解完毕对话框,单击 Close 按钮,就完成了求解。

分析的目的是得出结论,做出判断。分析结果有两个作用:一是判断分析是否正确;二是在分析正确的基础上,用所得结构指导工程设计或分析。

ANSYS 并不自动把结果数据读入到数据库中,所以首先要把结果读入到数据库,并选择读取哪一个子步的数据。由于本例只有一个子步,选择 Main Menu > General Postproc > Last Set 命令,读取数据到数据库。

选择 Main Menu > General Postproc > Plot Results > Deformed Shape 命令,在弹出的对话框中选中 Def + Undef Edge,则可看到变形后的结构和变形前的边,如图 6 - 121 所示。

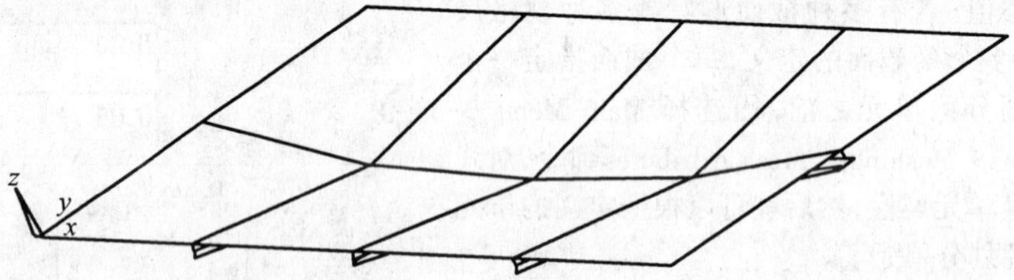

图 6 - 121　变形图

选择 Main Menu > General Postproc > Plot Results > Nodal Solu 命令,在弹出的对话框中选择想要绘制等值线的项目,如应力、应变和位移等。这里在左列表框中选择 Stres 项,在右列表框中选择 Von Mises 项,即选取合成应力,单击"OK" 按钮,即可看到如图 6 - 122 所示的板和梁结构中节点的应力等值线图。

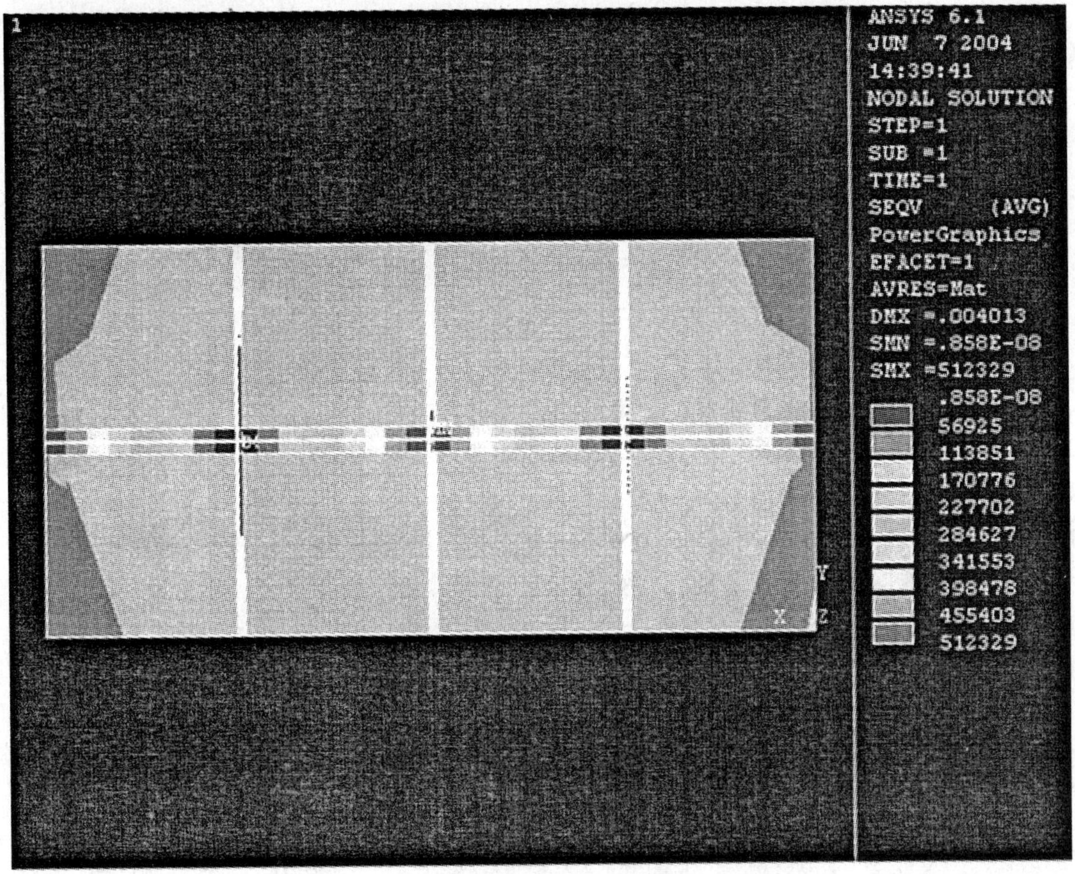

图 6 – 122　应力云图

习　题

6.1　一字形悬臂梁，材料为普通碳钢，梁长 50 cm，在悬臂端受垂直向下的作用力490 N，对本题进行三项计算：

(1) 用梁理论计算；

(2) 用三维元模型计算；

(3) 用板梁组合结构计算。

6.2　一厚壁圆筒，内径为 5 cm，外径为 20 cm，受内压力 $P = 1$ MPa，$E = 100$ MPa，$\mu = 0.3$，取单位厚度分析，考虑对称性，取$\frac{1}{4}$圆筒横截面面积，求圆筒的径向和环向应力 σ_r，σ_θ。

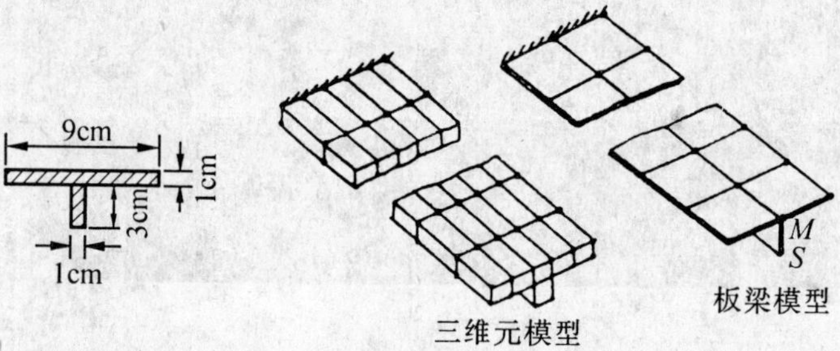

6.1 题图

6.3 计算图中的肋骨刚架。已知 $l_{12} = 2l_0, l_{23} = l_0, l_{34} = 4l_0, l_0 = 2\ \text{m}, I_{12} = I_{56} = 4I_0, I_{23} = I_{45} = I_0, I_{34} = I_{25} = I_0, I_0 = 0.6 \times 10^4\ \text{cm}^4, E = 2.0 \times 10^6\ \text{kg/cm}^2, q_0 = 1\,000\ \text{kg/m}$。

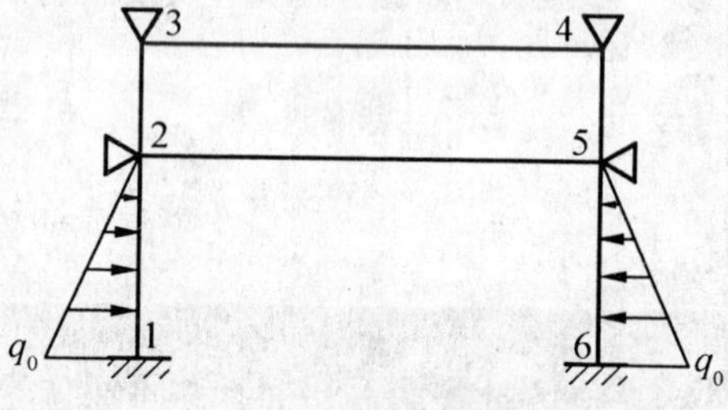

6.3 题图

6.4 计算图中的肋骨框架。已知 $l_{12} = l_{34} = 2l_0, l_{24} = l_0, l_{45} = 3l_0, l_{56} = 6l_0, I_{12} = I_{24} = I_0, I_{34} = I_{45} = 4I_0, I_{56} = 20I_0, l_0 = 2.5\ \text{m}, I_0 = 1 \times 10^4\ \text{cm}^4, q_1 = 0.2q_0, q_3 = 0.6q_0, q_2 = q_0, q_0 = 1\,000\ \text{kg/m}$。

6.5 求解图中肋骨刚架。已知 $l_{12} = l_0, l_{23} = l_{34} = 3l_0, l_0 = 2\ \text{m}, I_{12} = I_{18} = I_{27} = I_0, I_{23} = I_{45} = 6I_0, I_{34} = 12I_0, I_0 = 1 \times 10^4\ \text{cm}^4, q_1 = q_0, q_2 = 0.6q_0, q_0 = 1\,000\ \text{kg/m}$。

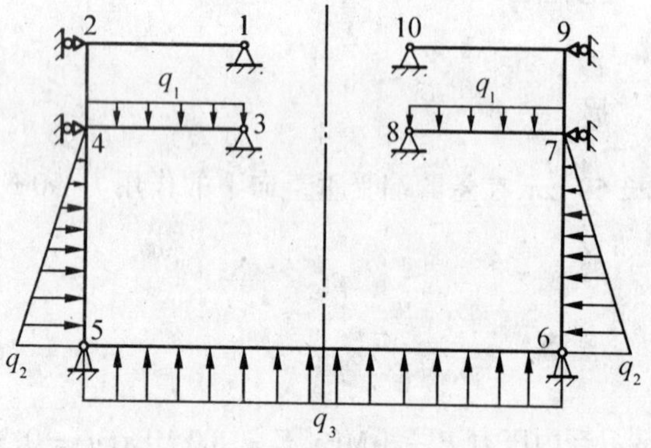

6.4 题图

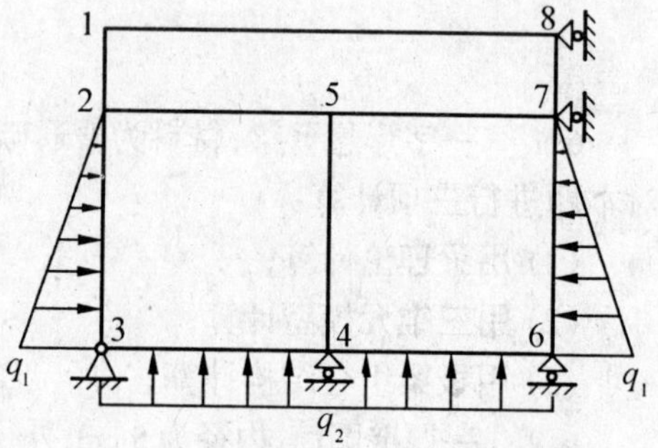

6.5 题图

6.6　在10 m×10 m的正方形薄板中心有半径为1 m的圆孔，在板的两侧边界有均匀分布压力q作用，用有限元法分析，并将其解与弹性力学的解答相比较（在$r = 1$ m的边界上，弹性力学解的最大、最小应力分别为$\sigma_{0\max} = q, \sigma_{0\min} = -3q$）。

6.7　用有限元法求解图中所示问题，并分析采用什么措施可以提高计算精度。

6.8　按图中所示结构，求出i点的位移及杆件的应力。取三角形单元$E_1 = 1.0 \times 10^6$ kg/m^2，$t = 1$ m，$\mu = 0$，杆件的$E_2 = 2.0 \times 10^6$ kg/cm^2，截面积$A = 0.1$ m^2。

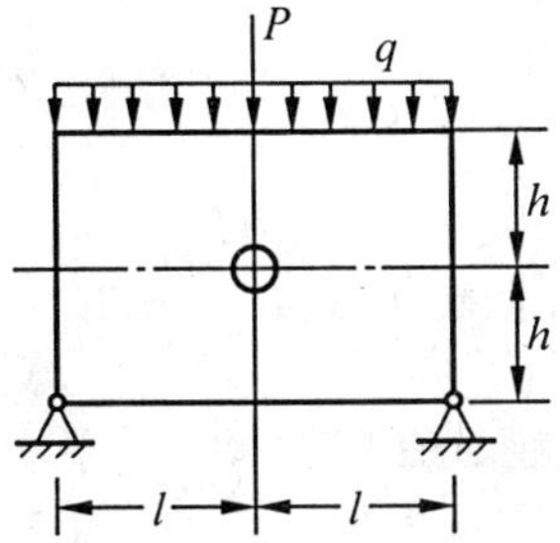

6.7题图

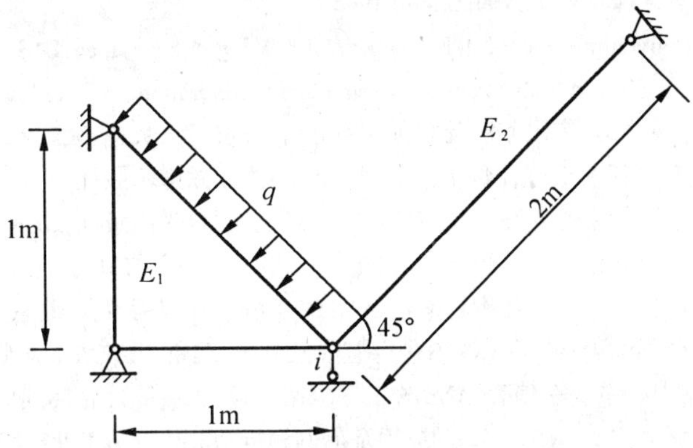

6.8题图

参考文献

1 王勖成,邵敏编著.有限单元法基本原理和数值方法.北京:清华大学出版社,2002

2 A Method for Simulating Concentrated Forces and Local Reinforcements in Stress Computation, Tingleff, Mathematics of Finite Elements and Applications, 1973

3 Plane Stress Reinforced Concrete Finite Elements, J Colville and J Abbassi, J. of Struc Div. ASCE, May, 1974

4 Finite Elements in the Design of Optimum Ship Structures, J. D. Davies, O. F. Hughes & F. Mistree, Report NavArch. Univ. of New South Wales, May, 1976

5 Ship Structural Design, O. F. Hughes, John Wiley & Sons, Inco, U. S. A, 1983

6 Case Studies in Ship Structural Design and Optimization, Univ. of Zagreb, 2001

7 杨永谦主编.有限元法及其在结构分析中的应用.大连:大连海运学院出版社,1992

8 吴鸿庆,任侠编.结构有限元分析.北京:中国铁道出版社,2000

9 赵经文,王宏钰编著.结构有限元分析.北京:科学出版社,2003

10 博嘉科技编著.有限元分析软件——ANSYS融合与贯通.北京:中国水利水电出版社,2002

11 李皓同,周田朋,刘相新编著.ANSYS工程计算应用教程.北京:中国铁道出版社,2003

12 谭建国编著.使用ANSYS进行有限元分析.北京:北京大学出版社,2002

13 刘国庆,杨庆东编著.ANSYS工程应用教程(机械篇).北京:中国铁道出版社,2002

14 龚曙光主编.ANSYS基础应用及范例解析.北京:机械工业出版社,2003

15 王润富,佘颖禾主编.有限元法概念与习题.北京:科学技术出版社,1998

16 中国船级社.油船结构直接计算分析指南.北京:中国船检局,2003